불가능한 협상은 없다

불가능한 협상은 없다

다니엘 샤피로

이진원 옮김

까치

NEGOTIATING THE NONNEGOTIABLE :
How to Resolve Your Most Emotionally Charged Conflicts

by Daniel L. Shapiro

역자 이진원(李鎭源)
서울대학교에서 영어영문학 석사학위를 취득한 뒤, 「코리아헤럴드」기자로 언론계
에 첫발을 내디뎠다. IMF 시절 재정경제부(현 기획재정부)에서 한국경제 대외홍보
업무를 수행해서 장관상을 수상했고, 로이터 통신으로 자리를 옮긴 후 거시경제와
채권 분야를 취재했다. 현재는 국제경제 뉴스 번역 팀을 맡고 있다. 비즈니스 분야의
전문번역가로도 활동하면서『원하는 것이 있다면 감정을 흔들어라』,『에릭 슈미트
새로운 디지털 시대』,『경제를 읽는 기술』,『주식투자의 군중심리』,『미래 기업의
조건』,『바바라 민토, 논리의 기술』,『검색으로 세상을 바꾼 구글 스토리』(공역),
『혁신기업의 딜레마』,『디지털 네이티브』등 다수의 책을 번역했다.

편집_교정 박지영(朴芝英)

불가능한 협상은 없다

저자 / 다니엘 샤피로
역자 / 이진원
발행처 / 까치글방
발행인 / 박종만
주소 / 서울시 용산구 서빙고로 67, 파크타워 103동 1003호
전화 / 02・735・8998, 736・7768
팩시밀리 / 02・723・4591
홈페이지 / www.kachibooks.co.kr
전자우편 / kachisa@unitel.co.kr
등록번호 / 1-528
등록일 / 1977. 8. 5
초판 1쇄 발행일 / 2017. 4. 25

값 / 뒤표지에 쓰여 있음

ISBN 978-89-7291-633-8 03320

이 도서의 국립중앙도서관 출판예정도서목록(CIP)은 서지정보유통지원시스템 홈페이지(http://seoji.nl.
go.kr)와 국가자료공동목록시스템(http://www.nl.go.kr/kolisnet)에서 이용하실 수 있습니다. (CIP제어
번호 : CIP2017009390)

나에게 인생에서 협상할 수 없는 단 한 가지,
바로 사랑을 가르쳐준
미아, 노아, 재커리, 리엄, 어머니와 아버지,
매디와 마이크, 스티브와 시라,
마거릿, 베치와 피터 그리고 수전에게

도전

어느 세대를 막론하건 모든 인류는
각기 그들이 속한 세대가 이전 세대에 비해서
더 진화했고, 더 세련되었으며, 더 '현대적'이라고 믿는다.

그러나 사회가 얼마나 빠른 속도로 발전하건 간에
갈등에 휘말린 사람들은, 앞으로도 항상 그렇겠지만, 모두 인간이다.

우리의 가장 기본적인 가치가 위태로워졌을 때
갈등을 어떻게 해소할 수 있느냐가 우리가 극복해야 할 도전이다.

우리는 협상이 불가능한 문제를
어떻게 협상할 수 있을까?

차례

서론

왜 이 책이어야 하는가?

『불가능한 협상은 없다(*Negotiating the Nonnegotiable*)』는 머리만큼이나 마음을 움직이는, 갈등을 해소하기 위한 새로운 패러다임을 제시한다. 과학자들이 물질계(物質界)의 내부 작동원리를 찾아냈듯이, 갈등 해소 분야에서 나의 연구는 사람들을 갈등에 이르게 만드는 감정적인 힘들을 찾아냈다. 이 힘들은 눈에 보이지는 않지만 그것들의 영향력은 심각하게 느껴진다. 그것들은 호형호제하는 사이를 갈라놓고, 결혼을 파탄내고, 사업을 망하게 만들고, 내전을 촉발할 수 있다. 그러한 힘들에 맞서는 법을 배우지 못한다면, 우리는 똑같은 불만족스러운 갈등과 똑같은 불만족스러운 결과에 반복적으로 휘말리게 될 것이다. 이 책은 이러한 역학을 극복하고 협력적인 관계를 육성함으로써 가장 감정이 고조된 갈등을 상호이익을 위한 기회로 전환시키는 데에 필요한 도구들을 제공한다.

25년 전, 분열 상태에 있던 유고슬라비아의 한 카페에서 나는 우연히 새로운 패러다임의 필요성을 절감했다. 나는 당시 세르비아인들, 보스니아인 이슬람 교도들, 크로아티아인들로 이루어진 10대 난민들을 위해서 일주일 동안 열었던 갈등 해소 워크숍을 무사히 끝마친 뒤, 10대 몇몇과 함께 유고슬라비아와 미국에서의 생활 차이에 대해서 논의하고 있었다.[1] 이들 10대들의 머릿속에는 여전히 총성이 메아리쳤지만 우리는 허리케인의 눈 속에서 터키 커피를 마시며 축구와 워크숍에 참가한 사람들 중 누가 누구에게 반했는지 등에 대해서 이야기하고 있었다. 우리 중에는 푸른 눈을 가진 긴 머리의 열일곱 살 소녀 베로니카가 있었다. 그녀는 뚫어져라 정면을 응시하고 있었다. 그녀는 워크숍 내내 거의 침묵으로 일관했기 때문에 나는 잡담이 중단된 사이에 그녀가 갑자기 입을 열자 깜짝 놀랐다.

그녀는 접시 위에 시선을 고정한 채 말하기 시작했다. "9개월 전에 있었던 일이에요. 남자친구 집에서 같이 점심 식사를 하고 있었어요. 문을 두드리는 소리가 났어요. 그리고 총을 든 남자 세 명이 집으로 들어왔어요." 그녀는 계속 말을 이어가야 할지 확신을 하지 못한 듯 잠시 위쪽을 쳐다보았다. "그들은 제 남자친구를 벽 쪽으로 밀어붙였어요. 남자친구가 저항했지만 그들은 남자친구를 더 세게 밀어붙였어요. 저는 소리를 지르려고 했지만 아무 소리도 내지 못했어요. 저는 도움을 요청하러 달려나가거나 뭐든 하려고 했어요. 그러나 제 몸은 얼어붙었어요."

단조로울 대로 단조로웠던 그녀의 목소리는 더욱 낮게 깔렸고, 그녀는 두 눈을 더욱 크게 떴다.

"그들이 제 두 어깨를 잡아서 꼼짝 못 하게 만들었고, 제 바로 앞에서 남자친구의 머리를 잡았어요. 저는 남자친구의 두 눈에서 공포심을 봤고, 그는 풀려나기 위해서 몸을 흔들었지만 그럴수록 그들은 남자친구를 더 단단히 잡았어요."

그녀는 다시 이야기를 멈추었다가 이렇게 말했다. "그들 중 한 명이 칼을 꺼냈고, 제 눈앞에서 그의 목을 베었어요."

카페 안에는 적막이 깃들었다. 나는 의자에 몸이 붙어 굳은 것 같았고, 깜짝 놀란 표정으로 그녀를 쳐다보았다. 나는 그녀를 위로하고, 어떤 식으로건 그녀를 도와주고 싶었지만 무슨 말부터 꺼내야 할지 몰랐다. 그리고 그때,

베로니카는 이런 공포의 순간을 깨달았을 때 그랬듯 갑자기 입을 다물었다.

동료들과 나는 유고슬라비아에서 하룻밤을 더 보냈다. 새벽에 우리는 부다페스트로 향하는 기차를 탈 예정이었다. 나는 워크숍 참가자들과 헤어지게 되어서 슬펐다. 나는 그들에게 깊은 애정을 느꼈고, 그들은 악몽 같은 교전지대에서도 우리에게 자신들이 간직했던 비밀을 털어놓았다. 그러나 나는 슬픔보다 죄책감을 더 느꼈다. 나는 안락하고 안전한 미국으로 되돌아가겠지만 그들은 계속해서 절망적인 삶을 살아야 했기 때문이다.

다음 날 오전 일찍 우리가 탈 기차가 기차역으로 들어오자 나의 가슴은 뛰기 시작했다. 우리의 워크숍에 참가했던 10대 24명 모두가 선로 옆에 서서 손을 흔들었다. 베로니카도 있었다. 그녀는 우리에게 다가와서 작별 인사를 건넸다.

베로니카는 "(우리를) 도와주려고 오는 모든 다른 사람들처럼 되지 마세요. 우리를 기억하겠다고 말하고 나서 잊지 말아주세요"라고 말했다.

나는 그러겠노라고 약속했다.

잃어버린 조각

무엇 때문에 인간은 파괴적인 갈등에 휘말리게 되는 것일까? 종종 비참한 결과를 겪게 되는 데에도 불구하고 왜 우리는 심적으로 동일한 역학을 반복하는 성향이 있는 것일까? 그리고 우리가 가장 소중하게 생각하는 믿음과 가치가 훼손될 위기에 빠졌을 때, 감정이 고조된 갈등을 해소할 수 있는 방법은 무엇일까? 나의 연구의 중심에 있는 핵심 질문들이다.

당신이 베로니카만큼 끔찍한 상황을 접하지는 않을지 몰라도 감정이 고조된 갈등을 피해갈 수는 없다. 그런 갈등은 우리가 인간이기 때문에 어쩔

감정이 고조된 갈등의 구체적 사례들

- **부부**가 공동생활의 중요한 가치를 두고 씨름한다. 그들은 돈, 가정의 역할, 정치에 대한 이견들을 좁혀나가기 위해서 어떻게 협상해야 할까?
- **부모**가 가족과 종교나 계급이나 민족성이 다른 사람들과는 자녀가 결혼하지 못하게 막는다. 조금이라도 그런 결혼을 하려는 자녀는 누구나 미움을 받을 것이다.
- **실무 팀원들**의 문화적 성향이 서로 갈리고, 누가 팀장이 되어야 할지를 두고 내부 갈등을 겪는다. 둘로 나뉜 팀원들은 서로를 불신하고, 몰래 상대편을 헐뜯다가 끔찍한 결과를 얻는다.
- **기업의 고위 리더들**이 예산 할당 문제로 교착 상태에 빠지고, 회사가 표방해야 할 가치를 두고 의견이 엇갈린다. 그들이 단기적 이익과 장기적 평판과 지역 봉사활동 중에서 무엇을 최우선순위로 삼아야 할까?
- 한 **지역**이 인종적, 민족적인 계통에 따라서 주민들을 갈라놓은 논쟁에 휘말려 있다. 한 쪽 편 사람들은 다른 쪽 편 사람들과 대화하기를 거부하고 있으며, 폭력이 확대될지도 모른다는 암묵적인 공포가 확산된다.
- 한 **지역사회**가 지역의 관습과 가치를 위협하는 더 큰 '세계적 문화'에 의해서 자신들이 집어삼켜지고 있는 광경을 목격한다.
- 한 **정치단체** 회원들이 재원 확보를 위한 경쟁을 그들의 집단적 정체성을 정의하기 위한 탐색 활동으로 간주하기에 이른다. 그들은 권리를 얻기 위한 싸움에 뛰어들기 위해서 무기를 든다.
- 한 **나라**가 외국의 문화적, 종교적, 세속적 영향의 유입 속에서 국가 정체성 붕괴 문제를 둘러싸고 가치 판단적인 논쟁에 직면한다.

수 없이 겪게 되는 일의 일부이다. 당신은 애인에게 분개하거나, 동료에게 불만을 품거나, 악화된 민족 관계에 절망할지도 모른다. 위의 표는 이러한 갈등들이 갑자기 불거지는 수없이 많은 상황들 중 일부 사례들을 구체적으로 보여준다.

뿌리를 잘라내지 않고서는 이런 갈등을 해소할 수 없다. 뿌리는 합리성 아래로, 심지어 감정 아래로 파고들어 당신의 정체성의 정중앙까지 뻗친다. 논쟁에 뛰어든 사람들은 자동적으로 나 대 너 내지는 **우리** 대 **그들**처럼 각자의 정체성을 이분법적으로 정의하는 경향을 보인다. 우리는 손가락질하고, 비난하고, "이것이 **당신의** 실수이다"라고 주장한다. 그러나 이런 정체성의 충돌은 갈등을 확산시킬 뿐이다. 이보다 더 좋은 방법은 협력해서 차이를 줄이고, 각자의 관심을 알아내고, 양편 모두에게 유익한 합의에 도달하기 위해서 매진하는 것이다. 그러나 부부싸움에서부터 국가 간 충돌에 이르기까지, 감정이 고조된 갈등의 경우 협력적인 문제 해결만으로는 부족한 것으로 드러날 때가 종종 있다. 왜 그럴까?

첫째, 감정을 **해소**할 수가 없기 때문이다. 분노나 모욕감을 없애는 것은 수학 문제를 푸는 것과는 아주 다른 문제이다. 감정은 특이하다. 어떤 수학적 등식도 상대방이 어떻게 반응할지를 확실히 말할 수가 없다. 오늘 배우자에게 사과하면 역효과를 내더라도, 내일 사과하면 기적 같은 효과를 낼 수도 있다.

둘째, 이성적으로는 배우자나 상사 등과의 관계를 회복하기를 원하더라도 감정적 충동에 휘말려서 종종 싸움을 계속하게 된다. 감정이 고조된 갈등에 휘말릴 경우, 가슴속의 무엇인가가 당신이 협력적인 문제 해결을 하지 못하게 가로막는다. 그것은 분노의 응어리이거나 상대방이 당신을 이기려고 안간힘을 쓴다는 직감이거나 또는 **그들을 믿지 말라**고 속삭이는 목소리일 수도 있다. 당신이 애증 관계에 있는 누군가와 갈등을 겪을 때 협력을 거부하려는 내적인 충동이 갈등 해소를 방해할 수 있다.

끝으로, 상대방이 가진 믿음을 당신 것으로 받아들일 수 없기 때문이다. 치열한 논쟁이 벌어졌을 때, 당신의 정체성이 위협받더라도 정체성은 당신이 팔아치울 수 있는 재화가 아니다. 즉, 당신은 당신이 믿는 것을 믿는다.

그렇다면 감정이 고조된 갈등을 어떻게 해소할 수 있을까?

나는 지난 수십 년 동안 이 질문에 대한 답을 찾기 위해서 노력해왔고, 그 과정에서 몇 가지 중요한 깨달음을 얻었다. 이 책은 그런 노력의 결과물이다. 이곳 케임브리지와 카이로에서부터 상파울루와 취리히를 거쳐 다르에스살람과 시드니, 톈진에 이르기까지, 전 세계를 연구 목적으로 돌아다니면서 들른 카페에서 보낸 밤에 쓴 이 책은, 감정이 고조된 갈등이 협상 불가능한 것처럼 느껴질지 몰라도 결국은 그것도 해결이 가능하다는 깨달음을 가지고 집필을 시작했다. 그리고 이 책은 누구도 베로니카가 감내했던 고통을 당할 필요가 없다는 확신 끝에 탄생했다.

협상 방법

나는 가장 심각한 감정적 차이를 줄일 수 있는 실질적인 방법을 개발해왔다. 이 방법은 늘 간과되었던 갈등의 독특한 특징인 협상 당사자들 사이의 공간을 최대한 활용하는 것이다. 우리는 보통 갈등을 나 대 너 내지는 우리 대 **그들** 식의 이분법적 개념에 따라서 보며 우리만의 이익을 만족시키는 데에 집중한다. 그러나 갈등은 말 그대로 우리의 관계 속에서 우리 **사이**에 존재하며, 그 공간 속에는 협력을 방해하는 복잡한 감정적 역학이 머물고 있다. 감정이 고조된 갈등을 상호이익이 되는 기회로 전환하기 위한 방법을 학습하기 위해서는 이 공간에서 효율적으로 항해하는 방법을 배워야 한다.

나는 논쟁자들 사이에 있는 이 공간의 본질을 파헤치는 한편, 논쟁자들이 비타협적인 감정과 분열을 초래하는 역학과 상충된 믿음을 해결하도록 돕는 과정을 설계하는 것을 목표로 해왔다. 그 결과로 나온 것이 내가 합리적 정체성 이론(Rational Identity Theory)이라고 부르는 방법이다. 이 방법은 장작더미에 불을 붙이는 데에 필요한 몇 가지 간단한 조치가 역동적인 불의 효과를 생산하는 것과 상당히 흡사하게 역동적인 효과를 생산하는 실질적인 조치들을 특징으로 한다.

갈등 해소를 가로막는 한 가지 강력한 장애물은 내가 부족 효과(Tribes Effect)라고 부르는 것이다. 이것은 당신과 협상 상대방을 불가피한 적으로 간주하며 분열을 초래하는 사고방식이다. 이런 사고방식에 갇혀 있는 한 당신은 갈등에 매몰될 것이다. 탈출 방법은 이러한 시각에 사로잡히게 만드는 다섯 가지 숨겨진 힘들(부족적 사고에 빠지게 만드는 다섯 가지 유혹)에 대응하는 한편, **통합적 역학**(integrative dynamics) 과정을 통해서 긍정적인 관계를 개발하는 것이다. 이 과정에서 당신은 갈등을 이길 수 없는 문제처럼 느끼게 만들겠다고 위협하는 피할 수 없는 긴장인 **관계 변증법**(relational dialectics)에 직면할 것이다. 이 책은 이렇게 분명 협상이 불가능해 보이는 장애물을 뛰어넘는 길을 찾는 방법을 보여줄 것이다.

이 방법을 찾기 위해서 나는 여러 차례 실험실에서 실험을 실시했고, 수천 편의 연구 논문을 검토했으며, 정치 및 사업 리더십에 필요한 상담을 했고, 어려움에 빠진 가족과 커플들에게 조언했으며, 정치 분야 협상가부터 시민운동가, 주지사와 기업 임원들에 이르기까지 다양한 전문가 수백 명을 만나 인터뷰했다. 나는 감정과 정체성에 기초해서 갈등 해소의 뿌리를 찾는 연구 교육 기반 역할을 하는 하버드 국제 협상 프로그램을 설립해서 운영하고 있다.

이러한 경험들은 내게 많은 것을 가르쳐주었고, 이 책을 통해서 나는 내가 얻은 통찰들을 함께 나누고자 한다.[2] 이 책은 가장 걱정스러운 갈등 해소에 도움을 주도록 설계되었지만, 동시에 나의 약속을 지키기 위한 노력의 결과물이기도 하다. 나는 베로니카와 우리 워크숍에 참가했던 나머지 23명의 젊은이들 그리고 갈등의 어떤 편에 서 있건 정체성이라는 미명 아래서 고통받고 있는 전 세계의 모든 분들을 존중하고 싶다. 나는 더 나은 방법이 있다고 믿는다. 나는 **분명** 그런 방법이 있어야 한다고 믿는다.

이 책은 나의 그런 믿음을 보여주는 증거이다.

케임브리지, 매사추세츠 주

다니엘 샤피로

제1부

우리는 왜 갈등에 빠지는가?

1

감정이 고조된 갈등은 해결하기 어렵다

우리 모두 감정이 고조된 갈등 때문에 애를 먹어본 적이 있다. 그런 갈등은 집, 직장 또는 지역사회 안에서 일어나서 우리에게 상당한 대가를 치르게 만들 수 있다. 부부는 이혼하고, 가족은 갈라서고, 기업은 유해한 사내정치와 소송 때문에 허물어진다. 국가 시스템은 균열되고 폭력의 먹잇감이 된다. 이러한 갈등들의 강도가 워낙 강력하다보니 그것들이 우리의 삶을 장악해버리고, 우리에게 극심한 스트레스를 준다. 또 그것들을 극복하기가 불가능할 것 같은 기분이 들게 만든다. 그러나 그러한 갈등들은 해결이 가능하다. 이 책은 심리학과 갈등 해결 분야에서 일어난 여러 가지 갈등 치유 방법을 통해서 어떻게 그것이 가능한지를 보여줄 것이다.

감정이 고조된 갈등은 우리를 극도로 좌절시킬 수 있다. 그것을 해결할 수 있는 방법이 없는 것처럼 느껴지기 때문이다. 우리가 우리의 시각만을 고집한다면, 상대방도 역시 그의 시각만을 고집하게 되어 논쟁은 격화될 것이다. 상대방의 요구를 수용할 때 우리는 원통해한다. 우리가 갈등에 대한 논의를 아예 피한다면 갈등은 지하로 숨어버린다. 그럴 경우에는 갈등을 해결하기 위해서 노력을 해보았자 아무 소용이 없다. 우리가 가족이나 동료와의 갈등을 해결하기 위해서 노력했지만 소용이 없었던 적이 얼마나 자주 있었던가?

따라서 우리는 우리가 겪는 문제들을 해결할 수 있는 일종의 '마법 같은 약'이 있는 것처럼, 우리의 관계상의 문제들을 신속히 치유하고 고칠 수 있는 방법을 찾아보겠다. 그러나 인생이 그렇게 만만하지만은 않다. 우리의 제대로 기능하지 못하는(dysfunctional) 관계를 야기하는 고질적인 패턴들로부터 벗어나기 위해서는 시간과 노력이 요구된다.

이 책은 우리가 겪는 갈등의 본질로 파고 들어가서, 그것을 성공적으로 해결할 수 있는 보편적으로 적용 가능한 방법을 제시한다. 우리는 돈, 정치, 재원 등의 실질적인 문제들 아래에 숨어 있는, 우리의 상호작용에서 정체성이 하는 역할을 살펴보아야 한다. 우리가 우리라는 존재 내지는 우리가 추구하는 것 때문에 위협을 느끼는 순간, 일련의 감정적 힘이 덮치면서 우리를 갈등의 덫으로 유인한다. 우리는 적대적 사고방식에 갇히게 된다. 이러한 유혹에 맞서야 불만을 치유하고, 관계를 복원할 수 있는 감정을 복구할 수 있는 감정적 공간이 열린다.

앞으로 우리는 이 방법에 대해서 자세하게 알아볼 생각이다. 각 장은 앞장을 기반으로 하고 있으며, 대부분의 장들은 갈등을 해결하는 도구들을 적용하는 방법에 대한 실질적인 지침을 제공하는 '개인별 응용 문제(Personal Application Worksheet)'로 끝난다. 이 문제들은 변화 과정에 꼭 필요하며, 변화의 틀과 함께 가장 거북한 관계들을 해소할 수 있는 종합적인 방법을 만들어준다.

우리는 이제 정체성이 우리 모두에게 미치는 엄청난 힘을 잘 설명해주는 사례를 살펴보도록 하겠다. 사례별 상황이 이례적으로 보일 수도 있겠지만 갈등을 유발하는 역학은 그렇지 않다. 사례를 읽어보면서 그것이 당신 자신의 인생과 우리 주변의 격동적인 세계 내에서 일어나는 갈등을 어떻게 반영하고 있는지 생각해보라.

2

생각하는 정도 이상으로 정체성이 중요하다

세계는 다보스에서 폭발했다. 몇 년 전, 눈으로 덮인 스위스 산맥에서 열린 세계경제포럼 연례총회에서 일어났던 일이다. 나는 언론의 눈과 귀를 피해서 한적한 곳에 있는 조그만 방에서 전 세계의 리더 45명을 모아놓고 회의를 열었다. 이 리더들은 세계에게 가장 까다로운 갈등을 협상했지만 누구도 다음에 일어날 일, 즉 총회가 열린 홀에서 벗어나 우리 모두의 삶에 깊숙이 영향을 미칠 가장 이상한 종류의 협상에 대해서는 준비하고 있지 않았다.[1]

이 모든 일은 충분히 순진하게 시작되었다. 리더들이 회의실로 몰려들자 젊은 직원 한 사람이 그들 각자에게 색이 있는 스카프를 건네주고 그들을 6개 테이블 중 한 곳으로 안내했다. 나는 『포천(Fortune)』지가 선정한 50대 기업의 최고경영자(CEO)가 자리를 찾아서 움직이자, 뒤따라 한 부통령이 그 CEO의 자리로 가서 고개를 끄덕이며 그와 외교적인 인사를 나누는 모습을 보았다. 한 유수 대학의 총장은 안보 전문가 옆에 앉았고, 이웃한 테이블에는 한 예술가가 교수와 대화를 나누고 있었다. 잔잔한 배경 음악이 흘렀고, 조명은 밝았다.

오후 1시가 되자 음악이 멈추었고, 나는 방 가운데로 걸어나갔다. 나는 무엇인가 기대하는 듯한 표정으로 나를 쳐다보고 있는 귀빈들을 찬찬히 살펴보면서, 다소 긴장된 말투로 "환영합니다. 오늘 여러분 모두와 함께 자리를 하게 되어서 영광입니다"라고 말했다.

내 뒤에 놓인 화면에 '부족'이라는 단어가 나타나자, 나는 모임을 시작했다. "우리 세계는 점점 더 부족적인 세계로 변하고 있습니다. 전 세계의 상호 의존성과 기술 발전이 결합되면서 우리는 더 많은 사람들과 연결될 기회를 더 많이 가지게 되었습니다. 그러나 이러한 연결의 가닥, 이 새로 생겨나는 글로벌 커뮤니티는 또한 우리의 정체성의 기본적인 측면들을 위협하고 있습니다. 따라서 우리가 부족의 보호와 지속성에 빠져들게 되는 경향을 보이는 것이 자연스러워졌습니다."[2]

모여 있던 인사들은 나의 말에 흥미를 느낀 것 같았다. 나는 말을 이어갔다. "우리 모두 다양한 부족에 속해 있습니다. 부족은 종교, 민족성, 우리의 직장 중 무엇을 토대로 했건 간에 우리와 같은 부류라고 생각되는 사람들의 집단을 말합니다. 우리는 부족에게 친척 같은 유대감을 느낍니다. 우리는 부족에게 감정적으로 투자합니다. 이는 종교 단체나 국가도 부족처럼 느껴질 수 있다는 뜻입니다. 가족은 매우 긴밀하게 얽혀 있기 때문에 부족처럼 느껴집니다. 다국적 기업들조차 부족의 느낌을 띨 수 있습니다. 부족은 우리의 주위 어디에나 있습니다. 오늘 우리는 부족의 힘에 대해서 자세히 알아보겠습니다. 여러분과 여러분이 앉아 계신 테이블에 같이 앉아 계신 분들끼리 서로 얼굴을 익히면서 여러분들만의 부족을 만들 기회를 가지게 될 것입니다. 50분 동안 시간을 드릴 테니 여러분이 속한 부족의 핵심적인 특징들을 정의할 수 있는 몇 가지 까다로운 질문들에 답변하시기 바랍니다. 투표가 아닌 합의를 통해서 이 모든 질문들에 대답하십시오. 그리고 반드시 여러분의 신념체계에 진정성을 보여주셔야 합니다."

내가 여러 질문들이 담긴 용지를 나누어주기 전까지는 모든 사람들이 나의 지시에 수긍하는 것 같았다. 그러던 중 한 교수가 손을 번쩍 들더니 "우리가 합의를 통해서 이 질문들에 대답하라는 겁니까? 50분 동안에요? 말도 안 됩니다!"라고 말했다.

세션 참가자들은 "당신의 부족은 사형 제도의 필요성을 믿습니까?", "당신의 부족은 낙태 제도의 필요성을 믿습니까?", "당신 부족이 가장 중시하는 세 가지 가치는 무엇입니까?"처럼 도덕적으로 이견이 있을 수 있는 질문들에 대답해야 했기 때문에 교수의 기분이 상한 것도 당연할 수 있었다.

나는 교수에게 "저는 이 훈련을 수십 번 했는데 모든 사람들이 언제나 어떻게든 끝낼 수 있더군요. 그러니 최대한 노력해보시고 할당된 시간이 끝나기 전에 각 질문에 답을 다시기 바랍니다"라고 말했다. 그는 마지못한 듯 고개를 끄덕였고, 다른 참가자들도 질문에 답하기 시작했다. 한 부족은 부족의 가치들을 정의하고 그것들에 우선순위를 매기는 데에 30분 가까이를 썼고, 또다른 부족은 사형 제도가 합법적이어야 하는지를 놓고 장시간 논쟁을 벌였다. 구석 끝에 앉아 있던 한 부족은 술집에 모인 친구들처럼 웃고 농담을 주고받았고, 이웃 테이블에 앉아 있던 한 부족은 답을 찾는 데에 깊이 몰두했다.

50분이 되자 방 안은 칠흑같이 어두워졌다. 불길한 음악이 연주되기 시작했다. 파이프오르간은 잊기 힘든 음계의 소리를 냈다. 여든다섯 살의 한 벤처 자본가가 "무슨 일이지?"라고 속삭였다. 옆문에서 커다란 노크 소리에 이어 쾅 하는 소리가 크게 나자 그는 머리를 돌렸다. 방 안에 있던 사람들 모두가 무슨 일이 일어날지 확신하지 못한 채 침묵에 빠졌다. 파리 같은 검은 두 눈을 크게 뜬 담녹색 피부의 외계인이 불쑥 방으로 들어왔다. 외계인은 놀라서 입을 딱 벌리고 바라보던 벤처 자본가 옆을 지나서 테이블들 사이로 손을 흔들며 걸어 들어온 다음에 긴 녹색 촉수로 교수의 머리를 천천히 쓰다듬었다. 외계인은 "이 쥐꼬리만 한 지구인들아. 나는 지구를 파괴하기 위해서 여기 왔다"라며 으르렁거렸다.

외계인은 이어 조롱하듯이 말했다. "내가 당신들에게 이 지구가 완전히 파괴되는 것을 막을 수 있는 단 한번의 기회를 주겠다. 이 여섯 개 부족들 가운데 하나를 이곳에 모인 모든 사람들을 위한 부족으로 정해야 한다. 당신들 모두 그 부족의 특징들을 가져야 한다. 그 부족의 특징들 중 어떤 것도 바꿀 수는 없다. 그리고 세 차례의 협상 끝에도 완전한 합의에 도달할 수 없다면 이 세상은 파괴될 것이다!" 더 크게 으르렁거리면서 이 마지막 말을 내뱉은 외계인은 이어 두 팔을 넓게 벌려서 들더니 큰 소리로 웃으면서 방을 떠났다.

다시 불이 들어왔고, 모든 사람들이 황당한 표정으로 주위를 둘러보았다. 간혹 웃음소리도 들렸다. 참가자들은 앞으로 해야 할 협상 전략을 짜기 위해서 각자 테이블로 모여들면서 행동에 나서기 시작했다.

방의 중앙에 6개의 높고 둥근 의자들이 놓여 있었고, 의자마다 각 부족의 대표가 한 명씩 앉았다. 나는 1라운드 시작을 알렸고, 부족들은 협상을 위해서 대표들을 보냈다. 1라운드는 상당히 우호적인 분위기 속에서 진행되었다. 6개 부족들이 서로의 핵심 특징들에 대해서 알아가는 시간을 가졌다.

그리고 몇 분 뒤, 두바이 소재 기업의 한 CEO가 "어떻게 협상할지부터 이야기를 시작해봅시다. 여기서 어떻게 결정을 내릴 겁니까?"라고 말했다. 이것은 사실상 어떤 협상 컨설턴트라도 제기되어야 한다고 조언할 합리적이고 좋은 질문이었다. 그러나 CEO의 질문은 '행복한 부족'에 속한 한 잡지사의 편집장 때문에 묵살되었다. 이 편집장은 자신의 부족을 옹호해야겠다는 부담감을 느끼면서 "왜 아무도 우리 부족 사람들이 하는 말에 귀를 기울이지 않습니까?"라고 투덜댔다.

그러자 세계적인 부족에 속한 한 대표가 "말할 수 있는 기회가 생길 겁니다"라고 대답했다. 그러나 잡지사 편집장이 다른 말을 할 기회를 얻기 전에 1라운드가 끝났다.

2라운드에서는 방 안의 감정적인 온도가 높아지기 시작했다. 이 리더들은 세계를 구하고자 하는 결의가 대단했다. 깔끔하게 차려입은 기업 임원이자 카리스마가 넘치는 무지개 부족의 대표는 "우리는 모든 유색 인종, 모든 성, 모든 민족들을 신뢰합니다. 우리 부족으로 오세요! 우리는 여러분 모두를 포용하겠습니다!"라고 말했다. 그는 환영의 제스처로 두 팔을 활짝 벌렸고 곧바로 두 부족이 그의 부족에 합류했다. 벤처 자본가가 팔짱을 낀 채 무지개 부족 대표를 바라보더니 "우리 모두가 평등하다면 **우리** 부족으로 들어오는 것은 어떻습니까?"라며 투덜댔다.

3라운드가 시작되자 방 안의 분위기는 격양되었다. 이번 라운드 대표들에는 남자 5명과 여자 1명이 포함되어 있었는데, 이들은 모두 인도주의 내지 연민이 보다 중요한 핵심 가치를 의미하는지에 대해서 논쟁을 벌였다. 남자들은 다른 남자들 및 여성과 소리를 지르며 싸웠다. 너무 화가 나서 얼굴에 홍조를 띤 여성은 의자 위로 올라가서 손가락질을 하며 "이것은 남성의 경쟁심 강한 행동을 보여주는 또다른 사례에 불과합니다! 당신들 모두 내 부족으로 오세요!"라고 소리쳤다. 한 부족만이 그녀의 부족에 합류하기로 했다.

잠시 뒤, 세계는 폭발했다.

갈등을 일으키는 근본적인 힘

부족 훈련의 결과를 다보스에 모인 리더들에게만 일어난 특별한 일로 일축하고 싶은 마음이 들 수 있겠지만, 그들의 본능은 사실상 당신이나 나의 그것과 다르지 않다. 나는 지난 20년 동안 법, 경영, 심리, 정치를 전공한 학생들뿐만 아니라 유럽과 중동 및 북아메리카, 오스트레일리아 그리고 아시아 지역의 주요 정지와 기업 분야 리더들을 대상으로 수십 차례에 걸쳐서 이 훈련을 실시했다. 그리고 세계는 불과 몇 차례를 빼고는 언제나 폭발했다.[3] 이러한 부족의 역학이 너무나 매력적으로 보인 나머지 참가자들은 단지 50분 만에 급조된 정체성을 위해서 세계를 구하겠다는 목표를 간과했다.

전 세계를 돌아다니면서 한 연구 결과, 나는 부족 훈련이 실제 세계의 갈등과 똑같은 감정적 역학을 일으킨다는 결론을 내리게 되었다. 이혼하는 부부들, 경쟁 관계에 있는 사업부들 그리고 라이벌 파벌들의 삶 속에서 세계가 얼마나 쉽게 폭발하는지 생각해보자. 그리고 우리의 세계가 안보, 기후 변화, 세계무역을 둘러싸고 겪는 공통된 위기에 접하고 있는 상황에서 골수 부족 의식은 점점 더 전체 인류를 위기로 몰아넣고 있다.

그러나 이런 역학에 사로잡혔을 때 그것을 간파하기는 힘들다. 다보스에서 부족 훈련에 참가했던 한 국제적으로 저명한 랍비(유대교 지도자/역주) 한 분은 아주 부끄럽다는 듯 "우리 부모님과 저는 홀로코스트의 희생자가 될 뻔했습니다. 저는 '다시 그런 일이 생기면 가만있지 않겠다'라고 맹세했습니다. 그렇지만 저는 여기서 너무 늦었을 때까지도 일언반구도 저항하지 못하고 이 연습의 정해진 규칙에 묶여 있었습니다"라고 말했다. 한 학자는 "저는 통합적 리더십을 보여주거나 아니면 게임의 규칙을 깨면서 선동가가 될 작정이었습니다. 그러나 둘 다 실패했고, 역사와 인류가 그냥 가는 대로 내버려두었습니다"라고 말했다.

갈등 해소의 핵심적 차원들

이 책은 감정이 고조된 갈등을 해소하는 데에 중요한 조언을 제시한다.[4] 리더들이 갈등 해소의 핵심적 차원들인 합리성, 감정, 정체성 문제를 해결했다면, 다보스에서 세계를 구할 수 있었을 것이다.* 학자들은 종종 이러한 차원들을 독립적인 것처럼 취급하는데, 신경과학의 연구 결과는 그것들이 상호 관련되어 있음을 시사한다.[6] 이 세 가지 문제를 해결해야만 우리는 감정이 고조된 갈등의 만족스러운 해결에 도달하기를 기대할 수 있다.

경제적 인간

갈등 해결의 첫 번째 차원은 **경제적 인간**(*Homo economicus*)이라는 인간의 행동 모형에 따라서 사람들을 합리적 행위자로 간주한다. 이 모형은 인간의 주된 동기는 최대한 효율적으로 개인의 이익을 충족시키는 것이라고 주장한다. 당신이 자신뿐만 아니라 상대방의 이익을 만족시킬 수 있다면 더할 나위 없이 좋다. 이러한 패러다임의 결정적인 특징은 상호이익을 최대한으로 늘리거나 최소한 상대방의 이익에 피해를 주지 않고 당신의 이익을 충족시킬 수 있는 합의를 모색하는 것이다.

이러한 모형이 확실히 매력적이기는 하나 다보스에서 일어난 폭발은 이것이 가진 한계를 드러낸다. 부족 훈련에 참가했던 전 세계 리더들은 모두

---

* 나는 '갈등 해소'를 불화에서 조화를 낳는 과정으로 정의한다. 이는 갈등 해소가 국제적 중재에서부터 사과하기 위해서 배우자에게 하는 포옹에 이르기까지 모든 일을 아우른다는 의미이다. '해소'를 의미하는 영어 단어 'resolve'는 라틴어 re와 solvere로부터 나왔다. '해소한다'는 것은 매듭을 풀듯이 녹여 없앤다는 뜻이다. 감정이 고조된 갈등에서 정확히 이런 일이 일어나야 한다는 것이 나의 믿음이다.[5] 우리는 유해한 관계를 풀고, 녹여 없앰으로써 내가 인간의 성격의 기본이라고 확신하는 자연스럽고 조화로운 관계를 맺을 수 있는 길을 열어야 한다.

위기의 순간에 남들을 이끌어본 이례적인 경험이 많았고, 재량껏 동원할 수 있는 온갖 합리적인 도구들을 가지고 있었다. 그런데 두바이에 소재한 회사의 CEO가 부족들에게 협상 과정을 정의해달라고 촉구했을 때처럼 그들은 자기에게 유리하게만 이성을 이용하기 위해서 애썼다. 그들은 또한 세상을 구하고, 실패한 노력 때문에 겪게 될 공개적 망신을 피하려는 강력한 동기를 가졌다. 그러나 이 리더들이 합리적 수단을 동원해서 세상을 구할 확률이 아무리 높더라도 세상은 궁극적으로 그들의 눈앞에서 폭발했다. 이것은 사실상 그들이 한 말과 행동이 빚어낸 결과였다.

감정적 인간

새로운 세대의 연구는 갈등 해소의 두 번째 차원으로 감정을 제시한다.[7] 당신은 합리적인 의사 결정자로 끝나지 않는다. 이성 너머에는 감정적인 영역이 놓여 있는데, 이것은 당신의 행동과 사고를 활성화시킨다. 다시 말해서 당신은 소위 **감정적 인간**(*Homo emoticus*)이라고 불릴 수 있는 존재이다. 이 모형에 따르면 감정이 갈등 해소를 촉진할 수 있다. 단, 이때 상대방이 당신에게 하고 있는 말을 경청해야 한다. 배고픔이 음식을 섭취하라는 경고이듯이 감정은 충족되지 않은 심리적 욕구가 있음을 경고한다. 예를 들면 좌절감은 무엇인가가 당신이 하는 일을 방해하고 있음을 알려주고, 죄책감은 잘못된 행동을 시정하게 만든다. 감정은 당신에게 상황이 유리하게 전개되고 있는지 알려주는 메신저이다. 필요에 따라서 경로를 수정하기 위해서 이 신호들을 어떻게 이용할지는 당신에게 달렸다.

그러나 감정은 갈등 해소를 방해할 수도 있다. 다보스에 모인 리더들이 다른 리더들을 자신이 소속된 부족에 끌어오기 위해서 감정적으로 호소했지만 그러한 노력은 실패로 끝났다. 분노, 자부심, 분개는 협상이 교착 상태로 끝날 때까지 부족 간의 차이를 증폭시켰다.[8] 세상이 폭발한 후에 나는 리더들에게 "이번 훈련에서 다른 사람이 비합리적으로 행동했다고 생각하는 분은 얼마나 됩니까?"라고 물었다. 거의 모든 사람들이 손을 들었다. 한 부통령은 집단이 겪은 경험의 새로운 주제를 "우리는 부족 세계에 살고 있다. 우리가 감정을 건설적으로 다룰 수 없을 경우 불행한 결과를 맞게 된다"라고 요약, 정리했다.

정체성을 가진 인간

다보스에서 세상이 폭발한 이유와 당신 자신의 삶 속에서도 세상이 폭발할 수 있는 이유를 이해하기 위해서는 이성은 물론이거니와 심지어 감정을 벗어나서 정체성의 영역까지도 살펴보아야 한다. 인간 행동의 이 세 번째 차원은 내가 **정체성을 가진 인간**(*Homo identicus*)이라고 부르는 인간 행동 모형으로 대표된다. 이 모형은 인간이 그들의 존재에서 의미를 찾는다는 원칙에 뿌리를 내리고 있다.

감정이 고조된 갈등은 당신이 누구이고, 중요하게 생각하는 것은 무엇이고, 어떻게 인생의 의미를 찾는지 등 정체성의 근본적인 측면들과 연결되어 있다는 점에서 '대가'가 따른다. 다시 말해서 그것은 **당신**을 위협한다.

감정이 고조된 갈등은 종종 전적으로 종교나 정치나 가족애 같은 가치 판단적인 차이 때문에 생기지만, 인간은 어떤 문제에나 상당한 애착을 느끼면서 그것에 집착할 수 있다. 다시 한번 다보스의 교훈을 생각해보자. 리더들이 세상을 희생시키면서까지 지켰던 새로 형성된 정체성에 그토록 강력히 집착하는 데에 걸린 시간은 고작 50분이었다. 실제 세상 속에서 오래 지켜온 믿음과 가치가 위협을 받을 때에 협력해서 협상한다는 것이 얼마나 어려울지 생각해보자. 예를 들면, 다국적 기업이 중국, 독일, 남아프리카 공화국, 미국 직원들이 각자 고국에서 일하면서 회사 문화와 현지 관습이 조화되도록 시도할 때, 그것들 사이에 생기는 문화적 충돌을 어떻게 해결할 수 있을까? 예루살렘에서 이웃한 이슬람 교도와 유대 커뮤니티들 사이에 정치적인 갈등이 생겼을 때, 유엔 케냐 출신 중재자가 어떻게 가장 생산적으로 갈등 해소를 도울 수 있을까? 그러한 갈등은 정체성에 대한 인식을 고려하지 않고서는 사실상 해결이 불가능하다.

정체성을 가진 인간은 당신의 개인적인 정체성뿐만 아니라 당신과 상대방 사이의 공간과도 관련된다. 당신이 맺는 관계의 성격은 무엇인가? 부부가 끊임없이 싸운다면 그들 사이의 공간에서는 긴장감이 느껴질지도 모른다. 그들의 친구들이 재빨리 눈치를 채고 "그들 사이에 무슨 일 있어?"라고 물을 수 있다. 이런 공간이 차갑고 막혀 있을 수도, 혹은 따뜻하고 안락해 보일 수도 있다. 그리고 그곳의 감정적 역학은 당신과 상대방을 따로 떼어놓을 수도, 혹은 반대로 합쳐놓을 수도 있다. 은하계에서 두 개의 반짝거리는 별들 사이의 공간에는 아무것도 없지 않다. 그 공간에는 두 별의 관계를 만드는 중력이 있다.[9] 마찬가지로 당신과 상대방 사이의 감정적 공간은 둘 사이의 관계를 친구나 적이나 연인이나 반역자 관계로 정의한다.

정체성이 가진 힘을 파헤치기

이 책은 정체성이라는 복잡한 풍경을 항해할 수 있는 강력한 방법을 밝힌다. 당신은 **사실들**에 대해서는 확실하게 알 수 있지만 자기 자신을 결코 100퍼센트 알 수 없다. 자신에게 가장 가까이 다가가는 방법은 심사숙고하는 것이다. 더 곰곰이 생각할수록 더 많이 알게 된다.[10] 따라서 이 책을 읽으면서 가장 힘들었던 갈등에서 정체성의 역할이 무엇이었는지 생각해보라. 당신은 새로운 갈등 해소의 가능성만큼이나 관계 파탄을 조장하는 숨겨진 힘들을 보게 될 것이다.

다보스에 모인 리더들은 이 과정에서 실수를 했다. 세상이 폭발한 후에 그들은 침묵에 빠졌다. 나는 "기분이 어떻습니까?"라고 물었다. 교수 한 사람을 빼고는 모두 우울해 보였다. 교수는 얼굴이 벌겋게 상기된 채 일어나서 나에게 손가락질을 하며 "당신이 잘못해서 이렇게 되었습니다!"라고 소리쳤다. 그는 이어 "우리가 짧은 시간 동안 그 많은 질문들에 억지로 대답하게 만들어서 우리가 세상을 폭발시키게 미리 설정한 겁니다"라고 말했다. 그는 머리를 절레절레 흔들고는 "이 모든 것이 당신의 실수 때문입니다"라고 말하면서 팔짱을 끼고 앉아 나를 노려보았다.

나는 세상이 폭발하는 사건이 일어날 경우 집단 내 누군가가 나를 비난할지도 모른다고 예상했다. 나는 쉬운 공격 목표였고, 많은 측면에서 정당한 목표물이었다. 그러나 교수의 분노는 내가 앞서 예상했던 수준을 넘어설 정도로 강력했다. 모든 사람들의 시선이 내게로 향했다.

나는 "당신의 말씀이 맞습니다"라면서 이렇게 말했다. "저는 이번 훈련에서 세상이 폭발하도록 만들기 위해서 능력껏 온갖 일을 가리지 않고 다 했습니다. 저는 여러분에게 사실상 합의가 불가능한 질문들을 던졌습니다. 저는 여러분에게 제한적인 협상 시간만을 드렸습니다. 저는 외계인을 시켜 여러분이 다른 부족들을 버리고 한 부족만을 선택할 수밖에 없게 만들었습니다. 네, 그렇습니다. 여러분 생각이 옳습니다."

내가 나의 책임을 인정하자, 교수의 표정은 한결 부드러워졌다. 그는 팔짱을 풀었다.

나는 천천히 말을 이어갔다. "그러나 결국 **여러분**은 어떤 식으로건 선택을 했습니다. 여러분은 합의에 이를 수 있었습니다. 또 내게 질문하고 규칙을 거부할 수 있었습니다. 그럴 수 있었지만 그렇게 하지 않았습니다. 여러분에게 선택권이 있었습니다."

교수는 두 볼이 상기된 채 고개를 끄덕였다. 나는 그가 인정하고 싶지 않았던 진실을 밝혔던 것이다. 그와 다른 리더들은 세상을 구할 수 있는 충분한 힘을 가지고 있었지만 그렇게 하지 못했다. 그들은 좁은 정체성의 정의 속에 스스로를 가둔 후, 세상이 불길에 휩싸여 붕괴되도록 방치했다. 갈등이 불변의 것처럼 느껴졌을지라도 실제로 그런 적은 없었다.

3

정체성은 협상이 불가능한가?

영국의 동화작가 루이스 캐럴이 쓴 기발한 동화 『이상한 나라의 앨리스 (*Alice's Adventures in Wonderland*)』에 등장하는 매력적인 소녀 앨리스가 물담배를 피우는 불가사의한 애벌레를 만났을 때, 애벌레는 앨리스에게 "너는 누구니?"라는 얼핏 단순해 보이는 질문을 던진다.

앨리스는 머뭇거리다가 "저는, 저는 잘 모르겠어요. 그냥 지금은 적어도 제가 오늘 아침에 일어났을 때는 누구였는지 알고 있었지만, 분명 그후 몇 번은 변했다고 생각해요"라고 대답한다.[1]

앨리스는 정체성에 대해서 묻는 까다로운 질문들 때문에 더듬거린다. 그녀는 자신이 누구이고, 어떻게 지금의 모습이 되었고, 심지어 자신이라고 **생각하는** 사람이 자신인지를 어떻게 알고 있을까? 아침부터 몇 번은 틀림없이 변했다는 그녀의 생각은 그녀가 정체성이 유동적이라고 확신하고 있음을 보여준다. 그러나 불쌍한 앨리스를 괴롭히는 것은 그러한 믿음에도 불구하고 그녀는 자신이 체험한 경험에서 일관성을 **느낀다는** 사실이다. 앨리스는 자신이 변했다는 것을 알고 있지만 늘 똑같이 느낀다.

이런 역설은 갈등 해소 문제의 중심에 자리잡고 있다. 정체성이 절대적으로 고정되어 있다면 갈등 해소의 유일한 방법은 자신의 정체성을 포기하거나 상대방에게 정체성을 포기하도록 설득하는 것뿐이다. 따라서 갈등은 모 아니면 도 식의 문제가 된다. 그러나 당신의 정체성이 전적으로 유동적이라면 당신과 상대방이 각자 합의를 존중할지 확신할 수 없다. 당신이 오늘 바뀐 사람이라면 어제 했던 행동에 대해서 어떻게 책임을 질 수 있다는 말인가?

해결 방법 : 정체성의 이중적인 성격

앨리스는 갈등 해소에 필수적인 것으로 입증된 통찰력을 발휘하면서 우리가 이 수수께끼로부터 벗어날 수 있게 한다. 그녀의 정체성의 일부는 변하지만 다른 일부는 똑같이 유지된다. 그녀의 정체성은 유동적이면서 고정적이다.[2]

그러나 갈등에 휘말릴 경우에는 이러한 사실을 놓치기가 쉽다. 정체성을 위협받게 되면 자신을 방어할 태세를 갖추고 정체성을 단 하나의 불변의 전체로 간주한다. 나는 이것을 **고정된 정체성의 오류**(fixed-identity fallacy)라고 부르겠다. 그리고 이 오류로 인해서 당신은 상대방에게 **당신의 시각**과 옳고 그름에 대한 느낌과 **당신이 중시하는 가치**에 순종할 것을 요구하면 된다고 생각한다. 상대방이 이와 똑같은 이기적인 추정을 고집할 경우 두 사람 모두 갈등 해소가 아주 힘들어졌다고 느낄 때까지 전례 없이 심각한 교착 상태에 빠지게 된다.

그러나 이것은 착각이다. 처음부터 갈등을 해소할 수 없다고 추정하는 것은 타협 가능성을 땅속 깊이 파묻는 것과 같다. 감정이 고조된 갈등을 해소하기는 어렵지만, 정체성에서 바뀔 수 없을 것처럼 보이는 측면들보다 당신이 영향을 미칠 수 있는 측면들로 관심을 전환하는 것이 훨씬 더 유용하다. 실제로, 사실상 정체성의 모든 부분들은 어느 정도 유동적이다. 다만

일부가 다른 부분보다 바꾸기가 훨씬 쉬울 뿐이다.[3]

이번 장은 고정된 정체성의 오류를 극복하기 위한 기본적인 도구들을 제시하면서 이 책의 나머지 부분의 기틀을 마련한다. 정체성이 광범위한 영향을 미치지만 논쟁 당사자들은 그것이 무엇인지 내지는 그것을 어떻게 해결할지를 잘 모른다. 따라서 이번 장에서는 계속해서 갈등을 유발하는 정체성의 가장 중요한 측면들을 찾아내서 그것들을 최대한 자신에게 유리하게 이용할 수 있게 도와주는 틀을 제시하겠다.

당신은 누구인가?

정체성은 당신을 정의하는 전(全) 영역대의 지속적이고 순간적인 특성들로 이루어져 있다.[4] 이러한 특성들이 통합되어 당신을 하나, 즉 몸과 생각, 신경 기관과 사회적인 위치, 무의식적인 사고 과정과 의식적인 사고 그리고 지속적인 존재감과 일시적인 관찰력을 아우르는 통합된 전체로 만든다.

이러한 특성들이 당신을 정의하지만 당신도 그것들을 정의한다. 당신은 분석의 대상이자 동시에 분석의 **주체**이다. 이러한 상호 관계는 서로 다른 손을 그리고 있는 예술가의 손들을 묘사한 네덜란드의 판화가 M. C. 에스허르의 스케치 '그리는 손'을 통해서 생생히 드러난다. 아들 재커리가 여섯 살이었을 때 내가 아이에게 에스허르의 그림을 보고 어떤 생각이 드는지 묻자, 재커리는 "그는 자기를 **만들고 있네요**!"라고 말했다. 정체성이라는 것도 자기가 자기를 만드는 것이다.

이러한 자기 지시적(self-referential) 성격을 인식한 일부 협상 학자들은 정체성이 "자기 자신에 대해서 자기에게 하는 이야기"라고 주장했다.[5] 이러한 정의는 통찰력은 있지만 불완전하다. 당신은 단지 말로 들을 뿐만 아니

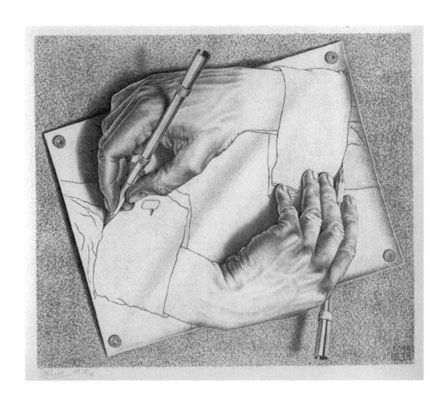

라 느껴지는 이야기이다. 당신은 그 이야기의 전형이자 그것을 말하는 사람이다.[6] 선구적인 심리학자인 윌리엄 제임스는 자기 자신에게 하는 이야기는 the me이고, 체화된 경험은 the I라고 말했다.[7] 몰려드는 부끄러움, 도망치고 싶은 욕구, 말하고 싶은 충동 등 갈등 속에서 경험하는 모든 것들이 살면서 느끼는 것들일 뿐만 아니라 실시간으로 당신에 의해서 당신 자신에게 설명되는 것들이다.

핵심 정체성과 관계형 정체성이라는 정체성의 두 가지 측면은 감정이 고조된 갈등 해소에 중요하다. 이후 장들에서 나는 이 두 가지 측면을 설명하고, 갈등 해소를 위해서 그것들을 최대한 이용할 수 있는 방법을 분명히 보여주겠다.

당신의 핵심 정체성을 인식하라

핵심 정체성은 당신을 개인 내지는 집단으로 정의하는 특성들로 이루어진 영역이다. 이것은 신체, 성격, 직업부터 시작해서 영적 믿음과 문화적 관행에 이르는 모든 것을 포함한다.[8] 핵심 정체성을 가진 사람이 아무도 없다면 이 세상은 혼돈의 나락으로 빠질 것이다. 국가들은 헌법이나 국기가 없고, 기업들은 브랜드가 없으며, 사람들은 이름이나 성격이 없을 것이다. 핵심 정체성은 지속성과 분명한 이상을 가진 자아에 대한 일관된 느낌 속으로 경험을 통합시키는 플랫폼이다. 핵심 정체성에 혼란이 와서 자기가 누구인지, 혹은 무엇을 대표하는지 확신하지 못할 경우 온갖 결정들에 차질이 생긴다.

정체성의 다양성. 핵심 정체성에는 개인적 선호도와 성격상 특성들뿐만 아니라 사회 집단들과의 밀접한 관련성이 포함된다. 자신을 미국인, 일본인, 레바논인, 히스패닉, 신교도, 이슬람 교도, 유대인, 힌두 교도 혹은 무신론자 중 누구라고 생각하는가? 자신을 학생, 부모, 임원, 자유주의자, 혹은 보수주의자 중 누구라고 생각하는가? 당신은 다양한 집단에 속해 있기 때문에 다양한 사회적 정체성을 가지고 있다. 어떤 사람이 중국계 미국인이자 신교도이자 교사이자 보수주의자일 수도 있다.

갈등에 휘말렸을 때는 최우선순위로 삼아야 할 사회적 정체성을 결정해야 한다.[9] 신념, 민족성, 정치적 신념 그리고 국가 시민성에 따라서 최우선순위를 두어야 할 것이 계속해서 바뀌는 느낌을 받을 수도 있다. 종교적 정체성이 가장 중요하다는 느낌이 들지만 이웃들과 어울리기 위해서는 국가 정체성을 강조할지도 모른다. 심지어 친구와 나누는 일상적인 대화 속에서도 정치나 종교나 업무상 책임에 대해서 논의할지 여부를 결정해야 하는데, 각각의 결정이 정체성의 윤곽을 만든다.

특정 집단의 회원임을 밝혔을 때 다른 사람들로부터 배척당할 수도 있다. 당신이 문화적 다양성을 주제로 열린 회사 회의에서 유일한 중국계 미국인 임원이라면 동료들이 그러한 정체성을 잘 인식하도록 느끼게 만들지도 모르지만, 카페에서 좋은 친구를 만났을 때는 그러한 인식을 전혀 하지 못할 지도 모른다. 그러나 사회적 정체성 이론의 창시자인 영국의 사회심리학자 헨리 타지펠이 제2차 세계대전 도중에 배웠던 교훈처럼 사람들은 사회적 낙인에 무기력하지 않다. 프랑스에서 수학한 폴란드계 유대인인 타지펠은 세계대전 도중 프랑스군에 입대했다. 입대 후 1년이 지난 뒤 독일군의 포로로 잡힌 그는 5년 동안 다양한 독일의 전쟁 포로수용소에 수감되었다. 독일군은 "유대인인가?", "어디 출신인가?"라고 물으며 집요하게 그를 심문했다. 그는 독일 정부당국이 그가 유대인이라는 사실을 알아낼 것이라고 확신하고 자신이 유대인임을 밝혔다. 그러나 그는 그러한 정체성이 완전히 고정된 것은 아니라는 것을 깨달았다. 그는 **프랑스계** 유대인인 척하면서 살기로 결심했다. 독일군이 **폴란드계** 유대인으로서의 그의 사회적 정체성을 발견했다면 그는 분명 처형되었을 것이다.[10]

핵심 정체성의 가장 의미 있는 측면들은 내가 정체성의 다섯 기둥이라고 부르는 믿음, 의식, 충성, 가치 그리고 감정적으로 의미 있는 경험이다. 이 기둥들은 감정이 고조된 갈등에서 무엇이 중요한지를 평가할 수 있는 구조를 제공한다. 이 기둥들 중 **어떤** 것에라도 위협이 가해지면 그것은 존재론적인 위기를 일으킨다. 핵심 정체성의 의미 있는 측면들이 위태로워졌다고 느끼기 때문이다.

정체성의 주된 기능은 단지 살아남거나 유전자를 물려주는 것이 아니라 **인생에서 의미를 찾는 것**이다.[11] 존재에 중요한 의미를 부여하는 것이 다섯 가지 기둥이다. 뇌와 심장과 폐가 신체의 생존에 중심적 역할을 하듯이 이

정체성의 다섯 가지 기둥

1. **믿음**(Belief)은 진실이라고 여기는 특정한 생각들을 말한다.
2. **의식**(Ritual)은 휴일, 통과의례, 일상적 기도나 가족과의 저녁 식사처럼 개인적으로 의미 있는 관례와 의식 절차들이다.
3. **충성**(Allegiance)은 가족, 친구, 권위자, 국가 혹은 조상 같은 개인이나 집단에게 느끼는 충성심이다.
4. **가치**(Value)는 정의나 동정심이나 자유처럼 한 단어를 통해서 전달되곤 하는 지도 원칙과 중요한 이상이다.
5. **감정적으로 의미 있는 경험**(Emotionally meaningful experience)은 긍정적이건 부정적이건 당신의 일부를 정의하는 강렬한 사건들이다. 결혼식 날부터 첫 아이가 태어난 시간, 부모님이 당신이 속한 집단에 가해진 대량학살에 관한 기억을 갑작스럽게 떠올려주었던 순간에 이르기까지 모든 것이 그런 사건들에 포함된다.

다섯 가지 기둥은 정체성에 활기를 불어넣는 데에 중심적인 역할을 한다. 그것들은 왜 부족 훈련에서 세상이 거듭 폭발했는지를 설명하는 데에 유용하다. 참가자들은 그들의 부족에 중요한 의미가 있다고 생각하는 것을 지키는 데에 신경을 쓰는 만큼 많이 세상을 지키는 데에는 신경을 쓰지 않기 때문이다.

자신의 기둥들 중에서 위협을 받는다고 느끼는 것이 무엇인지 빨리 깨달을수록 그것들의 약점을 해결하고 갈등 해소에 다시 집중할 준비를 더 잘할 수 있다. 나는 정체성의 다섯 가지 기둥의 영어 단어 첫 글자들을 따서 BRAVE라고 부르겠다.

감정이 고조된 갈등을 경험했을 때는 정체성의 다섯 가지 기둥들 중에서 어떤 것이 위험해졌다고 느끼는지 알아보기 위해서 이 기둥들을 찬찬히 훑어보라. 핵심 믿음이 위험에 빠졌는가? 상대방이 가족이나 종교적인 충성심을 위협하는가? 자신의 기둥들을 평가한 후에는 상대방의 어떤 기둥들이 위험에 빠질 수 있는지 상상해보라. 당신이나 상대방 누구도 개인적으로 중요한 기둥을 위협하는 어떤 합의에도 전념하려고 할 가능성이 없다.

핵심 정체성이 완전히 고정된 것은 아니다. 내 아들 노아(열 살)가 최근 미식축구 경기에 나가서 소속 팀을 위해서 7포인트를 올렸지만 상대 팀은 전혀 점수를 내지 못했다. 그러자 경기 시간이 고작 1분 남았을 때 코치들이 노아를 상대 팀으로 보내기로 결정했다. 노아가 상대 팀을 위해서 두 골을 넣어주었지만 결국 경기는 2 대 7로 졌다. 노아는 불과 몇 초 만에 충성심을 한 팀에서 다른 팀으로 옮겨야 했기 때문에 저녁 내내 불만을 삭이지 못했다.

그러나 노아의 핵심 정체성이 완전히 바뀐 것은 아니었다. 노아는 여름 캠프에 참가 중이었기 때문에 두 팀 중 어느 한 팀에도 강력한 애착을 느끼지는 않았다. 노아가 월드컵에 출전했다가 갑자기 상대 팀으로 옮겨가게 되었다면 그의 충성심을 다시 정의하기 위해서 무진장 애썼을 것이다. 핵심 정체성은 **어느 정도** 유연성을 가지고 있지만 정체성의 가장 깊은 기둥들은 아주 단단히 자리가 잡혀 있다.

집단의 핵심 정체성도 바뀔 수 있다.[12] 기업은 주도적인 가치를 재정의하더라도 '똑같은' 기업으로 남아 있을 수 있다. 정당이 핵심 신념을 수정하더라도 '똑같은' 정당으로 남아 있을 수 있는 것과 같은 이치이다. 사실상 집단은 누가 '들어오고' 누가 '나갔는지' 그리고 심지어 '들어왔다'는 것이 어떤 의미인지를 결정하면서 정체성의 경계를 부단히 협상한다.[13] 그 집단을

에드워드 H. 아델슨

나타내는 원(圓)이 있는 것 같다. 그리고 집단의 구성원들은 그 원 안에 어떤 가치와 믿음과 절차를 포함할지 협상한다. 정치적, 종교적, 사회적인 집단들은 종종 사회적인 라벨(label)의 근본적인 의미를 재정의하는 일이 있더라도 그들의 전통적인 라벨을 유지하고는 한다.

핵심 정체성이 종종 변화에 저항하더라도 정체성의 또다른 측면은 보다 쉽게 변하면서 가장 감정이 고조된 갈등조차 해소할 수 있는 강력한 길을 제공한다.

당신이 가진 관계형 정체성의 힘을 인식하라

관계형 정체성은 특정 개인이나 집단과의 관계를 정의하는 특성들의 영역이다.[14] 배우자와 소통할 때 소외감이나 친밀감, 답답함이나 진정한 자유로움 중에 무엇을 느끼는가?[15] 핵심 정체성이 존재에서 의미를 찾는다면, 관계형 정체성은 공존에서 의미를 찾는다.[16] 이것은 당신이 관계의 성격을 협상할

때 부단히 바뀐다. 즉, 당신은 그것에 영향력을 미칠 강력한 힘을 가지고 있다.[17]

관계형 정체성이라는 개념을 보다 알기 쉽게 이해하기 위해서는 41쪽의 그림을 살펴보라. 일단 먼저 A와 B 중 어떤 상자가 더 어두운지부터 판단해보라.

답 : 똑같다. 당신이 상자 A가 상자 B보다 더 어둡다고 인식할지도 모르지만 두 상자의 밝기는 사실상 똑같다(내 말이 믿기지 않는다면 A와 B 상자들을 제외하고 다른 모든 상자들을 가려보라). 시각적인 착각이 생기는 이유는 상자들의 객관적 실체가 아니라 다른 상자와 비교하여 각 상자를 인식하기 때문이다.

이와 똑같은 인식의 역학은 여러 가지 정체성의 차이들에도 똑같이 적용된다. 당신은 남들과 다른 핵심 정체성을 가졌지만, 갈등 해소에 중요한 것은, 핵심 정체성뿐만 아니라 타인들과의 관계 속에서 당신이 자신을 어떻게 인식하고, 그들이 당신과 그들의 관계를 어떻게 인식하는지 여부이다.

다보스에서 일어났던 일을 생각해보자. 부족 훈련에서 동료들이 세상의 파멸을 막고자 애쓰는 동안 협상이 시작되었다. 그러나 각 부족과 다른 부족들 사이의 제휴 관계는 곧바로 붕괴되었다. 그리고 이러한 긴장의 확대는 각 부족의 핵심 정체성에서의 차이점들과는 사실상 아무런 관련이 없었다. 1라운드에서 행복한 부족이 소외감을 느끼자 그들은 이후 라운드들을 지배하려고 애썼다. 무지개 부족의 대표는 두 부족을 끌어들여 그의 부족과 긴밀한 협력 관계를 맺었다. 각 부족을 사로잡았던 중심 질문은 "우리는 누구와 연결되어 있다고 느끼며, 누구로부터 배척당하고 있다고 느끼는가?"였다.

어떤 양적 평가 방법도 당신과 상대방의 연결 정도를 정확히 알려줄 수 없다. 최고의 평가 방법은 어떤 특정 관계에 대해서 당신이 어떻게 느끼는지를 알아보는 것이다. 그러나 핵심 정체성을 정의하는 특성들은 일반적으로 구체적이지만("나는 심리학자이고 진실성을 중시한다") 관계형 정체성을 정의하는 특성들은 훨씬 더 추상적이다("나는 우리 관계가 시들해지고 있는 것처럼 느낀다").[18]

관계형 정체성이 다소 무정형처럼 보이지만 그것은 사실 친밀감과 자율성이라는 두 가지 구체적인 측면들과 관련된다.[19] 이것들을 인식하고, 이것들이 어떻게 기능하는지를 이해하면 갈등 속에서 협력적 관계를 구축하는 데에 도움을 받을 수 있다.[20]

친밀감을 쌓아라

친밀감은 개인이나 집단과의 감정적인 관계를 뜻한다. 안정적이고 건설적인 관계는 심지어 전쟁 중에도 긍정적인 감정과 협력하고자 하는 바람을 일으키는 경향이 있다.[21] 내가 이라크 탈 아파르 지역에서 미국 육군 제3기갑기병연대 대령으로 복무 중인 H. R. 맥매스터 중장을 인터뷰했을 때, 그는 이라크 지역의 안정을 위해서 했던 가장 성공적인 일은 이라크 국민들과 친밀감을 쌓을 수 있는 미군의 능력을 십분 발휘한 것이었다고 밝혔다.[22] 그는 사실 미군이 이라크 주민들과 같이 앉아서 차를 마시면서 문화적으로 존중하는 질문들을 던진 후에야 비로소 원하는 정보를 얻을 수 있게 만드는 훈련 프로그램을 도입했다.[23] 이처럼 간단해 보이는 친밀감의 표시들은 양측이 서로를 돕고, 정보를 공유하고, 상호 안보를 위해서 협력할 정도로 엄청난 영향을 미쳤다.

친밀감의 이면에는 배제감이 있다. 관리자가 중요한 내부 회의가 있다면서 동료들을 소집했지만 당신을 부르지 않았다면 (당신이 회의 주제의 권위자임에도 불구하고) 당신은 분개할 가능성이 높다. 대체 무슨 일 때문에 조직 내 핵심 직원으로서의 지위를 잃은 것인지 궁금해하면서 모든 사람들이 당신에게 등을 돌렸다고 느낄지도 모른다. 배제되었을 때의 고통은 직장 밖에서도 마찬가지로 쓰라리다. 친척들 모두가 가족 휴일 파티에 초대되었지만 당신만 초대받지 못했다면 감정적으로 고통스러울지도 모른다.

신경과학자들은 사회적으로 배제되었을 때 느끼는 고통은 뇌에서 신체적인 고통을 처리하는 것과 같은 부분인 전방대상피질에서 처리된다는 사실을 발견했다.[24] 배제되었을 때 뇌는 복부에 가해진 충격에 반응하는 것과 마찬가지로 반응한다. 일단 충격을 받으면 합리적인 이익에 반하게 되더라도 협력을 거부하게 되고, 갈등을 해소하고자 하는 시도는 훨씬 더 어려워진다.[25]

자율성을 존중하거나 주의하라

'자율성'은 타인들로부터 과도한 부담을 받지 않은 채 원하는 대로 생각하고, 느끼고, 행동하고, 존재하려는 의지를 발휘할 수 있는 능력을 가리킨다. 나는 최근 카페에서 다투기 시작한 한 부부를 목격한 적이 있다. 남편이 부인에게 조용히 "진정해!"라고 말했다. 부인은 남편을 노려보면서 "나한테 진정하라고 말하지 말아요! 당신이나 진정해요!"라고 쏘아붙였다. 싸움의 발단이 무엇이었는지 간에 이 부부가 겪던 갈등은 이제 자율성을 둘러싼 싸움으로 바뀌었다. 누구도 상대방으로부터 지시받기를 원하지 않았다. 누군가가 자율성을 침해한다고 느끼는 순간 분노가 치밀어오르고 성난 반응을 보이고 싶어한다.[26]

자율성에 대한 개념은 국명(國名)처럼 기초적인 것조차 왜 심각한 국제적 갈등의 원인이 될 수 있는지를 설명하는 데에 도움을 준다. 유고슬라비아가 해체되는 도중에 6개 공화국 중 한 곳이 '마케도니아 공화국'이라는 이름으로 독립을 선언하자 긴장감이 폭발했다. 이 사건으로 이웃한 그리스와 여러 문제가 일어났다. 그리스 북부 지역은 오랫동안 마케도니아로 불렸는데, 이 지역은 마케도니아 혈통과 '마케도니아'라는 이름의 배타적 사용을 주장하는 약 300만 시민들의 고향이었다.

그리스의 지도자는 이 갈등에 대해서 "우리는 이웃들이 그들의 주 광장에 알렉산더 대왕의 조각상 등을 세우면서 우리의 문화유산을 강탈하고 있다고 느낍니다. 이런 조각상들은 역사적으로 유서 깊은 그리스의 아이콘들입니다. 그런데 그들은 우리 문화와 우리 정신을 훔쳐가려고 합니다"라고 강변했다. 이웃 공화국의 고위 지도자는 이런 주장을 펼쳤다. "우리에게는 우리의 이름과 운명을 결정할 권리가 있습니다. 모든 국가에 그럴 권리가 있지 않습니까? 우리는 그리스인들에게 위압을 가하려는 것이 아닙니다. 그것과 정반대입니다. 우리의 문화는 모든 문화를 찬양합니다. 우리는 여러 공동체들로 구성된 공동체입니다. 테레사 수녀는 교회와 이슬람교 사원과 유대교 회당으로부터 불과 약 30미터 정도 떨어진 이곳, 스코페에 거주하셨습니다. 우리는 우리의 다양한 유산을 찬양합니다."[27]

관계형 정체성의 차원에서 이해했을 때 한 쪽은 "당신의 주 광장에 알렉산더 대왕 조각상을 세우고 마케도니아라는 이름을 씀으로써 우리의 자율성에 도전장을 내고 있다!"라고 말하고 있었다. 상대방은 "우리에게 이름과 다양성을 찬양하는 관습을 바꾸라고 주장함으로써 당신은 **우리의** 자율성을 침해하고 있다!"라고 주장했다. 갈등의 핵심이 내용뿐만 아니라 지리적 경계, 역사, 문화, 자치권 같은 요소들을 둘러싼 **자율성**을 얻기 위한 투쟁임을 명심하라.

마케도니아라는 이름 논쟁에서건 일상생활에서건 얼마나 많은 자율성이 적절하거나 기대되는지를 둘러싸고 의견 차이들이 존재한다. 얼마나 많은 친밀감이 용납될 수 있는지에 대한 의견들이 다른 것과 같은 이치이다. 경주용 자동차 운전사는 속도감을 느끼는 것을 좋아하기 때문에 지방도로에서도 시속 100마일로 달리기를 원하지만, 그 지역에 거주하는 가족들은 차들이 천천히 조심스럽게 달리기를 바란다. 소녀는 머리에 수건을 두르고 학교에 가고 싶지만, 학교의 관리자들은 모든 학생들에게 교복을 착용하기를 요구한다. 사회 조직의 결속을 위해서 만들어진 법규와 정책과 기준들이 사회를 와해시키면서 오스트리아의 정신분석학자인 지크문트 프로이트(1856-1939)가 말한 문명의 불만을 야기할 수 있다.

부족 훈련이 다시 적절한 사례가 된다. 다보스 훈련이 끝난 후 몇 년이 지나서 나는 이집트의 카이로에서 기업 임원들과 정치 지도자들로 이루어진 집단을 대상으로 같은 훈련을 실시했다. 6명의 대표가 방 가운데에 앉아서 포용 대상 부족을 주제로 협상을 벌였다. 그들은 협상 타결이 안 될 경우 세상이 파괴된다는 사실을 잘 알고 있었다. 총 3라운드 협상 중 2라운드에서 모하메드라는 이름을 가진 한 기업 임원이 "모든 사람들이 말하는 부족의 믿음을 경청하고 합의 결정을 내릴 시간을 가진다는 것은 **불가능합니다**. 추첨을 통해서 한 부족을 뽑아서 모두 그 부족에 합류하는 것으로 합시다"라고 말했다. 파디라는 이름의 또다른 기업 임원은 모하메드의 생각에 동의하며 고개를 끄덕였다. 모하메드는 종이 한 장을 6조각으로 자른 다음에 각 조각에 부족 이름을 하나씩 적고, 조각들을 커피 머그에 넣은 다음에 한 장을 뽑았다. 우연히 그의 부족 이름이 적힌 종잇조각이 뽑혔다. 그와 파디는 만족해하면서 그들의 자리로 돌아갔다. 그들은 실제로 세상을 구했거나 혹은 구했다고 생각했다.

나는 여전히 방 가운데에 앉아 있던 다른 대표들을 향해서 "모하메드의 부족에 합류하는 데에 모두 동의하십니까?"라고 물었다. 그들은 머리를 절레절레 흔들었고, 한 사람이 "아니요!"라고 말했다.

모하메드는 "무슨 뜻입니까, 제 부족을 받아들이지 못하겠다는 겁니까?"라고 소리를 지르면서 "공정한 절차에 따라서 결정된 겁니다"라고 말했다.

또다른 대표가 "당신이 절차를 조작했습니다!"라고 소리 질렀다.

모하메드는 종잇조각들을 꺼내서 다른 사람들에게 보여주면서 "아니요, 저는 그런 적이 없습니다!"라고 같이 소리를 지르며 맞받아쳤다.

한 정치 지도자는 "그게 중요한 것이 아닙니다!"라면서 "누가 당신에게 합의 과정을 결정할 권한을 주었습니까?"라고 주장했다.

이 집단은 이제 통제가 불가능해졌고, 남은 2, 3라운드 동안에도 그들의 설전은 이어졌다. 그러나 어떤 부족의 신념체계, 즉 핵심 정체성에 대한 논의는 없었다. 더불어 세상을 구할 방법을 결정하기 위해서 좋은 절차로 삼을 수 있는 것이 무엇인지에 대한 논의도 전혀 없었다. 그들은 그저 파디와 모하메드가 합의 절차를 강요할 수 있는 권한을 가지고 있는지 여부에 대해서만 논쟁을 벌였다. 집단은 이 두 사람에게 등을 돌렸고, 두 사람의 일방적인 결정은 다른 부족들이 합의를 거부하게 만들 정도로 자율성을 침해받았다는 느낌을 받게 만들었다. 카이로에서도 세상은 폭발했다.

결론 : 둘로 하나를 만들기

갈등이 일어났을 때 핵심적인 관계형 도전은 상대방과 한편이 됨(친밀감)과 동시에 상대방과 거리를 유지하고자 하는(자율성) 욕구를 만족시키는 방법을 찾아내는 것이다. 기본적으로 보았을 때, 두 개별적인 존재이자 두 존재가 합쳐진 하나의 집합으로서 모두 공존할 수 있는 방법은 무엇일까?

어떤 관계에서나 자율성과 친밀감이 중요하며, 조화로운 관계를 위해서는 그 둘의 균형을 맞출 수 있는 능력이 중요하다.[28] 예를 들면 아이들은 가족에게 맞추려고 애쓰다가 성숙해지면서 자신만의 독립적인 목소리를 찾는다. 낭만적인 부부는 어느 정도 '혼자만의 시간'을 가지기도 하면서 서로의 관계를 돈독히 다지려는 바람 사이에서 균형을 잡으려고 애쓴다. 합병 시 개별 부서들은 문화적, 정치적 자율성을 유지하기 위해서 애쓰는 동안 통일된 조직의 자료집을 만들기 위해서 애쓴다. 보다 광범위하게 보았을 때, 유엔 같은 국제적 조직들은 전 세계적인 평화 정신을 발전시킴과 동시에 회원국들만이 가진 독특한 가치를 존중하기 위해서 애쓴다.

더 깊은 차원에서 보았을 때, 자율성과 친밀감 때문에 생긴 긴장감을 초월할 수 있는 능력은 인생의 중심적인 윤리적 도전을 의미한다. 공자도 이 점을 잘 이해했다. 공자는 하늘, 땅, 사람을 하나의 우주인 위대한 전체의 일부로 간주했다. 그는 우리가 살아가면서 심화되는 존재의 영역들을 통과할 수 있는 기회를 가지게 된다고 생각했다. 가장 천박한 삶은 본능에 의해서만 지배되는 자연 세계에 사는 것이다. 우리는 에고(ego)를 발견하게 되면 우리가 세상 속에서 우리의 입지를 확대할 수 있는 자율성을 가지고 있음을 깨닫는다. 즉 우리는 자기실현에 나설 수 있다. 궁극적으로 우리는 우리 자신의 에고뿐만 아니라 더 위대한 사회질서를 인식하게 된다. 우리는 존재의 도덕적 영역으로 들어가서 인류를 위해서 봉사해야겠다고 느낀다. 끝으로 우리는 사회질서 자체는 위대한 전체의 일부에 불과하다는 것을 깨닫는다. 위대한 전체는 모든 사람들의 이익을 추구하는 과정에서 자율성과 친밀감을 초월한다.[29]

결론

앨리스는 물담배를 피우는 애벌레에게 자신이 누구인지 설명하다가 큰 혼란을 느꼈을 것이 분명하다. 정체성은 복잡한 문제이다. 그것은 고정적이면서도 유동적이고, 심리적이면서 사회적이고, 의식적이면서도 무의식적이다. 이상한 나라가 앨리스의 자아감에 혼란을 주었듯이 감정이 고조된 갈등은 정체성에 대한 감각을 교란시킬 수 있다. 당신과 상대방의 핵심 정체성이 어떻게 위기에 빠질 수 있는지를 보다 잘 이해함으로써 고정된 정체성의 오류를 극복하고, 숨겨진 바람과 공포뿐만 아니라 기본적인 불만의 원인들을 파헤칠 수 있다.[30] 그리고 우리의 관계형 정체성을 협력적인 것으로 만듦으로써 더 긴밀한 유대감을 구축할 수 있다.

그러나 그럼에도 불구하고 갈등 속에서 정체성에 혼란을 줄 수 있는 역동적인 힘을 경계하는 법을 모른다면, 정체성은 자산이라기보다는 부채에 더 가까운 것으로 드러날 수 있다. 이 책의 나머지 부분에서는 이러한 문제를 해결할 수 있는 구체적인 방법을 제시하겠다.

정체성은 협상이 불가능한가?

개인별 응용 문제

인식은 갈등을 유발하는 근본적인 문제를 해결하는 데에 중요하다. 이해도를 높이기 위해서 다음 질문들에 대한 답을 곰곰이 생각해보자.

1. 갈등에 빠졌을 때 당신은 개인적으로 무엇이 위험에 처했다고 느끼는가? 당신의 신념, 의식, 충성심, 가치, 감정적으로 의미 있는 경험을 생각해보자.

2. 상대방은 개인적으로 무엇이 위험에 처했다고 보는가?

3. 당신은 얼마나 무시당했다고 느끼는가? 그렇게 느끼는 이유는 무엇인가?

     1   2   3   4   5   6   7   8   9   10

   (조금 무시당함)　　　　　　　　　　　　　　　　　　(심하게 무시당함)

4. 상대방은 얼마나 무시당했다고 느낄 것으로 보는가? 그렇게 보는 이유는 무엇인가?

     1   2   3   4   5   6   7   8   9   10

   (조금 무시당함)　　　　　　　　　　　　　　　　　　(심하게 무시당함)

5. 상대방은 당신이 그의 결정 능력에 압박을 가한다고 어떤 방식으로 느낄 수 있다고 생각하는가?

4

갈등에 빠지지 않는 방법은?

부조리한 일을 시도해본 사람들만이 불가능한 일을 성취할 것이다. 나
는 그것이 나의 지하실에 있다고 생각한다. (중략) 위층에 올라가서
확인하게 해달라.

—M. C. 에스허르

사고방식은 중요하다. 갈등이 협상 가능하다고 믿는다면 당신은 상대방과
연결되어 갈등 해소를 위한 창조적인 경로를 찾을 수 있는 기회의 문을 열
수 있다. 그러나 정체성이 받는 위협은 종종 갈등을 해결 가능한 문제에서
해결 불가능해 보이는 문제로 전환시키며 분열을 조장하는 사고방식을 이
끌어낸다.[1] 나는 이러한 사고방식을 부족 효과라고 부르고, 그것에 굴복하
지 않기 위해서 이번 장에서는 그것이 가진 주요 특성들과 그것에 빠지도록
유혹하는 감정적인 힘들에 대해서 경고하겠다. 이러한 역학들에 주의함으
로써 그것들을 피하고, 협력적인 마음 상태를 포용하고, 근본적으로 바뀌지
않고서도 근본적인 변화를 도모할 수 있다.

부족 효과에 주의하라

정체성에 대한 위협은 나 대 너나 우리 대 그들 식으로 당신과 상대방의 정
체성을 상호 대척 관계로 보는 적대적인 사고방식인 부족 효과를 유발할

수 있다.[2] 이러한 사고방식은 집단들이 외부의 위협으로부터 혈통을 지키는 것을 돕기 위해서 발달했을 가능성이 가장 높다. 오늘날 이것은 형제자매나 배우자나 외교관들 사이에나 상관없이 두 사람 사이에서 일어나는 갈등에서도 역시 쉽게 활성화될 수 있다.

부족 효과는 상대방의 시각을 단지 그들 것이라는 이유로 무작정 평가절하하게 자극한다. 이것은 따라서 잠깐 동안 나타나는 '싸우거나 도망가자'는 식의 반응을 넘어선다. 사고방식으로서 부족 효과는 몇 시간이건 며칠이건 몇 년이건 간에 당신을 편향된 감정의 인질로 붙잡을 수 있다. 그것은 학습, 모델링, 이야기하기를 거치면서 무자비할 정도로 변화를 거부하면서 심지어 다음 세대로 물려질 수조차 있다.[3]

부족 효과는 당신의 정체성이 해를 입지 않게 보호하는 것을 목표로 하지만, 부작용을 낳는 경향이 있다. 당신이 심리적인 경계를 강화하고, 자기 방어적인 상태로 들어갈 경우 향후에 협력할 가능성은 줄어든다.[4] 공포는 당신이 장기적인 협력보다는 단기적인 이기주의에 더 우선순위를 두도록 유도한다. 결과적으로 당신과 상대방이 이러한 사고방식을 받아들일 경우 둘은 결국 무한정 충돌하게 되는 두 개의 자기 강화적(self-reinforcing) 시스템을 만들고 만다. 두 사람은 결탁해서 해결해야 할 갈등을 오히려 심화시킨다. 이것이 부족 효과의 핵심적인 역설이다.

부족 효과에 빠졌다는 것을 어떻게 알 수 있나?

부족 효과는 근본적으로 적대적, 독선적, 폐쇄적인 사고방식이다.[5]

(1) 적대적이다. 부족 효과는 상대방과의 차이는 최대한 확대하고 유사점은 최대한 축소하는 적대적인 렌즈를 통해서 상대방과 우리의 관계를 보

게 만든다.[6] 우리가 상대방과 친밀감을 느끼더라도 부족 효과는 우리가 우리의 관계에서 좋은 점을 모두 잊고 나쁜 점만을 기억하게 만드는 일종의 관계형 기억 상실을 부추긴다. 예를 들면, 다보스에 모인 리더들은 수많은 공통점을 가진 동료들로서 워크숍에 참가했지만 곧장 적으로 돌변해서 분열적인 성향에 집착했다. 철학자인 마르틴 부버는 이런 현상을 '나와 너(I-thou)'로부터 '나와 그것(I-it)'의 관계로의 전환이라고 말했다. 상대방은 더 이상 동료인 인간이 아니라 야만적인 그것으로 변한다.

(2) 독선적이다. 부족 효과는 우리의 시각이 옳고, 도덕적으로도 우월하다는 자기 고양적인(self-serving) 확신을 낳는다. 타당성도 우리 편이고, 우리는 그것을 지킬 합리적인 근거를 준비한다.[7] 전쟁 중인 집단이 대량학살만큼 폭력적인 행위를 저질렀을 때조차 "그런 행위를 한 사람들도 종종 깨끗한 양심을 가지고 있으며, 자신들이 범죄자로 묘사되는 것을 듣고 놀라워한다."[8] 실제로 부족 훈련을 하면서 나는 종종 각 집단이 "어떻게 전 세계보다 당신의 부족만을 살리려고 할 수 있는가?"라며 다른 집단들을 경멸하듯 비난하는 모습을 관찰하고는 한다. 부족들은 세상의 종말을 초래하는 데에 자신들이 얼마나 결정적인 역할을 했는지를 인정하는 법이 드물다. 다른 집단들의 독선적인 행동은 쉽게 눈에 들어오지만, 우리 자신의 독선적인 행동은 그렇지 않다.

(3) 폐쇄적이다. 부족 효과는 우리의 정체성을 고정된 실체로 변형시킨다. 이러한 폐쇄적인 시스템에 갇힌 우리는 우리 자신과 상대방을 불변의 존재로 인식한다. 우리는 상대방의 관심에 대해서 알기 위해서 그의 말을 경청하기보다는 그의 시각을 비평하고, 그의 성격을 비난한다. 그러나 우리는 감히 우리 자신의 시각을 비판하려고 들지는 않는다. 우리 자신의 정체성에 충실하지 않는 것이 두렵기 때문이다.[9]

무엇이 부족 효과를 일으키는가?

정체성이 위협받을 때 우리는 신경과학자들이 위협에 대한 반응이라고 말하는, 경직된 행동 방식에 따라서 대응하는 경향을 보인다.[10] 이러한 반응은 눈앞에서 뱀이 스르르 기어가는 모습을 보았을 때 본능적으로 움찔하는 것처럼 단순할 수도 있고, 우리의 몸뿐만 아니라 우리의 마음과 영혼을 지키는 것이 목적인 부족 효과처럼 보다 복잡할 수도 있다.[11]

우리 정체성의 의미 있는 측면들이 위협받았다고 느낄 때 부족 효과가 일어난다. 이것은 프로이트가 사람들은 서로 간의 사소한 불일치 때문에 섬뜩함을 느끼고 증오를 품는다며 **사소한 차이의 나르시시즘**이라고 불렀던 강력한 감정적 반응을 유발할 수 있다는 의미이다.[12] 형제자매나 이웃이나 종교적인 형제라서 더 유사점이 많으면 많을수록 우리는 우리 자신을 서로 비교하고 사소한 차이들로 인해서 위협을 느낀다.[13] 예를 들면, 다보스에 모인 리더들은 '인도주의'와 '동정' 중 어느 것이 더 중요한 핵심 가치인지를 두고 논쟁을 벌였다. 외부인이라면 이러한 구분을 대단치 않다고 생각할지도 모르지만 내부인들은 그것을 존재에 대한 위협으로 간주했다. 다른 부족에게 굴복할 경우 그들 부족의 의미가 쪼그라들 수 있었기 때문이다.

이와 똑같은 역학은 내전 중에 형제지간에 서로 등을 돌리게 만들 뿐만 아니라 결혼한 부부들도 걸핏하면 '사소한' 차이들 때문에 씩씩대게 만든다. 인간의 무한한 공통점들은 거대한 중요성을 가지는 두드러진 차이점 앞에서 무기력해진다.[14] 다시 말해서 사소한 일이 사소한 관심에 속하는 일 이상의 의미를 가질 수 있다.

정체성이 **위협을 받을** 때 부족 효과가 일어나지만 정체성을 **존중하면** 조화로운 관계가 생긴다.[15] 우리는 우리가 원하는 사람이 되고, 타인들과의 감정적인 관계를 즐길 자유를 느낀다. 반면에 우리의 자율성과 친밀감이 위협받는다고 느낄 때 방어적인 감정적 힘이 우리를 덮치고, 자기 보호 욕구는 협력 욕구를 넘어선다.[16]

부족 사고에 빠지게 만드는 다섯 가지 유혹에 맞서라[17]

부족 효과를 극복하기 위해서는 그리스의 영웅 오디세우스가 썼던 것과 유사한 전략이 필요하다. 10년 동안 트로이 전쟁에 참전한 후에 배를 타고 고국으로 돌아가던 그는 여신 키르케를 만났고, 그녀는 그에게 여행 중 겪게 될 위험에 대해서 경고했다. 그것은 시칠리아 섬에서 가까운 섬에 살면서 매력적인 목소리로 노래를 부르는, 아름다운 여성의 얼굴에 새의 몸을 가진 사이렌들에 대한 경고였다. 사이렌들의 노랫소리를 들으면 선원들은 금세 마음을 빼앗겨서, 스스로 그녀들이 사는 섬으로 들어가 영원히 그녀들의 노래를 듣게 되어 섬 주위에는 그곳에서 죽은 선원들의 백골이 산더미처럼 쌓여 있다는 것이었다. 오디세우스는 항해를 시작하기 전에 선원들에게 밀랍으로 귀를 막게 하고 자신을 돛대에 단단히 묶을 것을 지시했다. 그가 풀어달라고 애원해도 선원들은 그의 명령을 거부하고 그를 더 단단히 묶어야 했다. 이 계획이 성공하여 오디세우스와 선원들은 사이렌들의 위협을 피해서 무사히 항해할 수 있었다.

사이렌들처럼 부족 효과도 당신을 그것으로 끌어들인다. 감정의 우리 속에 더 깊숙이 갇힐수록 그것이 당기는 힘을 거부하기가 더 힘들어진다. 감정이 고조된 갈등에서 이렇게 당기는 힘은 내가 부족 사고의 다섯 가지 유혹이라고 부르는 강력한 감정적 역학들로부터 생긴다. 이 유혹들을 간단히 정리했다.

부족 사고의 다섯 가지 유혹

1. **현기증**(Vertigo) : 관계가 감정 에너지를 소진해서 생기는 뒤틀린 의식 상태.
2. **반복강박**(Repetition compulsion) : 괴롭고 고통스러운 과거 상황을 반복하고자 하는 자멸적인 패턴.
3. **금기**(Taboo) : 협력적인 관계를 방해하는 사회적인 금지 사항.
4. **신성시하는 것에 대한 공격**(Assault on the sacred) : 정체성의 가장 의미 있는 기둥에 대한 공격.
5. **정체성 정치학**(Identity politics) : 다른 사람의 정치적인 이익을 위한 본인의 정체성 조작.

이런 유혹들은 당신을 부족 효과로 끌어당기거나 그것에 더 깊숙이 끌고 들어가서 적대적인 관계를 맺게 만드는 **감정적인 힘**이다. 이 유혹들은 의식을 독선적인 느낌들로 흠뻑 적시고, 고통스러운 감정을 무의식의 세계로 추방하며, 저항적인 행동을 조장한다. 또한 갈등하는 중에 여러 다른 지점에서 당신이 맺는 관계에 영향을 미치는 경향이 있다. 정체성 정치학 같은 몇 가지 유혹은 빈번하게 갈등을 조장하고, 금기 같은 유혹은 갈등하는 중간에 등장한다. 그리고 현기증 같은 유혹은 갈등의 심리적인 결과로 비롯된다.

이런 유혹들은 비난, 변화, 착취의 위험으로부터 당신의 정체성을 보호하려고 하지만 그것들이 주는 영향은 일반적으로 반생산적이다. 부족 효과 자체와 마찬가지로 그것들은 협력 기대감을 약화시키는 자기 방위적인 사고방식을 강화시킬 뿐이다.[18] 57쪽의 도표는 내가 말하는 관계형 매트릭스를 통해서 이러한 역학들을 자세히 보여준다. 이 도표는 다른 집단의 힘들

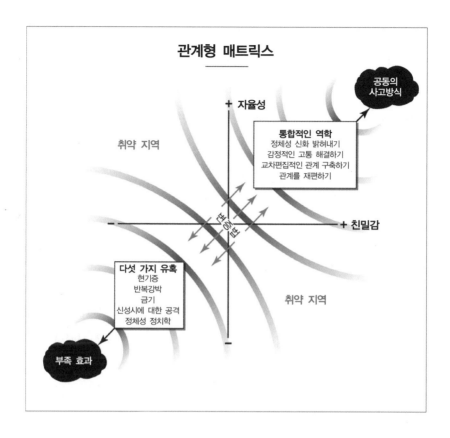

관계형 매트릭스

취약 지역

+ 자율성

통합적인 역학
정체성 신화 밝혀내기
감정적인 고통 해결하기
교차편집적인 관계 구축하기
관계를 재편하기

공동의
사고방식

+ 친밀감

다섯 가지 유혹
현기증
반복강박
금기
신성시에 대한 공격
정체성 정치학

취약 지역

부족 효과

(통합적인 역학들)이 당신을 보다 생산적인 사고방식으로 끌어당기는 동
안 다섯 가지 유혹이 어떻게 당신을 부족 효과로 끌어당기는지를 잘 보여준
다. 이런 유혹들을 신중하게 피해 가지 않는 한 그것들은 당신을 부족 효과
로 끌어당기고, 당신을 사이렌들의 노래를 거부할 수 없었던 선원들과 똑같
은 운명에 빠지게 만들 것이다.

결론

나는 최근 아이들과 같이 영화 「스타워즈」를 감상하다가 감정이 고조된 갈

등과 연관된 여러 가지 문제들에 대해서 직언하는 영화의 핵심 주제에 사로잡힌 나 자신을 발견했다. 제다이 마스터인 오비완 케노비는 '포스(Force, 「스타워즈」에 등장하는, 은하계의 평화를 지키는 가상의 조직에 속한 제다이들이나 어둠의 힘에 빠진 기사들이 쓰는 힘의 원천/역주)'를 은하계를 하나로 묶는 모든 생명체들이 창조한 에너지 장(field)으로 묘사한다. 포스는 증오, 분노, 공포를 낳는 어두운 측면과 동정에 의해서 에너지를 공급받는 밝은 측면을 동시에 가지고 있다. 이 두 에너지는 은하계 시민들을 영원히 끌어들이면서 지속적인 긴장 관계를 유지한다.

정체성이 위협받았다고 느낄 때 대응 방법을 선택할 수 있다. 부족 효과는 분열적인 역학을 통해서 당신을 관계를 양극화시키는 어두운 측면으로 유혹하지만, 공동의 사고방식은 통합적인 역학을 통해서 당신과 동료들 사이의 친밀감의 제고를 모색하며 모두를 밝은 측면으로 이끌 것이다.[19] 이 책의 제3부에서 우리는 당신을 갈등의 어두운 측면으로 끌어들이는 역학인 부족 사고의 다섯 가지 유혹을 물리치는 방법에 대해서 알아보겠다. 이 유혹들은 종종 당신이 의식적으로 지각하지 못하는 상태에서 작동하지만, 당신은 당신을 덮친 그러한 힘들로부터 벗어날 수 있다. 제5장부터 제9장까지 그 방법을 알려주고, 제9장 이후로는 당신을 밝은 측면으로 이끄는 통합적인 역학을 선제적으로 기르는 데에 필요한 조언을 하겠다.

제2부

갈등에서 벗어나는 방법

5

현기증에 당하기 전에 현기증을 막아라

대학교 1학년 때였다. 괴짜 영어 교수 한 분이 쇼핑몰에서 꽃무늬가 들어간 고가의 침대보를 구매하던 중 부인과 말다툼했던 이야기를 들려주셨다.

부인 : "이 침대보가 우리 침실에 완벽하게 어울려요."

교수 : "이미 침대보가 있지 않소."

부인 : "그게 얼마나 낡았는지 보셨어요?"

교수 : "매일 밤 깔고 자도 아무 문제 없어요!"

부인 : "어휴! 정말 **뭐든지** 싸워야 하는군요?"

교수 : (한숨을 내쉬면서) "또 시작이군. 싸움만 하면 항상 나 때문이라니!"

부인 : "전 그저 침대보를 하나 사고 싶을 뿐이라고요! 이번 한 번만 나의 생각에 동의할 수 없어요?"

교수는 왜 **그녀가 그렇게 우겨야 하는지**가 궁금했다. 그는 부인의 눈을 쳐다보면서 냉정하게 "이 세상에서 이 침대보를 사는 것만큼 **잘못된** 일을 상상할 수 없소이다!"라고 말했다.

그 말과 함께 상황은 극적으로 돌변했다. 부인은 "대체 왜 애당초 당신과 결혼을 했는지 모르겠네요!"라고 응수했다.

화가 난 교수가 자리를 뜨려고 할 찰라, 그는 두 사람의 언쟁을 지켜보고 있던 구경꾼 무리를 발견했다. 당황한 교수는 시계를 보고 또 한 번 놀랐다.

그는 불과 몇 분 정도 언쟁했다고 생각했지만 무려 20분의 시간이 흘렀던 것이다. 부부는 이제 친구들과의 점심 약속 시간에도 늦었고, 그들의 분노는 걱정으로 바뀌었다. 당혹감에 어쩔 줄 모르던 그들은 서둘러 식당으로 향했다. 꽃무늬 침대보의 상점에 대한 논쟁은 어떻게 해서 사람들 앞에서 고함을 치며 하는 싸움으로 바뀌었던 것일까?

방향 감각을 상실한 현기증의 세계

교수와 부인을 부족 효과에 빠지게 만든 심리적인 힘이 내가 말하는 현기증이다. 이것은 관계가 감정 에너지를 소진시키는 뒤틀린 의식 상태를 말한다.[1] 부부가 현기증에 빠지자 최면에 걸린 것 같은 상태가 그들을 엄습했고, 각자 논쟁을 해결하기보다는 논쟁에서 승리하기로 작정하고 분노에 찬 상대방의 말에만 집중했다.[2]

'현기증(vertigo)'이라는 단어는 '돌다'를 뜻하는 라틴어 vertere로부터 나왔다. 서스펜스 영화의 대가인 알프레드 히치콕(1899-1980) 감독의 영화 「현기증」(1958)의 영어 원제가 'Vertigo'인데, 영화에서는 현기증을 고소 공포증 때문에 생기는 어지럼증으로 묘사했다. 현대 의학은 사람들이 머리가 빙빙 도는 느낌을 받는 다양한 장애들을 구분하고 있다.[3] 나는 적대적인 관계 때문에 머리가 어지러운 상태 속에 갇혀 있다는 느낌을 받는 독특한 상황을 묘사하기 위해서 현기증이라는 단어를 빌려왔다.[4] 교수와 부인 사이의 언쟁은 처음에는 충분히 나긋나긋하게 시작되었다. 그러나 에고가 상처를 받자 두 사람 각자 감정적인 경계를 넘어서면서 혼란스러운 현기증의 상태로 빠져들었다.[5]

현기증을 당신과 상대방을 에워싼 회오리바람이라고 상상해보라. 교수와 부인이 광분한 듯 옥신각신하는 데에 몰두하다가 다른 것을 보지 못했듯이 회오리바람이 만든 벽은 갈등 관계의 경계 밖에 있는 어떤 것도 보지 못하게 막는다.[6] 당신과 상대방에게 강력한 돌풍이 휘몰아치면서 두 사람의 감정적인 경험의 강도는 세지고, 분노는 노여움으로, 슬픔은 절망으로 돌변한다. 이런 회오리바람의 중심에 서서 당신은 미래의 강력한 공포를 보여주는 생생한 이미지를 머리 위 하늘에서 볼 수 있지만, 당신 아래에서 뿌리째 뽑힌 땅은 당신의 고통스러운 과거를 드러낸다. 이 회오리바람은 당신을 몇 시간, 며칠, 심지어 몇 세대에 걸쳐 부족 효과에 가둘 수 있다.

이번 장에서 나는 현기증의 유혹과 왜 그것이 그토록 큰 피해를 줄 수 있고, 어떻게 해야 그것으로부터 벗어날 수 있는지를 살펴보겠다.

장애물들

다음과 같은 몇 가지 요인들 때문에 현기증을 극복하기가 특히 더 어렵다.

1. 현기증은 자각하지 못하는 사이에 피해를 입힌다

현기증은 당신을 속여 그것이 사실상 당신의 행동에 영향을 주지 않는다고 믿게 만들 수 있다는 점에서 특히 강력한 힘이다. 그것이 야기하는 소용돌이치는 감정에 사로잡히면 감정이 싸움을 부추긴다는 사실을 눈치채지조차 못한다.[7] 당신은 계속해서 자신이 합리적이고 냉정한 사람이라고 느낀다. 즉 자기 안의 세상이 아니라 주위의 세상이 통제력을 상실하고 있는 것처럼 보인다.

현기증의 영향을 받으면 위험하지 않아 보이는 상황도 쉽게 더 심각한 상황으로 돌변할 수 있다. 침대보를 둘러싼 말다툼은 부인이 과거의 고통스러운 기억을 되새기면서 "정말 뭐든지 싸워야 하는군요?"라고 묻는 동안 남편은 "집사람이 평생 나를 이런 식으로 통제하려고 하는가?"라고 자문하는 상황으로 이어진다.

현기증이 가라앉은 것 같아 보여도, 그것이 강도만 바뀌면서 시간이 지나도 효력이 지속될 수 있고, 일정 시간이 지난 다음에 당신은 그것을 전혀 눈치채지 못할 수도 있다.[8] 그러나 그것은 뒤로 물러나더라도 계속해서 미묘하게라도 당신과 상대방의 관계를 해치면서 두 사람 사이의 감정적인 공간을 혼탁하게 만들 것이다.

2. 현기증은 자기반성 능력을 약화시킨다

인간인 당신에게는 생각하고 느끼고, 그러한 생각과 느낌을 **되돌아볼** 수 있는 능력이 있다. 현기증이 감정 에너지를 소진시킨다는 점에서 그것은 자기반성(self-reflect) 능력, 즉 자신의 사고 과정이나 문제 해결 과정 그리고 그 결과에 대해서 생각하는 사고 능력을 심각하게 훼손하여 당신이 상대방에 대한 습관적인 행동 패턴과 선입관에 의존할 수밖에 없게 만든다. 그로 인해서 다음과 같은 세 가지 놀라운 결과가 생기기도 한다.[9]

의식하지 못하고 갈등 대본을 재연한다. 교수의 부인은 쇼핑몰에서의 논쟁을 별개의 사건으로 간주하지 않았다. 그녀는 그것을 남편이 단순한 대화를 싸움으로 바꾼 또다른 사례로 여겼다. 결과적으로 그녀는 과거에도 거듭 드러낸 적이 있는 좌절감을 다시 언급하면서 습관적인 반응을 통해서 반사적으로 대응했다.

이처럼 반생산적인 갈등 대본에 빠지기가 너무나 쉽다. 나는 군 장교들에게 협상 방법을 가르치던 도중 그들이 이런 경향을 잘 이해하고 있다는 것을 깨달았다. 육군의 한 고위급 장교는 나에게 이라크에서 9개월을 주둔하는 동안 매일 생사를 오가다가 귀국한 후, 어느 날 초저녁에 그의 부모가 어느 영화를 볼지를 두고 벌이는 논쟁을 듣게 된 사연을 이야기했다. 두 분이 고작 영화 때문에 다투고 있다는 사실이 믿기지 않았던 그는 방 안으로 뛰어들어가서 "우리가 무슨 영화를 보건 누가 상관하겠어요?"라고 소리친 다음에 쿵쿵거리며 방을 나갔다. 그는 혼란스러운 상태에서 5분 동안 씩씩대다가 마음의 진정을 찾은 다음에 부모에게 사과했다. 나중에 그는 죽음 곁에서 너무 오랜 시간을 살고, 참전하고, 전우들이 죽는 모습을 보니 지속적인 현기증의 상태에 너무나 익숙해져서 비교적 위험하지도 않은 갈등에도 자신이 극단적인 반응을 보였다는 사실을 깨달았다. 갈등 대본이 그의 머릿속에 뿌리 깊게 자리를 잡은 나머지 이제 그것이 반갑지 않을 만큼 쉽게 재연되었던 것이다.

자의식적인 감정을 느낄 수 있는 능력이 줄어 고통받는다. 현기증이 낳는 또다른 불행한 결과는, 그것이 죄책감이나 부끄러움 같은 자의식적인 감정을 느낄 수 있는 능력을 약화시킨다는 점이다.[10] 예를 들면, 위의 일화에 나온 군인은 화가 나서 부모에게 대들었을 때 극심한 고통을 느끼지 않았다. 자의식적인 감정은 일반적으로 다른 사람들이 당신에 대해서 어떻게 느낀다고 생각하는 것과 당신이 그들이 당신에 대해서 어떻게 느끼면 좋겠다고 바라는 것 사이에 차이가 있을 때 생긴다. 그러나 군인은 미리 정해진 대본대로 행동했기 때문에 현재의 순간에 주의를 기울이지 않았고, 자기 행동이 도덕적으로 정당한지를 신경 쓸 수 없었다. 현기증이 물러나자 그는 "내가 무엇에 홀린 걸까? 내가 진정 그 정도 수준의 사람밖에 안 되는 걸까?"라고 자문하게 되었다.

상대방에 대해서 고정관념을 가진다. 현기증은 자기 자신이 한 행동을 되돌아볼 수 있는 능력을 약화시키고, **다른 사람들**을 분명히 바라볼 수 있는 능력을 감퇴시킨다. 심리학자들인 수전 피스크와 스티븐 노이버그는 모든 사람들이 자동적으로 고정관념을 가진다는 사실을 알아냈다. 의식 여부와 상관없이 당신은 나이, 성별, 민족성 그리고 다른 쉽게 눈에 띄는 요인들에 따라서 사람들을 분류한다.[11] 위협적이지 않은 환경 속에서 당신은 이러한 전제들을 재검토하고, 그것들이 얼마나 진실될 수 있는지 판단할 수 있지만, 현기증 상태에 있을 때는 고정관념이 정확한지 여부를 알아보기 위해서 최소한의 에너지만을 쓸 뿐이다.[12]

교수와 부인은 다투면서 각자 상대방을 과도하게 단순화시킨 캐리커처처럼 바라보았다. 그녀는 낭비가 심하고 남편을 좌지우지하려는 부인이었고, 그는 호전적이고 인색한 남편이었다. 그들은 오랜 시간 같이 살며 축적한 상대방의 기벽, 습관, 가치, 소원 그리고 두려움에 대한 모든 지식을 무시했다. 실제로 그들은 함께 나누었던 사랑조차 무시했다. 그리고 상대방의 **합리적인** 의도를 알아내려고 애쓰기보다는, 사람들로 북적대는 백화점에서 소리를 고래고래 지르는 한이 있더라도 필요한 모든 수단을 동원해서 상대방의 **비합리성**을 확인하기 위해서 애썼다.

'고정관념(stereotype)'이라는 단어는 '경직되었다'를 뜻하는 그리스어 단어 stereos와 '인상'을 뜻하는 tupos로부터 나왔다. 고정관념은 웅장한 심포니 같은 사람의 성격을 하나의 음으로 축소한다. 상대방에 대한 부정적인 인상에 집착할 경우, 즉 상대방이 하는 말의 뉘앙스를 알아내려 하거나 자신이 내린 전제에 의문을 제기하지 않고, 그것을 그저 일차원적인 그림처럼 단순화시킨다면 당신은 자기 자신을 현기증의 소용돌이 속으로 내맡기는 것이 된다.

피스크와 노이버그는 고정관념에 대해서 심도 깊은 연구를 시행했는데, 두 사람은 당신이 누군가를 범주화할 경우, 그러한 관점을 뒷받침하고 그것에 맞지 않는 어떤 정보도 무시하기 위한 확증적인 증거를 찾는다는 것을 보여주었다.[13] 교수의 부인은 과거의 기억들을 모아놓은 자료 은행에서 남편의 인색함을 보여주는 사례만을 뒤졌고, 몇 가지 확실한 사례를 찾아낸 다음에 그것들을 자신의 판단을 확인하는 데에 이용했다. 한편 교수는 부인이 과소비한 증거를 찾아내기 위해서 똑같은 정신 과정을 밟았다. 교수가 인색하지 **않았고**, 부인이 과소비하지 **않았던** 수많은 경우들은 전부 무시되었다. 그러한 사례들은 교수와 부인이 각자 사로잡혔던 경직된 관점을 뒷받침하지 않았기 때문에 자동적으로 묵살되었다.[14]

3. 현기증은 시간과 공간에 대한 시각을 제약한다

진정 말 그대로 현기증은 시간과 공간에 대한 감각을 뒤튼다. 코앞에 닥친 상황 외에 다른 모든 것을 배제할 정도로 시야가 좁아지는 데에도 불구하고, 이런 일이 일어나고 있다는 것을 깨닫지 못한다.[15] 교수와 부인은 심하게 갈등에 휩싸인 나머지 모여 있던 구경꾼들이나 오랜 시간의 흐름을 깨닫지 못했다.[16] 현기증은 당신이 사는 세상이 거꾸로 돌더라도 당신은 똑바로 서 있다고 믿을 정도로 의식 상태에 영향을 미친다.[17]

시간 왜곡. 현기증은 처음 스카이다이빙에 도전한 사람이 겪는 경험처럼 시간 감각에 이중적인 영향을 준다. 스카이다이버가 비행기에서 뛰어내릴 때 느끼는 흥분의 순간에 시간은 팽창한다.[18] 처음 몇 초는 아주 더디게 지나가고, 스카이다이버는 모든 소리와 이미지를 파악한다.[19] 그러나 계속 떨어질수록 떨어지는 느낌이 익숙해진다. 스카이다이버는 여전히 놀라움을 느끼지만 그의 의식은 극도로 예민한 상태에서 최면에 걸린 듯한 흥분 상태로 변한다. 시간은 수축되고, 이제 그는 시간이 시계가 알려주는 것보다 더 빠른 속도로 지나간다는 느낌을 받는다.[20] 착지했을 때는 "벌써 끝났나?"라고 의아해한다.[21]

현기증에 빠졌을 때 처음 받게 되는 위협은 더디어진 시간 감각이다. 그래서 상대방의 모든 말과 행동과 감정에 고도로 집중하게 된다. 그러나 현기증에 익숙해질수록 몇 시간이 몇 분처럼 느껴질 정도로 시간을 감각하는 속도가 빨라진다. 이처럼 최면에 걸린 것 같은 마음 상태에서 당신은 자동 항법장치에 따라서 효과적으로 움직이면서 행동을 이끌어줄 과거의 갈등 대본들에 의존하기 시작한다.[22] 윌리엄 제임스의 말을 빌리자면 당신의 의식에 대한 감각(the I)이 경험을 조종하고, 당신의 핵심 정체성(the me)은 갈등 대본을 재연하면서 뒤쪽에 모여 있다. 이혼 서류에 도장을 찍거나 동료와 화해하거나 친척과 다시 연락하는 것 같은 행동을 통해서 현기증으로부터 벗어나게 되면 얼마나 많은 시간이 흘렀는지 깨닫고 놀랄 수 있다.[23]

공간 왜곡. 현기증에 빠졌을 때는 당신과 상대방 사이의 감정적인 공간이 축소되고 압축되는 것처럼 느껴진다. 교수와 부인은 두 사람 사이의 감정적인 공간을 분노와 절망과 외로움으로 채웠고, 더 이상 버틸 수 없을 정도까지 그곳에 더욱더 많은 불만을 집어넣었다. 결국 어떤 불행한 결과가 생겼나? 부인은 더 이상 남편과 결혼한 이유를 떠올릴 수 없다는 독설을 날렸다.

현기증이 마음의 상태이기 때문에 구경꾼들은 두 사람의 이러한 행동을 비합리적으로 여길 것이다. 그들은 대립각을 세우고 있는 교수와 부인이 느끼는 감정의 강도를 제대로 인식할 수 없다. 나는 예전에 교전 지역에서 일했는데, 그러한 갈등 지역에 살아보지 못한 사람들로부터 "왜 서로 잘 지

내지 않고 싸웁니까?"라는 질문을 자주 받았다. 그러나 현기증에 사로잡힌 사람들은 그들이 그렇게 강력하고 격렬한 감정에 휘말려 있다는 사실을 자각하지 못한다. 이것이 현기증의 역설이다. 현기증은 부지불식간에 시간과 공간을 인식하는 데에 영향을 미친다.

당신이 다른 사람들끼리 벌이는 감정이 고조된 갈등에 끼어들게 되었다면 당신은 무의식적으로 그들의 감정 중 일부를 흡수할 가능성이 높다. 당신은 토네이도 같은 현기증이 일어나는 감정적인 소용돌이에 휘말린다. 끊임없이 싸우는 부모 밑에서 자란 아이들이 겪는 감정적인 부담에 대해서 생각해보라. 아니면 상호 모욕을 주는 토론자들을 진정시키기 위해서 애쓰는 중재인들이 겪는 도전을 상상해보라. 심지어 국제적인 차원에서조차 현기증의 감정을 흡수하기가 쉽다. 1990년대 유고슬라비아 전쟁 때 나는 세르비아 외곽 마을에서 세르비아, 크로아티아, 보스니아 피란민들과 같이 일하면서 그 지역에서 현기증 때문에 생긴 긴장감에 빠르게 익숙해졌다. 내가 미국에서 전쟁에 대한 뉴스 보도를 꾸준히 시청하고 계시던 어머니에게 연락을 했을 때 어머니는 나의 안전에 대해서 걱정하셨다. 나는 "걱정하실 필요 없어요, 어머니. 아무 문제 없어요"라며 어머니를 안심시켰다. 나는 정말로 그렇다고 믿었지만, 나의 일이 끝나고 나서 내가 사실상 물속의 물고기였다는 것을 깨달았다. 기차를 타고 세르비아로부터 부다페스트로 이동하면서 기차가 국경을 건너가자 나의 두 어깨는 가벼워지고, 가슴과 두 팔의 긴장이 느슨해짐을 느꼈다. 근육은 이완되었고, 나는 이상하리만큼 안정적인 상태가 되었다. 나는 세르비아에 머무는 동안 내가 현기증에 사로잡힌 지역에 있었다는 것을 깨달았다. 또한 그곳을 떠날 때까지는 현기증으로부터 얼마나 많은 영향을 받았는지를 인식하지 못했다는 것도 깨달았다.

4. 부정적인 시각에 사로잡히게 만드는 현기증

아마도 현기증 때문에 생기는 가장 큰 문제는 그것이 **부정적인 기억들**, 즉 자기는 옳고 선하지만 상대방은 틀리고 악하다는 '증거'를 제공하는 기억들에 집착하게 만든다는 점이다. 현기증을 극복하기 위해서는 이런 집착에서 벗어나야 한다. 그러나 현기증이 과거와 미래의 부정적인 기억들을 증폭시킨다는 점에서 그것은 특히 더 도전적인 문제일 수 있다.

과거의 고통이 당신을 괴롭힌다. 북아일랜드의 유혈 갈등 때, 한 조종사가 그곳에 착륙하자마자 승객들에게 "벨파스트(북아일랜드의 수도/역주)에 오신 것을 환영합니다. 자, 시계를 300년 전으로 돌려놓으십시오"라는 농담을 건넸다. 그가 이해하고 있던 대로 북아일랜드에서 일어난 갈등은 현재까지도 지속되고 있는 해묵은 불만이 빚어낸 결과였다. 북아일랜드가 입은 상처는 흘러간 시간조차 아무것도 줄여주지 못했을 만큼 여전히 강하게 느껴졌다.[24]

버지니아 대학교의 바믹 볼칸 교수는 많은 집단들이 치유되지 않은 고통스러운 과거의 상처인 '선택적인 트라우마'를 겪으며 일정 부분 그들의 현재 정체성을 정의한다는 사실을 관찰한 끝에, 이런 현상과 관련된 매력적인 이론을 개발했다.[25] 홀로코스트가 유대인들에게, 나크바(Nakba, 1948년 이스라엘이 독립을 선언하면서 약 70만 명의 팔레스타인인이 추방당한 사건/역주)가 팔레스타인인들에게, 유럽의 식민지화가 아프리카인들에게, 혹은 십자가에 못 박힌 예수가 기독교인들에게 주는 의미를 생각해보라.

트라우마가 생긴 집단이 수치심, 굴욕감, 무기력감 등으로부터 충분히 벗어나지 못할 경우, 감정적 고통이 오랜 세월 동안 후대로 전해질 수 있다. 볼칸은 이런 현상을 트라우마의 세대 간 전염이라고 불렀다. 과거로부터 내려온 감정과 생각이 **시간 왜곡**을 통해서 현재까지 이어지면서 먼 과거의 어느 순간에 일어났던 일 때문에 현재 집단이 부당한 괴롭힘을 받는 것처럼 느끼게 된다는 것이다.[26] 캐나다 출신의 학자 마이클 이그나티에프가 썼듯이 "발칸 전쟁을 취재했던 종군기자들은 잔혹 행위에 대한 사건들을 들었을 때, 그 사건들이 어제 일어났는지 1941년이나 1841년이나 1441년 중 언제 일어났는지를 종종 확실히 기억하지 못한다는 사실을 알아냈다."[27]

현기증은 이처럼 과거의 트라우마를 종종 현재에 투사하게 만드는 원천이다. 전체 집단을 사로잡은 현기증은 휴면 중인 트라우마와 깊숙이 자리잡은 고통을 깨우면서 화해를 극도로 어렵게 만든다. 사람들 사이의 갈등에서조차 현기증은 시간 왜곡을 조장하고, 해결을 복잡하게 만들 수 있다. 쇼핑몰에서 교수의 부인은 과거의 불만들을 현재의 환경 속으로 불러내면서 수십 년 전에 겪었던 모욕에 대한 분노를 폭발시켰다.

두려운 미래에 대한 기억은 당신을 소진시킨다. 어떻게 미래에 대한 기억을 가질 수 있을까? 기억은 과거에 겪은 경험의 유물이 아닌가? 항상 그런 것만은 아니다. 감정이 고조된 갈등에 휘말릴 때 당신은 굴욕감을 주거나 공격하는 것처럼 미래에 상대방이 당신에게 할지 모르는 짓에 대한 최악의 시나리오를 상상하는 경향이 있다. 그렇게 상상한 시나리오 때문에 흥분이 고조될 경우, 시간이 지나도 그것이 만들어낸 시나리오라는 사실을 잊어버릴 때까지 그것을 기억 속에 각인시킬 수 있다. 결과적으로 머리는 독립적인 기억을 끔찍한 우발적 사태로 인식하고, 그 기억 속에 있는 이야기를 실제로 일어난 일로 간주한다. 두려운 미래는 사실상 과거가 되고, 이러한 '현실성'은 당신을 부족 효과로 끌어당긴다. 이제 당신은 상대방을 신뢰할 수 없는 '증거'를 확보한다.[28]

심리학적으로 보았을 때 과거로부터 나온 선택적 트라우마는 두려운 미래에 대한 기억과 차이가 없다. 둘 다 감정적으로 중요한 시나리오를 현재의 갈등 속으로 집어넣는다는 점에서 동일한 효과를 낸다. 한 민족이 500년 전 사건이나 지금으로부터 500년 후에 일어날까봐 걱정되는 사건으로 인한 선택적 트라우마로 인해서 전쟁을 일으킬지 모른다는 상상도 가능하다. 놀랍게도 집단의 구성원 중에서 누구도 두 사건 중 어떤 것도 실제로 경험해 보지 못했을 수 있다. 그러나 그들에게 이것은 군대를 동원하고자 할 만큼 충분히 강력한 감정적 반응을 야기하는 이야기가 된다.

현기증은 부정적인 감정이 담긴 반향실(反響室)을 창조한다. 당신이 유해한 기억이 담긴 폐쇄적 시스템에 몰두하다가 사소한 문제들의 중요성이 증폭될 수 있다. 예를 들면 부족 훈련에서는 한 부족이 배제되었다는 느낌을 받았다는 이유로 세상은 흔히 폭발한다. 지구의 생존 자체가 위험해질 때 배제에 대한 관심이 그토록 중요한 사안이 되어서는 안 된다. 그러나 왜곡된 현기증의 영역 안에서 배제는 부족의 정체성에 강력한 위협이 된다. 침대보를 둘러싼 논쟁도 마찬가지로 사소한 것이지만 현기증의 왜곡된 관점에서 보았을 때 교수가 정체성이 공격을 받았다고 느끼면서 문제의 공명(共鳴)이 높아졌다.

현기증으로부터 벗어나기

현기증이 가진 극히 중요한 문제가 그것이 당신의 사고, 느낌, 행동 범위를 좁히는 데에 있다면 그것으로부터 벗어나기 위해서는 당연히 의식의 상태를 확장시키기 위한 전략이 필요하다. 그렇게 하기 위해서는 다음 표에 요약한 대로 몇 가지 단계를 밟아야 한다.

장애물	전략
1. 부지불식간에 현기증이 당신을 괴롭힐 수 있다.	1. 현기증의 증세를 파악하라.
2. 현기증은 자기반성 능력을 약화시킨다.	2. 관계에 충격을 줌으로써 최면에 걸린 것 같은 현기증의 상태에서 벗어나라.
3. 현기증은 시간과 공간에 대한 시각을 제약한다.	3. 시계(視界)를 확대하라.
4. 현기증은 부정적인 기억에 사로잡히게 만든다.	4. 부정적인 것을 드러내라.

1단계 : 현기증 증세를 파악하라

대학원에 재학 중이었을 때, 나는 친한 친구와 함께 세계 평화에서부터 우리가 유치원 때 사귀었던 여자 친구에 이르기까지 온갖 이야기를 나누면서 자동차를 몰고 보스턴에서 뉴욕으로 향했다. 우리는 대화에 너무 심취했던 나머지 정확한 목적지가 있었음에도 고속도로 출구를 놓쳤고, 이후로도 10분 동안 그랬다는 사실조차 모르고 있었다. 현기증도 유사한 방식으로 작동한다. 그것이 자기반성 능력을 약화시키기 때문에 현재의 현실은 의식적인 자각으로부터 빠져나간다. 그런 자각 능력을 회복하는 것이 중요하고, 그러기 위해서는 다음의 세 단계를 거쳐야 한다.

첫째, 현기증의 증세를 파악하는 법을 배워라. 세 가지 증세가 눈에 띈다.

갈등에 사로잡히는가? 인생에서 사실상 다른 어떤 것보다 갈등에 대해서 더 많이 고민하는지 주목하라. 상대방이 저지른 잘못에 집착하거나 혹은 상대방이 가한 비판에 지나치게 민감하게 느끼고 있을지도 모른다.[29]

상대방을 적으로 간주하는가? 갈등을 의견 차이가 아닌 감정적인 싸움으로 보는 위험을 경계하라.

부정적인 측면에 집착하는가? 갈등 때문에 과거에 겪은 고통스러운 사건이나 미래에 일어날지 몰라 두려운 사건에 대해서 고민하게 되는지 주목하라.

둘째, 멈추어라. 현기증에 빠져들고 있다는 것을 인식하는 순간에 숨을 쉬어라. 그리고 한 번 더 쉬어라. 마음을 진정시켜라. 논쟁을 이어가기 전에 냉정함을 되찾을 때까지 기다려라.

셋째, 명명하라. 현기증을 명명하는 간단한 행동만으로도 그것이 당신에게 가하는 힘을 상당히 줄일 수 있다. 현기증에 이름을 붙임으로써 자기반성 능력을 활성화시키면서 추상적인 감정의 소용돌이를 토론하고 극복할 수 있는 별개의 '그것(it)'으로 바꿀 수 있다. 최근 집사람과 내가 정신없이 언쟁하고 있었을 때 그녀가 "우리가 현기증에 빠져들고 있는 것 같아요. 당신 정말 오후 내내 이렇게 다투고 싶어요?"라고 말했다. 현기증의 시작을 인식한 것만으로도 우리가 그것의 유혹을 거부하는 데에 도움이 되었다. 우리는 당면 문제를 몇 분만 더 이야기하되, 그래도 해결책을 찾지 못할 경우 휴식 시간을 가지면 우리가 두 사람 사이에 놓인 혼란스러운 공간 속에 갇혀 길을 잃게 되지 않을 것이라는 데에 의견 일치를 보았다.

2단계 : 관계에 충격을 줌으로써 최면에 걸린 것 같은 현기증의 상태에서 벗어나라

가끔은 최면에 걸린 것 같은 의식 상태로부터 벗어날 수 있는 유일한 방법이 상대방과의 관계에 대한 시각을 재정립할 수 있도록 갑자기 자기를 흔들어보는 것이다. 다음은 그렇게 하기 위한 몇 가지 방법이다.

목적을 기억하라. 현기증은 당신을 광란의 감정 속으로 몰아넣어 갈등의 구체적이고 본질적인 문제들을 해결하기보다는 방어적인 감정에 빠져 길을 잃기 쉽게 만든다. 관계에 충격을 주기 위한 한 가지 강력한 방법은 이번 갈등에서 나의 목적이 무엇일지 자문하는 것이다. 그것이 상대방을 비웃는 것일까? 아니면 상대방과 더 잘 지낼 수 있는 방법을 알아내는 것일까? 토론이 전개됨에 따라서 공통으로 바라는 것을 강조하라. 예를 들면 이혼하는 부부는 그들의 공동 목적이 아이를 신체적, 정신적, 영적으로 행복하게 만드는 것임을 상기하면 좋을 수 있다.

놀라움이 주는 힘을 이용하라. 관계에 충격을 주기 위한 두 번째 전략은 놀라움이 가진 힘을 이용하는 것이다. 쇼핑몰에서 일어난 추한 장면 속에서 교수가 갈등 대본을 버리고 부인이 깜짝 놀라 화를 풀게 했다면 어떻게 되었을지 상상해보라. 예를 들면, 부인이 더 이상 두 사람이 결혼한 이유를 확실히 모르겠다고 쏘아붙였을 때 교수가 "내 경우 당신을 사랑했기 때문이지. 그리고 나는 지금도 당신을 사랑해. 우리 다시 돌아가서 침대보 구경할까?"라고 대답했다고 가정해보자. 남편의 배려로 부인의 분노는 줄어들기 시작했을 것이다. 그리고 그들은 곧바로 이성을 되찾고, 합리적이고 관대하게 생각할 수 있는 능력을 회복했다는 느낌을 받았을 것이다. 그들은 어처구니없었던 모든 일에 웃음이 났을지도 모른다. 침대보가 이번 사태처럼 그들을 갈라서게 할 정도로 중요했던 것일까?

적재적소에 사용된 갑작스러운 충격은 국제 관계에서도 역시 좋은 효과를 낼 수 있다. 안와르 사다트 이집트 대통령의 유명했던 이스라엘 방문을 생각해보자. 1977년까지 아랍 지도자 중에서 유대 국가에 모습을 드러낸 사람은 단 한 명도 없었다. 그때까지 이스라엘과 이집트는 4년 동안 전쟁을 벌였고, 이스라엘은 1967년에 일어난 갈등 때 장악했던 이집트 지역인 시나이 반도에 대한 통제력을 유지했다. 이스라엘 국민들에게는 양국 사이에 평화가 가능할 수 있다는 희망이 거의 없었다. 그때 사다트 대통령이 벤구리온 국제공항으로 와서 이스라엘에서 36시간을 머물며 이스라엘 국회에서 연설을 하고, 주요 지도자들을 만나자 세상은 발칵 뒤집혔다. 사다트 대통령의 이스라엘 방문으로 이스라엘 국민들은 갑자기 이집트 국민들을 적이 아닌 파트너로 인식하기 시작했고, 양국 간 평화 협정이 체결되었다.[30]

예상하지 못했던 사과는 무엇보다 강력한 갑작스러운 충격일 수 있다. 쇼핑몰 다툼 도중 교수는 깊게 숨을 쉬었다가 멈춘 후 부인에게 "내가 지금 당신에게 많은 악담을 퍼부었는데, 미안해요. 아무 생각도 하지 못하고 내뱉은 말이에요"라고 말했을 수 있다. 이처럼 잘못을 인정하면 갑작스러운 반전에 놀란 부인이 당장 다툼을 중단하게 만들었을 수 있다. 부인이 남편의 사과가 진심 어린 후회의 표현이라고 느꼈다면 두 사람 사이의 공간은 건설적인 대화의 문을 열어주었을 것이다.

합법적인 권한을 소환하라. 몇 년 전 하버드 대학교 근처의 카페에서 나는 권력을 이용해서 현기증에서 벗어날 수 있는 방법을 직접적인 체험을 통해서 알아냈다. 늦겨울 저녁, 나는 코코아 한 잔을 마시면서 랩톱컴퓨터 앞에 구부리고 앉아서 논문을 쓰다가 서빙을 하던 두 사람이 서로를 밀치고 있는 장면을 목격했다. 처음에는 두 사람이 재미로 그냥 서로를 밀치는 것이라고 생각했는데, 그중 한 명이 다른 한 명에게 주먹을 휘두르자 둘은 서로 주먹을 주고받기 시작했다. 여느 때 같았으면 평화로웠을 장소가 갑자기 복싱 경기장처럼 바뀌자 나의 심장이 빠르게 뛰기 시작했다.

나는 "내가 이 싸움을 어떻게 멈추어야 할까?" 생각했다. 끼어들어서 둘을 갈라놓을까? 지배인에게 알릴까? 정신을 혼란스럽게 만드는 무의미한 소리를 지를까? 몇 년 뒤까지도 생생히 기억이 나는데, 나는 당시 아무리 이상하더라도 본능적으로 "보세요, 제리 사인펠드(미국 배우/역주)가 카페 안으로 들어오고 있어요!"라고 소리를 지르고 싶었다. 사인펠드는 당시 가장 인기가 좋았던 TV 스타였다. 그런 소리를 지르려던 목적은 싸우던 두 사람에게 갑작스러운 충격을 주어 그들이 현기증으로부터 벗어나게 만들려는 것이었다. 그러나 나는 아무 말도 하지 않았다.

한편 두 사람은 손님들 앞에서 치고받는 싸움을 계속했다. 다른 방법을 몰랐던 나는 마침내 "그만!"이라고 소리를 질렀고, 그 둘 사이에 끼어들어 싸움을 말리려고 했다. 그러나 성난 황소처럼 싸우던 두 사람은 내 말을 무시하면서 내 주위에서 주먹을 휘둘렀다.

그로부터 얼마 안 가 경찰관 두 명이 카페로 들어오자 마치 마술을 부린 듯 두 사람은 꼼짝도 하지 않았다. 유니폼을 입은 경찰관들을 보는 순간 그들의 머릿속에는 곧바로 법과 법을 위반했을 때 생기는 결과에 대한 몇 가지 일들이 떠올랐던 것이다. 그들은 분명 두려워하는 기색으로 경찰관들을 쳐다보았고, 그러한 두려움은 그들을 현기증으로부터 벗어나게 만들기에 충분한 수준 이상이었다. 경찰관들은 두 사람에게 당시 상황에 대해서 물었고, 불과 3분 만에 앞서 지금까지 적이었던 두 사람은 악수를 했다.

현기증으로부터 벗어나려면 정신 상담사나 중재인이나 변호사나 치료사나 가장처럼 서로 존경하는 권위적인 인물을 불러라. 어머니가 남편과 사별한 후 혼자 부유하게 살다가 애매모호한 유언을 남기고 돌아가시자 유산 상속 문제로 갈등을 빚게 된 중년 형제들의 경우를 생각해보자.[31] 누가 어머니의 반지를 가져야 할까? 식당에 있는 그림들은? 이것은 부족 간 재난 해결 비결을 찾는 것과 같았다. 형제들이 중재인을 만나자 중재인은 그들이 이미 현기증의 고전적인 사례에 깊게 휘말려 있다는 것을 알았고, 그들 모두에게 유일하게 권위 있는 인물인 그들의 어머니에 대한 기억을 끄집어냈다. 중재인은 형제들에게 "어머니가 여기 계시다면 무엇을 원하실까요?"라고 물었다. 생전 어머니는 가족의 화합을 중요하게 생각하셨고, 이런 기억을 떠올린 형제들은 어머니가 중시하던 가치들을 존중하고 싶어했다. 중재인은 반복적으로 이 질문을 던지면서 현기증이 반복되려고 할 때마다 형제들을 현기증으로부터 *끄집어냈다.*

주제를 바꿔라. 전 국가원수가 내게 그만의 외교적인 위기 해결 비법을 알려주었다. 그것은 "사람들의 마음을 바꾸려고 하지 말라. 주제를 바꿔라"라는 것이었다. 이것이 관계를 현기증으로부터 벗어날 수 있게 충격을 주는 네 번째 전략이다.

지금이 1996년이며, 당신이 중동 지역에 파견된 미국의 고위 정부 관리라고 상상해보자. 이스라엘이 예루살렘의 구시가지에 관광 터널을 뚫자 심각한 폭력 사태가 일어난다. 팔레스타인인들은 그와 같은 행동이 신성시되는 알 악사 사원에 대한 아랍의 통제와 동예루살렘이 그들의 미래 수도라는 주장을 모두 약화시키는 행동이라고 주장한다. 당신이라면 추가적인 폭력 사태를 막기 위해서 어떤 조치가 취해져야 한다고 조언하겠는가?

당시 국무부 중동 특사였던 데니스 로스 대사가 바로 이러한 상황에 직면했다. 그는 현기증의 징후들을 본 후 "사태가 걷잡을 수 없이 악화되고 있다"는 사실을 깨달았다.[32] 관련 당사자들은 현재 상황뿐만 아니라 선택적인 트라우마와 두려운 미래에 모두 반응하고 있었고, 이러한 반응은 상대방이 적이라는 생각을 더욱 강화시켰다. 로스는 "우리는 그들에게 뒤로 물러나서 생각할 공간을 줄 뭔가가 필요했다"면서 야세르 아라파트 팔레스타인 대통령과 베냐민 네타냐후 이스라엘 총리가 미국에서 정상회담을 열 수 있도록 주선했다. 회담은 관심을 상호 간의 폭력에서 벗어나 상호 간의 협약 가능성으로 돌려놓았다. 양측을 괴롭히던 현기증은 솜씨 좋게 진정되었다.

3단계: 시계(視界)를 확대하라

현기증은 감정적인 폐소공포증을 야기한다. 그것은 관계를 시간과 공간 감각을 제한하는 부정적인 감정들로 막는다. 현기증에서 벗어나기 위해서는 이 두 감각을 모두 확대시켜야 한다.[33]

공간 감각을 넓혀라

협력적인 관계를 조장하기 위해서 물리적, 심리적인 성향을 상대방에게 맞게 수정하는 방안을 고려하라.

물리적인 환경을 바꿔라. 협상 공간의 설계는 그 안에서 여러 사안들이 처리되는 방식에 중요한 영향을 미친다. 개성이 없는 흰색 사무실에서 하는 협상은 거실에서 토론하는 것과 완전히 다른 경험이다. 국제적인 관계에서 조차 몇몇 주요 협상은 아이들이 뛰어다니는 전 세계 지도자들의 집에서 열렸다. 이러한 인간적인 요소들은 현기증의 접근을 막는 데에 효과적이었다. 격의 없는 분위기 속에서 여러 문제들을 논의하면 부족에 대한 충성심이라는 한정된 범위 내에 구속되지 않는다는 느낌을 받게 된다. 주변 환경의 소소하고 세세한 점들도 마찬가지로 중요하다. 당신과 상대방이 협상 탁자의 반대편에서 서로를 마주보고 앉아 있는가, 아니면 모두 같은 문제를 접하고 있다는 것을 암시하듯이 옆자리에 붙어 앉아 있는가?

나는 다국적 기업의 최고경영자들, 안보 전문가들, 보건 당국자들을 포함해서 일련의 국제적인 리더들을 대상으로 한 차례 재미있는 부족 훈련을 한 기억이 난다. 각자 특색 있는 부족적인 특성들을 정의한 6개 부족은 본 회의실로 돌아가서 부족별로 동그랗게 모여 앉았다. 평소대로 외계인이 도착해서 불길한 경고를 던졌다. 그러나 이어 이례적인 일이 일어났다. 각 부족의 대표들이 한 명씩 앞으로 걸어나오더니 각자 부족의 가치들을 제시한 후 협상 과정을 다른 부족들의 '표'를 얻기 위해서 경쟁하는 6개 부족 간의 경쟁적인 정치 운동으로 전환시켰다. 갑자기 현기증이 닥쳐왔다. 부족들이 하나의 큰 원 모양으로 모여 앉아서 각자의 차이점에 대해서 협상하거나 아니면 각 부족의 대행인들이 제공할 수 있는 조그만 좌석 지역을 마련함으로써 순식간에 현기증에서 벗어날 수 있었을지도 모른다. 두 방식 모두가 협력을 증진시키는 데에 도움을 주었을 것이다. 그러나 그들은 그렇게 하는 대신에 이례적인 구조를 선택했고, 아니나 다를까 결과적으로 그들의 세상은 폭발할 운명에 처했다.

새로운 시각에서 갈등을 바라보라. 현기증 상태에서는 당면한 문제들의 무게감이 상당히 커질 수 있으므로 기존의 입장에서 물러날 경우 참담한 패배를 맛본 것 같은 느낌이 든다. 이때는 더 넓은 관점에서 각자 처한 상황을 검토함으로써 이런 느낌으로부터 벗어날 수 있다.

달로 향하는 우주선에서 지구를 내려다보면서 웅장한 우주 속에서 당신이 겪는 갈등이 얼마나 보잘것없는 것인지 깨닫게 되는 장면을 상상해보라. 하버드 동문인 프랭크 화이트는 우주인들의 심리를 연구하다가 그들 모두가 지구로 귀환한 후 인간관계에 대한 시각에 중대한 인지적 변화를 겪게 된다는 사실을 알아냈다. 이제 그들의 눈에는 이 세상의 모든 문제들이 지구를 전체적으로 포용하겠다는 목표와 비교했을 때 부차적인 것들로만 보였다. 프랭크는 이러한 확장적인 시각을 **조망 효과**(overview effect)[34]라고 부른다. 당신이 결코 우주로 나가지는 못하더라도 여전히 이러한 시각 훈련은 유익할 것이다.

또한 이보다 평범한 방법을 통해서도 시각에 변화를 줄 수 있다. 갈등을 12층짜리 건물이라고 상상해보자. 갈등을 벌이는 양측은 최상층에 머물고 있다. 그곳의 상황은 격렬하고, 속이 뒤틀리고, 감정적인 회오리바람이 분다. 이제 갈등 상대방에게 12층 건물에서 몇 분만 기다려달라고 요청하는 장면을 상상해보라. 당신은 엘리베이터를 탄다. 한 층 한 층 아래로 내려오면서 깊이 숨을 들이마신 후 내뱉을 때 마음이 차분해지는 느낌을 받는다. 당신은 상대방의 상처받는 느낌을 지각하기 시작하고, 당신이 받는 같은 느낌도 더 제대로 인식할 수 있다. 1층에 도착했을 때 당신과 상대방은 모두 갈등이 유발된 정도를 보다 분명히 이해하게 된다. 이제 다시 12층으로 돌아가기 위한 버튼을 누른 후 대화를 끝내라.

시간 감각을 재조정하라

시계를 확대하는 마지막 방법은 시간에 접근하는 방법을 넓히는 것이다.

속도를 늦추어라. 현기증은 연쇄 반응적인 감정을 일으키기 때문에, 대화의 속도를 줄이고 (들어오는 공격을 기억하기 위해서가 아니라) 기본적인 감정을 알아보기 위해서 경청하는 것만으로도 도움이 될 수 있다. 소통 속도를 늦출 수 있을지도 모른다. 화를 돋우는 이메일에 대답하기 전에 몇 시간 동안 뜸을 들여라. 대답하기 전에 잠시 시간을 가질 것을 상기하면서 보다 천천히 말하라. 혹은 장시간 동안 대화를 하고 있다면 갈등과 감정 사이에 약간의 거리를 유지하기 위해서라도 정기적으로 휴식을 취하라.

시간을 앞으로 돌려라. 쇼핑몰 사례에서 교수는 부인에게 "지금으로부터 10년 후에 우리가 침대보 때문에 벌인 이번 싸움을 되돌아보는 척해봅시다. 더 나이가 들고 현명해진 미래의 우리가 지금 우리에게 어떤 조언을 할 것이라고 생각하오?"라고 말할 수 있을지 모른다.

나는 몇 년 전 이스라엘과 팔레스타인 협상가들을 대상으로 민간 협상 워크숍을 설계하고 공동 개최할 때, 이렇게 미래로 빠르게 넘어가는 기술을 써보았다. 그들에게 교착 상태를 깰 수 있는 방법을 논의하라고 부탁하기보다 (그랬다가 그들은 재빨리 현기증의 상태로 빠져들었을 수 있다) 나는 그들에게 경제적, 사회적, 정치적인 관점에서 향후 20년 뒤에 그들 사이의 평화로운 공존 상태가 어떤 모습이 될 것 같은지 상상할 것을 요청했다. 이 질문은 싸움터가 될 뻔했던 워크숍 공간을 협력적인 난상토론의 공간으로 바꾸었다. 구체적인 미래에 대해서 상상하니 그러한 미래는 현기증으로 인해서 생긴 추상적인 두려움보다 훨씬 더 현실적으로 와닿았다. 워크숍은 주요한 평화 협정의 씨앗을 뿌렸다.

시간을 뒤로 되감아라. 집사람과 내가 갈등에 빠질 때 현기증은 보통 우리에게 단기적인 논쟁을 장기적인 낭패로 전환시키도록 유혹한다. 그런 경우 나는 일부러 우리의 관계가 가장 행복했던 순간들을 떠올린다. 내가 집사람과 처음 시시덕거렸던 때, 우리가 블록 섬(미국 북동부 로드아일랜드 주 남부의 섬/역주)에서 결혼했던 날, 우리 세 아들의 터무니없는 농담을 듣고 파안대소했을 때의 느낌 등이 그런 순간들이다. 이러한 기억들은 나의 마음속에서 내가 현기증으로 향하는 길을 걷고 싶은지 결정할 수 있는 공간을 열어준다. 그리고 나는 거의 언제나 그러지 않기로 결정한다.

나는 두 가지 이유 때문에 '거의 언제나'라는 말을 썼다. 첫째, 나는 인간이기 때문에 가끔 현기증은 내가 거부하기 힘들 만큼 강력하게 나를 끌어당기기도 한다. 둘째, 적절히 통제되었을 때 현기증도 가끔은 장점을 가지고 있다. 예를 들면, 혼자서 "**지금 나는 현기증 상태이지만 내 생각을 표현하니 기분이 좋다**"라는 생각이 들 수도 있다. 그러나 그런 생각이 간혹 가치가 있을 수 있더라도 그런 생각을 끝낼 구체적인 시간제한을 정할 것을 권한다. "시계를 보자. 10분 안에 우리가 휴식을 취하자고 제안할 것이다"라고 결심하라. 이렇게 목적을 계획적으로 실천하는 것이 부자연스럽게 느껴질지 몰라도 그것은 시간 감각에 대한 현기증의 통제로부터 벗어날 수 있는 중요한 메커니즘을 만드는 데에 유용하다.

4단계 : 부정적인 것을 드러내라

당신에게는 부정적인 것에 대한 현기증의 집착적 집중을 막기 위한 전략이 필요하다. 그것은 고통스러운 감정 속에 깊숙이 빠지지 않고 당신이 그것을 드러낼 수 있게 하는 전략이다. 그러나 그런 전략을 어떻게 만든다는 말인가?

역학을 명명하라

아일랜드 극작가이자 소설가인 오스카 와일드(1854-1900)는 한때 "사람은 있는 그대로일 때 가장 솔직하지 못하다. 가면을 건네주면 그는 진실을 말할 것이다"라고 말한 적이 있다.[35] 갈등에 빠졌을 때 고통스러운 감정에 대해서 직접 언급하면 호전적인 느낌을 받을 수 있다. 특히 상대방의 말이나 행동의 결과로 고통을 느낀다고 생각할 때가 그렇다. 따라서 당신에게는 감정에 대해서 구체적으로 언급하지 않고 감정적인 장애물들에 대해서 말할 수 있게 하는 기술이 필요하다. 다시 말해서 이것은 간접적인 방법으로 직접적인 대화를 할 수 있게 도와주는 기술이다. 당신은 **부정적인 것을 드러내야 한다**. 즉, 관계에 부담을 주는 감정적인 힘을 논의하기 위해서 상징적인 소통 방법을 활용해야 한다.

대화 속에서 작동하고 있는 갈등의 역학에 대응하고 현기증에 직접 맞서

기보다는 그러한 역학을 찾아내서 그것을 어떻게 가장 잘 해결할 수 있을지 부산하게 전략을 짤 수 있다. 주관적인 경험을 객관화함으로써 갈등을 일으키는 무형의 힘에 이름과 함께 구체적인 현실성을 부여하는 것이다.[36]

사례 연구: 재커리와 어두운 면

막내아들인 리엄이 막 걸음마를 배우기 시작했을 무렵 당시 여섯 살이었던 둘째 재커리는 형제들 간 계급 속에서 자기의 자리를 찾기 위해서 애쓰고 있었다. 재커리는 나이가 많건 적건 형제들을 향해서 계속해서 공격적인 성향의 행동을 하기 시작했다. 나는 재커리가 진짜 감정적인 불만이 있어서 그것을 표현하는 것임을 알았기에 재커리를 벌주기보다는 재커리가 감정적인 경험을 더 잘 다룰 수 있도록 그것을 겉으로 드러내게 도와주려고 애썼다. 어느 토요일 아침, 나는 재커리와 소파에 같이 앉아서 대화를 나누었다.

나는 말했다. "엄마와 아빠는 네가 항상 형제들을 존중하고 있다는 걸 알고 있어. 우리는 또한 지난 며칠 동안 네가 노아와 동생 리엄을 밀쳤다는 것도 알고 있어. 그건 우리가 알고 있는 재커리의 평소 모습이 아니야. 네가 형제들을 밀치고 싶게 만드는 느낌을 뭐라고 부르면 좋을까? 네가 알고 있는 만화 주인공 중에 그런 감정을 묘사하는 데에 어울리는 인물이 있니? 아니면 색깔이나 혹은 다른 뭔가가 있을까?"

재커리는 잠시 생각에 빠지더니 「스타워즈」에 대한 책을 방금 읽어서 그랬는지 몰라도 "어두운 면!"이라는 말을 불쑥 내뱉었다.

나는 "잘했다! 그런데 그것이 너를 통제하기 시작하는 기분이 들면 어떻게 해야 할까?"라고 물었다.

그러자 재커리는 "광선 검을 빼서 싸워 물리쳐요!"라고 답했다.

나는 "좋은 생각이다. 어떻게 그렇게 할 거지?"라고 물었다.

그러자 재커리는 광선 검을 휘두르는 시늉을 하면서 미소를 지으며 "이렇게요!"라고 말한 후 형제들과 놀기 위해서 밖으로 뛰어나갔다. 나는 창문 너머로 아이들이 노는 모습을 지켜보았는데, 얼마 지나지 않아 재커리가 다시 동생을 미는 모습을 보았다.

나는 뒤뜰로 걸어나가서 "재커리, 방금 무슨 일을 한 거니?"라고 물었다.

재커리는 죄를 지은 것 같은 말투로 "아무 일도 안 했어요"라고 대답했다.

나는 "네가 리엄을 밀었니?"라고 물었고, 재커리는 "네"라며 그 사실을 인정했다.

나는 다시 "어두운 면이 너를 붙잡았니?"라고 물었다.

이런 식으로 재커리가 느낀 감정을 말하면서 나는 재커리가 공격이나 꾸짖음을 당하고 있다는 느낌이 들지 않게 만들며 문제를 거론할 수 있었다.

재커리는 조용히 "네"라고 대답했다.

나는 "그것에 맞서 싸우기 위해서 더 열심히 노력할 거지?"라고 물었고, 재커리는 수줍은 미소를 지으면서 "네"라고 대답했다.

그날 오후 재커리가 내게 달려와서 "아빠, 맞춰보세요. 어두운 면이 제가 리엄을 밀치기를 원했지만 제가 자제력을 발휘했어요!"라고 말했다.

재커리는 자기 자신이 자랑스러웠고, 나도 그런 재커리가 자랑스러웠다. 재커리를 벌할 수 있던 상황이 궁극적으로 재커리뿐만 아니라 우리 가족 모두에게 유익한 학습 기회로 바뀌었다.

부정적인 것을 겉으로 드러내는 것은 광범위한 갈등 상황 속에서 유용한 기술이다. 이때 네 단계의 과정을 거친다. 첫째, 재커리와 형제들 사이의 다툼처럼 당신이 겪은 갈등의 전형적인 장면을 상상해보라. 둘째, 당신과 상대방을 적대적인 관계로 끌어당기는 데에 주도적인 역할을 한 감정이 무엇인지 상기해보라. 정확한 감정을 찾아낼 필요까지는 없고, 단지 당신과 상대방을 지배했던 일반적인 감정만을 기억하라. 재커리의 경우에는 공격적인 충동이 그를 지배했다. 셋째, 재커리가 '어두운 면'이라고 했던 것처럼 그러한 감정을 묘사할 수 있는 은유를 골라라. 그리고 그러한 역학이 근처의 의자에 앉아 있다고 상상한 다음에 그것과의 관계를 선략화하라. 그것이 나타나게 만든 것이 무엇인지 생각한 다음에 그것을 어떻게 해결할 수 있는지 결정하라. 재커리는 형제들이 재커리를 놀이에서 배제했을 때 그의 어두운 면이 생겼다는 것을 깨달았고, 그래서 자제력을 활용해서 그것을 거부하기로 결심했다. 재커리의 전략은 주효했다. 어두운 면은 이제 재커리가 맞서 싸워서 궁극적으로 물리칠 수 있는, 자신 밖의 가시적인 힘으로 변했다.

결론

현기증은 말다툼하던 부부가 왜 결국에는 서로 고래고래 소리를 지르며 싸우게 되고, 동료들이 뜨거운 언쟁을 벌이다가 순식간에 서로에게 등을 돌리게 되는지를 이해할 수 있게 도와준다. 이러한 감정적인 여건은 너무나 극적으로 우리의 심리에 영향을 주기 때문에 정말 사소한 문제조차 심각한 갈등으로 확대될 수 있다. 그러나 현기증의 증세들을 알게 됨으로써 그것에 맞서 자신을 지킬 수 있다. 또한 현기증에 사로잡힌 자신을 발견했을 경우 보다 협력적인 사고방식으로 되돌아가기 위해서는 자신에게 갑작스러운 충격을 주어야 한다는 것을 명심하라. 그러면 감정이 고조된 갈등을 해결하는 것이 대단히 쉬워진다는 것을 발견하게 될 것이다.

물론 그렇다고 해서 당신이 겪는 문제들이 전부 해결된 것은 아니다. 다른 네 가지 유혹도 똑같이 당신의 부족적 사고를 통제하기 위해서 경쟁하고 있기 때문이다.

현기증에 당하기 전에 현기증을 막아라
개인별 응용 문제

---

1. 당신은 갈등에 빠지면 감정적으로 얼마나 소진되는가?

   1   2   3   4   5   6   7   8   9   10

(현기증이 나지 않음)   (현기증이 심함)

2. 어떤 생각과 감정이 당신을 소진시키는가?

3. 현기증이 당신을 소진시키지 못하게 막을 수 있는 방법은 무엇인가? 예를 들면, 당신은 당신의 목적을 기억하거나, 관계를 흔들거나, 부정적인 것을 표면화할 수도 있는가?

4. 상대방이 현기증에 빠지는 것을 막기 위해서 당신이 할 수 있는 말이나 행동은 무엇인가?

6

반복강박을 거부하라

우리 모두 반복강박에 시달리는 피조물이다.[1]
— 다니엘 샤피로, 『불가능한 협상은 없다』

우리 모두 반복강박에 시달리는 피조물이다.
— 다니엘 샤피로, 『불가능한 협상은 없다』

영화 「모던 타임스」(1936)에서 주인공인 코미디언 찰리 채플린은 발을 질질 끌며 낡은 판잣집으로 걸어 들어간다. 앞문을 닫자 널빤지가 흔들리며 내려와서 그의 머리를 찧는다. 이와 똑같은 장면이 하루도 빠짐없이 되풀이된다. 채플린은 집 안으로 걸어 들어와서 문을 닫고 충격을 견딘다. 그러던 어느 화창한 날, 채플린이 집 안으로 걸어 들어왔을 때 널빤지가 가만히 있는다. 그는 허둥지둥 위를 쳐다본 다음에 문을 연 후 다시 그것을 세게 닫는다. 그러자 널빤지가 머리 위로 무너져내린다. 이제 그는 그의 볼일을 볼 수 있게 된다.[2]

채플린이 겪은 경험은 사람들을 갈등으로 몰아넣는 가장 강력한 힘 중 하나인 반복강박의 실체를 보여주는 좋은 사례이다. 이 힘은 거듭 같은 행동 패턴을 재연할 수밖에 없게 만든다.[3] 문제 자체가 바뀔지는 몰라도 (아마도 당신이 오늘은 배우자와 돈 문제로 다투더라도 내일은 가사 분담 문제로 다툴 수 있다) 갈등의 근본 역학은 미칠 듯이 고정적이다. 국제적인 차원에서도 반복강박은 경쟁 관계에 있는 인종정치학적인 집단들이 결코 끝나지 않은 연쇄 충돌에 휘말리게 만든다. 전 세계는 이 장면을 지켜보면서 "그들은 결코 변하지 않을 것이다"라고 애석해한다.

아마도 이보다 충격적인 사실은, 반복강박이 반복적 갈등을 낳는 여건들을 무의식적으로 재창조하도록 자극한다는 점이다. 이것은 당신 안에 과거의 고통을 재연하고 싶은 거부할 수 없는 욕구를 심고, 채플린과 꼭 같이 당신에게 재차 머리를 강타할 널빤지가 필요하다는 확신을 심음으로써 당신을 자기파괴자로 만든다.

그러나 왜 우리는 그러한 행동을 하는 경향을 보이는 것일까? 그리고 무엇보다도 우리가 그러한 충동에서 벗어나려면 어떻게 할 수 있을까?

이번 장에서 우리는 심리분석, 신경과학, 인지적 행동 요법, 사회적 인지, 행동학 그리고 합리적 이론으로부터 얻은 통찰을 활용해서 갈등 해소와 관련된 반복강박의 성격과 함께 당신이 그것으로부터 벗어나는 데에 도움을 줄 수 있게 설계된 4단계 방법을 자세히 알아보는 시간을 가지겠다.

반복강박의 해부

반복은 인간의 삶의 기본적인 양상이다. 당신은 매일 아침 같은 시간에 일어나서, 같은 종류의 음식을 먹고, 같은 종류의 농담을 듣고 웃는다. 일부 반복적인 행동은 유용하지만, 반복강박 같은 반복적인 행동은 유해할 수 있다.

프로이트는 처음에 인간이 근본적으로 고통을 피하고 쾌락을 추구하는 쾌락 원칙(pleasure principle)을 따른다고 추정했다. 이 이론은 프로이트가 일련의 역설들에 맞닥뜨릴 때까지는 일리가 있었다. 그는 왜 어떤 사람들은 '불쾌감'을 낳는 관계를 거듭 맺는지 궁금해했다.[4] 한 사람의 친구들이 궁극적으로 그를 모두 배신하는 것이 단순한 우연인가? 그의 제자들이 모두 분노하여 그를 버린 일은? 그의 애정 관계가 항상 멋지게 시작하더라도 3개월만 지나면 흐지부지되는 이유는? 프로이트는 반복강박을 이런 '악마적인 힘'을 설명하는 방법으로 간주했다. 그는 이 힘을 "그것이 무시하는 쾌락 원칙보다 더 원시적이고, 더 기본적이고, 더 본능적인 성격을 띤다"고 보았다.[5]

나는 반복강박을 **반복하고 싶은 충동을 느끼는 역기능적 행동 패턴**으로 간주한다. 이것은 어떤 자극이 바람직한 반응을 일으켰을 때 갑자기 활발해지는 보다 복잡한 형태의 습관이다[6](예를 들면 당신은 카페인을 갈구하기 때문에 아무 생각 없이 카페로 들어가서 라테를 주문한다. 자극은 당신이 바랐던 반응을 일으키고, 곧바로 당신은 에스프레소를 마시는 습관에 푹 빠진다). 반복강박은 한술 더 떠서 당신이 하기 싫은 일까지 반복하도록 유인한다.[7] 그러다 당신은 부지불식간에 자기 파멸적인 상황 속에 빠져들고, 아주 오래된 같은 행동 패턴을 무의식적으로 반복하면서 그것이 현재 상황이 낳은 결과라고 생각한다.[8]

반복강박에서 벗어나기 위해서는 갈등에 휘말렸을 때 그것이 당신의 시각을 어떻게 왜곡시키는지부터 이해하는 것이 중요하다.

첫째, 감정적인 상처로 고통받는다. 공격이나 학대나 급격한 환경 변화로 인해서 정체성이 침해되었다고 느낄 때, 그런 경험은 고통스러운 감정적인 상처를 남긴다. 나의 친구 젠이 겪은 경험을 예로 들어보자. 그녀가 일곱 살이었을 때, 그녀의 아버지는 집을 나간 후 돌아오지 않았다. 가족을 버린 그의 행동은 그녀에게 심각한 영향을 주었고, 지워지지 않는 감정적인 상처를 입혔다. 성장하면서 그녀는 밖에서 친구들과 놀 때도 아버지가 탄 차가 다가오는 것을 보고 싶은 마음에 계속해서 차도를 쳐다보고는 했다. 그러나 그런 차는 오지 않았다.

둘째, 고통스러운 감정을 무의식으로 추방한다. 다시 보지 않기를 기대하면서 그런 감정을 마음속의 뒤쪽 구석에 있는 방 안에 넣어 가둔다. 내가 처음 젠을 만났을 때 그녀는 서른 살이었지만 아버지로부터 버림받은 일은 그녀의 인생에서 가장 고통스러운 사건으로 남아 있었다. 그러나 그녀는 치료를 받으려고 한 적이 없었고, 어린 시절에 대해서 친구들과 이야기를 나눈 적도 거의 없었다. 대신 슬픔과 치욕과 분노가 없는 척하며 그러한 감정들을 무의식 속에 있는 방 안에 가두었다.

셋째, 비슷한 감정적인 상처를 입힐 수 있는 자극을 최대한 열심히 찾는다. 젠이 감정을 억눌렀지만 그것은 무의식 속에 격리된 채 남아 있지 않았다. 그것은 벽을 두드렸고, 천장에 부딪쳤으며, 끊임없이 소리를 질렀다. 인생에서 조금이라도 버림받음을 암시하는 갈등 상황을 무의식적으로 감지했을 때마다 젠은 그녀가 알고 있는 유일한 경험에 의지했다. 정반대의 사실을 보여주는 증거들이 있었지만 그녀는 남편이 결국 자신을 배신하고, 상사는 자신을 해고하고, 절친한 친구가 절교를 선언할 것이라는 믿음에 집착했다. 매 상황별로 젠은 자기 자신을 버림받은 피해자로 간주했다. 어린 시절에 받은 상처의 고통이 계속 되풀이되면서 자신과 무관한 갈등조차 고통스러울 정도로 낯익은 시나리오로 바뀌었다.

넷째, 무의식적으로 고통스러운 느낌을 억누르기 위해서 애쓴다. 가장 효과적으로 고통스러운 감정으로부터 벗어날 수 있는 방법은 그것을 찾아내서 정면으로 맞서 해결하는 것이지만 그런 감정을 접하는 것이 두려울 수 있다. 반복강박은 다른 경로를 제시한다. 즉 그것은 당신이 고통스러운 감정을 직접 상대하지 않고도 그것을 숨길 수 있게 도와주려고 애쓴다.[9]

그러나 그것은 행동할 수 있는 여지를 제한하기 때문에 제한적인 효과밖에 거두지 못한다. 한편으로 반복강박은 **이번에야말로** 오래된 트라우마를

사용 가능한 이야기	불안감				
	질투심				
	버림받음	×	×	×	×
		남편과의 싸움	친구와의 싸움	엄마와의 싸움	동료와의 싸움
		상황			

'극복할' 것이라는 희망을 가지고 처음에 당신을 아프게 했던 바로 그 조건을 되풀이하면서 당신이 고통스러운 감정을 무의식적으로 '실연해 보이도록' 부추길지 모른다. 남편이 출장을 갈 때마다 젠은 처절하게 버림받은 것 같은 느낌을 받았고, 남편이 귀가할 때마다 이번에는 자신이 처한 상황을 통제할 수 있을 것이라는 은밀한 기대감을 가지고 평소와 달리 강하게 싸움을 걸고는 했다.[10] 그러나 물론 그녀가 더 크게 소리를 지를수록 남편은 그녀와의 관계가 더 소원해지는 것처럼 느꼈고, 그녀는 자신이 그토록 처절히 두려워했던 버림받는 상황을 거듭 조장하고 말았다.

다른 한편으로 당신은 억눌렀던 감정이 드러나는 상황을 피할 수 있을지도 모른다. 예를 들면, 젠은 누군가가 자신을 버릴 수 있는 모든 상황을 계속 경계했다. 그렇게 될 수 있는 경우를 찾아냈다고 믿었을 때, 그녀는 상대방이 그녀와의 거리를 벌리기 전에 먼저 거리를 벌리며 선제적으로 행동하고는 했다. 이런 성급한 움직임이 낳은 결과는 예측 가능한 대로였다. 친구들은 젠이 그들을 거부했다고 느끼고 그녀를 떠났다. 젠은 또다시 그녀가 극복하려고 애썼던 버림받는 상황을 스스로 만들었다.

반복강박은 그것이 가진 자기파괴적인 성격 때문에 당신을 지속적인 슬픔에 빠뜨릴 수 있지만 그것은 어떤 측면에서는 좋은 의도를 가지고 있으며, 치유 과정에서 필요한 일부이기도 하다.[11] 그것은 당신이 "내가 **정말로**

이런 고통을 다시 참아야 할까?"궁금해하게 만든다. 그리고 궁극적으로 마침내 반복강박에서 벗어나게 도와주는 것이 바로 그런 질문이다.

도망치지 못하게 막는 장애물들

난공불락의 적처럼 보이는 반복강박에 맞서 싸우다가 오히려 그것에 의해서 휘둘리는 자기 자신을 발견할지도 모른다. 반복강박의 몇 가지 특징은 그것을 물리치기가 사실상 불가능해 보이게 만든다.

1. 반복강박은 자동적으로 일어난다

반복강박은 무의식적으로 일어나기 때문에 당신은 예전에 겪었던 것과 똑같은 갈등을 재연하는 경향을 보이면서도 그렇게 하고 있다는 것 자체를 의식하지 못한다. 한편 당신과 상호작용하는 사람들도 그들 나름대로 반복강박을 재연하고 있다.[12] 따라서 모두가 객관적인 사실만큼이나 개개인별 두려움 때문에 반복적인 불화를 조장한다.

결혼 후 젠과 남편 마크는 결혼 생활의 몇 가지 걱정거리를 해결하기 위해서 애썼다. 그들은 외식하기 가장 좋은 시간부터 가계의 돈 관리 방법에 이르기까지 모든 것에 대해서 언쟁을 벌였다. 두 사람 사이에 갈등이 생기는 가장 일반적인 경우를 보자면, 마크가 신용카드 고지서를 확인한 후 젠에게 "돈 쓸 때 더 꼼꼼하게 따져봐야겠어"라고 말하면, 젠은 이 말을 자신에 대한 비난이자 자신의 자율성에 대한 침해로 간주하고 "맞아요. 당신이 사는 모든 기계 장난감에 대한 씀씀이부터 줄여나가면 좋겠어요"라고 비아냥거린다. 그러면 이제 마크와 젠은 부지불식간에 그들이 너무나 잘 알고 있던 패턴 속으로 빠지면서 으르렁대기 시작한다.

2. 반복강박에 빠지면 학습에 거부감을 느낀다[13]

현기증에 대한 인식은 그것을 넘어 세상을 바라보는 데에 유용하지만, 반복강박에 휘말렸다는 것을 알아도 그것에서 벗어나는 데에 별로 도움이 되지 않는다. 젠과 마크는 그들이 누차 2시간 동안 싸움에 빠지는 경향이 있다는 것을 잘 알고 있었지만 이런 사실을 직접 인식하고 있더라도 그것이 반복적인 싸움을 막는 데에는 아무런 도움을 주지 못했다. 젠은 임박한 싸움을 감지했을 때 가끔 싸움을 피하기 위해서 호소하기조차 했다.

그녀는 "잠깐만요! 지금 상황이 통제가 안 되고 있어요. 당신은 정말 우리가 여느 때처럼 또다시 싸우기를 원해요?"라고 말하고는 했다.

이런 말을 들은 마크는 인상을 쓰면서 "왜 나 때문에 싸운다고 말하지?"라고 말했다.

젠은 "나는 그냥 우리를 도우려고 할 뿐이에요, 마크!"라고 주장하면서 "당신이 싸움을 시작했잖아요"라고 맞받아쳤다.

그럼 마크는 "내가 싸움을 시작했다는 것이 무슨 말이야?"라고 되물었다.

반복강박에 빠지게 만드는 강력한 덫이 그것이 무익하다는 두 사람의 지식을 압도했다. 두 사람은 반복강박의 마수에 걸렸다는 사실을 잘 알았지만 도저히 그것으로부터 빠져나올 수 없다고 느꼈다.

3. 반복강박은 감정을 압도한다

반복강박은 당신이 현재 휘말린 갈등의 감정적인 현실에서 벗어나서 그 갈등이 현재의 환경에 의해서만 결정된다는 완벽한 확신을 가지고 과거의 행동 패턴을 구현하게 만든다.[14] 당신은 더 이상 과거의 기억과 현재의 현실을 구분하지 못하게 되고, 결국 '느끼는 시스템'이 망가짐으로써 완전한 감정적 실재감(emotional presence)을 유지할 수 없게 된다.[15] 당신은 지금 현재에 머물고 있다고 느끼더라도 사실은 과거에 살고 있는 중이다.

정체성이 위협받고 있다고 느끼는 순간 불안감이 커지고, 반복강박이 끼어들어 그러한 불안감을 진정시킨다. 반복강박은 당신의 감정적인 경험을 통제하고, 당신이 사실상 수동적으로 행동하게 만들면서 인형을 조종하듯이 당신을 조종한다. 당신은 감정을 "어떤 치명적인 불길에 이끌리듯" 통제할 수 없이 당신에게 일어나는 실체처럼 느낀다.[16] 젠과 마크의 경우도 분명 그랬다. 두 사람은 대화로 사태를 풀고, 서로의 말을 경청하고, 보통 때처럼 적대감에 굴복하기보다는 문제를 해결하기 위해서 여러 차례 노력했다. 그러나 평화적으로 갈등을 해결하는 데에 성공했을 때조차 그들은 마무리 짓지 못한 감정적인 일이 있는 것처럼 끊임없이 예전 방식으로 돌아가고 싶은 욕구를 느꼈다고 시인했다. 반복강박은 그들에게 낯익은 패턴으로 되돌아가도록 손짓했다.[17]

4. 반복강박이 깊게 뿌리내렸다고 느낀다

반복강박을 둘러싼 가장 큰 오해 중에 하나는 그러한 자기파멸적인 반응을 그냥 '잊어버릴 수 있다'는 것이다. 문제는, 이러한 행동이 당신을 **당신답게** 만드는 본질적인 부분으로서 깊게 뿌리내린 것처럼 느껴진다는 데에 있다. 어떻게 하면 어느 정도 당신을 정의하는 것을 잊어버릴 수 있을까? 마크가 좋은 의도를 가지고서 젠이 버림받을지 모른다는 두려움에서 벗어날 수 있게 도와주려고 애쓰자 그녀는 "난 나예요. 난 절대 바뀌지 않아요! 나를 있는 그대로 받아줄 수 없어요?"라고 맞받아쳤다.

풀려나기

반복강박에서 벗어날 수 없다면 그것을 영원히 반복해야 할 운명이라는 말인가? 감정적인 운명에 대한 통제력을 회복하려면 각 반복강박의 주요 난점들을 해결하는 다음의 네 단계 전략을 가동해야 한다.[18]

반복강박 탈출 전략

1. 최대한 빠른 순간에 반복강박을 잡아라.
2. 같은 패턴을 반복하도록 끌어당기는 힘을 거부하라.
3. 감정에 대한 통제력을 회복하라.
4. 레퍼토리에 새로운 경로를 첨가하라.

---

1. 최대한 빠른 순간에 반복강박을 잡아라 : TCI 방법

경찰이 범인 식별용 얼굴 사진을 가지고 있으면 은행 강도를 더 쉽게 잡을 수 있듯이 전형적인 갈등 패턴을 보여주는 사진을 가지고 있으면 더욱 효과적으로 반복강박을 멈추게 만들 수 있을 것이다.

먼저 갈등으로 인해서 반복적으로 생기는 긴장관계부터 파악해보라. 배우자나 아이나 동료와 자주 다투는가? 누구에게나 갈등은 불가피하다. 당연히 다른 사람들과 의견 차이가 있을 수 있다. 따라서 간단한 해결을 반복적으로 피하거나 그것에 맞서거나 혹은 그것을 비난하거나 의도적으로 방해함으로써 거듭 혼란이 유발되는 패턴을 중점적으로 살펴보라. 같은 종류의 갈등에 휘말렸을 때 늘 똑같이 불만족스러운 결과로 이어진다는 것을 알게 된다면 반복강박이 작동할 가능성이 높다고 보아야 한다.

일단 이러한 반복적인 갈등을 찾아낸 이상 갈등의 계기(trigger), 주기(cycle) 그리고 영향(impact)을 포함해서 반복하는 경향을 보이는 핵심 패턴을 파악하라(나는 이 세 영어 단어의 첫 글자들을 따서 이것을 TCI 방법이라고 부르겠다).[19] 이러한 패턴을 인식하게 되면 패턴의 반복을 막을 수 있는 힘이 생긴다. 101쪽의 도표를 따라서 시작해보자.

(A) 갈등 계기

갈등의 계기를 알아보기 위해서는 어떤 구체적인 행동이나 사건이 긴장을 부추겼는지 자문해보라. 가족의 결혼식에 초대받지 못했는가? 사업 파트너가 합의를 어겼는가? 소속된 정치 단체가 지역 경제 회의에서 배제되었는가? 갈등은 종종 강력한 힘들이 합쳐져서 생기는 것처럼 보이기도 하지만, 단 한번의 사소한 사건조차 중대한 갈등의 계기가 될 수 있다. 마크와 젠의 사례에서 그들 사이의 가장 심각한 갈등은, 마크가 젠을 며칠씩 집에 혼자 내버려두는 바람에 젠이 버림받았다는 느낌을 심각하게 받게 만든 다음에 그가 출장에서 돌아왔을 때 일어나는 경향을 보였다.

(B) 갈등 주기

갈등이 일어나면 반생산적인 갈등 패턴을 재연하게 되는 일명 갈등 주기(cycle of discord)에 빠진다. 그것의 패턴을 조사하라. 누가 누구와 맞서는가? 이유는 무엇인가? 처음에 누가 갈등 해소에 나서는가? 언제 그랬는가?

갈등이 어떻게 끝나나? 갈등 주기는 늘 똑같은 패턴을 따르는 경향이 있다. 배우자나 상사와 싸우는 방법이 매일 바뀔 가능성은 낮다. 그것은 다시 말해서 패턴 예측이 가능하다는 뜻이다. 또한 그렇기 때문에 패턴 인식 방법을 배울 수 있다. 그럴 경우에는 패턴을 바꾸는 작업도 가능하다.

갈등 주기는 변동성이 큰 화학 사슬처럼 작동한다. 즉 한 가지 행동이 다른 행동으로 이어지고, 그것이 또다른 행동을 낳으면서 폭발적인 결과로 이어진다. 그러나 이런 사슬이 규칙적인 순서를 따르기 때문에 어떤 지점에서라도 새로운 행동을 덧붙여서 전체 주기에 영향을 줄 수 있다. 마찬가지로, 갈등에서도 어떤 불화 단계에서 일어나는 약간의 변화가 건설적인 대화와 폭발적인 다툼이라는 완전히 상반된 결과를 야기할 수 있다.

갈등 주기 지도를 그리기 위해서 다음과 같은 세 가지 질문을 던짐으로써 갈등이 야기된 후 일반적으로 일어나는 일을 도표로 정리해보자.

(1) 말하는 주체는 누구이고, 어떤 행동을 하는가?

(2) 상대방은 어떻게 반응하는가?

(3) 이유는 무엇인가?

갈등 주기를 완전히 파악할 때까지 이 세 가지 질문을 계속해서 던져보라. 갈등이 한창일 때 전개되는 당신의 행동과 느낌의 패턴을 주시하면서 그것의 주기를 관찰하려고 애쓰던 중 즉시 발견한 사실을 기록할 수 있을지도 모른다.

갈등 주기 지도를 그린 다음에는 그것에 이름을 붙여라. 현기증을 가지고 그랬듯이 이런 역학에 이름을 붙이면 그것을 외재화하고 그것에 맞설 수 있다. 마크와 젠은 그들의 갈등을 '출장 발작'이라고 명명했다. 일반적으로 출장을 마치고 돌아온 마크가 갈등을 일으키는 계기임을 인정하는 것이다.

(C) 영향

갈등이 미치는 영향을 이해하기 위해서는 그것이 당신의 관계와 갈등을 끝낼 수 있는 능력에 미치는 영향을 알아보아야 한다. 이때 갈등이 인생에 미치는 피해를 보고 놀랄지도 모른다.

몇 년 전에 나는 당시 생산성 저하로 고민하고 있던 한 지방 회사에 가서 상담을 한 적이 있다. 회사 임원들을 두루 인터뷰하던 도중 나는 평직원들이 과도한 비판을 받고, 무시당하고, 복종을 강요당한다는 느낌을 받기 때문에 회사 안에서 정기적으로 갈등이 일어난다는 사실을 알아냈다. 이런 해로운 문화가 회사에 끼치는 피해는 엄청났다. 직원들은 호시탐탐 이직 기회를 노렸고, 건성으로 일했으며, 열심히 일하겠다는 마음을 가지고 회사에 출근하지 않았다. 이러한 조사 결과에 대해서 브리핑을 받은 회사 경영진은 동료애를 높이고, 지위고하를 막론하고 모든 직원들에게 권한을 주기 위해서 전사적인(organizationwide) 차원에서 협상 훈련을 실시했다. 결과는 놀라웠다. 몇 년 동안 집중적으로 이루어진 훈련 프로그램은 회사 문화를 긍정적으로 바꾸었고, 직원들이 갈등에 대처하는 방법을 개선시켰으며, 회사 실적을 끌어올렸다. 갈등이 회사에 미치는 해로운 영향을 문서화한 1차 평가 작업이 수반되지 않았다면 이런 일은 불가능했을 것이다.

머릿속에 지도를 그려라

반복강복에 대한 지도를 그린 이상 이제 갈등 계기, 주기, 전형적인 결과를 계속해서 의식한 채 그것을 부지런히 활용하라. 그럴 때 유용한 한 가지 간단한 방법은 신경과학자인 안토니오 다마지오가 말한 신체적인 표시(somatic marker)에 민감해지는 것이다.[20] 신체적인 표시란 특정 상황이 예전에 위협을 주던 상황과 비슷하다고 느낄 때 파도처럼 밀려오는 불안감을 말한다. 이런 감정을 주시하라. 그것은 몸이 당신에게 앞으로 닥칠지 모를 위험을 미리 알려주는 방법이다.[21] 당신이 감지하는 불안감은 당신이 반복 강박을 재연하기 직전임을 경고하는 신호일지도 모른다.

2. 같은 패턴을 반복하도록 끌어당기는 힘을 거부하라

반복강박을 일으키는 원동력은 **강박의 유혹**이고, 이것은 당신이 행동 패턴을 반복하도록 끌어당기는 핵심 충동이다. 반복강박에서 벗어나기 위해서는 강박의 유혹에 굴복하지 않고 그것을 지각하고, 그것이 가진 힘을 파악해야 한다.[22]

강박의 유혹을 경계하라

일반적으로 갈등 주기는 거절이나 유기를 당하거나 난감함이나 무기력감을 호소하게 되는 등 심각할 정도로 민감한 사적인 문제들로 인해서 부당한 대우를 받거나 그렇다고 느낄 때 시작된다. 이런 문제들은 현재 벌어지고 있는 갈등에서 표면적으로 드러나는 우려들 너머로까지 영향을 미칠 수 있기 때문에 '심각하다.' 당면한 문제가 국경이건 예산 문제이건 간에 정말로 사소한 모욕이 중대한 반응을 일으킬 수 있다.

강박의 유혹을 찾아보기 위해서는 갈등에 빠졌을 때 반복적으로 재연하는 과도한 분노와 두려움과 기피 같은 비정상적인 행동을 찾아본 후에 그런 반응을 보이는 근본적인 이유를 이해하도록 노력해보라. 폴 러셀 교수는 이러한 과정을 스키 타는 법을 배우는 데에 비유했다.[23] 스키를 타고 가파른 경사를 내려오다가 매번 같은 장소에서 넘어진다고 상상해보자. 강사는 넘어지는 문제를 해결하기 위해서 "계속 오른쪽 발목에만 몸을 기대는데 왼

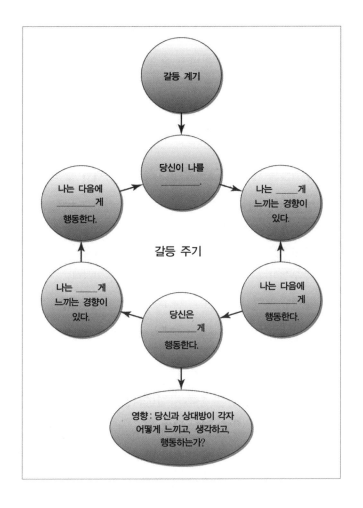

쪽 발목을 다친 적이 있나요?" 내지 "넘어졌던 지점에만 오면 뭔가 걱정이 되는 것이 있나요?"라는 질문을 퍼붓는다. 러셀은 당신이 겪는 문제가 처음에는 임의적으로 생기는 것처럼 보이더라도 어느 시점에 가면 그것이 "단순히 잠시 머무는 수준에 그치지 않고 트라우마를 암시하는 시스템적인 기능장애로 변한다"면서 "조만간 그가 스키를 타고 싶은지 살고 싶은지 언덕이 결정을 강요하게 만든다"고 말했다.[24]

강박의 유혹

다음과 같이 되는 느낌을 받을까봐 자주 두려운가?

- 버림받다
- 소외되다
- 의존적으로 되다
- 무기력해지다
- 공허하다
- 곤란한 상황에 빠지다
- 속수무책이다
- 열등하다

- 하찮다
- 깔봄을 당하다
- 능력이 없다
- 거부되다
- 경시되다
- 이용을 당하다
- 나약하다
- 무가치하다

강박이라는 덫은 당신의 갈등에 반복적으로 침투하는 매우 민감한 문제이다.

스키 강사가 던진 것과 같은 종류의 질문들을 던져보라. 갈등에 빠졌을 때 경청하지 않거나 접촉을 기피하거나 협력을 거부하는 등의 기능장애 패턴에 반복적으로 빠지는가? 이런 패턴이 발생하는 순간, 정체성을 위협하는 무엇인가가 있는가? 구체적인 이유가 있어서 놀라는가? 강렬한 감정을 일으키는 문제들을 예의 주시하라. 이런 문제들은 강박의 유혹이 가까이 왔을 수 있음을 암시한다. 갈등 도중에 집중을 방해하는 일반적인 문제들이 무엇인지는 위의 표를 참고하라.

인정하기 어려울 수 있는 숨겨진 문제들에 특히 주의하라. 예를 들면, 마크는 젠과 싸우는 도중에 종종 무기력감을 느꼈다는 것을 깨달았다. 젠이 거칠고 과단성이 있었기 때문에 마크는 자신이 약하고 초라한 것처럼 느꼈고, 자신의 '남성성'을 증명하기 위해서 본래의 성격 이상으로 더 격렬하게 소리를 지르려고 애썼다. 나중에 그는 자신의 행동을 객관적으로 분석한 결과, 이렇게 행동하게 된 진짜 목적이 약한 남자처럼 느껴지는 부끄러움에서 벗어나기 위해서였다는 것을 이해하게 되었다.

강박의 유혹에 굴복하지 말고 그것을 인정하라

갈등에 빠져들게 만드는 심각하게 민감한 문제를 찾아냈다면 이제 그 문제가 앞에 있는 탁자 위에 놓여 있다고 상상해보라. 그 문제를 만질 수 있는 실제 사물로 간주하라. 이후의 갈등에서 그 문제를 인식할 때, 당신을 끌어당기는 그것이 가진 감정적인 힘을 제대로 느껴보라. 그러나 그것에 굴복하기보다는 걱정이건 두려움이건 분노건 부끄러움이건 간에 그것이 당신 안에서 자극하는 감정들을 관찰하라.[25] 그런 감정들은, 정확히 말하자면 그냥 감정들에 불과하다. 얼마나 원하건 간에 당신은 그런 감정들에 대응할 수 있는 힘을 가지고 있다.

마크는 직접 체험을 통해서 그렇다는 것을 알았다. 젠과 다툴 때 그는 거칠게 굴면서 '남자답게' 소리를 지르고 싶은 충동을 느꼈다. 그는 그가 겪은 부끄러움, 당혹감, 분노의 느낌들을 검토했고, 동정심을 가지고 그것들을 목격했으며, 그것들이 가진 힘을 수용했다. 그는 진정 강박의 유혹이 얼마나 강한지 깨닫고 놀랐지만, 그것에 공격적으로 대응하기보다는 주관적인 판단 없이 이러한 내적인 경험을 평가한 다음에 그것을 통제하게 되었다. 그는 굴복하지 않았다.

3. 감정에 대한 통제력을 회복하라

기존에 정해진 각본을 따르지 않고서 확실하게 현재 상황에 대처하기 위해서는 갈등의 감정적인 윤곽을 명확히 잡고, 당면한 문제와 무관한 감정들을 옆으로 밀어내고, 과거의 상처를 치유하기 위해서 노력해야 한다.

현재의 갈등의 감정적인 윤곽을 명확히 잡아라

분명 현재의 갈등을 일으킨 상황 때문에 생기는 감정도 있겠지만 반복강박 때문에 생기는 감정도 있을 수 있다. 후자를 감지하기 위해서는 다음의 세 가지 강력한 질문을 자문해보라.[26]

1. 이 문제가 나와 상대방 중 누구의 것인가? 당신과 상대방을 갈등에 빠지게 만든 문제들이 무엇인지 찾아보라.
2. 문제가 지금과 과거 중 언제 생겼나? 현재의 경험에 영향을 주는 과거의 상처들에 적응하라.
3. 나와 상대방 중 누가 갈등을 일으켰나? 당신과 상대방이 각자 갈등에 어떤 원인이 되었으며 엉뚱한 사람이 비난을 받고 있는 것은 아닌지 확인하라.

무관한 감정을 밀어내라

현재의 갈등의 윤곽을 명확히 잡은 이상 과거의 고통 때문에 생긴 무관한 느낌을 분리하라. 갈등이 축구 경기라서 당신과 상대방 두 팀만 경기장에 입장이 허용된다고 가정해보자. 당신의 과거에서 온 선수들(거절, 버림받음, 열등감)이 다시 등장한다면 그것들을 벤치로 돌려보내라. 그것들은 현재의 갈등에 속해 있지 않다. 그것들은 경기를 지켜볼 수는 있지만 경기에 참여할 수는 없다.

이러한 감정들이 지속된다면 그것들에 직접 맞서라. 당신은 이런 감정에 휘말려서는 안 된다! 나는 당신이 다시 거절을 당할까봐 걱정하고 있다는 것을 알고 있고, 그런 걱정을 이해한다. 그러나 지금 당신은 벤치에 앉아 있다. 의연한 상태를 유지하라. 그런 다음, 갈등이 해소된 다음에 무관한 감정을 철저히 조사할지 여부를 결정하라.

젠은 마크가 출장을 가면 자신이 버림받은 느낌을 받는 경향이 있다는 것을 인정하고, 그런 두려움을 통제하기로 결심했다. 마크가 출장을 마치고 귀가할 때마다 젠과 마크는 다시 갈등 주기로 빠져들지 않도록 서로 열심히 노력해야 한다는 것을 알았다. 젠은 과거의 고통(아버지로부터 버림받은 기억)과 남편이 출장을 가 있는 동안 느끼는 상실감을 분리하면서 감정을 통제했다. 그녀는 마크가 일주일 동안 그녀와 아이들을 '버려둔 데'에 대해서 분노하며 반응하게 이끄는 강박의 유혹을 느꼈음을 인정했다. 그러나 젠은 행동으로 분노를 표출하기보다는 직접적이고 단순하게 분노를 해결했다. 그녀는 "마크의 출장은 우리 가족의 살림에 도움이 된다. 아버지가 우리를 떠나신 것과는 다르다"라는 생각을 계속했다. 시간이 흐르고, 인내하고, 많은 노력 끝에 그녀의 반복강박은 사그라졌다.

감정적인 상처를 치유하라

젠은 감정적인 상처를 효과적으로 치유할 수 있는 방법을 알아냈다. 그녀는 버림받은 감정을 인식하게 되었고, 마크와 갈등할 때 그런 감정을 배제함으로써 반복강박의 사슬로부터 벗어날 수 있었다. 그러나 그녀가 여전히 아버지에 대해서 깊은 분노를 품고 있었기 때문에 상처의 고통은 지속되었다. 그러한 고통을 극복하고 감정을 이기는 힘을 되찾기 위해서 그녀는 감정적인 상처를 해결해야 했다.

그러기 위해서는 헌신과 용기가 필요하다. 또한 좋은 친구나 치유 전문가의 도움을 받거나 일기를 쓰거나 그림을 그리거나 음악을 연주하는 등의 창조적인 활동을 통해서 할 수 있다. 고통을 해소하기 위한 노력을 하면서 고통을 철저하게 조사할 준비가 되어 있다고 느낀다면, 다음은 유용한 출발 지점이 될 몇 가지 기본 단계를 모은 것이다.

첫째, 거절의 두려움이나 버림받음이나 열등감 같은 **강력한 감정을 반복적으로 야기하는 심각하게 민감한 문제를 찾아내라.** 당신을 자주 갈등으로 몰아놓는 강박의 유혹을 정확히 찾아내는 데에 도움을 받고 싶다면 102쪽의 표를 다시 확인하라.

둘째, 문제의 기원을 추적하라. 거절당하거나 경시되는 것에 대한 민감한 반응이 어디서부터 기원되었을까? 우선 어린 시절의 기억부터 떠올려보라. 그런 식으로 느낀 것이 언제였는가? 물론 모든 민감한 감성들이 어린 시절에 만들어지는 것은 아니다. 예를 들면, 전 배우자가 외도를 했다면 가까운 관계에서 절개를 지키는 문제를 계속해서 따지는 자기 자신을 발견할지도 모른다. 종종 집단 차원에서도 감정적으로 민감한 문제가 생길 수 있다. 유대인 대학살인 홀로코스트는 유대인의 안보 경험에 지울 수 없는 과민증세의 흔적을 남겼다.

셋째, 상처와 동반되는 고통스러운 감정을 분석하라. 젠의 경우 일련의 고통스러운 감정들이 버림받을지 모른다는 두려움과 관련되어 있었다. 그녀는 믿을 만한 친구와 같이 앉아서 그러한 감정을 이해하고 받아들이려고 애쓰는 고통스러운 과정을 시작했다. 그녀는 이러한 감정적인 공간에 들어가다가 공포심을 느꼈다. 따라서 그녀는 자기 자신에게 그런 무시무시한 공간에 들어가더라도 원하는 어느 때나 그곳에서 벗어날 수 있게 허용했다. 다음으로 그녀는 버림받을지 모른다는 두려움과 같이 앉았고, 이후 생기는 지배적인 감정들에 이름을 붙였으며, 각 감정이 그녀에게 전달한 메시지를 분명히 표현했다. 그녀는 분노, 자기 회의 그리고 친해질 수 있을까 하는 두려움 같은 감정들을 철저히 조사한 끝에 궁극적으로 부끄러운 목소리로 "내가 사랑을 받을 가치가 있을까?"라고 물었다. 그녀는 20년이 넘는 시간 동안 이러한 어두운 감정을 억눌러왔지만 이제 그런 감정에 대한 통제력을 되찾고 있었다.

넷째, 고통을 풀어주어라. 그러기 위해서는 의식적인 결정과 의식적이 노력이 모두 필요하다. 일단 고통의 소리가 '들렸다면' 그것을 풀어줄 수 있다. 고통은 해야 할 말을 했을 뿐이다. 젠은 버림받음으로 인한 감정적인 짐을 계속 메고 다녀야 하는지를 본인이 직접 결정할 수 있다는 것을 깨닫고 그것을 풀어주기로 결정했다. 이 과정이 감정적으로 고통스러웠지만 마음이 정화되는 느낌을 받았다.

다섯째, 상처를 힘의 원천으로 전환시켜라. 버림받은 경험 때문에 생긴 상처는 어린 시절의 기억이 주는 고통을 풀어주어도 영원히 젠을 떠나지 않을 것이다. 그러나 젠은 자신을 그러한 환경의 희생자로 간주하기보다는 가족과 친구들에게 사랑의 불빛이 되고, 도움이 필요한 친구나 친척을 결코 버리지 않기로 다짐하면서 생각을 고쳐 잡았다.

4. 레퍼토리에 새로운 경로를 첨가하라

자멸적인 행동에서 벗어날 수 없다면 그런 행동을 죽을 때까지 반복해야 할까? 절대 아니다. 신경과학에 따르면 우리는 사고와 행동의 레퍼토리에 새로운 경로를 추가할 수 있다. 퇴근 후에 늘 다니던 길을 따라서 차를 몰고 집으로 돌아온다고 상상해보자. 당신의 뇌는 굳건히 자리잡혀 있는 신경 경로에 의존하고 있지만 새로운 경로를 창조할 수도 있다. 새로운 경로를 따라서 운전하는 횟수가 늘어날수록 그 경로와 관련된 신경 경로는 더욱더 강해진다. 곧바로 당신은 퇴근할 때마다 자동적으로 그 '새로운' 경로를 밟게 된다. 마찬가지로 갈등에 빠졌을 때도 기존의 낡은 자멸적인 행동 경로를 대체할 수 있는 새로운 경로를 고안할 수 있다. 곧바로 당신은 그 새롭고 건강한 경로로 자연스럽게 이동하게 된다는 것을 알게 된다.

타인의 행동을 변화시킬 수는 없어도 자신의 경로를 수정하면 타인과의 관계에 생산적인 영향을 미칠 수 있다. 새로운 경로를 고안하기 위해서는 101쪽에 도표로 그린 전형적인 갈등 패턴을 떠올려보라. 이제 다음과 같이 하기 위해서 어떤 조치들을 취해야 하는지를 생각하면서 이러한 행동 레퍼토리를 대체할 건설적인 대안을 모색해보라.

- **갈등의 계기를 피하라.** 갈등을 일으킨 계기를 안다면 그것이 생기지 않게 막을 준비를 더 잘할 수 있다. 배우자와 돈 문제로 자주 다툰다면 재무 상담사의 배석하에서만 돈 문제에 대해서 이야기하기로 하거나 월간 예산 내에 살기로 합의할 수 있다.
- **갈등 주기 내에 있는 한 가지 행동을 대체하라.** 갈등 주기를 검토한 후 수정할 만한 행동을 하나만 골라라. 예를 들면 프로젝트 계획을 둘러싸고 당신과 동료 사이에 벌어지는 갈등의 전형적인 주기를 상상해보라. 동료가 당신을 비판하면, 당신은 동료를 비판하고, 동료가 다시 당신을 비판하면, 당신은 뒤로 물러났다고 치자. 한 가지 대안적인 방법으로, 동료의 첫 번째 공격이 있은 후 그가 처한 상황에 공감하는 방법이 있을 수 있다.
- **전체 갈등 주기를 대체하라.** 현재의 대화 주기를 대체할 수 있는 건설적인 주기를 상상해보라. 한 기술 창업 회사의 창립 파트너 두 사람이 이런 조언에 귀를 기울였다. 그들의 회사에 대한 투자가 늘어나자 그들의 논쟁 강도가 세졌다. 둘 사이의 관계가 악화됨으로써 회사도 위기에 빠질지 모른

다는 사실을 인지한 그들은 같이 앉아서 이견을 좁힐 수 있는 대안의 과정을 확정했다. 그들은 공격과 반격 주기에 빠지기보다는 서로의 시각에 공감하고 공통점을 찾아보기로 합의했다. 이 방법은 그들의 회사와 그들의 관계에 모두 훨씬 더 효과적인 것으로 드러났다.

갈등 재발을 경계하라

기본적인 행동 패턴을 바꾸기로 결정하기 위해서는 정체성에 대한 개념을 다시 잡아야 한다. 그런데 이것은 극도로 어려운 일일 수 있다. 나는 내가 낸이라고 불렀던 사랑하는 할머니가 금연에 애를 먹는 모습을 지켜보았던 기억이 있다. 시간이 흐르면서 흡연으로 인한 피해는 심각해졌다. 산소 탱크에 의존해서 겨우 숨을 쉬고 폐암이 다른 장기로 전이되었지만, 할머니는 여전히 가끔 몰래 나가 담배를 피우시고는 했다. 이런 흡연 습관 때문에 결국 할머니는 돌아가셨다.

중독이 분명 할머니의 행동에 영향을 주었겠지만 나는 정체성이 그녀에게 중요한 장애물이었다고 믿는다. 그녀는 자신을 흡연자와 동일시했고(나도 역시 그렇게 그녀를 보았다), 그외의 다른 모습을 마음속에 그릴 수가 없었다. 흡연자는 근 50년 동안 그녀의 정체성의 일부였다.

자아상을 수정하라

반복강박에서 벗어나기 위해서는 마음속에 새로운 자아상을 그리고, 그것을 구현하는 자신의 모습을 상상해야 한다. 심지어 역할 모델(role model)을 골라서, 다음 갈등 때 그 사람의 자질들을 보여주어야 한다. 그 사람처럼 행동하면 어떤 기분이 들까? 상대방 때문에 감정이 상했다면 그에게 뭐라고 말할 수 있을까? 상대방이 호의를 보이게 만들려면 어떻게 할 수 있을까? 당신의 반응이 제2의 천성이 될 때까지 그것을 마음속으로 여러 번 연습하라.

재발을 막기 위한 계획을 세워라

윌리엄 제임스는 이렇게 말했다. "올바른 동기를 강화할 모든 가능한 상황들을 모아두어라. 부지런히 새로운 방식을 권장하는 상황 속으로 뛰어들라. 과거에서 벗어난 관계를 정립하라. 상황이 허락한다면 공적인 약속을 하라. 간단히 말해서, 알고 있는 모든 도움으로 결심을 감싸라."[27] 아마도 제임스가 권고한 대로 살기 위한 가장 강력한 방법은 반복강박이 재발하는 것을 막기 위해서 도움을 요청하는 것일지 모른다. 예를 들면, 젠은 반복강박에서 벗어나야 하는 궁극적인 책임이 자신에게 있다는 것을 알았지만 그러한 목적을 이루기 위해서 마크로부터 도움을 받아 서로 힘을 합치자 자기 혼자 시도했을 때보다 궁극적으로 훨씬 더 큰 효과를 보았다.

무방비 순간을 경계하라[28]

상대방과 만나기 전에 그가 당신이 파괴적인 행동 패턴을 반복하게 만들 수 있는 어떤 말이나 행동을 할 수 있을지 기억을 떠올려보라. 그런 다음에 "내가 반복강박을 피하기 위해서 무슨 말이나 행동을 할 수 있을까?"라는 가장 중요한 질문에 답을 찾아보라.

열띤 논쟁을 중재할 때 나는 논쟁자들이 반복강박에 휘말리지 않게 만들기 위한 기준을 정하면서 이렇게 말한다. "이번 시간의 목적은 여러분들이 서로의 시각을 보다 잘 이해하고, 상호 이견을 좁히기 위한 방법을 찾아보는 데에 도움을 주자는 것입니다. 나는 여러분들의 사고가 틀에 박혀 있기 때문에 예전과 똑같은 갈등 패턴을 되풀이하기 쉽다고 생각합니다. 따라서 오늘 우리의 목적은 예전과는 다른 방식으로, 여러분들이 자기 입장을 옹호하기보다는 상대방으로부터 배우기 위해서 그의 말을 경청하는, 보다 생산적인 대화를 나누는 것입니다." 중재 시간 동안에 나는 각 논쟁자가 상대방을 존중해서 대하는지 확인하기 위해서 그들의 말에 유심히 귀를 기울인다. 어느 쪽이건 상대방의 기분을 상하게 만들 경우, 나는 즉각적으로 개입해서 양 논쟁 당사자들에게 우리의 기준을 상기시키고, 건설적인 대화로 논의의 방향을 이끌어간다.[29]

그러나 경계심을 늦추었는데도 불구하고 당신을 도와줄 중재자가 아무도 없는 경우도 있다. 미리 약간만 생각해보면 종종 이런 상황을 예측하고, 예방 계획을 세울 수 있다. 예를 들면, 나의 대가족이 휴가를 즐기던 도중에 집사람과 나는 거듭 감정이 소모되는 갈등 패턴에 휘말리고는 했다. 그럴 때면 우리는 사전에 인지할 수 있는 몇몇 불쾌한 행동 때문에 분노했다가 거북한 느낌을 받았고, 우리의 관계가 '완벽하지' 않다는 것이 부끄러웠지만 우리의 관계가 괜찮은 척하고는 했다. 그러나 그럴수록 둘 사이의 긴장감만 더욱 악화되었다. 이런 패턴을 깨달은 우리는 패턴의 재발을 막을 계획을 세우면서, 어떤 불만이라도 털어놓고 감정적으로 다시 교감하기 위해서 매일 저녁 1 대 1로 이야기를 나누기로 약속했다. 이런 노력의 결과, 우리는 반복강박에 빠지는 것을 효과적으로 막았다.

결론

반복강박은 두려움, 즉 너무나도 고통스럽고 참기 힘들기 때문에 사실상 안전하게 가두었던 감정들이 담긴 판도라의 상자를 여는 두려움 때문에 생긴 패턴이다. 그러나 반복강박으로 인해서 당신은 이러한 원초적인 감정에 대한 생각을 일시적으로 미룰 수 있지만, 그것은 곧장 당신이 그런 감정들을 되살리고, 반복적으로 동일한 파괴적인 행동을 저지르도록 유혹한다. 그것은 당신에게 동일한 낯선 감정 외의 어떤 다른 감정을 느끼거나 동일한 습관적 패턴 외의 어떤 다른 패턴을 통해서 대응할 수 있는 여지를 주지 않는다. 두려움은 당신을 망연자실하게 만들고, 반복강박은 변화 능력을 손상시킨다.

그러나 그렇다고 해서 전혀 희망이 없는 것은 아니다.

모든 두려움은 위장한 바람이다. 파괴적인 성격을 띠고 있지만 반복강박은 희망의 메시지도 가지고 있다. 그것은 과거의 고통에서 벗어나려는 바람을 상징하고, 변화의 씨앗도 제공한다. 당신이 반복하게 만드는 핵심적인 바람, 즉 버림받기보다는 관계를 맺고, 무관심의 대상이 되기보다는 사랑을 얻고자 하는 바람을 다시 상상할 수 있다면 영원히 반복강박의 주술에서 벗어날 수 있는 길을 걷게 된다.

반복강박을 거부하라
개인별 응용 문제

1. 무엇이 갈등을 **일으키는** 경향이 있는가? 그럴 때 보통 생기는 감정과 느낌이 무엇인지 파악해보자.

2. **갈등 주기를** 그려보자. 당신은 무엇을 하는가? 상대방은 어떻게 반응하는가? 그럼 당신은 또 상대방에게 어떻게 반응하는가?

3. 당신에게 갈등이 감정적으로 어떻게 **영향을 주는가?**

4. 반복강박으로부터 벗어나기 위해서 당신이 할 수 있을지도 모르는 한 가지 일은 무엇인가?

7

금기를 인정하라

깊은 분노, 오래된 유감, 질투의 고통 등 가족에게 절대 표현할 수 없다고 느끼는 감정에 대해서 생각해보자. 이제 가족 두 사람이 이렇게 말로 표현할 수 없는, 사실상 입 밖에 내는 것이 불가능한 감정을 둘러싼 불화로 갈등에 휘말렸다고 상상해보자. 이야기할 수 없는 갈등을 어떻게 해결할 것인가?

부족적 사고의 세 번째 유혹인 금기라는 도전 해결에 같이 나서는 것을 환영한다. 이번 장에서 우리는 금기란 무엇이고, 그것이 왜 갈등 해소 노력을 좌절시키며, 그것을 어떻게 성공적으로 처리할 수 있는지에 대해서 알아보겠다. 금기는 중요한 사회적인 기능으로 역할을 하지만 신중하게 처신하지 못할 경우 그것이 당신을 부족 효과에 빠지게 유혹할 수 있다.

마라케시 사건

몇 년 전, 모로코 중남부 도시인 마라케시에서 세계경제포럼(WEF) 지역 정상회담이 열리던 도중 나는 "적절한 사람들이 이야기하고 있는가?"라는 제목이 달린 BBC의 토론 프로그램인 「월드 디베이트」에 출연했다. 이 프로그램은 이스라엘과 팔레스타인의 기업과 정치 지도자들 사이의 토론을 보여주면서 7,000만 명에 이르는 BBC 시청자들에게 이스라엘-팔레스타인 갈등에 대해서 교육시키기 위한 목적으로 기획되었다. 나는 제기된 문제들에 대한 이의 제기자 역할을 맡아달라는 요청을 받았다.

토론은 대형 실외 천막에서 벌어졌고, 청중들은 100명이 훌쩍 넘는 정치 지도자, CEO, 비정부조직 임원들로 구성되었다. 무대 위에서는 직설적으로 말하는 바레인 출신의 기업인이 팔레스타인 자치정부의 안보 장관을 지낸 차가운 눈빛을 가진 모하메드 달란 옆에 앉아 있었다. 이스라엘 사람들도 출연할 예정이었지만 며칠 전 모로코 왕이 이스라엘 대통령과의 만남을 거부한 터라 이스라엘 정부는 그것에 대한 앙갚음으로 프로그램에 출연하는 것을 거부했다. 이로 인해서 BBC는 곤경에 빠졌다. BBC는 당시 토론을 양쪽 의견을 공정하고 균형 있게 들어보는 시간이라고 선전했지만, 한 쪽이 등장하지 않은 것이다.

다행스럽게도 BBC는 예루살렘에 머물고 있던 전 유엔 주재 이스라엘 대사를 지낸 분을 위성을 통해서 토론에 참여시킬 수 있었다. 프로그램이 시작되자 무대에는 정적이 감돌았다.

사회자 닉 고윙은 "마라케시에 오신 것을 환영합니다! 중동 지역의 주요 리더들 사이의 대면 회담이 이 지역뿐만 아니라 그외의 지역에까지도 지속적인 안보와 평화를 약속할 수 있을까요? 고위급 협상 동력이 약화되고 있는 것 같습니다. 양 당사자들 사이에 불신과 우울한 분위기가 다시 확산되고 있는 것 같습니다. 따라서 오늘은 '적절한 사람들이 이야기하고 있는가?'라는 제목하에 중동 지역의 평화 문제에 대해서 이야기하는 시간을 가지겠습니다"라고 말했다.

청중들은 박수로 환호했다.

고윙은 내가 앉아 있던 무대 옆으로 걸어왔다. 그는 "다니엘 샤피로 교수께서 나오셨습니다"라면서 나를 소개한 후에 나에게 "교수님은 협상의 성패 이유를 분석하시고, 전 세계의 여러 단체와 정부에 조언을 하고 계십니다. 교수님, 어떤 종류의 사람들이나 성격들이 협상에 성공할 수 있는 기회를 줍니까?"라고 말했다.

나는 협상의 중요성과 협상 상대방들이 서로의 관심에 귀를 기울일 필요가 있다는 점을 주장하면서 깊은 안도의 한숨을 내쉬었다. 나는 내가 말하고 싶었던 요점들을 제대로 밝혔기 때문이다.

그러자 고윙은 달란에게 다가가더니 그에게 "그렇다면 지금 적절한 사람들이 이야기하고 있는 것입니까?"라고 물었다.

달란이 아랍어로 대답하기 시작하자 고윙은 그의 말을 끊은 후에 "영어로 이야기해주실 수 있습니까?"라고 물었다.

그러자 달란은 "싫습니다"라고 대답했다.

고윙은 분명 불만족스러운 듯이 "우리는 당신이 영어로 말하기로 미리 합의한 상태라고 생각했는데요"라고 말했다.

달란도 역시 불만족스러운 듯이 "아닙니다. 그런 적 없습니다"라고 대답했다.

고윙은 분명 프로듀서로부터 메시지를 받는 듯이 이어폰을 만지작거리면서 달란이 **틀림없이** 영어로 말하기로 합의했다는 사실을 확인한 것 같았다. 프로그램은 통역사를 확보하지 않은 상태였다. 청중들은 술렁이고, 카메라는 계속 돌아가는 가운데 프로듀서가 무대 위에 올라 고윙과 잠시 작전회의를 열었다.

나는 갑자기 이 프로그램이 이스라엘과 팔레스타인 사이의 갈등만을 다루고 있는 것이 아니라는 사실을 깨달았다. 우리는 사실상 그런 갈등을 겪고 있었고, 금기들이 주목을 받고 있었다. 모로코 왕은 이스라엘 대통령과 만나면 그가 이스라엘과의 관계 정상화를 모색하고 있다는 것을 의미할 수 있었기 때문에 그런 만남을 금기로 느꼈다. 이스라엘 대통령 입장에서도 대중들의 반대에도 불구하고 정상회담에 참석하는 것을 금기로 간주했다.[1] 그리고 달란은 그의 정체성에 기반한 뿌리에서 벗어나는 것을 금기로 여겼다. 즉 그는 자랑스럽게 자신의 모국어와 정체성을 지킴으로써 팔레스타인 국민들을 대표하고 싶었다. 그런 그는 물러나지 않을 것이 분명했다. 궁극적으로 달란은 타협을 거부했고, 팔레스타인 자치정부에서 나온 후삼 좀롯 박사가 그의 역할을 대체했다. 프로그램은 처음부터 다시 찍어야 했다.

BBC 사태는 몇 가지 중요한 질문을 제기한다. 금기라는 것이 정확히 무엇이고, 그것이 왜 중요한가? 우리가 금기에 걸려 넘어지는 이유는 무엇인가? 그리고 우리는 건설적인 대화를 촉진하기 위해서 금기를 어떻게 수용해야 하는가?

금기란 무엇인가?

금기란 공동체 내에서 수용하기 힘들다고 여기는 행동이나 감정이나 생각 같은 사회적인 금지 사항들을 말한다.[2] '금기(taboo)'라는 단어는 영국의 탐험가 제임스 쿡이 레절루션 호를 타고 태평양을 건너, 당시에는 프렌들리 제도라고 알려졌고, 현재는 통가로 알려진 곳까지 항해했던 1777년에 영어에 소개되었다. 쿡은 섬 거주민들이 금지된 모든 것들을 가리키기 위해서 tabu라는 단어를 사용하는 것을 발견했고, 이 단어는 곧바로 영어 단어로 흡수되었다. 아마도 이 단어가 문화에 속한 사람들에게 낯익은 역학을 편리하게 설명하기 때문에 그랬던 것일지 모른다.

모든 금기는 금지 규정, 그것을 어겼을 때의 처벌 그리고 보호적인 의미라는 세 가지 요소들을 가지고 있다.

금지 규정

금기는 특정 감정, 생각, 사고를 접근이 금지된 것과 동일시함으로써 가족이건 직장이건 아니면 더 광범위한 사회이건 간에 당신이 속한 공동체 내에서 수용 가능한 것과 금지된 것 사이에 경계를 만든다.[3] 예를 들면 일부 국가들은 혼전 섹스를 허용하지만, 그것을 금기시하는 국가들도 있다. 따라서 금기는 사회를 구성하는 요인[4]이며, 우리가 그것이 제한하는 것[5]에 암묵적으로 동의하는 한도 내에서만 금지적인 성격을 띤다. 저주는 내재적인 힘을 가지고 있지 않다. 당신이 영어를 하지 못하는 다른 누군가에게 영어로 음란한 말을 하더라도 그는 당신이 '의자'라는 단어를 말한 것처럼 그저 우두커니 당신을 바라만 볼 것이다. 우리는 단어, 생각, 행동에 금지적인 의미를 덧붙이는데, 이는 우리가 그것들에 **새로운** 의미를 덧붙일 수도 있다는 뜻이다.

처벌

모든 금기를 어길 경우 처벌이 가해진다.[6] 처벌 강도가 강하면 강할수록 금기를 지켜야 한다는 압박감을 느낄 가능성이 더 크다. 금기를 따르지 않으면 처벌을 받게 되는 식이다.[7] 금기를 어겼을 때 받게 되는 일반적인 처벌들을 예로 들면 다음과 같다.

그 문제에 대해서 말하지 말라……말할 경우 내가 밖으로 나가겠다.
그 사람들과 협상하지 말라……협상할 경우 우리는 당신을 우리의 커뮤니티에서 추방하겠다.
그런 종류의 음식을 먹지 말라……먹을 경우 종교적인 언약을 어기게 된다.

그 시체에 손대지 말라……손댈 경우 몸과 영혼이 오염된다.

보호

금기는 사회나 그 안의 권력자들이 중요하게 생각하는 가치를 훼손하는 말이나 일을 하지 못하게 당신을 보호하는 사회적인 불문율 구실을 한다.[8] 어떤 금기들은 신성 모독을 저지르지 못하게 막는다. 예를 들면, 유대교에서는 율법인 토라(Torah)를 떨어뜨리는 것이 금기시되고, 전통적으로 율법을 어긴 사람과 그런 행동을 목격한 사람은 40일 동안 단식해야 한다. 또다른 금기들은 도덕적 내지 실제적인 위험에서 당신을 보호한다. 예를 들면, 매춘의 금기는 안정적인 사회와 가족적인 질서를 유지하는 데에 도움을 주고, 성 접촉에 의한 전염병 확산을 줄여준다. 또 어떤 금기는 정체성이 비난받지 않도록 보호할지도 모른다. 예의에 대한 규칙이 사람들이 다른 사람들의 시각을 폄하하지 못하게 만들 때가 그렇다.

금기는 반복강박과 기능적인 측면에서 상당히 유사하다. 모두 당신의 정체성이 피해를 입지 않게 보호할 목적으로 만들어진 불완전한 시스템이다. 반복강박은 바람직하지 않은 생각, 느낌, 행동으로부터 당신을 보호하기 위해서 억압 같은 **심리적인 기제(機制)**를 이용하는 반면, 금기는 받아들이기 힘든 생각, 느낌, 행동으로부터 당신을 보호하기 위해서 배척 같은 **사회적인 기제**를 이용한다. 그리고 반복강박에서 벗어나기 위한 시도가 **심리적인** 저항에 부닥치듯 금기를 깨려는 시도는 종종 **사회적인** 저항에 부닥친다. 마라케시에서는 BBC 진행자인 닉 고윙이 달란에게 영어로 말할 것을 요청했을 때 달란이 거절했다. 고윙이 달란을 더 강하게 압박하면 할수록 달란은 더 강하게 저항했다.

금기에 걸려 넘어지는 이유는 무엇인가?

몇 가지 장애물 때문에 금기를 다루기 힘들 때가 종종 있다.

1. 우리는 금기를 모른다

우리는 가끔 부지불식간에 금기의 영역으로 들어가서 우연히 누군가의 가치를 훼손하고는 한다. 몇 년 전, 중동 지역에서 협상 워크숍을 개최했을 때 보조 교사와 나는 고위급 참가자들을 위해서 협상 역할극을 해보았다. 역할극이 방 안에 활력을 불어넣기 때문에 참가자들은 역할극을 즐기는 것이 보통이다. 그러나 그날은 무엇인가 분위기가 평소와 달랐고, 방 안에는 불가사의하면서도 눈에 띄는 긴장감이 맴돌았다. 휴식 시간 중에 정부 관리 한 사람이 내게 다가와서 개인적으로 이야기를 나눌 수 있는지 물었다. 그는 내게 "우리는 당신의 워크숍을 좋아하지만, 역할극 시간 동안에 당신은 오른발을 꼬고 앉은 채 방 왼쪽에 앉아 있던 왕실 가족 한 분을 포함해서 참가자들에게 신발 바닥을 드러내 보였습니다"라고 말했다. 나는 아랍 문화에서는 신발 바닥을 보이는 행동이 심각한 모욕으로 간주된다는 사실을 망각함으로써 나도 모르게 금기를 어겼던 것이다. 내가 일부러 그런 무례한 행동을 한 것은 아니었지만 어쨌든 나는 그런 행동을 저지르고 말았다.

2. 우리는 금기 문제를 이야기하기를 두려워한다

금기는 어려운 대화를 심지어 더 어렵게 만든다. 금기를 깬다는 생각만으로도 소름이 돋을 수 있겠지만 그것을 깨지 못하게 막으려다가 갈등에 휘말리기도 한다.[9] 다른 형제자매에 대한 어머니의 편애 때문에 미칠 지경이 되더라도, 어머니 앞에서 그토록 극단적인 난제를 입 밖에 꺼내는 모습을 상상하기는 힘들다. 알고 보니 상사의 조카인 동료가 또다시 프레젠테이션에서 맡은 부분을 준비하지 못했더라도, 그 문제에 대해서 상사와 논의한다는 생각만으로도 몸서리가 쳐진다. 금기는 당신을 승산이 없어 보이는 상황 속에 가둘 수 있다.

실제로 휘턴 스쿨의 필립 테틀록 교수가 실시한 주목할 만한 여러 가지 연구 결과가 입증하듯이, 금기를 깬다고 **생각만 해도** 고통스러울 수 있다. 테틀록과 그의 동료들은 실험 참가자들에게 인간의 장기를 이식 대상자 명단의 맨 뒤에 있는 사람들에게 파는 등 몇 가지 행동의 허용 가능성을 판단해보라고 시켰다. 그런 행동을 도덕적으로 용납할 수 없다고 느낀 참가자들의 경우, 그런 금기시되는 행동을 저지른다는 생각만으로도 상당한 불안감을 호소했다. 참가자들이 금기를 깨라는 제안을 숙고하는 시간이 길수록 그들의 도덕적인 불안감은 그만큼 더 커졌다.[10]

기본적으로 금기는 보수적이다. 금기는 현재의 상태를 유지한다. 법을 어겨 벌을 받을 수 있겠지만, 그 벌의 강도는 보통 죄의 심각성에 비례한다. 금기를 깼을 경우에도 **상당한** 벌을 받을 수 있다. 금기는 공동체의 가치와 규범을 지키기 때문에 그것을 깼을 경우 입을 수 있는 피해가 막대하다. 따라서 과도한 처벌은 가장 용납할 수 없는 범죄 행위를 막기 위한 억제제이다. 미국의 소설가 너새니얼 호손(1804-1864)의 소설 『주홍글씨(*The Scarlet Letter*)』에 나오는 주인공 헤스터 프린은 간통을 저질러서 평생 동안 치마 위에 간통을 상징하는 A(간통을 뜻하는 영어 단어 **adultery**의 앞글자/역주)를 붙이고 다니는 형을 선고받는다. 이것은 그녀가 저지른 범죄 행위가 공인되었음을 뜻한다. 이 이야기가 주는 메시지는 분명하다. 그것은 금기를 어길 경우 공동체 내에서 당신의 신체적, 사회적, 정신적인 입지가 위태로워질 수 있다는 것이다.

3. 우리는 어떤 틀도 가지고 있지 않다

대부분의 사람들은 금기 문제를 다룰 수 있는 방법과 관련된 어떤 체계적인 틀도 가지고 있지 않다. 그러한 금기가 무시되어야 할까, 아니면 반대로 존중되어야 할까? 내가 주최한 협상 워크숍에 참석한 기업 임원인 샘도 이러한 딜레마를 겪었다. 그는 자신이 독실한 가톨릭 신자이지만 양성애자이며, 자신의 정체성의 이러한 두 가지 상반되는 측면을 조화시키기 위해서 오랫동안 신학 서적들을 탐구했다고 털어놓았다. 그는 이 두 가지가 서로 충돌하지 않고서도 공존할 수 있다는 결론을 내렸다. 그는 부모님에게 본인의 성적인 취향을 이야기한 적이 없었지만, 부모님이 그것을 하나님에 대한 모욕으로 간주하며 강력한 반감을 나타낼 것임을 알았다. 샘은 죄의식, 부끄러움, 분노, 아픔을 느꼈다. 그가 이러한 금기에 맞서려면 어떻게 해야 했을까? 그에게는 그럴 수 있는 실질적인 시스템이 부족했다.

금기를 다루는 방법

앞에서 설명했던 장애물들을 뛰어넘기가 만만치 않지만 그렇다고 해서 그것이 불가능한 것도 아니다. 다만 그렇게 하기 위해서는 금기를 인식하고, 금기를 논할 안전지대를 만들고, 금기를 다루는 법을 체계적으로 결정해야 한다. 다음 표에 장애물들과 그것들의 극복 전략을 요약해서 정리했다.

장애물	극복 전략
1. 금기를 모른다.	1. 금기를 인식하라.
2. 금기를 이야기하기가 두렵다.	2. 안전지대를 만들어라.
3. 금기 문제를 다루는 방법을 결정하는 데에 필요한 틀이 없다.	3. 행동 계획, 즉 행동 ACT 시스템을 만들어라.

1단계 : 금기를 인식하라

몇 년 전에 나는 한 부부를 만나러 그들이 새로 산 집에 간 적이 있다. 나는 부동산에 관심이 많은 친구 테리를 데리고 갔는데, 테리는 우리를 맞아준 부부에게 "이 집을 얼마 주고 사셨어요?"라고 물었다. 부부는 서로의 얼굴을 바라보더니 "그런 종류의 이야기는 하고 싶지 않습니다"라고 잘라 말했다. 테리는 자기도 모르게 금기가 되는 주제인 사적인 돈 문제를 건드렸고, 그러한 잘못에 대해서 벌을 받았다. 우리들 사이에서는 어색한 침묵이 흘렀고, 부부는 테리를 다시는 그들의 집으로 초대하지 않았다.

금기를 깰 경우에는 예상 가능한 결과가 생긴다. 기분이 상한 쪽은 "당신이 도를 넘는 말을 하시네요"라거나 "지나친 간섭을 하시네요"라고 말할지도 모른다. 금기는 정체성의 중요한 부분을 보호하고, 그것을 어겼을 경우 강력한 감정적인 반발을 불러일으킨다. 그러나 어떤 금기들이 있는지 알고 있다면 최소한 그것들 중 일부라도 어기는 사태를 막을 수 있다.

금기 문제를 인식하기

우리 가족에게는 아버지와 포옹하는 것이 금기시된다. 아버지는 사랑스러운 분이지만 신체적인 애정을 기피하신다. 어떤 가족에게나 특정 행동을 용납하지 않는 저마다의 기준이 있다. 할아버지의 전시(戰時) 과거에 대해서 말하지 말라거나, 어머니가 겪는 우울증에 대해서 말하지 말라거나, 가족 외의 사람에게 친절하게 말하지 말라는 것 등이 기준의 예가 될 수 있다. 마찬 가지로 어떤 문화에나 특정 행동을 제한하거나 그것에 대해서 말하지 못하 게 만드는 금기가 있다. 어떤 갈등에 휘말리건 건설적인 해결을 방해할 수 있는 금기들을 인식하는 것이 중요하다.

생활 속에서의 금기가 무엇인지 알아보려면 당신이 당신과 갈등 관계에 있는 사람들에게 해서는 안 될 말이나 행동이 무엇인지를 담은 비밀 안내서 를 작성하는 임무를 맡게 되었다고 상상해보자. 안내서에는 어떤 '규칙들' 이 들어갈까? 어떤 주제들을 거론하면 안 되고, 누구와 언제 어디서 이야기 하면 안 될까? 구체적인 감정의 표현조차 금기시될 수 있다. 다른 사람들과 의 관계에서 분노나 슬픔을 표현해도 괜찮을 수 있을까? 좋은 관계를 유지 하기 위해서는 어떤 감정을 억제해야 할까?

몇 가지 구체적인 종류의 금기들에 특히 민감하게 반응하라.

(1) 개인적인 표현에 대한 금기. 이러한 금기들은 당신이 속한 공동체가 지나치게 개인적이라고 여기는 정보를 누설하는 것을 하지 못하게 막는다. 내가 10대였을 때, 나의 친구들과 나는 어른들에게 우리의 낭만적인 삶에 대한 비밀을 알리는 것을 금기시했다. 암 투병 중이시던 할아버지가 한 달 정도밖에 더 사실 수 없다는 진단을 받자 나는 누워 계시던 할아버지에게 꽁꽁 숨겨두었던 나의 비밀을 털어놓았다. 정말 다행스럽게도 할아버지는 그후로도 3년을 더 건강하게 사셨지만, 나의 10대 때의 모든 비밀은 곧바로 우리 가족의 잡담 주제가 되었다.

(2) 신성 모독에 대한 금기. 이런 금기들은 존경하는 것에 대한 결례를 금지한다. 당신이 다른 부족원들이 한 행동을 비판할 수 있지만, 부족 밖의 사람들은 그러한 비판을 할 수 없다. 집사람이 우리 아이들의 행동을 비판

할 수 있지만 이웃이 똑같은 비판을 하면 나는 불쾌하게 느낄 것이다. 금기는 우리가 신성하다고 여기는 것을 지켜준다. 예를 들면 이슬람 문화에서는 코란을 훼손하는 것이 금기시된다. 그것은 구속이나 심지어 사형에 의해서 처벌될 수 있는 신성 모독적인 행동으로 간주된다.[11]

(3) 관계에 대한 금기.[12] 이러한 금기들은 더럽거나 병들거나 도덕적으로 타락한 어떤 사람이나 장소나 사물이나 생각과 관계를 맺는 것을 금지한다. 우리는 우리 믿음의 신성한 순수성을 지키기 위해서 그것들과 거리를 유지한다. 이런 거리감은 특정한 적들과의 직접적인 협상을 극도로 어렵게 만들기도 한다. 협상에 참가한 양측이 서로에게 지나치게 가깝게 접근했다가 결국 도덕적으로 오염될까봐 두려워하기 때문이다. 농구계의 슈퍼스타인 데니스 로드먼이 배웠듯이, 관계에 대한 금기를 깼다가는 강력한 처벌을 받는다. 미국과 북한 사이의 긴장 관계에도 불구하고 그는 농구 열성 팬인 김정은 북한 노동당 위원장과 친구가 되었다. 둘 사이의 우정이 비전통적인 국제적 협력 채널의 문을 열었지만 서방 언론들은 관계에 대한 서양의 금기를 깬 로드먼의 행동에 대해서 맹비난을 쏟았다.

상대방의 행동을 제한하는 금기를 인식하라

상대방의 행동을 비합리적이라고 판단하기 전에 금기가 그의 정체성 표현 능력을 어떻게 제한하는지부터 따져보라. 이와 관련된 적절한 사례를 전쟁, 홍수, 산사태 등으로 인해서 황폐화된 세르비아의 조그만 마을 지티스테에서 찾을 수 있다. 2007년, 그곳의 거주민들은 한데 모여서 마을 광장에 상징적인 영화 주인공인 록키 발보아를 기념하는 조각상을 세우자는 제안을 논의한 끝에 결국 승리에 도취되어 권투 장갑을 낀 양손을 번쩍 들어올린 모습의 조각상을 세우기로 결정했다.[13] 전쟁 피해와 유엔 주도하의 북대서

양조약기구의 폭격 후, 여전히 재건 활동 중인 나라였던 세르비아는 할리우드에서 나온 이미지를 시민들의 숭배 대상으로 골랐다. 이것은 언뜻 보았을 때 이해하기 힘든 결정이었다.

그러나 지역 금기라는 맥락에서 보았을 때 록키의 조삭상에는 깊은 의미가 내포되어 있다. 지티스테 주민들에게는 결코 이유가 분명하지 않았던 갈등 속에서 보다 일반적인 기념 대상인 군인을 기리는 행동이 금지되었다.[14] 마을 역시 어떤 한 사람의 민족적인 지도자나 단체를 기리는 데에 어려움에 직면했다. 어떤 선택을 하건 그것에 불만을 품은 사람들의 분노를 촉발할 것이 뻔했다.

따라서 지티스테 사람들은 금기를 피해서 당면한 곤란한 문제들 중 어느 것도 침해하지 않는 절충안에 합의했다. 한 주민은 "우리는 우리의 이미지를 드러낼 수 있는 것에 대해서 장시간 동안 열심히 고민했다"라면서 "록키 발보아는 결코 포기하지 않는 인물이다"라고 말했다.[15] 이 이야기가 주는 교훈은, 금기는 우리의 자유를 제한하지만 창의적인 방법을 통해서 그것의 영향력에서 벗어날 수 있다는 것이다.

2단계 : 안전지대를 만들어라

금기 문제를 탐구하기 위해서는 생각할 수 없는 것조차 생각하고, 논의할 수 없는 것조차 논의하는, 즉 난공불락처럼 느껴지는 믿음과 관습에 감히 의문을 제기해도 충분히 안전하다는 느낌을 받아야 한다. 당신과 상대방 사이의 관계 공간을 지도 위에 그려진 둘러막힌 지역이라고 상상하면서 시작해보자. 이 지역의 대부분은 당신과 상대방 모두가 안전하게 탐색할 수 있는, 즉 자유롭고 편안하게 여러 주제들에 대해서 논의할 수 있는 안전지대이다. 그러나 이곳에는 극도로 민감한 문제들이 모인 장소들이 흩어져 있다. 이러한 금기 구역들은 삼엄한 경비를 받고 있고, 이 구역들 도처에는 감정 지뢰들이 심어져 있다. 구역들의 경계를 넘으려는 사람은 누구나 부상 당할 위험이 있다. 마라케시 사태에 관련된 리더들이 직면한 현실도 그랬 다. 그들은 각자 금기 지역의 경계에 접근했던 것이다. 그러나 그들은 경계 를 넘지 않기로 결정했다. 감정이 고조된 갈등을 해결하기 위해서는 민감한 주제들을 금기 지역에서 안전지대로 옮겨와야 한다. 안전지대는 처벌이나 도덕적인 타협의 두려움이 없이도 여러 금기들에 대해서 알아볼 수 있는 임시로 만든 사회적인 공간을 말한다.

다음은 금기 문제들을 논의할 수 있는 안전한 환경을 만드는 데에 유용 한 지침들을 정리한 것이다.

(1) 목적을 분명히 하라

논의를 통해서 무엇을 얻고자 하는지를 결정하라. 말로 표현하지 못한 슬픔 을 알리거나 논쟁 사안들을 더 잘 이해하고 싶거나 고통을 털어놓고 싶은 가? 현기증이 생길 경우 흔들리지 않으려면 마음속에 목적을 단단히 유지 하라.

(2) 대화의 경계를 정하라

협상 참가자들 각자가 어떤 문제들을 자유롭게 논의할 수 있는지를 분명히 정하라. "우리가 언젠가 작년 5월에 일어난 사건에 대해서 말해도 되는가?" 혹은 "나는 일부 임원들의 책임을 묻지 않고서는, 우리 회사가 제대로 돌아 가지 않는 문제에 대해서 말하기 힘들다고 생각한다. 우리가 이 문제를 은 밀히 이야기해도 좋을까?" 상호 합의에 도달하라. 서로 동의하지 않은 상태로 금기시되는 문제를 제기했을 경우 상대방은 그 문제를 자신에게 가해지는 위협으로 간주하고 그것을 꺼낸 당신을 비난할지도 모른다.

비밀의 경계에 대해서 논하라. 상사나 절친한 친구와 어떤 자료를 공유할 수 있을까? 예를 들면, 배우자와 배신행위에 대해서 이야기를 하고 있다면 두 사람이 나누는 대화가 아마도 치료 전문가를 제외하고는 그 누구와도 공유되지 않고 철저히 비밀에 붙여질 것이라는 데에 동의할지도 모른다. 평화 협정에 대해서 협상하고 있고, 금기 문제를 논하고 싶다면 각 협상 당사자는 각자의 정부와 개인적인 의견을 내지 않고서 논의 내용을 공유할 수 있다는 데에 동의할지 모른다.

(3) 금기 문제들을 제약 없이 논하라

금기 문제들을 어떻게 처리할지 구속력이 있는 약속을 하지는 않은 채 그 문제들에 대해서 **알아보기로** 합의하라. 금기 문제들은 매우 민감하기 때문에 이런 식의 지침이 있어야 금기를 깰지 모른다는 두려움을 느끼지 않고서 여러 관련 문제들을 논의할 수 있다. 정치 협상가들은 정기적으로 이런 지침을 실행에 옮긴다. 오래 전, 노르웨이의 수도 오슬로에서 일단의 학자들과 전원이 비공식적인 협상가들이었던 정치 대표들이 비밀리에 오슬로 협정(1993년 이스라엘의 라빈 총리와 팔레스타인 해방기구의 아라파트 의장이 만나 팔레스타인 독립국가와 이스라엘이 평화적으로 공존하는 방법을 모색한 합의/역주)을 체결했다. 이들 협상가들은 협정과 관련된 **진술을 하지 않기로** 했지만 각자 소속된 정부에는 협상 진행 상황을 알렸고, 정부들은 협상에 직접 참여한 것은 아니었기 때문에 협상이 실패로 끝날 경우 직접적인 개입 사실을 부정할 수 있었다.

(4) 도덕적인 확인 과정을 만들어라

금기를 깨기로 결정하건 하지 않건 간에 금기에 대해서 알아보는 행위 자체만으로도 도덕적인 죄처럼 느껴질 수 있다. 금기를 어긴다는 **생각만으로도** 죄의식과 부끄러움에 시달릴지 모른다. 따라서 안전지대에는 자신의 가치를 재확인하고, 양심의 가책을 느끼지 않게 도와주는 과정이 포함되어야 한다.[16] 예를 들면, 마음속 가장 깊은 곳에 간직하고 있는 가치들을 적고, 그러한 가치들에 헌신할 것임을 확인하고, 금기 논의가 그러한 가치들에 어떤 도움을 주었는지를 상기할 수 있겠다. 그렇지 않을 경우 양심을 정화시킬 가시적인 행동을 취하라. 예를 들면, 배우자의 음주 문제에 대해서 논의한 후 중독 연구를 지원할 시간이나 돈을 기부하라.

3단계 : 행동 계획을 만들어라 ─ACT 시스템 활용법

일단 말할 수 있는 안전지대를 만들었다면 ACT 시스템을 활용해서 금기를 받아들일지, 그것의 효력을 천천히 약화시킬지, 혹은 그것을 즉시 허물지를 판단할 수 있다. ACT 시스템에서 ACT란 금기를 수용하고(Accept), 약화시키고(Chisel Away), 허무는(Tear Down) 문제에 대해서 고민해보자는 취지로 내가 이 세 단어 내지 숙어의 영어 표현의 첫 글자들을 따서 만든 약어이다.

금기를 받아들일까?

금기를 깨지 않고 지켰을 때 얻게 되는 득실을 저울질해보라. 금기를 수용하기가 수고스러울 수 있지만 그렇다고 평생 그렇게 애써야 하는 것은 아니다. 남편이 이제 부인의 부정행위에 대해서 이야기하는 것이 금기라는 사실을 받아들이더라도 이러한 암묵적인 동의가 시간이 지나면 바뀔 수 있다는 것을 인정할지도 모른다. 아니면 남편은 일부 모임에서는 금기와 관련된 제약을 수용하지만 또 어떤 모임에서는 그렇게 하지 않을지도 모른다. 예를 들면 부인과는 이 주제에 대해서 이야기하시 않더라도 친한 친구에게는 그것을 털어놓는 식이다.

금기를 받아들임으로써 공개적인 소통에 차질이 생길 수 있더라도 분명 한 가지 중요한 혜택을 입게 된다. 즉 조화로운 분위기가 고양될 수 있다. 몇 년 전, 나는 중국의 대기업 임원들을 대상으로 협상 훈련 과정을 개설한 적이 있다. 점심 식사 도중에 한 다국적 기업의 CEO가 중국에서 체면치레 와 관시(關係, 인맥 구축을 의미하는 중국 표현)가 얼마나 중요한지 이야 기하기 시작했다.

나는 그에게 "그렇다면 특히 민감한 문제들은 어떻게 협상하십니까?"라고 물었다.

그는 웃음을 지은 후 잠시 생각에 빠지더니 "중국 문화에서는 조화가 중요합니다. 우리는 심지어 중요한 갈등을 일시적으로 덮어두고 나중에 다시 이야기하기도 하지요"라고 말했다.

나는 "그렇게 해서는 갈등만 더 키우게 되지 않을까요?"라고 물었다.

그러자 그는 이렇게 대답했다. "어떤 측면에서는 그렇습니다. 그러나 갈 등 해소는 부차적인 문제입니다. 해소는 서양식 개념에 더 가깝죠. 중국 문화에서는 관계 유지를 중시합니다."

금기의 효력을 약화시킬까?

금기의 효력을 약화시키기 위해서는 꾸준하고 개방적인 소통이 필요하다. 예를 들면, 내가 논쟁에 휘말린 민족 집단들 사이의 대화를 주선했을 때

나는 대화를 방해하는 금기들을 의식한다. 그런 금기들이 긴장된 침묵이나 조심스러운 대화를 야기할 수 있기 때문이다. 말하지 못한 것을 말할 수 있도록 하기 위해서, 나는 집단들에게 "우리는 오늘 다양한 중요한 주제들에 대해서 논의했습니다. 논의를 끝마치기 전에 말하고 싶었지만 말하지 못한 이야기가 있으면 서로 공유하면 어떨지 궁금합니다"라고 말할지도 모른다. 서먹서먹한 분위기를 깨기 위해서 나는 "진짜 중요한 몇 가지 문제를 언급하지 못한 것 같지만, 여러분들에게 그런 문제들을 이야기해달라고 강요하고 싶지는 않습니다"라고 덧붙인다. 내가 가끔 사용하는 또다른 기술로는 집단들이 느꼈던 감정을 상기하도록 만드는 것이 있다. "논의를 끝마치기 전에 오늘 밤에 귀가하는 모습을 상상해보십시오. 오늘의 논의에 대해서 주로 어떤 느낌이 들 것 같나요? 말하고 싶었지만 말하지 못한 것이 있을까요?"[17]

금기를 약화시키는 것은 점진적인 과정이다. 그렇다는 것을 보여주는 아주 매력적인 사례가 미국과 소비에트 연방 사이의 제한적인 소통의 해체이다. 내가 자란 시대에는 이 두 강대국 사이에 여전히 냉전 구도가 유지되었고, 사실상 미국인이 공산국가 출신인 사람과 교류한다는 생각조차 할 수가 없었다. 나는 아직도 7학년(중학교 1학년/역주) 때 냉정하기 짝이 없던 체육 선생님이 말썽을 일으키는 학생들을 모두 공산주의자라고 불렀던 기억이 떠오른다. 따라서 그로부터 몇 년 뒤 우리 가족이 **공산주의** 국가인 헝가리 출신의 교환 학생을 받기로 결정했을 때 내가 얼마나 놀랐는지 상상해보라.

앤디가 미국으로 오는 과정은 험난하기 짝이 없었다. 그는 미국에 오기까지 꼬박 1년 동안 관료주의적인 방해들을 극복해야 했다. 그러나 앤디라는 존재가 나와 나의 친구들에게 준 영향은 엄청났다. 그에 대해서 많이 알면 알수록 나는 좌파와 우파 사이의 금기가 얼마나 무의미한 것인지를 더욱더 많이 느꼈다. 앤디는 블루스 음악과 비치 보이스를 좋아했고, 밤늦게까지 잠을 자지 않고 나도 좋아했던 시리얼인 치리오스를 몇 사발씩 먹었다. 우리는 같이 기타를 치고, 여자들에 대해서 수다를 떨면서 즐거운 시간을 보냈다. 우리 두 사람 사이에 어떤 금기들이 존재했건 간에 우리 모두가 근본적으로 인간이라는 사실을 이해하는 데까지 오랜 시간이 걸리지 않았다. 앤디가 미국에서 1년을 보냈다는 사실은 사회적인 금기를 깨주었을 뿐만 아니라 나의 마음속에 존재하던 금기도 약화시켰다. 나는 다른 정치적내지 문화적인 시스템 속에 살고 있는 평범한 사람들과의 교류가 평화로운 관계로 나아가기 위한 중요한 발걸음이며, 그것을 금지해서는 안 된다는 것을 조금씩 배워나갔다.

정부들 사이에 복잡한 이해관계가 얽혀 있는 정치적인 세계 속에서는 이러한 교훈이 재빨리 효력을 잃을 수 있다. 그렇다면 그들 사이의 관계를 개선하기 위해서는 어떻게 해야 할까? 예를 들면, 서로 적대감만 키우면서 아무런 공식 관계를 맺지 않고 있는 두 정부가 국가 간 소통 금지로 인한 마찰 위험을 줄이려면 어떻게 할 수 있을까?

금기의 효력을 약화시키기 위해서는 창의적인 방법을 고려해야 한다. 기업의 리더들은 공동 경제개발 프로젝트에 공을 들일 수 있다. 대학생들은 인터넷이나 제3의 중립적인 국가에서 협상 기술 훈련을 위해서 협력할 수있다. 의사들은 전 세계적인 질병 확산 문제를 해결하기 위해서 손을 맞잡을 수 있다. 그리고 환경 운동가들은 오염을 줄이는 데에 협력할지도 모른다. 갈등 도중에는 그러한 노력들이 이례적으로 보일 수 있고, 실제로도 그렇다. 사람들이 금기 영역으로 들어가야 하기 때문에 가족, 친구, 언론, 사회로부터 엄연히 반감을 살 위험이 커진다. 그러나 그러한 노력들이 또한 새로운 화해의 길을 열 가능성도 있다.

금기의 효력을 약화시키는 것은 적지만 중요한 사람들 중의 일부인 코미디언들에게 잘 알려진 활동이다. 코미디언들은 대체로 소통에 제한을 받지 않는다. 그들에게는 자극적인 정치적 발언을 하건 종교에 대한 여러 가지 시각들을 포용하건 간에 사회적으로 수용된 규범과 관행을 공개적으로 따지고, 비판하고, 그것들에 대해서 의견을 개진할 수 있는 자유가 주어진다. 코미디언들은 어려운 진실에 대해서 목소리를 높이면서 많은 금기들의 비논리적인 성격을 들추어내고, 농담이 지속되는 동안만이라도 금기들이 가진 힘의 일부를 앗아가면서 일반인들이 쓸 수 없는 방법으로 공적인 담론을 이끌어낼 수 있는 능력을 가지고 있다. 우리 역시 해로운 금기를 들추어낼 수 있다면 그것의 영향력을 약화시키기 시작할 수 있다.

적절한 사례가 아프리카의 HIV(에이즈 바이러스)와 에이즈의 확산이다. 아프리카에서는 HIV에 감염된 많은 사람들이 에이즈에 대한 오명을 너무나 절실히 느낀 나머지 가족, 친구, 파트너, 공동체와의 관계를 유지하기 위해서 자신들의 진단 결과를 숨겼다. 이런 금기로 인해서 HIV는 통제가 불가능한 수준으로 급속히 퍼져나갔다. 결과적으로 보건 전문가, 지역사회 활동가 그리고 기타 조직들은 안전한 섹스의 중요성을 강조하면서 금기를 깨기 위해서 나섰다. 더 많은 사람들이 자신들의 감염 여부를 더 빠른 시간 내에 솔직히 털어놓았다면 병의 감염률은 그렇게 높지 않았을 수 있다.

대형 금기들의 효력을 약화시키기 위해서는 변화로 향하는 길로 접근하지 못하게 통제하는 문지기 역할을 하는 사람들을 설득하는 것이 중요하다.[18] 예를 들면, 고대 아테네의 희극 작가인 아리스토파네스의 고전 희극인 『여자의 평화(*Lysistrata*)』에서 장기간 이어지는 펠로폰네소스 전쟁(기원전 431-404년에 아테네와 스파르타가 각각 자기의 편인 동맹시[同盟市]들을 거느리고 싸운 전쟁/역주)에 좌절한 주인공 리시스트라타는 그리스 여성들에게 종전이 될 때까지 남편들과 섹스를 하지 말 것을 간청한다. 여성들의 소위 섹스 파업이 시작된 후에도 아테네와 스파르타의 협상가들은 평화 협정 조건을 놓고 협상을 계속한다. 그러나 리시스트라타가 협상가들을 아름다운 평화의 여신에게 소개하자 그들의 욕구가 고집을 밀어내고, 그들은 곧바로 평화 협정을 끝맺는다.

변화에 영향을 미칠 수 있는 사람들에게 영향을 주려고 했던 리시스트라타의 전략은 갈등 해결에 매우 유용하다. 예를 들면, 조직 내의 두 부서가 열띤 논란에 휘말려 있다면 어떤 사람들의 시각이 부서별 태도에 가장 큰 영향을 미치는지를 파악하라. 화해를 하는 과정 중에 이러한 문지기들의 협조를 요청할 경우, 훨씬 더 쉽게 금기의 효력을 약화시킬 수 있다는 것을 알게 될 것이다.

금기를 허물까?

이것은 금기의 벽을 허물기 위한 가장 직접적인 방법이며, 여기에는 상당한 용기가 필요하다. 이때 일종의 사회적인 레킹 볼(wrecking ball, 철거할 건물을 부수기 위해서 크레인에 매달고 휘두르는 쇳덩이/역주)을 동원해서 급속한 변화를 추진해야 하지만 현 상태를 유지하기를 선호하는 사람들의 분노를 촉발할 가능성도 있다.

넬슨 만델라(1918-2013)는 한 평생을 금기를 허무는 데에 바쳤다. 1948년, 남아프리카 공화국의 집권 여당인 국민당은 극단적인 흑백 인종차별 정책인 아파르트헤이트(apartheid)를 시행했고, 이로 인해서 흑인들의 법적인 권리는 심각히 위축되었다. 만델라는 처음에는 비폭력 반대에 매진했지만 나중에는 정부 목표물들을 대상으로 한 공격을 주도하면서 이 정책에 항의했다. 그는 체포되었고, 국가반역이라는 죄목으로 1964년에 종신형을 선고받았다. 27년 동안 옥고를 치른 그는 다인종 정부로의 평화적인 정권 이양을 통해서 남아프리카 공화국의 대통령직에 오르게 되었다.

아파르트헤이트에 반대했던 사회운동가인 도쿄 세활레가 예측했던 대로 만델라는 정권 이양의 가장 큰 도전이 "흑인들을 구속된 상태로부터 자유롭게 풀어주는 것이 아니라 백인들을 두려움으로부터 풀어주는 것"임을 깨달았다.[19] 만델라는 인종 간의 교류를 둘러싼 금기를 허물고 그가 그토록 분명하게 마음속에 그렸던 다인종 사회 모형을 만들 수 있는 용기를 가졌다. 그는 남아프리카 공화국의 최초의 흑인 대통령으로 선출된 직후 그동안 생각할 수 없었던 일을 해냈다. 즉 남아프리카 공화국의 전 백인 대통령의 영부인인 P. W. 보타 여사와 다른 아파르트헤이트 지도자들의 미망인들을 점심 식사에 초대했다. 한마디로 지난 수십 년 동안 그런 추악한 제도를 영속시켰던 사람들을 포용한 것이다.[20] 이것은 모든 인간들의 상호연결을 강조한 아프리카의 **우분투**(ubuntu, 공유 정신/역주) 철학에 기초한 새로운 국가적인 규범을 만들기 위한 첫 번째 발걸음이었다.[21]

ACT 시스템 적용하기

갈등이 확산되기 전에 시간을 내어 금기를 수용할지, 약화시킬지, 아니면 허물지를 결정하기 위한 간단한 도구인 금기 분석 표를 작성해보라. 이 세 가지 방법 각각의 득실을 따져보아야 앞으로 어떻게 해야 할지 사려 깊은 결정을 내릴 수 있다. 또한 어떤 방법을 쓰는 것이 적절한 것 같은 **느낌**이 **드는지** 알아보면서 각 방법에 대한 감정적인 반응을 관찰하는 것도 잊어서는 안 된다.

각 방법의 득실을 평가하는 데에 유용한 또다른 기술은 어제 금기를 깼

금기 분석 표

	득	실
금기를 수용한다	1. 금기를 유지했을 때 혜택을 보는 사람은? 이유는?	2. 금기를 유지했을 때 입게 되는 손해는?
금기를 약화시킨다	1. 천천히 금기를 약화시켰을 때 혜택을 보는 사람은? 이유는?	2. 금기가 천천히 무너졌을 때 입게 되는 손해는?
금기를 허문다	1. 금기를 허물었을 때 혜택을 보는 사람은? 이유는?	2. 금기가 허물어졌을 때 입게 되는 손해는?

다는 상상을 해보는 것이다. 당신이 정확히 무슨 말과 행동을 했으며, 다른 사람들은 어떻게 반응했는가? 이제 5년 전에 금기를 깬 적이 있다고 상상해보라. 그 사건 때문에 인생이 지금도 여전히 비참한가? 이러한 간단한 정신 훈련은 당신이 내린 결정의 영향을 평가하는 데에 유용할 수 있다.[22]

각자 처한 상황을 평가한 뒤 금기 분석 표로 다시 돌아가보라. 단 이때 협상 상대방의 시각에서 표에 나온 질문들에 대답해보라. 상대방이 갈등을 악화시키는 금기에 집착한다면 금기를 유지했을 때 그가 입을 혜택과 금기를 깼을 때 그가 입을 손해를 생각해보라. 만델라는 많은 백인들이 흑인들과 교류하면 손해를 본다는 금기에 집착했음을 알았다. 그는 상대방(백인들)이 가진 금기를 약화시켰고, 그런 노력은 강력한 효과를 냈다.

그러나 무심코 금기를 허물 경우 최대한 빨리 개인적인 책임을 지고, 관계를 복원하라. 무심코 신발 바닥을 드러냈던 중동 지역 워크숍에서 나는 방으로 돌아가서 일부 참가자들이 나의 행동을 무례하게 여겼을 수 있다는 사실을 인정한 다음에 나의 행동이 의도적인 것이 아니었음을 설명했다. 나는 진심 어린 사과를 했고, 워크숍의 분위기는 눈에 띄게 바뀌었다. 내가 본래 열정적이라고 생각했던 사람들이 다시 열정적으로 변했다. 마침내 왕실 사람이 나에게 다가와서 "교수님이 너무 민감하신 것 같습니다"라고 말했다. 그러나 그의 어조에서 나는 내가 금기를 어긴 데에 대해서 책임을 졌다는 것을 그가 고마워하고 있다는 것을 감지했다.

검은 힘을 이용하기: 해로운 행동을 억제하기 위한 금기를 만들기

지금까지 이번 장에서는 금기를 갈등 해소에 유해한, 문제가 많은 요소로 이야기했다. 그러나 그것은 파괴적인 행동을 막는 사회적인 금기 역할이라는 건설적인 목적을 가진 역할을 수행할 수 있다.[23] 두 주요 기업의 수장들의 의견이 충돌할 경우, 그들은 갈등을 해소하기 위해서 광범위한 방법을 쓸 수 있다. 그들은 이견을 좁히기 위해서 논의하거나, 상대방을 모욕하거나, 소송을 걸거나, 아니면 둘 중 한 사람이 상대방을 칼로 찔러 죽일 수도 있다. 물론 이 마지막 행동은 사실상 상상조차 하기 힘들 수 있다. 그것은 비도덕적인 행동이자, 그것 자체가 금기시되기 때문이다. 기업 문화 속에서 찌르는 것을 금하는 사회적인 금기는 그러한 행동을 극도로 드물게 만든다.[24]

우리에게는 '건설적인 금기'를 만들 수 있는 힘이 있다. 그것은 공격적인 행동을 미연에 방지하는 의식이다.[25] 남편은 골수 공화당원이고 부인은 열혈 민주당원인 부부와 대화하던 도중 나는 건설적인 금기의 효과를 분명히 깨달았다. 부부는 분명 서로를 사랑했지만 나는 그들이 실제로 어떻게 부부로 **살았는지**가 궁금할 정도였다. 나중에 밝혀진 사실이지만, 그들은 단순한 방침을 따랐다. 부인은 "화요일 저녁마다 우리는 정치 이야기를 합니다. 그리고 일주일 중 나머지 날들에는 정치에 대한 이야기를 금기시합니다"라고 설명했다. 부부는 두 사람의 관계를 유지하고 각자의 가치를 존중할 공간을 만든 기능성 금기를 만들었다.

그런 부부와 마찬가지로 당신도 다음의 네 가지 간단한 단계를 따라서 건설적인 금기를 만들 수 있다.

(1) 정치 논의나 부서 간의 유해한 경쟁의 반복 등 갈등을 조장하는 행동을 찾아내라.

(2) 그런 행동을 용인할 수 있는 시기와 장소를 정하라. 평일이고 주말이고 가리지 말고 정치 이야기를 해도 될까? 선거철에 걱정거리를 공유하는 것이 허용될까?

(3) 금기를 몸소 실천하라. 부인은 남편에게 "나는 화요일만 빼고 다른 어떤 날에도 당신과 정치 이야기를 나누고 싶지 않아요"라고 말하면서 독립적으로 금기를 몸소 실천할 수도 있다. 남편의 동의 여부와 상관없이 부인은 금기를 지킬 수 있다. 그렇지 않으면 부부가 함께 금기를 몸소 실천할 수도 있다. 그외에 권위 있는 인물이 금기를 정하는 방법도 있다. 예를 들면 부부의 부모들이 부부에게 정치 이야기를 자제할 것을 요구하는 식이다.

(4) 금기를 어겼을 때 받을 사회적인 처벌을 명시하라. 본 사례에 등장하는 부부는 금기를 깨는 사람은 누구나 평화로운 부부 관계를 유지하기보다는 사적인 이익을 우선시한 데에 대해서 배우자의 분노라는 부끄러운 타격을 받게 되리라는 이해를 바탕으로 금기를 만들었다.

경제학자인 케네스 볼딩은 금기는 "물리적으로 행할 수 있지만 우리의 심리적인 장벽을 넘어서는" 행동들을 정의한다고 지적했다.[26] 예를 들면 지역사회에서 다수의 길거리 폭력 사태가 발생할 경우, 당신은 이웃들과 힘을 합쳐서 폭력을 금기시할지도 모른다. 아마도 지역의 젊은이, 종교 지도자, 부모, 정부 관리 그리고 지역사회 지도자들이 참가하는 반폭력 민중 운동을 시작할 수도 있다. 학교에서의 충격 사건이나 극단적인 인종정치학적 폭력 행동들과 같은 과격한 폭력 사태와 맞설 때도 이러한 행동들을 합법적으로 금기시할 수 있는 문지기를 동원하는 식으로 해서 이와 동일한 방법이 사용될 수 있다.[27]

합치기

햇살이 쏟아지는 이집트의 휴양 도시 샤름 엘-셰이크에서 나는 '평화를 세우고, 금기를 깨기'라는 워크숍을 개최한 적이 있다. 개최 목적은 지역의 지도자들이 이스라엘-팔레스타인 협상의 진척을 가로막는 정치적인 금기들을 해결할 수 있게 도와주는 것이었다. 영국 총리를 지냈고, 당시 중동 4개국 유엔 특사로 활동했던 토니 블레어 전 영국 총리와 공동 주최한 워크숍에는 고위급 협상가들, 정부 지도자들, 왕족과 종교인들이 참석했다.

나는 안전지대를 만들기 위해서 비밀 보장과 상호 존중을 포함한 워크숍 규칙들을 만들었다. 나는 긴장된 갈등 상황 속에서는 참가자들이 솔직한 의견을 개진할 수 있을 만큼 충분히 안전하다고 느낄 때만 생산적인 대화가 가능하리라는 것을 알았다. 또한 모든 사람들에게 우리의 워크숍이 갈등의 굴레를 벗어나서 생각해볼 수 있는 기회를 제공하는 일종의 **탐구적인**(exploratory) 성격을 띤다고 강조했다. 누구도 워크숍에서 논의된 어떤 행동도 반드시 준수해야 한다는 요구를 받지 않자 참가자들은 자유롭게 활기찬 대화를 나누기 시작했다.

블레어는 북아일랜드의 갈등 해결에 도움을 주었던 성금요일(1년에 한 번 예수의 재판과 처형을 기리는 날/역주) 평화 협정 협상에서 자신이 했던 역할에 대해서 설명하기 시작했다. 그는 폭력과 반격이 판치는 환경 속에서는 효과적인 협상이 불가능했을 것이라고 설명했다. 블레어의 말에 따르면 양측에게는 일단 만들어지면 '결코 가능하리라고 상상한 적이 없었던' 가능성들을 열어주는 '숨 쉬는 공간', 즉 안전지대가 필요했다.

워크숍의 나머지 시간은 실무 회의에 할애되었다. 나는 붉은 벨벳 밧줄로 사람들의 접근을 통제한 원형 탁자를 가져다놓았다. 그곳은 금기지대였다. 탁자 위에는 10장의 봉투가 놓여 있었고, 각 봉투마다 이스라엘과 팔레스타인 사이의 구체적인 금기가 적힌 종잇조각이 담겨 있었다. 금기로는 예루살렘의 지위, 난민 소환권, 성스러운 장소의 통제 그리고 '이스라엘'과 '팔레스타인'이라는 이름들의 거론 등이 해당되었다.

나는 참가자들을 소규모 실무 집단으로 나누었고, 각 집단의 대표가 무작위로 봉투를 고른 다음에 그것을 자신이 앉아 있는 탁자로 가지고 와서 금기 주제를 크게 읽게 했다. 집단은 그것을 가지고서 금기 분석 표를 완성해야 했다. 이런 과정에 관련된 상징성은 중요했다. 나는 참가자들이 위험한 금기지대에서 금기를 빼낸 후 그것을 워크숍의 안전지대로 가지고 오는 경험을 확실히 해보기를 바랐다. 참가자들은 안전지대에서 개인적으로 오염되거나 처벌을 받을 위험을 최소한도로 낮춘 채 여러 가지 생각들을 탐색할 수 있었다.

한 시간 뒤에 집단들은 그들이 찾아낸 주요 내용을 공유했다. 토니 블레어가 나중에 알아냈듯이 "샤름 엘-셰이크에서 가진 금기 세션은 각 당사자가 금기 문제들을 거론할 때 느끼는 두려움과 관련된 중요한 질문들을 제기했다. 우리는 이러한 문제들에 대한 관심을 높이고, 그것들에 정면으로 맞서야만 비로소 중동 문제 같은 도전을 해결하는 데에 진척을 기대할 수 있다."「뉴욕 타임스(The New York Times)」의 기자가 나중에 고위급 대표들 중 한 사람과 워크숍에 대해서 이야기를 나누었다. 그 대표는 협상 과정에 대해서 사실상 아무런 기대도 하지 않고 워크숍에 걸어 들어갔지만 교착 상태와 평화의 정 가운데에 위치한 금기 문제들을 건설적으로 해결하는 방법에 대해서 얻은 새로운 통찰로 기운이 나고 낙관적인 상태로 워크숍을 떠났다고 했다.[28]

나는 도덕적인 재확인을 받는 행동으로 끝낼 수 있게 워크숍을 설계했다. 각 실무 집단마다 선택을 할 수 있었다. 그들은 그들의 금기에 대한 설명을 봉투 안에 다시 집어넣고, 그것을 금기지대에 가져다놓을 수 있었다. 그것이 아니면 금기를 가지고서 워크숍을 떠날 수 있었는데, 이것은 그들이 계속해서 금기를 깨는 방법에 대해서 생각해보겠다는 것을 보여주는 상징적인 제스처에 해당했다. 몇몇 집단은 방 가운데에 있는 탁자로 봉투를 다시 가지고 왔다. 이것은 그들의 가치를 확인하고, 도덕적으로 죄를 저질렀다는 느낌을 차단하는 저렴한 비용의 행동이었다.

어떤 사전 예방 조치를 취하건 간에 어떤 안전지대도 100퍼센트 안전하지는 않다. 샤름 엘-셰이크에서 열린 워크숍에 참가했던 집단들 중 한 곳에 속한 두 남자는 무척이나 활기차게 금기 주제를 논의한 후 신속한 합의에 도달했다. 나는 그들 중 한 명이 갑자기 놀란 표정을 짓고서 가지고 온 물건들을 싸들고서 문밖으로 번개처럼 뛰쳐나가는 모습을 보았다. 나는 무슨 일 때문인지 궁금해서 끼어들어 "모든 것이 괜찮습니까?"라고 물었다. 유명한 레바논 출신의 사업가인 신사는 "바로 지금까지도 누구와 이야기를 하고 있었는지 몰랐습니다"라고 대답했다. 그가 이야기를 나누었던 남성은 사실 전 이스라엘 정치인이자 평화 협상가였다. 레바논 사업가는 "이스라엘과는 아무런 문제가 없습니다"라면서 "나는 사진을 찍는 위험을 감수할 수 없을 뿐입니다"라고 설명했다. 레바논은 법으로 이스라엘 사람들과의 접촉을 금지하고 있었다. 따라서 두 남자의 사진이 찍혔다면 사업가의 경력과 가족에게 미치는 파장이 심각할 수 있었다. 그가 개인적으로 이런 금기에 공감한 것은 아니었지만 그것을 깼다가 그 결과로 고통을 받을까봐 두려워했다. 우리의 워크숍에서 안전지대로 알려진 곳에서조차 금기는 엄청난 영향력을 발휘했다.

결론

금기는 나쁜 평판을 가지고 있으며, 그것이 갈등을 조장할 때 하는 역할을 고려했을 때 그런 평판을 받을 만도 하다. 그러나 우리는 우리가 소중하게 생각하는 것을 지키는 데에 금기가 얼마나 중요한 기능을 하는지를 목격해 왔다. 감정이 고조된 갈등에서 금기는 우리를 옭아매지만, 우리에게 적절한 행동에 대한 기본 지침과 함께 질서 의식과 단란함을 선사함으로써 우리를 단결시킨다. 그리고 금기는 신중하게 만들어져서 상호 간에 적용되었을 때, 심지어 갈등을 해소해줄 수도 있다.

금기를 인정하라

개인별 응용 문제

---

1. 당신이 갈등을 해결하는 것을 어렵게 만드는 금기는 무엇인가?

2. 금기 문제를 극복하기 위한 세 가지 방법을 평가해보자.

	장점	단점
금기를 수용한다		
금기를 약화시킨다		
금기를 허문다		

3. 방법을 결정해보자. 금기를 수용할 것인가, 약화시킬 것인가, 허물 것인가?

4. 당신이 결정한 방법을 어떻게 실행에 옮길 수 있을까? 아래의 생각들에 대해서 난상토론을 해보자.

8

신성시되는 것을 존중하되 평가하지는 말라

"당신들은 왜 여기에 왔는가?" 솔로몬 왕이 근심 어린 눈초리로 그의 앞에 서 있는 마그다와 안야에게 물었다. 둘은 사촌지간이었다.

마그다가 먼저 입을 열었다. "폐하. 제가 사내아이를 낳았습니다. 아이가 태어난 후 3일 후에 안야도 사내아이를 낳았습니다. 그러던 어느 날 밤, 안야가 아이를 옆에 누이고 잠을 자다가 아이를 덮치는 바람에 아이가 숨졌습니다. 잠이 깬 후 자신이 한 짓을 깨달은 안야는 제 방에 몰래 들어와서 죽은 아이를 살아 있는 제 아이와 맞바꾸었습니다."

안야는 "거짓말쟁이!"라고 말했다.

마그다는 "네가 거짓말쟁이잖아!"라고 맞받아쳤고, 두 여성 사이에 비방전이 이어졌다.

왕은 "그만들 하시오!"라고 소리치며 신하들에게 "내게 칼 한 자루를 내오라. 아이를 둘로 잘라서 두 여성에게 반반씩 주겠노라"라고 말했다.

안야는 공포에 질려 왕을 바라보았다. 그녀는 눈물을 흘리며 "폐하, 아이를 마그다에게 주십시오. 아이를 죽이시면 안 됩니다"라고 간청했다.

마그다는 "저나 안야가 모두 아이를 갖지 못하게 해주세요. 아이를 잘라주세요"라고 말했다.

왕은 두 여자 사이를 바라보면서 잠시 머뭇거리더니 "안야에게 아이를 주어라. 그녀가 진짜 엄마다. 누구도 자기 아들이 죽는 것을 원하지 않을 것이다"라고 말했다.

'솔로몬 왕의 판단'을 각색한 이 성경에 나오는 이야기는 신성시하는 문제를 협상할 때 생기게 되는 중대한 도전이 무엇인지를 잘 보여주는 강력한 사례이다. 안야와 마그다는 둘 다 엄마였지만, 신성시하는 것에 대한 왕의 위협적인 공격은 그들 사이의 차이를 드러냈다. 그들이 부동산을 가지고 싸우고 있었다면 문제의 부동산을 간단히 절반으로 나누어 가지고서 각자 절반의 승리를 주장하면 되었을 것이다. 그러나 신성시하는 것(이번 사례의 경우는 아이)을 두고 협상할 경우 그것을 나누기가 쉽지 않다. 솔로몬 왕은 진짜 엄마를 찾아내기 위해서 개인별로 신성시하는 것이 다르다는 사실을 이용했다.

신성시하는 것이 모인 세계에 온 것을 환영합니다

마음속 깊숙이 자리잡고 있는 믿음이 위협받는다고 느낄 경우, 부족 사고의 네 번째 유혹인 **신성시하는 것에 대한 공격**을 당하는 자기 자신을 발견하게 될지 모른다. 이것은 정체성을 떠받치는 가장 의미 있는 기둥들에 대한 공격이다. 그런 기둥들은 너무나도 중요하기 때문에 신성불가침한 것이자 논쟁에서 배제되는 대상이라고 여겨지는 일들이다. 부부는 아이들에게 어떤 가치를 심어줄지를 두고 격렬하게 다툰다. 종업원들은 회사의 핵심 가치를 비판하는 동료를 거부한다. 국제 협상가들은 누가 신성시하는 땅을 통제해야 할지를 두고 교착 상태에 빠진다.

신성시하는 것이 공격을 받으면 당신은 제3자의 눈에 비합리적인 과잉반응처럼 보일 수 있는 강력한 감정적인 반응을 보인다. 그러나 당신이 보기에는 그런 반응이 이상하지 않다. 정체성의 핵심 목적은 세상을 살면서 겪는 경험에서 의미를 만들게 도와주는 것이다. 그리고 신성시하는 것은 당신에게 가장 깊이 있는 의미를 나타낸다. 신성시하는 것에 대한 공격은 정체성의 가장 민감한 기둥들을 뒤흔들고, 그것이 충격을 감당하지 못할 것이라는 두려움을 일으키며 당신에게 깊은 상처를 안긴다.[1]

신성시하는 것이란 무엇인가?

나는 신성시하는 것을 말 그대로 우리가 신성한 의미를 가지고 있다고 생각하는 것으로 정의한다.[2] 여기서 말하는 '신성한' 것이 반드시 종교적인 실체를 가리키지는 않는다.[3] 인간이 숭배하는 대상이 신이나 예언자나 성스러운 문구 모두가 될 수 있겠지만 가족이나 사랑하는 장소나 소중한 행사도 될 수 있다.[4] 종교인이 경전을 신성한 것으로 간주하듯이 애국주의자는 자기 나라의 국기를 결코 훼손되어서는 안 되는 신성한 물건으로 간주한다. 그리고 미망인은 떠나간 남편의 유골을 신성하게 간직한다.[5]

우리는 무한하고, 본질적이고, 불가침한 의미를 가진 것은 무엇이나 신성하다고 생각한다.

무한하다

아이들에 대한 나의 사랑과 아이들이 나에게 주는 가치는 실로 무한하다. 그러나 계량화가 불가능한 사랑은 갈등을 해소할 때 문제가 된다. 협상가들이 신성한 것을 어떻게든 계량화하려고 할 때 그러한 행동은 도덕적으로 무례할 뿐만 아니라 실질적으로도 불가능하게 느껴진다. 치명적인 테러 행위가 터진 이후 정부는 희생자의 가족들에게 어떻게 보상금을 나누어주어

야 할까? 연령과 소득 등의 기준에 따라서 희생자별로 보상금이 달라져야
할까? 이러한 질문들을 던지기는 당황스럽고, 그 결과로 초래된 결정을 내
리기는 말할 수 없을 만큼 힘들다.

본질적이다

신성한 것은 본질적인 의미를 가진다. 나는 우리 아이들이 신성하다고만
느끼는 데에 그치지 않는다. 내가 보기에 아이들의 존재 자체가 신성하다.
아이들이 가진 무한한 가치는 아이들에 대한 나의 믿음이 아닌 아이들 안에
존재한다. 우리는 신성한 것이 주는 의미를 우리가 숭배하는 대상이 가진
본질적인 특성으로 인식한다.

불가침하다

신성한 것은 모든 측면에서 무한한 가치를 가지고 있기 때문에 그것의 일부
라도 모욕한다는 것은 그것 전체를 모욕하는 것과 같다. 성경이나 코란의
10쪽을 불태우거나 한 단어에 선을 그어 지우는 영적으로 무례한 행위는
신성모독이다. 신성한 것에 대한 공격을 '사소한 일'로 치부하는 것은, 숭배
대상을 향해서 저질러진 어떤 무례도, 그것이 아무리 사소한 일일지라도
당한 쪽의 입장에서는 대단히 심각하게 느껴질 수 있다는 사실을 무시하는
행위이다.[6]

사람들마다 신성시하는 것에 대한 확신이 다르다

나에게 성스러운 책이 당신에게는 이야기책일지도 모른다. 당신이 이야기
속에서 어느 정도 도덕적인 가치를 찾을지 몰라도 나는 그 책을 신성한 것

으로 여길 수 있다. 당신이 우연히 책을 밟고 나서도 동요하지 않을지 몰라도 나는 내가 똑같은 짓을 저질렀다면 깊은 모욕감과 죄의식을 느낄 것이다. 신성시하는 것이 관련된 이상 우리는 우리의 진실이 진정한 진실임을 온 마음을 다해서 믿는다.

내가 당신이 신성시하는 것을 공격한다면 나는 극단적인 금기(가장 심오한 진실에 대한 존중)를 어기는 것이 되고 곧장 갈등이 생길 수 있다. 내가 당신이 신성시하는 공간, 즉 "별도로 분리되어 접근이 금지된 공간"을 침범했다고 치자.[7] 그런 공간을 적절히 숭배하지 않을 경우, 가족이 해체되는 것부터 파트와(fatwa, 이슬람 법에 따른 결정이나 명령/역주) 선언 등 온갖 결과가 일어날 수 있다.

영국 작가 살만 루시디는 소설 『악마의 시(The Satanic Verses)』 출간 직후 그것을 직접 경험했다. 많은 이슬람 사회에서는 소설의 제목과 내용을 이슬람 교리에 대한 정면 공격으로 간주했지만, 루시디는 자신에게는 제한 없이 소설을 쓸 수 있는 문학적인 자유가 있다고 주장했다. 이런 충돌은 심각하고 지대한 영향을 미쳤다. 루시디는 수천 차례에 걸쳐서 살해 위협을 받았고, 소설은 많은 국가들에서 출간 금지되었으며, 전 세계에서 항의 시위가 일어났다. 책의 초판이 출간된 후 몇 달 뒤에 당시 이란의 최고 지도자였던 루홀라 호메이니(1902–1989)는 다음과 같은 내용의 파트와를 발표했다. "나는 전 세계의 모든 용감한 무슬림들에게 알리노니 이슬람과 이슬람교의 창시자인 마호메트와 코란에 반해서 쓰이고, 편집되고, 출간된 책인 『악마의 시』 저자와 함께 책 안의 내용을 알고 있는 모든 편집자와 출간인들은 죽음을 면치 못할 것이다. 나는 전 세계 곳곳에 퍼져 있는 모든 용맹한 무슬림들에게 지체 없이 그들을 죽일 것을 명하노라. 그래야 비로소 누구도 향후 무슬림의 신성한 믿음을 모욕하지 못할 것이다. 이와 같은 대의를 위해서 싸우다 숨진 누구나 순교자가 될 것이다."[8]

루시디는 부인과 함께 몇 년 동안 숨어서 지냈고, 간헐적으로 일어난 폭력 사태는 사태 해결에 대한 기대감을 무산시켰다. 루시디가 문학적인 자유에 대한 소신을 저버리지 않고 버텼지만 그로부터 10년 뒤에 파트와는 철회되었다.[9] 의심할 것도 없이 루시디의 책을 거부했던 많은 사람들 역시 자신들의 입장을 고수했고, 신성시하는 것에 대한 서로 다른 시각을 화해하는 문제는 해결되지 못했다. 그런데 그것이 가능하기는 했던 것일까?

신성시하는 것에 대한 협상을 가로막는 장애물들

신성시하는 것에 대한 공격 문제를 해결하기 위한 최고의 전략은 예방이다. 신성시하는 것을 둘러싼 갈등의 희생자로 전락하기보다는 '신성시하는 것을 협상하기 위한,' 다시 말해 의미 있는 문제에 대한 이견을 협심해서 좁히기 위한 선제적인 조치를 취하라. 단, 몇몇 장애물은 이 일을 특히 어렵게 만들기도 한다.

1. 우리는 신성시되는 것이 무엇인지 모른다

우리는 부지불식간에 누군가가 신성시하는 중요한 것을 침범할지도 모른다. 최근 한 여성 기업인은 핵심 고객이 보낸 중요한 이메일에 답장하는 것을 깜빡 잊었다. 그러자 고객은 그녀에게 전화를 걸어 다짜고짜 소리부터 질렀다. 여성 기업인은 사과했고, 10대 아들이 방금 뇌진탕을 일으켰다고 설명했다. 고객은 이런 상황을 사전에 인지하지 못했고, 이제 소리를 지른 데에 대해서 유감을 표했다.[10]

2. 우리는 신성한 것과 세속적인 것을 혼동한다

당신이 저녁 식사 파티를 주최하고 있다고 상상해보자. 그때 한 손님이 등장하더니 만면에 미소를 지으면서 당신을 껴안고, 30달러를 건넨다. 그는 "쇼핑을 하러 갈 시간이 없었습니다. 그러나 저는 와인 한 병을 사려고 이 액수의 돈을 쓸 계획이었습니다"라고 설명한다.[11]

손님은 내심 좋은 의도에서 이렇게 행동한 것이다. 그는 당신의 관대한 초대에 감사의 마음을 표현하고 싶다. 그의 행동은 또한 합리적이다. 그는 당신에게 당신이 원하지 않을 수 있는 와인을 선물하기보다는 그가 와인을 살 때 쓰려고 했던 돈 전부뿐만 아니라 당신이 쓰고 싶은 대로 돈을 쓸 수 있는 선택권을 제공하는 것이다. 그러나 그가 당신 손에 억지로 넣어준 지폐 뭉치는 '중요한 것은 돈이 아니라 생각인데'라는 생각을 하면 할수록 소름이 돋게 만들기도 한다. 그러나 그 손님이 계속해서 자신이 얼마나 바쁘게 하루를 보냈고, 평일에 집사람과 교외로 나갔다가 얼마나 고생했고, 막내 아이가 얼마나 심하게 감기를 앓았는지 등의 이야기를 계속 이어가자 당신은 일시적으로나마 그가 정말로 정신없이 살고 있지만 그래도 어떻게든 당신에게 선물을 가져다주겠다는 결심을 했다는 사실을 깨닫기 시작한다. 그렇다면 왜 당신은 이런 상황이 그토록 어색하게 느껴지는 것일까?

좁게 보았을 때 이 사례는 신성한 것과 세속적인 것이 어떻게 갈등을 일으킬 수 있는지를 잘 보여준다. 누군가가 집주인에게 선물을 주는 등 친절을 행동으로 옮기려는 생각은 본래 신성한 제스처이다. 그러나 돈을 준다는 것이 세속적인 세계에서 볼 수 있는 특징적인 행동이라는 점에서 저녁 식사 파티 때 30달러를 선물로 건네주는 행위는 이 두 세계를 당황스러울 정도로 혼란스럽게 만든다.

넓게 보았을 때 이 두 세계의 경계가 모호해질 경우 살만 루시디가 배웠 듯이 도덕적인 격노로 이어질 수 있다. 호메이니가 파트와를 선포한 후 2년 뒤에 루시디는 『신성한 것은 없는가?(*Is Nothing Sacred?*)』라는 제목의 수 필을 한 편 썼다. 그는 수필에서 "문학은 어느 사회에서나 우리의 머리라는 비밀스러운 공간 속에서 모든 가능한 방법으로 모든 것에 대해서 이야기하는 목소리를 들을 수 있는 유일한 공간이다"라고 주장했다. 그는 문학을 성스 러운 것의 한계를 탐구하는 '특권 무대'로 간주했다.

3. 우리는 신성시되는 것을 적절히 존중하지 못한다

사람들은 신성시하는 것을 둘러싸고 갈등 중일 때 상대방이 신성시하는 믿 음을 존중했다가 자칫 자신의 정체성이 위협을 받게 될까봐 두려워서 그렇 게 하지 않으려는 경향을 보인다. 결과적으로 어느 쪽도 상대방이 신성하게 생각하는 것을 인정하지 않음으로써 모두가 평가절하되고 있다는 느낌을 받는다.

4. 우리는 신성시하는 문제에 대해서 타협하기를 거부한다

신성시하는 것을 둘러싼 갈등은 극복하기 어렵게 느껴질 수 있는데, 그럴 만한 충분한 이유가 있다. 그런 것은 맹신으로 이어지고, 그렇게 굳게 믿는 것에 대한 차이는 절대적으로 타협 불가능한 것처럼 보인다. 해결을 위해서 우리의 믿음을 타협하는 것은 절대 용납할 수 없게 느껴질 수 있다.
 이스라엘의 하시딕 유대인(Hasidic Jew, 유대인 중에서 가장 정통적이고 보수적인 사람을 일컫는 말/역주)에게 당신이 예루살렘을 둘러싼 갈등 해결

방법은 서쪽 성벽(예루살렘 서쪽 성벽 일부의 명칭으로 '통곡의 벽'이라고
도 불린다/역주)을 간단히 반으로 나누는 것이라고 말한다고 상상해보라.
마찬가지로 예루살렘의 동쪽에 살고 있는 독실한 무슬림에게 무슬림들이
알 악사 사원(이슬람의 성지/역주)을 포기하면 이 모든 갈등을 피할 수 있
다는 제안을 하는 장면을 머릿속에 그려보라. 이러한 비현실적인 제안들은
분명 모욕감을 유발할 것이다. 이 두 성스러운 장소들과 그곳들을 숭배하는
민족들을 제대로 존중하고 제안하는 것이 아니기 때문이다. 이러한 갈등을
해소하기 위한 타협을 견딜 수 없다고 느끼게 만들 정도로 신성시하는 것에
는 우리 모두를 압도하는 강력한 힘이 들어 있다.[12]

신성시되는 것을 협상하기 위한 전략

신성시되는 것과 관련된 갈등을 효과적으로 해결하기 위해서는 위에 설명
한 장애물들을 극복해야 한다. 각 장애물마다 그런 극복을 가능하게 할 대
응 전략을 마련했다.

1. 신성시되는 것에 민감하게 반응하라

루시디가 쓴 소설의 경우가 그랬듯이 신성한 것에 대한 공격을 알아차리기
가 종종 쉽다. 누군가가 당신에게 사형을 명하는 파트와를 선포한다면 그가
신성시하는 것이 위험에 빠진 것이 확실하다. 그러나 협력해서 협상하기
위해서는, 당신은 상대방이 신성시하는 것에 대한 공격을 피하기 위해서 애
써야 한다. 그러기 위해서는 각자 신성하게 생각하는 것이 무엇인지를 알고
있어야 한다. 그래야 그런 경계들을 넘어서지 않고 존중할 수가 있다.[13]

장애물	극복 전략
1. 우리는 신성시되는 것이 무엇인지 모른다.	1. 신성시되는 것에 민감하게 반응하라.
2. 우리는 신성시되는 것과 세속적인 것을 혼동한다.	2. 신성시되는 것을 세속적인 것에서 해방시켜라.
3. 우리는 신성시되는 것을 적절히 존중하지 못한다.	3. 각자 신성시하는 것을 인정하라.
4. 우리는 신성시되는 문제에 대해서 타협하기를 거부한다.	4. 각자의 정체성 영역 내에서 문제를 해결하라.

무엇이 신성시되는지를 판단하기 위한 가장 좋은 방법은 제2장에서 소개한 정체성의 다섯 기둥인 믿음, 의식, 충성, 가치, 감정적으로 의미 있는 경험을 다시 생각하는 것이다. 154쪽의 표를 찬찬히 살펴보면서 갈등에 빠진 당신에게 어떤 기둥들이 신성하게 느껴지는지부터 따져보라. 예를 들면 영적인 믿음이나, 충성을 다하는 친한 친구나, 혹은 오랜 세대를 거쳐서 가족이 지켜왔던 의식이 위협을 받고 있다고 느끼는가?

그런 다음에 상대방의 입장에서 그가 가장 신성하게 생각하는 기둥들 중에서 무엇이 위험에 처했다고 느낄 수 있는지 상상해보라. 그를 만났을 때 "이번 갈등에서 무엇이 가장 위협을 받고 있다고 느낍니까?"라고 물어볼 수도 있다. 금기 문제를 이야기하기가 어렵지만 (그것이 금기라는 단순한 이유 때문에라도) 신성시하는 것은 친밀한 관계를 맺은 이상 사람들이 기꺼이 이야기하고자 하는 경향을 보이는 주제이다.

상대방을 가장 크게 흥분시키는 문제에 귀를 기울여라. 나의 친구는 거의 모든 문제에 대한 개인적인 피드백을 귀담아 듣지만 (당신이 그녀의 지적인 능력이나 성격이나 옷차림을 깎아내릴 수 있다) 당신이 그녀의 인생

1. 신성한 믿음: 필수적인 문화적, 종교적, 사회적인 확신
2. 신성한 의식: 의미 있는 활동이나 영적인 수행
3. 신성한 충성: 친한 친구나 가족이나 정치적인 동지들에 대한 강력한 충성심
4. 신성한 가치: 깊이 간직한 이상이나 원칙
5. 신성한 경험: 정체성을 완전하게 정의하는 감정적으로 의미 있는 경험

에서 신성한 의미를 가진 두 아이를 비판한다면 분노의 폭풍을 맞이할 준비를 해야 할 것이다.

또한 상대방이 항상 간직하고 있는 신념에도 주목하라. 신성한 믿음과 가치는 우리의 정체성의 핵심 요소이며, 그것들은 변화에 극도로 저항한다. 또한 그것들은 우리에게 자명하고도 명백하게 느껴진다. 무력 충돌을 열렬히 지지하는 사람은 그만큼 열정적인 평화주의자와 전쟁의 장점들에 대해서 논쟁을 벌일지도 모른다. 그러나 둘 다 상대방의 주장이 얼마나 강하건 상관없이 각자 자신의 신념을 고수할 가능성이 높다.

상대방이 자신이 누구이고, 어디 출신이고, 어디로 갈 것인지 등에 대해서 말하는 더 깊은 이야기를 통해서 배워라.[14] 예를 들면, 상대방의 민족의 유산을 이해하게 됨에 따라서 당신은 그가 그러한 소속감을 통해서 습득한 의미 있는 가치들(열심히 일하거나 신성시하는 것에 대한 신념을 유지하거나 친족만을 믿기 등)에 대한 통찰을 얻을 수 있을지도 모른다.[15] 또한 상대방이 속한 조직이나 민족이나 국가에서 행동에 나서도록 요구하는 초월적인 이상에 귀를 기울여라. 상대방이 조직 내에서나 이 지구상에서 어떤 믿음과 가치를 유산으로 남기기를 갈망하는가?

상대방이 신성불가침한 것으로 여기는 물리적인 공간에 대한 관심도 높여라. 신성시하는 것은 무한하지만 인간은 이슬람교 사원이나 교회나 유대

154

교 회당 같은 물리적인 공간을 축성함으로써 공간들을 신성화한다. 심지어 학교와 병원도 이런 방식으로 신성화될 수 있다. 이러한 **정체성의 안식처들**이 우리의 신성한 믿음에 대한 물리적인 징후로서 역할을 하기 때문에 그것들에 대한 신성 모독은 도덕적인 격노를 불러일으킨다.[16] 예를 들면 방화는 용납할 수 없지만, 불에 탄 건물이 더더군다나 영적인 신전이라면 그것이 지역사회에 몰고 올 감정적인 충격은 엄청날 수가 있다.

신성시하는 것은 마찬가지로 신성화된 활동을 위해서 마련한 특정 기간이나 **오래된 대성당들**을 통해서 구현된다.[17] 우리는 상대방이 신성시하는 시간(휴일, 기념일, 기도 시간 등)에 대해서 알아가면서 그를 정의하는 의식과 가치에 대한 통찰력을 얻는다. 예를 들면 안식일을 지키는 사람은 일상생활의 걱정에서 벗어나 편안한 휴식을 취하기를 기대한다. 오래된 대성당을 경시하는 행위도 신성시하는 것에 가하는 공격의 또다른 사례이다. 가장인 당신이 가족이 함께하는 저녁 식사라는 의식을 중요시 여기는데 뜻밖에 10대 자녀가 나타나지 않았다면 그것이 그가 신성화시킨 가족 시간을 무시한다는 것을 보여주는 신성시하는 것에 대한 공격처럼 느껴질지 모른다.

2. 신성한 것을 세속적인 것에서 해방시켜라

최근에 나의 사촌 클레어가 심각한 딜레마에 빠졌다. 똑똑한 변호사인 그녀는 처지가 딱한 북아메리카 원주민 가족들에게 무료 법률 서비스를 제공하는 데에 한평생을 바쳤다. 덕분에 그녀는 평생 파산되기 일보 직전의 생활을 하고 있다. 그녀는 교외의 조그만 마을에 살고 있으며, 그곳에 약 405제곱미터 크기의 나무가 울창한 토지를 소유하고 있다. 한 천연 가스 회사가 그 지역에서 천연 가스 유정 시추를 해왔는데, 그녀에게 그녀가 소유한 토지에 있는 천연 가스 시추 대가로 약 10만 달러와 그외에도 시장에 가스를 내다팔며 얻는 수익금의 일부를 주겠다고 제안했다. 이 제안을 받아들이면 그녀는 정말로 필요한 돈을 벌게 되겠지만, 토지의 신성함에 대해서 가지고 있던 그녀와 그녀가 돕고 있던 사람들이 유지해오던 깊은 신념을 어겨야 했다. 그녀는 어떻게 해야 할까?

중요한 것과 신성한 것을 분리하라. 우선 클레어는 토지가 그녀에게 주는 가치를 평가하면서 자신이 받는 느낌이 무엇인지를 명확히 알아야 했다. 토지가 중요한가, 신성한 것처럼 보일 뿐인가, 그냥 신성한 정도인가, 아니면 정말로 신성한가?

토지가 그냥 **중요한** 정도라면 그녀는 토지에 애착을 가지더라도 금전적인 이익을 얻기 위해서 그것을 포기할 수 있을 것이다. 따라서 그녀는 천연 가스 회사와 계약 조건을 협상하고 싶은 마음이 생길 것이다.

토지가 하버드 경영대학원의 맥스 베이저먼 교수와 그의 동료들이 만든 말처럼 **신성한 것처럼 보일 뿐이라면** 그것은 일정한 조건하에서만 본질적인 가치를 지닐 것이다.[18] 그녀는 아마도 북아메리카 원주민들과 교류할 때는 토지의 신성함을 느끼더라도 개인적으로는 그것을 세속적인 관심거리 정도로만 간주할 것이다. 이런 경우 그녀는 가스 추출 계약을 진행해달라는 설득을 당할지도 모른다.

토지가 그녀에게 **신성하다면** 그것은 본질적 가치를 가질 것이고, 시추를 허용한다는 것은 그녀에게 핵심 가치를 배신하는 행위에 해당한다. 그럼에도 불구하고 이러한 신성한 가치가 협상의 여지가 전혀 없는 것은 아니다. 그녀는 토지를 포기하면 무료 변론을 계속 맡을 수 있는 여력 등 다른 신성한 가치들을 구현할 수 있다는 것을 깨달을지 모른다.

끝으로 그녀가 토지를 **정말로 신성한 것**으로 간주한다면 그것은 궁극적인 신성함을 소유하는 것이 된다. 그녀는 토지를 어떤 경우라도 어겨서는 안 될 어떤 것으로 간주하면서 그것에 진정한 애착을 느낄 것이다. 그녀가 천연 가스 회사와 계약을 협상할 수 있다는 것은 상상조차 불가능할 것이다.

결과적으로 클레어는 토지가 자신에게 신성하다는 결론을 내렸다. 그녀는 감정적, 정신적으로 토지에 애착을 느꼈고, 그것이 본질적인 가치를 가졌다고 믿었다.[19]

이제 클레어는 그녀가 신성하다고 생각했던 이 토지를 가지고 무슨 일을 할 수 있는지 고민을 시작했다. 그녀가 돈을 받는 대신에 시추를 허용했다면 자신의 진실성을 타협한 것처럼 느낄 것이다. 필립 테틀록은 이것을 세속적인 가치를 얻기 위해서 신성한 가치를 내주는 **금기의 맞교환**이라고 부른다.[20] 단순히 그렇게 하면 어떨지 생각해보는 것만으로도 모욕감을 느낄 수 있다. 비교하는 행위 자체가 신성한 가치를 어기는 것이기 때문이다. 이 것은 철학자 요세프 라즈가 "구성 요소의 통약 불가능성"이라고 부른 현상이다.[21] 통약 불가능성이란 입장을 서로 객관적으로 비교할 수 있게 하는 공통의 기반이 존재하지 않는다는 말로, 클레어의 사례에서는 신성한 것(토지)과 세속적인 것(돈)을 비교하는 행위 자체가 사실상 신성 모독이라는 의미이다.[22] 실제로 클레어는 가스 추출을 허용하는 생각을 오래 하면 할수록 더욱더 부끄러움을 느꼈다.

어떤 결정을 하기 위해서는 어쩔 수 없이 세속적인 관심과 신성한 가치를 저울질해야 한다. 예를 들면 정부는 건강보험료 같은 지출(삶의 신성한 가치를 지지하는 비용)과 도로와 건물 개량(편의와 질서라는 세속적인 관심을 충족시키기 위한 비용) 같은 지출들에 보조금을 주기 위해서 제한된 기금을 어떻게 할당하면 좋을지 결정해야 한다. 가족 내에서도 가족이 신성시하는 믿음을 깨지 않고서 제한된 생활비를 어떻게 나누어 쓸지를 결정해

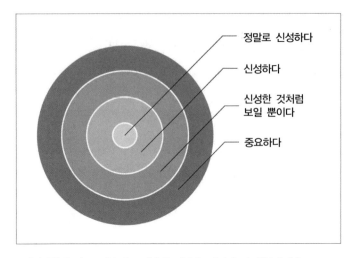

정말로 신성하다

신성하다

신성한 것처럼 보일 뿐이다

중요하다

신성시함의 정도 : 가운데로 갈수록 믿음을 깨기가 더 힘들어진다.

야 한다. 재량소득(가처분 소득에서 기본 생활비를 뺀 잔액/역주) 전액을 가난한 사람들을 위해서 기부할 것인가, 아니면 청구서 결제를 중단하고 암 연구 발전을 위해서 기부할 것인가?

문제들을 신성한 것이나 세속적인 것으로 고쳐 보는 방안을 고려하라. 갈등 중에 신성한 것과 세속적인 것을 비교하게 될 경우 (이것은 폭발력이 강한 조합이다) 세속적인 가치를 신성한 가치로, 혹은 신성한 가치를 세속적인 가치로 바꿔서 보는 방안을 고려해보라.

클레어는 자신이 현금을 받고 토지를 내주는 것이 아닌 두 가지 신성한 가치, 즉 토지 보호 내지 가난한 고객들의 지원 사이에서 선택해야 하기 때문에 딜레마를 겪고 있다는 것을 깨달았다. 한편으로는, 계약을 거부할 경우에 지구를 보존하려는 가치를 고수하는 것이 되지만 이웃들 모두가 이미 계약에 서명한 이상 그녀의 토지와 우물의 물은 계속 위험한 상태로 남을 것이다. 반면, 계약에 서명할 경우 봉사활동을 계속하면서 토지에 대한 어떤 피해도 복구될 것이라는 법적인 확인을 받을 수 있다. 이제 그녀는 자신이 신성시하는 가치들 사이의 충돌 때문에 갈등했다(테틀록은 이런 종류의 상황을 **비극적인 맞교환**이 필요한 상황이라고 말했다. 한 가지 신성시하는 가치를 선택할 경우 다른 가치를 포기해야 하기 때문이다). 궁극적으로 그녀는 주민들에게 계속 봉사할 수 있다는 확신하에 계약서에 서명했다. 상황을 신성한 가치들을 둘러싼 갈등으로 재구성해보는 것은 단순한 수사적인 전술이 아니었다. 그로 인해서 진정으로 중요한 것이 무엇인지가 분명히 드러났다.[23]

그러나 신성시하는 가치들을 서로 저울질했을 때 생기는 위험은, 그로 인한 갈등이 절망적인 교착 상태로 이어질 수 있다는 데에 있다. 가라앉는 배의 구명정에 승객 한 사람만 더 태울 수 있다면 당신과 다른 사람의 아이 중에서 누구를 태워서 살려야 할까? 이것은 사실상 답하기가 불가능한 질문이다. 이 질문에 답할 수 있는 궁극적인 기준 같은 것은 존재하지 않기 때문이다. 신성시하는 것을 둘러싼 갈등을 실질적인 문제로 전환하면 갈등을 해결할 수 있는 가능성이 생긴다. 구명정의 비유에서 질문은 "누구의 아이가 더 소중한가?"에서 "어떻게 하면 두 아이를 모두 구할 수 있을까?"로 재구성될 수 있다. 우리는 우리가 신성시하는 것을 세속적인 언어로 재구성함으로써 본질적인 가치를 결정하려고 애쓰는 문제에서 벗어날 수 있다.

3. 각자 신성시하는 것을 인정하라

상대방의 마음을 박물관이라고 가정하자. 그 안에 진열된 신성한 공예품, 유서 깊은 보물, 긍지나 치욕의 기념품을 인정하는 것이 당신의 목표이다. 당신이 박물관에 들어가서 그림들을 재배열하는 일은 결코 없듯이 상대방이 신성하다고 생각하는 것을 바꾸려고 애써서도 안 된다.

상대방의 믿음을 공유하지 못할지 몰라도 그가 그러한 믿음에 대해서 가지고 있는 **존경심**을 존중할 수는 있다. 아이들을 어떤 종교를 믿게 하며 키울지를 놓고 다투는 부부가 있다고 상상해보자. 남편은 아이들이 부인의 믿음에 동화되기를 원하지 않지만 "우리의 믿음이 서로 다르다는 것을 알지만, 더불어 당신이 당신의 가치를 얼마나 깊이 존중하고, 당신에게 그것을 우리 아이들에게 전달하는 것이 얼마나 중요한지도 잘 알고 있어"라고 말하면서 그러한 믿음에 대한 부인의 존경심을 인정할 수 있다. 이런 말로 남편은 부인이 신성시하는 믿음을 인식한다는 것을 증명해 보여준다. 이런 태도는 그녀가 중시하는 가치들 및 두 사람이 중시하는 가치들이 어떻게 중복되는지에 대한 더 깊이 있는 논의로 대화를 이끌어갈 수 있다.

당신은 상대방이 당신이 그의 관심사를 인정하고 존중한다고 느끼게 만들기를 원한다. 이때 두 가지 전략이 당신이 신성시하는 가치를 포기하지 않으면서 상대방이 신성시하는 가치를 존중하는 데에 유용할 수 있다.

'신성한 언어'로 말하라. 사회학자인 에밀 뒤르켐은 우리가 신성한 것을 불경한 것과 완전히 다른 의미의 세계로 던져넣을 것을 제안했다. 와인을 예수의 피의 상징으로 여기는 미사에 참석하는 기독교인이 아니라면 당신에게 와인 한 잔은 그저 와인 한 잔일 뿐이다. 우리가 봉헌된 와인을 단순히 음료수로 취급한다면 우리는 신성한 것을 공격한 것이 된다. 세속적인 언어는 구체적인 현실과 계량 가능한 가치의 척도에 집중한다. 반면에 신성한 언어는 인과 논리의 구속에서 벗어나서 존재하는 상징적인 가치를 가진 주제들 주위로 수렴된다. 이런 언어에는 주제에 대한 최상의 존경심을 확실히 표현하기 위한 특별한 어휘가 필요하다.[24] 따라서 다른 사람들과 그들이 신성시하는 것에 대해서 이야기를 나눌 때 당신의 어휘 선택을 그들의 믿음에 대한 당신의 존경심을 보여주는 행위로 간주하라.

세속적인 언어로 말하기	신성한 언어로 말하기
'가치 극대화'에 집중하라.	가치 존중에 집중하라.
돈 같은 가시적인 관심사에 집중하라.	갈등을 유발하는 도덕적, 감정적, 정신적인 가치에 집중하라.
계약 조건을 논하라.	고생, 긍지 그리고 신성시하는 것과 관계된 이야기를 논하라.
각자가 무슨 '신세'를 졌는지 논하라.	각자가 가진 견해의 장점을 인정하라.
가시적인 양보를 하라.	무례함을 완화하기 위한 행동이나 사과 등 상징적인 양보를 하라.
세속적인 법과 규칙을 토대로 논하라.	암묵적인 사회적 규칙, 영적 규범, 종교적 칙령, 의식을 통해서 설득하라.
논의를 재화의 거래로 여겨라.	논의를 서로의 이해를 도모하는 행위로 여겨라.
이해관계를 직접 이야기하라.	은유와 기타 간접적인 방법을 써서 신성시하는 것에 대한 느낌을 전하라.
신뢰를 구축하기 위한 계약을 하라.	신뢰를 구축하기 위해서 시간을 두고 천천히 친밀한 개인적인 관계를 만들어라.
가시적인 문제들에 집중하라(예 : 그들이 핵무기를 가져야 하나?).	감정적, 문화적, 정신적 관심들을 찾아보라(예 : 모 국가는 문화적인 자긍심과 국가의 자치권을 유지하기를 원한다).

상대방이 신성시하는 가치들을 존중한다는 것을 보여준 이상 그도 당신이 신성시하는 가치를 존중하는 데에 더 개방적으로 될 것이다. 그가 당신이 신성시하는 것과 그 이유를 이해하게 도와라. 단순히 당신이 신성시하는 가치들만 나열하기보다는 개인적인 이야기의 맥락 속에서 그것들을 제시하라. 이러한 가치들이 당신에게 맨 처음 특별한 의미를 띤 것이 언제부터였는가? 무엇 때문에 그것들을 신성시하게 되었는가? 평생 동안의 믿음과 어

린 시절의 경험과 직감 중에서 무엇 때문인가?

신성시하는 것에서 공통점을 찾아라. 누군가가 당신이 신성시하는 것을 훼손한다면 그는 사실상 당신이 이 세상을 떠난 뒤에도 당신의 생각이나 믿음이나 가치나 가족을 통해서 남게 될 '상징적인 불멸성'에 대한 느낌을 무너뜨리고 있는 것이 된다.[25] 적이 당신의 신념에 가장 성스러운 신전이나 원고를 파괴한다면 당신은 일생일대의 극단적인 고통을 경험하게 된다.

그러나 상징적인 불멸성은 또한 연결될 수 있는 기회를 제공한다. 당신과 상대방이 믿는 바가 많이 다를지 몰라도 신성시하는 것에 공통점이 있을 수 있다. 아이들을 키우면서 어떤 종교가 필요한지를 두고 논쟁하던 부부의 사례를 떠올려보자. 부부는 그들 모두 아이들의 삶에서 영적인 요소를 바란다는 사실에서 위안을 찾을 수 있다.

당신과 상대방이 신성시하는 관계나 사건이나 원칙을 공공연히 인정하는 방안을 생각해보라.[26] 예를 들면, 인종정치학적인 분쟁을 해결하기 위해서 만나는 협상가들은 그들의 아이들의 미래가 신성하다는 원칙에 모두 집중할지도 모른다. 이와 비슷한 접근법은 예루살렘 알 악사 사원과 이스라엘 국회에 대한 자신의 역사적인 방문을 '진정 신성한 방문'으로 규정한 사다트 이집트 대통령이 썼다. 실제로 이러한 시각은 그가 이스라엘과 이집트 사이의 적대 행위를 종료한 캠프 데이비드 평화 협정을 재협상할 수 있는 정치적인 기회를 확보하는 데에 유용했다.[27] 결혼한 부부의 경우에도 둘 사이의 관계를 신성시하는 부부는 문제를 해결하는 데에 더 협력적이면서, 서로 말로 공격하는 것을 더 자제하고, 관계를 살찌우는 데에 더 많이 투자하고, 결혼 생활에서 더 큰 만족감을 얻는다.[28]

4. 각자의 정체성 영역 내에서 문제를 해결하라

신성시하는 문제를 해결하기 위해서는 각자 정체성을 고정적, 유동적, 혹은 두 요소가 합쳐진 것 중에서 무엇으로 여기는지를 이해해야 한다. 나는 이런 자아 개념을 **정체성 영역**이라고 부른다. 상대방의 정체성 영역 안에서 소통하려고 한다면 협상 효과가 커질 수 있다.

상대방의 정체성 영역에 맞추어 메시지를 전달하라

몇 년 전에 유명한 국제 변호사 한 분이 나에게 중동 지역에서 자살 임무를 수행하려고 준비 중이던 한 10대 소년을 만나려고 했던 일을 이야기했다. 변호사는 소년에게 "네가 자살 폭탄 테러범이 된다면 하루 이틀 정도 뉴스거리가 될지도 모른다. 그러나 네가 인생의 남은 70년을 이 지역의 교육과 인권을 개선하고 경제가 번영하도록 헌신했을 때 네가 만들 수 있는 엄청난 변화에 대해서 생각해봐라"라고 말할 예정이었다. 그러나 두 사람의 만남은 성사되지 못했고, 변호사는 그후로도 그의 생각을 전할 기회를 가지지 못했다.

변호사의 주장이 이성적으로는 의미가 있었지만 나는 그런 생각이 거북하게 느껴졌다. 나는 내가 순교자가 될 기회를 준비하고, 신성한 임무를 수행한다는 기대감에 흥분하고, 커뮤니티의 지원과 멘토들의 응원을 받으며 흥청거리며 놀고, 천국에서 대대적인 축하를 받을 준비를 하고 있는 10대 소년이라고 상상했다. 이어 나는 나의 임무 수행에 반대하면서 이성적인 주장을 펼치는 한 미국 변호사와 마주 보고 앉아 있는 나의 모습을 상상했다. 나는 변호사의 접근 방법이 똑똑하더라도 사실은 **지나치게** 이성적이라는 것을 깨달았다. 그의 방법은 소년의 정체성 영역, 즉 그가 이 세상에서 자신을 어떻게 바라보고 있는지를 제대로 감안하지 않았다. 변호사가 세속적인 언어를 쓰면 소년은 신성한 언어로 대답할 가능성이 높았다. 세속적인 언어로 신성한 언어와 맞서 싸워보았자 거의 분명히 승산이 없는 것으로 드러났을 것이다.[29]

마찬가지로 당신도 상대방의 정체성 영역에 맞춘 메시지를 전달할 수 있어야 그에게 더 효과적으로 영향을 미칠 수 있을 것이다. 나는 일반적으로 사람들이 그들의 정체성을 근본주의자, 구성주의자, 무아론자, 양자론자 중 하나와 일치시킨다는 사실을 알아냈다.

• **근본주의자**의 사고방식을 가지면 정체성을 고정되고, 통제 불가능한 힘에 의해서 지배당하는 것으로 간주한다.[30] 자연 법칙이나 신성한 의도가 정체성을 결정한다는 식이다.[31] 일상적으로 볼 수 있는 예를 하나 들어보자. 우리 집사람은 종종 나에게 아침 일찍 일어나서 아이들이 등교하기 전에 아이들과 같이 시간을 보내달라고 부탁한다. 나는 나대로 그녀에게 밤늦게까지 자지 말고 나와 같이 시간을 보내달라고 조른다. 그녀는 아침형 인간이지만 나는 저녁형 인간이기 때문에 이런 문제를 놓고 벌이는 우리의 논쟁은 두 사람 중 한 사람이 포기하고 "당신을 바꿀 수 없고, 나도 날 바꿀 수 없네요"라고 말할 때까지 제자리를 맴돈다.

• **구성주의자**의 사고방식에서 정체성은 끊임없이 진화하는 사회적인 구성이다. 당신은 타인들과의 상호작용과 내적인 성찰을 통해서 자신의 정체성을 만든다. 이런 관점에서 신성시하는 것에는 신성(神聖)이 없고, 성서 같은 대상에는 내재적인 성스러움이 없다. 성서에 의미를 부여해서 그것을 종이 무더기로부터 신성함이 깃든 중요한 무엇으로 바꾸는 것은 인간이다. 근본주의자에게 현실은 인간의 영향력에서 벗어나서 존재하는 절대적인 것

인 반면, 구성주의자에게 현실은 보는 사람의 생각에 따라서 달라진다.

• **무아론자**의 영역에서는 당신에게 영원한 정체성이라는 것이 없다. 사람은 본질이 없이 표류하는 감정과 사고에 빠진 의식적인 껍데기에 불과한 '생각하는 사람이 없는 생각'이다.[32] 이 영역은 만물에는 고정 불변하는 실체로서의 나가 없다는 뜻을 가진 불교의 근본 교리인 **무아**(無我)를 기본으로 한다. 윌리엄 제임스의 말을 빌리자면 우리는 **나**(I)라는 존재론적인 세계 속에 살고 있는 **순수아**(pure ego)이다. 불교에서 **무아**는 자아(自我)가 없다는 뜻이다. 무아는 연기(緣起), 공(空), 무상(無常) 등과도 긴밀히 연관되는 개념으로, 연속적이며 불변의 실체로서의 자아를 부정한다. 따라서 자아는 부단히 변화 중에 있으며, 어느 정도 독립적인 기능을 하는 현상으로서의 자아는 부정된다.

• **양자론자**의 시각에서 정체성은 자연과 육성(育成)의 조합이다. 근본적인 영적 내지는 생물학적인 믿음은 광범위하게 많은 가능한 자아에게 필요한 장(場)을 만들지만 사회적인 힘은 당신만을 위한 특별한 의식(意識)을 만든다. 당신의 정체성은 고정적이면서 유동적이고, 당신은 동일한 시각에서 신성시하는 대상들을 인식한다. 성서는 본질적 및 구성적인 의미를 모두 가지고 있다. 당신은 그것을 신성한 의미로 가득 채우고, 결국 현재 그것이 가진 본질적인 의미 때문에 그것을 숭배한다.

이 네 가지 정체성 영역에는 엄격한 경계가 없다. 또한 개인의 영역은 시간이 지나면서 바뀔지도 모른다. 신성시하는 것을 놓고 협상한다고 해서 상대방의 정체성 영역을 정확히 범주화해야 하는 것은 아니지만, 감정에 호소할 수 있는 단어들을 써서 메시지를 만들 수 있을 만큼 충분히 그 영역을 파악하고 있어야 한다. 참고로, 예를 들면 상대방이 근본주의자의 정체

정체성은 타고나는가?	그렇다	근본주의자	양자론자
	아니다	무아론자	구성주의자
		아니다	그렇다

정체성은 사회적으로 만들어지나?

성 영역에 속해 있다면 그의 신조와 그에게 절대적인 것의 맥락 속에서 신성시하는 문제들을 논하라. 반면에 상대방이 정체성을 양자론자의 시각에서 바라본다면 신성시하는 문제를 해결하기 위해서 절대론자적인 주장과 창조적인 선택들을 모두 훨씬 더 자유롭게 논의할 수 있다.

결국 무산되었던 변호사와 자살 폭탄 테러를 하려던 소년과의 대화에서 소년의 미래가 창창하다는 변호사의 조언에는 통찰력이 있었지만, 그것은 정체성의 가장 적절한 영역을 건드리지 못했다. 변호사는 소년이 인생의 경로를 바꿀 수 있는 창의적인 사고에 개방적인 양자론자라고 생각했다. 그러나 소년을 근본주의자로 상정할 경우 변호사는 메시지를 신성한 언어로 재구성해야 한다. 변호사는 처음부터 소년의 미래를 논하기보다는 그가 신성시하는 신념이 무엇이고 그것을 믿는 이유, 특히 그중에서 그에게 가장 중요한 것이 무엇인지를 먼저 물어볼 수 있었다. 변호사는 이슬람교에 대한 소년의 해석과 어떻게 해서 그것이 그의 목숨을 희생하게 만드는지도 물어볼 수 있었다. 그는 어떤 문화적 및 가족의 압력이 그토록 소중하고 목숨까지 버릴 만큼 가치가 있는지를 물어볼 수도 있었다. 대화를 신성시하는 것의 영역으로 이끌고, 대화를 소년의 근본주의적인 믿음과 가치와 직접 연결시킴으로써 변호사는 소년이 영적인 교리를 계속 숭배하고 새로운 교리 해석 방법을 찾으면서 동시에 절대적인 종교적 진실에 대한 다른 해석 방법을 찾아보게 만들 수 있었다.

협상가에게 근본주의자적인 믿음을 신봉하는 사람들과의 협상이 까다롭지만, 근본주의자에게도 그런 협상이 까다롭기는 마찬가지이다. 아이러니하게도 그의 이데올로기적인 집착은 당신과 협상할 수 있는 그의 자율성을 제약한다. 그의 경직된 정체성은 그를 가두기 때문에 당신은 반드시 그의 정체성 영역에 맞춘 메시지를 개발해서 전달해야 한다.

차이를 이을 방안들을 만들어라

상대방의 정체성 영역에 맞춘 메시지를 개발한 이상, 당신과 상대방 사이의 상당한 차이를 이어줄 수 있는 여러 가지 방법을 만들어보라. 다음은 그러한 구체적인 방법들이다.

(a) 건설적인 모호성에 의존하라. 신성시하는 것들 사이의 차이점을 조화시킬 수 있는 실질적인 방법은, 협상 당사자들이 각자의 정체성 영역 안에서 임의적으로 해석 가능한 합의에 도달하게 만드는 것이다. 헨리 키신저전 미국 국무장관은 정치적인 목적을 달성하기 위해서 민감한 문제에 대해서 의도적으로 '알다가도 모를 듯한' 모호한 표현을 쓰는 것을 건설적인 모호성이라고 말했다.

힌두교 신자인 나의 친구 아르티가 기독교 신자인 약혼자 조지프와 결혼을 준비하면서 겪었던 딜레마를 생각해보자. 대부분의 힌두교 결혼식에서 중요한 부분은 불이 가진 정화력을 불러내기 위해서 불 앞에 서는 것이다. 그러나 아르티의 엄마는 기독교에서 불이 신성하게 불타는 떨기나무뿐만 아니라 하느님의 분노도 상징할 수 있다는 것을 알았다. 불은 조지프의 가족들을 불편하게 만들 수 있지만 불이 없으면 아르티 가족에게는 결혼식의 신성한 의미가 약화되었다. 이런 딜레마를 해결하기 위해서 아르티와 조지프는 촛불 앞에서 결혼 서약을 하기로 결정했다. 이 선택은 조지프와 아르티의 가족 모두가 받아들일 수 있는 것이었다. 조지프가 다니는 교회에서 종교 의식 때 촛불을 사용했고, 아르티의 가족은 결혼식에 불만 포함되면 어떤 불이건 환영했기 때문이다. 두 가족은 각자가 믿는 종교적인 교리의 범위 내에서 촛불을 해석할 수 있었다.

(b) 신성시하는 것의 의미를 재해석하라. 신성시하는 것은 종종 인간에게 신성한 명령이나 웅대한 영감을 부여하는 하느님 같은 더 강력한 힘에서 기원되었다고 여겨지고는 한다. 그러나 그런 것의 의미를 가장 잘 전달할 수 있는 위치에 있는 성직자, 이맘(imam, 예배를 인도하는 성직자/역주), 랍비 그리고 그외의 영적인 지도자들은 평범한 인간으로 전락할 위험에 쉽게 노출된다. 대부분의 전통에서 그들은 교리, 예배식, 의식을 해석하는 임무를 맡기 때문에 그들의 해석은 재해석될 가능성을 열어놓고 있다.[33]

신성시하는 것을 둘러싼 갈등에 빠졌을 때 소위 **해석학**이라고 알려진, 신성시하는 것을 서로 다르게 해석할 수 있는 방법을 찾는 방안을 고려하라.[34] 나는 베들레헴에 있는 데헤이시 난민 캠프에서 자란 팔레스타인 교육자인 왈리드 이사가 공동 창안한 협상 프로그램에서 조언하던 도중에 이런 접근 방법이 가진 힘을 깨닫게 되었다. 1948년, 왈리드의 할아버지는 이스라엘 군이 그가 살고 있던 조그만 마을인 베이트 에탑으로 가까이 다가온다는 것을 알고, 가족을 데리고 집을 버리고 도망쳤다. 그로부터 근 60년 뒤, 열아홉 살의 왈리드는 대학에 입학하기 위해서 미국으로 건너갈 준비를 했다. 출국 전에 할아버지는 왈리드에게 "네게 줄 돈이 없구나. 그러나 내게 가장 소중한 물건을 주겠다"라고 말하며 녹슨 금속 열쇠를 주었다. 그것은 예전에 베이트 에탑에서 할아버지가 살았던 집의 열쇠였다. 할아버지는 손자에게 "내게 정말 소중한 물건이다. 내 기대를 저버리지 말아라"라고 말했다.

왈리드는 할아버지에게서 받은 선물을 가지고 무엇을 해야 할지 몰라서 심각한 고민에 빠졌다. 처음에는 할아버지가 예전에 살았던 집을 되찾아주기를 바라는 것으로 오해했다. 그러나 매일 그 열쇠를 볼 때마다 그것에 무엇인가 상당히 특별한 의미가 들어 있다는 사실을 깨닫게 되었다. 즉, 그 열쇠는 그에게 이스라엘인들과 평화롭게 지내면서 할아버지의 정체성을 존중해달라는 부탁의 상징이었다. 왈리드는 고통스러운 과거라는 부담이 지워진 물리적인 열쇠에서 벗어나서 행동 가능성을 열어준 열쇠 안에 담긴 정신을 보았다. 왈리드는 이스라엘 교육자와 힘을 합쳐서 새로운 세대의 팔레스타인 및 이스라엘 정부와 민간부문 지도자들을 훈련시키기 위한 강력한 협상 프로그램 셰이즈(Shades)를 만들었다.

(c) 각자에게 100퍼센트를 주어라. 나는 한때 우리 집 막내아들인 노아에게 "두 사람이 같은 물건을 서로 가지겠다고 싸우면 너는 어떻게 할래? 그리고 그 물건이 그들 모두에게 너무 중요해서 모두 결코 포기하지 않으려고 하면?"이라고 물었다. 노아는 나의 얼굴을 빤히 쳐다보더니 잠시도 주저하지 않고 "나누어 가지게 하지요"라고 말했다.

노아의 전략은 성지(聖地)와 분쟁지대를 둘러싼 싸움이 보통 죽음과 파괴로 이어지는 갈등 상황에서는 종종 간과되고는 한다. 그러나 그의 순진한 대답은 통찰력이 있는 대답이었다. 신성시하는 것과 관련된 문제는 성지의 일부나 집안의 가보(家寶) 속이 아니라 마음속에 들어 있다. 당신은 **그들**과 성지나 가족이 물려받은 반지를 공유하는 것을 참을 수 없다. 더불어 타협 불가능해 보이는 **그들**과의 이견을 해소하기 위해서 협력하며 애쓰는 것도 참을 수 없다. 그러나 사물, 땅 그리고 사랑은 종종 공유가 **가능**하다. 신성시하는 것에 가해지는 공격에 대응하다 화해의 장소로 이동할 수 있다.

예를 들면, 두 나라가 각자 100퍼센트 소유권을 주장하는 성지를 어떻게 나누면 될까? 에콰도르의 하밀 마우아드 대통령이 페루의 알베르토 후지모리 대통령과 장기간 동안 국토 분쟁 협상을 하면서 처했던 상황이 딱 그랬다. 두 정상은 모두 티윈차라고 불리는 지역이 자기 나라의 땅이라고 주장했다. 그러다가 결국 두 정상은 상호 만족스러운 해결책을 찾았다. 에콰도르는 자국 군인들이 묻혀 있는 장소를 중심으로 이 지역의 일부에 대한 소유권을 획득했고, 페루는 이 지역에 대한 통치권을 얻었다. 두 정상은 논쟁 지역을 두 나라 정부의 동의 없이는 그 어떤 경제적, 정치적, 혹은 군사적인 활동을 할 수 없는 국제 공원으로 조성하기로 합의했다.

문제 해결과 정체성 확인에 집중하라

신성시되는 것을 존중하고 해결되지 않은 문제들의 해결을 위해서 아무리 애써보았자 문제를 해결하는 것 자체에 지나치게 집중하다가 신성한 관심들이 하찮게 느껴질 수도 있다. 또다른 경우, 서로 개인적인 불만 사항에 지나치게 집중하다가 협상은 사실상 전혀 진척이 되지 않을 수도 있다.

줌(zoom) 방법은 이러한 역학을 관리하는 데에 유용한 간단한 도구이다. 당신이 처한 갈등을 카메라를 통해서 본다고 상상해보라. 당신은 문제를 해결하기 위해서 갈등의 구체적인 측면들을 줌인(zoom in), 즉 확대해서 보거나 아니면 각 당사자 간의 더 광범위한 정체성 문제를 논하기 위해서 갈등의 구체적인 측면들을 줌아웃(zoom out), 즉 축소해서 볼 수 있다. 줌인과 줌아웃 시기를 정확히 아는 것은 강력한 기술이다. 종종 줌아웃부터 시작하는 것이 합리적인 경우가 있는데, 그래야 갈등에 휘말린 각 당사자에게 개인적으로 얽혀 있는 문제가 무엇인지를 자세히 알아낼 수가 있다. 일단 각자에게 해당하는 문제들을 공유한 이상, 이제 갈등의 구체적인 측면들에 얽힌 문제를 해결하기 위해서 줌인하라. 대화가 중심을 잃거나 너무 긴

박해질 경우에는 모두를 모이게 만든 더 광범위한 목표에 맞게 다시 줌아웃하라. 이러한 과정의 변화 역학에 주의를 기울임으로써 신성시되는 문제들을 논할 때 감정적인 긴장감을 완화시킬 수 있다.

신성시되는 것을 협상할 때 직면하는 가장 큰 도전(과 협상하는 도중에 분노와 두려움과 모욕 같은 강력한 감정들이 생겨나는 이유)은 협상을 위해서 희생이 필요하다는 불편한 현실이다.[35] 협상 상대방과 합의에 도달하는 것이 종종 이상, 신성한 가치, 당신이 내세우는 명분을 위해서 싸웠던 순교자들에게 바치는 충성심을 배신하는 것같이 느껴지고는 한다. 당신이 공동의 이익을 위해서 희생할지 고민하고, 희생이 주는 혜택이 지속적인 갈등에 따른 비용을 상쇄한다는 사실을 깨달을 수 있는 감정적 내지 정치적인 공간을 만들 수 있어야만 성공적인 협상이 가능하다. 대화가 진행됨에 따라서 당신의 희생의 장단점을 논하기 위해서 줌인해야 하며, 궁극적인 관심사에 대한 각자가 전념하는 정도를 확인하기 위해서는 줌아웃해야 한다.

결론

신성시하는 것을 둘러싸고 벌이는 갈등은 위험성은 크지만 타협은 상상조차 하기 힘들게 느껴지는 갈등이다. 이런 상황에서는 상대방이 신성시하는 것이 무엇인지를 공손하게 인정하고 당신과의 실질적인 차이를 좁힐 수 있는 다양한 방법을 강구하는 것이 도움이 될 수 있다. 궁극적으로 신성시하는 것을 둘러싸고 벌이는 갈등은 완벽한 결과를 낳지는 못한다. 이때 관건은, 희생을 최소한도로 줄이면서 상호의 이익을 도모하는 것이다. 단순히 상대방이 신성시하는 문제를 인식하는 것만으로도 협상을 발전시키는 데에 필요한 엄청나게 중요한 한 걸음을 떼는 셈이다.

신성시되는 것을 존중하되 평가하지는 말라
개인별 응용 문제

1. 당신의 정체성 중에서 어떤 측면들이 공격을 받는다고 느끼는가? 당신의 신념, 의식, 충성, 가치 그리고 감정적으로 의미 있는 경험에 대해서 생각해보자.

2. 상대방이 그의 정체성 중에서 어떤 측면들이 공격을 받는다고 느낄 수 있다고 보는가?

3. 당신에게 신성한 것을 상대방이 더 잘 이해할 수 있도록 도울 수 있는 방법은 무엇인가?

4. 상대방이 신성시하는 것에 대해서 좀더 배울 수 있는 방법은 무엇인가?

5. 상대방이 신성시하는 것을 당신이 이해한다는 사실을 알릴 수 있는 방법은 무엇인가? 이번 장에 나온 표를 다시 살펴보면서 당신이 신성시하는 것을 상대방에게 알리는 방법에 대해서도 생각해보자.

9

상대방과 합심하려면 정체성 정치학을 이용하라

인류에 대한 역사는 없다. 인간의 삶의 온갖 측면에 대한 수많은 역사
만 있을 뿐이다. 그리고 이런 역사들 중에서 하나는 정권에 대한 역사
이다. 이것이 세계의 역사로 승화된다.
—칼 포퍼(1902-1994, 오스트리아 태생의 영국 철학자/역주)

다음 세 가지 시나리오의 공통점에 대해서 생각해보자.

1. 흔들리는 결혼 생활. 친구 캐시가 눈물을 흘리면서 내게 연락한다. 조와의 결혼이 파탄이 나기 일보 직전이란다. 멀리서 나는 지금 무슨 문제가 생겼는지 알 수 있다. 두 사람 사이의 차이점이 극복하기에 불가능하지 않지만 그들의 부모들이 그들도 모르게 두 사람을 싸우게 만들고 있는 것이다. 캐시가 위로를 받기 위해서 어머니에게 전화를 걸 때마다 어머니는 항상 "네 말이 100퍼센트 옳아, 캐시야. 조의 생각은 틀렸고 그는 정말 이기적이야. 솔직히 말해서 네가 조와 어떻게 사는지 모르겠다"라고 말한다. 반면 조의 어머니도 조의 생각을 지지하면서 캐시를 '까다롭고 고집 센' 여자로 폄하한다. 부모의 도움이 두 사람의 결혼을 파탄 내고 있다.

2. 기업 내 충돌. 한 다국적 기업의 조사 부서와 마케팅 부서가 서로 영역 다툼을 하고 있다. 각 부서는 상대방 부서 때문에 생산성에 타격을 입고 있고, 재원을 '도둑질당할까봐' 두려워하고 있다. 내년 예산 편성이 시작되자 각 부서 부장이 회사 CEO와 조심스럽게 만나서 자기의 부서가 회사의

'정신'이자 회사 재원의 현명한 투자처라면서 부서 홍보에 열을 올린다.

3. 혼란스러운 상황. 슬로보단 밀로셰비치(1941-2006) 세르비아 대통령이 코소보 가지메스탄에 모인 대규모 청중 앞에 서서 세르비아 민족주의를 내세워 유고 연방 내 다른 민족들을 배척할 것임을 분명히 하고 나선다. 그는 600년 전 코소보에서 맛본 세르비아의 패배를 들먹이며 무기를 들고 싸울 것을 호소한다. 그는 "코소보의 영웅주의에 대한 기억을 영원히 잊지 말자! 세르비아여 영원하라! 유고슬라비아여 영원하라! 평화와 여러 민족들 사이의 형제애도 영원하라!"라고 소리친다. 많은 정치 평론가들은 당시 밀로셰비치의 연설을 코소보 전쟁(1999년 코소보에서 알바니아 민병대가 세르비아 군을 습격하자 이에 대한 보복으로 세르비아가 공격을 가하면서 벌어진 전쟁/역주)을 일으킨 도화선으로 보고 있다.

이 사례에서는 다섯 번째 유혹, 즉 정체성 정치학이 작동하고 있다. 정체성 정치학은 결혼이나 조직의 효율성이나 지역의 안정성을 위협할 수 있다. 다른 유혹들과 달리 이것은 종종 부족 효과를 일으키면서 사람들을 조종하거나 분열시키기 위해서 의도적으로 사용되고는 한다. 그러나 적절한 전략으로 무장했을 경우에는 관계를 개선하고 상호 만족스러운 갈등 해소 결과를 찾는 데에도 정체성 정치학을 이용할 수 있다.

정체성 정치학이란 무엇인가?

2,000여 년 전 철학자 아리스토텔레스가 지적한 대로 인간은 본래 정치적인 동물이다.[1] 당신이 하는 모든 말과 행동은 타인들과 관련해서 당신의 정치적 입장에 대한 메시지를 전달한다. 당신은 유대감을 강화시키기 위해서 상사와 원활한 관계를 유지하거나 친구를 칭찬할지도 모른다. 간단히 말해

서 정치학은 "누가 무엇을, 언제, 어떻게 얻느냐"와 관련된다.[2]

따라서 정체성 정치학은 정치적인 목적을 달성하기 위한 정체성의 포지셔닝 과정을 가리킨다.[3] 당신은 목표를 달성할 확률을 높이기 위해서 권력 조직 내에서 특정 개인이나 집단들과 제휴한다. 그러나 더불어 다른 집단이 아닌 한 특정 집단과 연관된 데에 따른 대가를 지불해야 할 수도 있다. 이러한 전체적인 과정이 정치적인 공간, 즉 사람들이 결정을 내리기 위해서 교류하는 사회적인 모임 내에서 일어난다. 정부가 가장 낯익은 그런 공간이지만, 그밖에 결혼이나 우정이나 직장도 모두 그런 공간에 포함된다. 그런 공간들은 각각 누가 무엇을 얼마의 가격을 치르고 얻는지를 둘러싼 불화를 일으킬 수 있는 기회를 제공한다.

우리는 다시 이번 장의 처음에 나왔던 세 가지 사례를 살펴보면서 사람들이 어떤 종류의 정치적인 목적을 이루기 위해서 그들의 정체성을 어떻게 포지셔닝하고, 그로 인해서 어떤 대가를 치르는지를 볼 수 있다.

• 캐시와 조의 불안한 결혼 사례에서 두 부부의 어머니들은 각자 자녀들의 충성스러운 지지자 역할을 하면서(포지셔닝) 자녀들을 감정적인 괴로움에서 보호하기 위해서(목적) 애썼다. 어머니들은 자기 자녀의 생각이 무조건 옳다고 거들다가 무심코 부부 사이의 관계를 이간질하면서(대가) 상대방 배우자의 생각을 깎아내렸다.

• 다국적 회사의 사례에서 조사와 마케팅 부서 부장들은 재원을 더 많이 얻기 위해서 애썼고(목적), 각자 조직 내에서 자기 부서의 우월한 중요성을 주장하기 위해서 CEO와 개별 만남의 시간을 가졌다(포지셔닝). 그러나 그들의 행동은 두 부서 사이의 오래된 반목을 심화시켰고, 조직의 생산성 저하로 이어졌다(대가).

• 세르비아의 사례에서 밀로셰비치는 코소보의 전(前) 전쟁터에서 가진 연설을 통해서(포지셔닝) 세르비아의 민족주의에 대한 관심을 환기시키고, 자신이 내세운 더 위대한 세르비아의 비전(목적)에 대한 지원을 이끌어낼 수 있기를 갈망했다. 그러나 그는 또한 지역의 인종정치학적인 집단들 사이에서 심각한 분열을 일으켰다. 이후에 일어난 폭력 사태는 수많은 사람들의 생명을 앗아갔고, 밀로셰비치를 전 유고 국제형사재판소 앞에 세웠다. 밀로셰비치는 반인류 범죄로 기소되었다(대가).

정체성 정치학은 일상생활의 모든 차원에서 전개된다. 10대 아이가 당신의 새로운 머리 모양을 칭찬한(포지셔닝) 다음, 용돈을 올려달라고 조르듯이(목적) 그것은 은근슬쩍 눈에 잘 안 띄게 전개된다. 그러나 정치학이 가끔은 불편한 분위기를 만들 수도 있다. 이웃이 수제 과자를 가지고서 당신의 집 문을 두드린 다음(포지셔닝) 아들을 당신의 회사에 취직시킬 수 있게 도와달라고 부탁한다(목적). 기본적으로 정체성 정치학의 술수를 거부하더라도 그것을 피할 수는 없다. 오늘 회의 참석차 회의실에 들어갈 때 당신은 누구 옆에 앉겠는가? 그리고 누구의 의견에 가장 많은 관심을 쏟겠는가? 순전히 실질적인 차원에서 보았을 때, 당신의 정체성이 확보 가능한 재원에 영향을 미칠 수 있기 때문에 그것은 특권 내지 결핍으로 향하는 표가 될 수 있다.[4] 정체성 정치학에 맞추지 못할 경우에는 자기도 모르는 사이에 그것의 노리개가 될 위험성이 크다.

정치학의 함정

우리를 다양한 정치학의 희생자로 전락시킬 수 있는 다양한 길에 주의하라.

함정	전략
1. 정치적인 배경의 무지.	1. 정치적인 배경을 지도로 그려라.
2. 부정적인 정체성에 집착.	2. 긍정적인 정체성을 구축하라.
3. 배타적인 의사 결정 과정에 의존.	3. 포괄적인 의사 결정 과정을 설계하라.
4. 정치적인 노리개처럼 취급받기.	4. 이용당하지 않게 자신을 보호하라.

첫째, 우리는 정치적인 배경을 몰라서 쉽게 이용당할 수 있다. 밀로셰비치가 세르비아에 그랬듯이 지도자가 우리에게 그의 이야기를 강제로 받아들이게 하고, 우리와 다른 사람들 사이에 분열감을 조장할 수 있다.[5] **둘째,** 우리는 상대방[6]과 적대적인 관계에 있는 사람으로 우리를 정의하고, 상대방이 이루고자 하는 목적이 무엇이건 거부하는 **부정적인 정체성**(negative identity)에 사로잡힐지 모른다. 극단적 상황의 경우에 우리는 우리를 상대방의 적으로만 간주하면서 우리 자신의 정체성의 모든 모습을 상실한다. **셋째,** 우리는 의사결정 과정에서 배제되었다고 느낄 수 있는데, 이로 인해서 우리와 상대방 사이의 거리는 더욱더 벌어진다. **끝으로** 우리는 부당한 정치 제도 속에 갇힌 노리개처럼 느껴질지도 모른다.

이번 장의 나머지 부분에서는 이런 각각의 함정을 피하는 데에 필요한 실질적인 전략들을 제시하겠다.

1. 정치적인 배경을 지도로 그려라

사람들이 당신에게 불리한 정치학을 쓰려고 시도할지 모른다. 그러나 당신은 자신을 보호하기 위한 효과적인 조치를 취하기 전에 구체적인 정치적 배경을 인지해야 한다. 누가 누구에게 영향을 주고, 누가 부족 효과를 일으켜 해결을 방해할 가능성이 있는지부터 알아보라.

두 단계의 정치적 영향력을 찾아보라

침팬지와 인간 사이에는 상당히 공통점이 많다. 겉보기에는 가장 힘이 센 수컷이 우두머리가 되고 그를 중심으로 침팬지의 관계들이 맺어지는 것처럼 보인다. 그러나 저명한 영장류 연구가인 프란스 드 발은 이러한 형식적인 구조와 더불어 이보다 더 비공식적인 권력 조직이 존재한다는 사실을 관찰을 통해서 알아냈고, 이 조직을 '영향력이 있는 자리들로 이루어진 네트워크'라고 불렀다. 드 발은 계층구조를 '사다리'에, 비공식적인 구조를 '네트워크'에 각각 비유한다.

인간도 역시 이와 똑같이 사다리 같은 계층과 네트워크 같은 영향력 망이라는 이차원적인 정치적인 영향력 사이에서 움직인다.[7] 이 두 가지를 계속 의식하고 있어야 갈등을 촉발한 정치학에 대해서 더 잘 이해할 수 있다.

사다리 : 누가 상사인가? 대부분의 기업은 모든 직원이 누가 누구보다 더 많은 권한을 가지고 있는지를 정확히 알 수 있게 조직되어 있다. 조직도의 최상단에 상사가 자리하고, 다양한 권력을 가진 부하직원들이 그 아래에 있다. 그러나 사무실처럼 규율과 관리가 엄격한 조직 밖에서는 공식적인 권력 구조가 항상 명확하지만은 않다. 몇 년 전, 나는 당시 여섯 살이던 아들 노아에게 TV를 끄고 책을 읽으라고 지시했다. 노아는 화난 표정으로 눈을 치켜뜨더니 "여기서 아빠하고 엄마 중에 누가 높아요?"라고 물었다. 질문은 타당했다. 노아는 그가 다만 몇 분 동안이라도 더 TV를 볼 시간을 벌어줄 가족 권력의 구조 내 구멍을 찾을 수 있을지 궁금해했다. 노아에게는 불행한 일이었지만 집에서는 집사람과 내가 모두 그의 **상사**였다.

영향력 사다리가 명확히 정의되지 않았을 때조차 그것은 여전히 중요한 것으로 드러날 수 있다. 미국의 대통령은 가끔 강력한 군사력과 경제력을 휘두르는 '지구상에서 가장 힘이 센 사람'으로 언급되고는 한다. 그러나 대통령이 전용기인 에어포스 원을 타고 비행할 때 누가 가장 강력한 힘을 가질까? 조종사이다. 보다 일반적으로 보았을 때 우리가 사는 세상은 다양한 영향력 사다리들에 의해서 지배된다. 당신이 예산 할당에 대한 CEO의 결정에 영향을 미치려고 한다면 최고재무책임자(Chief Financial Officer)에게 그런 노력을 집중하는 것이 가장 효과적일지도 모른다.

네트워크 : 누가 협력자인가? 정치적인 관계들은 또한 당신이 교류하고 의존하는 친구들과 협력자와 지인들로 이루어진 망인 소셜 네트워크로부터 영향을 받는다. 이러한 연결은 결혼이나 가족이나 사회 조직의 회원에 의해서 만들어진 연결들처럼 제도화될 수 있다. 혹은 직장 내 협력자들이나 친구 집단 사이의 연결들처럼 연결이 가벼운 성격을 띨 수도 있다.

자신을 현명하게 포지셔닝하면 당신이 정치적인 명분을 추진하는 데에 도움을 받을 수 있다. 당신은 상사의 배우자와 친해지거나, 아이가 대학에 합격할 확률을 높이기 위해서 대학에 돈을 기부하거나, 일자리를 얻기 위해서 탄탄한 인맥을 가진 가족 구성원에게 연락할 수도 있다. 아마도 모든 언어마다 '영향력(clout)'과 유사한 의미를 가진 단어들이 있을지 모른다. 아랍어에는 wasta라는 단어가 있는데, 이 단어는 개략적으로 결정에 영향을 미치기 위한 사회적인 인맥의 동원을 뜻한다. 중국어에는 앞에 나왔던, 특혜와 서비스를 요구할 수 있는 개인적인 관계를 의미하는 관시라는 단어가 있다. 스페인어에서는 palanca라는 단어가 있는데, 이 단어는 좋은 인맥을 가지고 있다는 의미이다. 탄자니아에서 한 외교관은 내게 "모욕하지 않고서도 거의 모든 일에 대해서 농담할 수 있는" 경쟁 부족들이나 마을들 사이의 "친밀한 관계"를 설명하는 스와힐리어 단어 utani가 가진 독특한 의미에 대해서 설명했다.[8] 이러한 각각의 접근법은 정치적인 목표의 달성을 앞당기는 비공식적인 구조의 사례이다.

사람들은 종종 공식적인 정치학이 비공식적인 관계를 이끈다고 생각하지만 보통은 그 반대의 경우가 사실이다. 부자들은 부자들에게 우호적이고, 힘을 가진 사람들은 힘을 가진 사람들에게 우호적이다. 또한 이러한 비공식적인 네트워크는 종종 누가 공식적인 계층에서 내세울 수 있는 자리를 차지하느냐를 결정하는 데에 중요한 요인이다.

당신의 소셜 네트워크는 당신이 의존할 수 있는 친척 같은 동료들로 이루어진 부족이 된다. 당신은 자유롭게 친구들을 고르고, 그들이 진심으로 당신의 이익을 위해서 힘쓴다는 것을 알고 있다. 최근 임명되자마자 가장 먼저 내린 지시가 회사의 일부를 매각하는 것을 결정하라는 것이었던 한 CEO의 사례를 생각해보자. 그는 이사회에 조언을 구했고, 이사회는 영향력 사다리에서 그보다 위에 있었다. 그러나 그가 신뢰받는 조언을 얻기 위해서 누구에게 의지했을까? 다름 아닌 똑똑하고 충직한 업무 비서였다.

정치적인 배경을 적극적으로 주시하라

인식의 연속 단계라는 것이 있다. 이 단계의 한쪽 끝에는 배우자 얼굴의 화난 표정처럼 당신이 예의 주시하는 것들이 있다. 반대편 끝에는 당신이 알고 있다는 것을 모르는 것들이 있다. 예를 들면, 이 책을 읽는 동안에 뒤에서 시계가 째깍거리거나 식기세척기가 돌아가는 소리가 나거나 사람들이 옆에서 떠들고 있을 수 있으나 당신은 이런 소리들에 의식적으로 집중하지 않고 있을 수 있다. 정치적인 배경이 관련된 곳에서 가장 효과적으로 행동하려면 당신이 인식하는 것이 무엇인지를 계속 인식해야 한다.

타인들이 당신의 정체성에 영향을 주려고 애쓸 때를 주의하라. 갈등이 생겼을 때 정체성 형성자들은 지배적인 이야기를 만들기 위해서 애쓴다. 지도자들이 지지를 얻기 위해서 대중들에게 정체성 이야기를 강요하려고 애쓰는 선거 운동에서 이런 모습이 가장 두드러진다. 후보자는 연단에 올라서 '우리'가 이제 단합해서 문제가 되는 중요한 모든 사안들에 대해서 '그것들'과 맞서 싸워야 한다고 선언한다. 정체성 형성자들은 활용 가능한 모든 수단을 동원해서 대중들이 하나의 정체성을 가지도록 압박하면서 재원을 둘러싼 갈등을 정체성 정치학의 게임으로 전환시킨다.[9] 그들이 대중의 정체성을 만드는 데에 성공한다면 그들은 원하던 상(賞), 즉 그들의 충성심을 얻게 된다.

밀로셰비치 대통령의 목표는 세르비아인들이 민족주의적인 정체성을 포용하게 만듦으로써 자신의 정치적인 야심을 채우기 위해서 효과적으로 충성스러운 군대를 동원하는 것이었다. 그가 민족주의적인 이데올로기를 세르비아 정체성의 신성한 부분으로 더 강력히 선언하면 할수록 그는 지지자들을 확보하고 반대파들을 침묵하게 만드는 데에 더 큰 성공을 거두었다.

당신이 누구인지에 대한 이야기 속에 갇힌 것 같은 느낌이 들기 시작할 때를 경계하라. 조직 내에서 정체성 형성자들은 종종 그들 자신의 목적을 달성하기 위해서 당신의 정체성을 형성하기 위해서 경쟁하고는 한다. 예전에 나는 최근 승진해서 임금도 오르고 더 많은 존경을 받게 되었지만 하는 일이 불만족스러운 한 고위 관리자에게 상담을 해준 적이 있다. 그는 직위가 올라가자, 부하 직원들이 진심으로 그와 친하게 지내고 싶어서 그에게 맞장구를 치는 것인지, 아니면 정치적인 이득을 얻고자 그러는 것인지 더 이상 알 수가 없었다. 이처럼 모호해서 생기는 불편한 느낌이 그 안에서 자주 요동쳤지만 그는 최근에야 비로소 그것을 의식하게 되었다. 재차 강조하지만 정체성 정치학 문제의 경우에는 그것을 인식하는 것이 결정적으로 중요하다.

상대방이 받는 정치적인 압력에 맞추어라. 갈등에 빠졌을 때 협상 상대방이 혼자인 경우는 드물다. 한 사람만이 협상 탁자에 앉아 있을 수도 있지만 **탁자 뒤에는** 결과에 이권이 걸려 있는 동료들이 있다. 미국의 정치학자인 로버트 퍼트넘은 이것을 '양면 게임(two-level game)'이라고 불렀다. 상대방이 화해를 거부하는 이유가 당신과는 아무런 관련이 없고(1면) 전적으로 그들의 내부의 정치적인 압력과 관련되어 있을 수 있다(2면)는 것이다.[10] 국제적인 갈등이 생겼을 때 두 정상은 개인적으로 손상된 정치적인 관계를 회복하려고 하지만 그러기 위해서는 정책 입안자, 기관, 이해집단 그리고 그들의 자문관에게서 나오는 내부의 우려를 해결해야 한다. 부부 간 갈등에서 각 배우자는 캐시와 조가 그랬듯이 부모에게서 조언을 구할지도 모른다. 각 이해관계자가 상대방이 받는 정치적인 압력에 더 맞출수록 둘 다 성공 가능성이 높은 관계 회복을 강구하기에 더 유리한 입장에 처할 것이다.

갈등에 휘말렸을 때 상대방이 받는 정치적인 압력이 무엇인지 알아내기 위해서는 그의 입장에 서서 그가 누구를 기쁘게 하려고 애쓸지 상상해보라. 이러한 정신 훈련은 기업과 컨설팅료를 한 번도 지급받은 적이 없었던 컨설턴트인 팀 사이에 생긴 까다로운 갈등이 해결되도록 도와주었다. 팀은 청구서를 총 세 차례에 걸쳐 보냈다. 청구서를 보낼 때마다 기업의 프로젝트 매니저는 "이러이러한 조항이 적힌 새로운 청구서가 필요하다"거나 "우리에게는 변제 비용이 포함된 다른 **종류**의 청구서가 필요하다"거나 "우리에게는 변제 비용이 **빠진** 청구서가 필요하다"는 등 늘 새로운 행정상의 요구를 하면서 대응했다.

팀은 컨설팅료를 받지 못해 불만이 쌓인 차원을 넘어서 이러한 이메일들 때문에 더 분노가 치밀어올랐다. 이메일들은 그에게 돈 지급이 지연된 것이 그의 탓이라고 비난하는 것 같았다. 소송을 할 경우 상당한 금전적 및 감정적인 소모전이 될 것임을 깨달은 팀은 나에게 상담을 구했다. 우리는 프로젝트 매니저가 팀에게 보낸 모든 이메일들에서가 아니라 그녀의 상사를 참조(cc)로 해서 보낸 이메일들에서만 팀에게 비난의 화살을 돌렸다는 사실을 알아냈다. 프로젝트 매니저는 팀을 비난하면서 그녀의 매니저에게는 책임감이 있는 사람처럼 보이기를 기대하면서 자신의 행정상의 실수를 덮으려고 애쓰는 것 같았다. 이러한 정치적인 계략을 눈치챈 나는 팀에게 프로젝트 매니저의 인내심(적어도 그녀가 소통을 중단하지는 않았다는 점에서)을 칭찬한 다음에 그녀의 상사에게 신속한 지불을 요구하는 전화를 걸라고 조언했다. 팀은 일주일 안에 돈을 받았다.

제임스 베이커 전 미국 국무장관이 하버드 로스쿨 협상 연구소(Program on Negotiation)가 매년 선정하는 위대한 협상가상을 받았을 때 확인한 것처럼 이와 같이 다른 사람이 받는 정치적인 압력에 맞추어주는 원칙은 국제적인 화해에서도 필수적이다. 베이커 전 국무장관은 소련이 붕괴한 뒤, 미국이 어떻게 해서 냉전에서 승리를 선언할 수 있었는지를 이야기했다. 그러나 그와 조지 H. W. 부시 당시 대통령은 그들이 속한 공화당 내부로부터 승리를 선포하라는 압력을 받았음에도 "우리가 해야 할 일은 성공에 **자만하지 않는 것**"이라고 결정했다. 이 리더는 국제적인 안정을 앞당기기 위한 장기적인 협력 관계 구축이라는 수확을 노렸다. 미국이 갈등에서 승리를 거두었다고 주장했다면 초기 러시아 연방 지도자들은 내부로부터 훨씬 더 심각한 반발에 직면함으로써 그들의 정치적 영향력은 축소되고, 미국에 허약한 협상 파트너만을 남겼을 것이다.

방해꾼들을 경계하라. 방해꾼들은 갈등을 해결하려는 노력을 망치는 사람들이고, 정체성 정치학은 그들이 가진 핵심 무기이다. 해결보다 갈등이 그들의 정치적인 이해관계에 더 적합하다.

다투었던 부부인 캐시와 존의 어머니들처럼 **자기도 모르게 방해꾼 노릇을 하는 사람들**도 있다. 두 어머니의 의도는 좋았지만 그들의 행동은 자녀들의 관계를 불안정하게 만들었다. **의도적인 방해꾼들**도 있다. 그들은 합의가 파기되는 것에 관심이 많은 사람들로, 불만을 품고 더디게 작업하는 종업원이나 평화 회담을 망치려는 정치집단 등이 그들이다. 의도적인 방해꾼들은 종종 몰래 방해한다. 익명성이 그들의 가장 강력한 무기이기 때문이다.

방해꾼은 종종 처음에는 협상 과정을 지지하면서 당신의 신임을 얻는다. 그러나 곧바로 평화 협정이 체결되기 전에 협상을 약화시킨다. 영국의 대문호 셰익스피어의 희곡 『맥베스(*Macbeth*)』에서 주인공 맥베스에게 살해당한 동료 장군인 뱅쿼가 맥베스에게 한 경고 그대로이다. "우리를 해코지하려고 어둠의 수단들은 우리에게 진실을 말한다. 사소한 정직으로 우리를 꼬드긴 후 배반해서 치명적인 결과에 빠뜨린다고."

방해꾼들이 누구인지 알아내려면 협상 타결로 인해서 정체성이 위협받는다고 느낄 수 있는 개인이나 집단에 대한 정치적인 배경을 조사하라. 그들은 자신들의 권력 기반이 약화되고 영향력이 있는 사회 모임에서 소외될까봐 두려운 것인지도 모른다.

고도성장을 구가하고 있는 한 중견 기술기업의 선임 관리자로 일하는 에이미가 처한 상황을 생각해보자. 그녀는 선임 기술자이자 지난 20년 동안 뛰어난 업무 성과를 냈던 직원인 잭이 최근 이상한 행동을 하기 시작했다는 것을 눈치챘다. 그는 프로젝트를 뒤로 미루었고, '부적절한 경영 방식'에 대한 소문을 퍼뜨렸고, 짜증을 내며 출근했다. 도대체 잭은 왜 조직 내에서 방해꾼이 된 것일까? 에이미는 최근 잭의 팀에 합류한 한 젊은 신입사원이 잭에 맞먹는 기술 솜씨를 뽐냈다는 사실을 알아내고, 잭이 그를 정치적인 위협으로 간주하는 것은 아닌지 궁금해졌다.

에이미와 만난 자리에서 잭은 "당신이 나를 정리하고 싶을까봐 걱정입니다. 저는 이 회사에 다니기에는 너무 나이가 많아졌어요"라고 실토했다.

놀란 에이미는 잭에게 "절대 아니에요! 우리는 당신을 대체하기 위해서가 아니라 당신을 **돕고자** 신입사원을 당신의 팀에 넣기로 한 겁니다. 고위 경영진은 당신이 위대한 멘토가 될 것이라고 믿어요"라고 확인해주었다. 에이미는 잭의 걱정을 덜었고, 잭은 보통 때처럼 생산적인 사람으로 되돌아갔다.

2. 긍정적인 정체성을 구축하라

갈등을 겪을 때 당신은 상대방을 이기는 데에만 너무 집중하게 되다 보니 **부정적인 정체성**을 가지게 될지도 모른다. 즉 상대방과 반대로 자신의 정체성을 정의하게 되는 것이다. 이와 관련된 고전적인 사례로는 아버지를 너무나 경멸한 나머지 무신론자가 되어 과음을 하기 시작한 성직자의 반항적인 아들이 있을 수 있다. 이와 같은 역학은 후보자들이 상대 후보의 이력과 관련된 긍정적인 것은 아무것도 공유하지 않고 무작정 이력을 비방하는 정치 광고 활동의 두드러진 특징이다. 당신이 부정적인 정체성을 가지게 될 경우 어떤 평화적인 해결도 좌초된다. 그 이유는, 갈등이 해소되는 순간 부정적인 정체성은 더 이상 존재하지 않게 되기 때문이다. 아이러니하게도 갈등 해소가 환영할 만한 결과가 아니라 존재론적인 타격을 주는 일이 된다.

부정적인 정체성을 가지려는 유혹에 대처하기 위해서는 의식적으로 **긍정**

적인 정체성을 구축하라. 이를 위해서는 상대방과 당신의 관계(당신의 관계형 정체성)를 개선하고, 당신의 핵심 정체성을 긍정적인 언어로 재정의하는 노력이 필요하다.

끈질긴 우리의 모습을 강조하라

분열된 정치학을 극복하기 위한 가장 강력한 한 가지 조언은 당신과 상대방이 겪는 갈등이 **함께** 풀어나가야 할 도전이라는 사실을 부단히 강조하라는 것이다. 갈등을 해소하는 것은 당신이나 상대방 중 한 명이 아니라 당신과 상대방 모두이다. 부족 효과가 협상 당사자들을 끊임없이 분열로 이끌더라도 협력의 가치를 보다 집요하게 강조함으로써 부족 효과에 맞서 싸워야 한다. 나는 이런 모습을 끈질긴 우리(Relentless We)의 모습이라고 부르겠다.

부족 훈련을 생각해보자. 세상이 구원되었던 아주 드물었던 모든 경우, 공통적으로 이성적인 수사학을 통해서 참가자들을 설득하기보다는, 그들 사이에서 우리가 사는 세상을 구하자는 목표가 공유되어야 한다는 점이 끈질기게 강조되었다.

이런 교훈은 누군가가 우리 집 문을 두드려서 문을 열어보니 놀란 이웃이 서 있던 어느 날 내가 배운 것이다. 이웃은 몸을 부들부들 떨면서 "소리 들으셨어요? 마라톤 경기 도중에 테러범의 공격이 있었대요. 멀리사가 괜찮은지 모르겠어요"라고 말했다. 멀리사는 보스턴 외곽에 사는, 우리 마을 사람들이 모두 잘 알고 있는 이웃으로 달리기에 열심이었다. "아직까지 아무도 멀리사의 소식을 듣지 못했어요."

나는 서둘러 집 안으로 들어가서 TV를 틀었다. 보스턴 마라톤 대회 결승선 부근에서 두 차례의 폭발이 있은 후에 세 명이 숨지고 250명이 부상을 당했다는 소식이 흘러나왔다. 가슴이 쿵쾅쿵쾅 뛰었다. 나는 그날 아이들을 결승선에 데리고 가려다가 막판에 일을 해야 한다는 생각에 그냥 집에 머물기로 결정했었다.

사고 직후, 오바마 대통령은 열정적인 연설을 했다. 그는 한 국가의 국민으로서, 우리에게 부정적인 정체성을 만들면서 테러리즘과 미국이 테러리즘에 대한 전쟁을 어떻게 다시 시작할 수 있는지를 말할 수 있었지만, 그보다 그는 긍정적인 국가 정체성을 만들었다. 그는 "공화당원이나 민주당원은 없습니다. 우리는 우리의 동료 시민들이 걱정되어서 함께 뭉친 미국인입니다"라고 말했다. 국가 전체를 부족 효과에 빠지게 만들 위험이 컸던 상황에서 대통령은 아직까지 알려지지 않았던 비극의 가해자들을 비난하기보다는 국민의 단합을 위해서 애쓰면서 부족 효과를 단호히 거부했다.[11]

긍정적인 말로 정체성을 정의하라

당신이 어떤 사람이 아닌지보다는 어떤 사람인지를 명확히 드러내는 것이 긍정적인 정치학이다. 가족, 결혼, 회사, 조직, 혹은 민족에게 중요한 가치는 무엇인가? 긍정적인 정체성은 공통의 목적과 가치체계 속에 사람들을 묶는다.

긍정적인 정체성을 만들기 위해서는 당신에게 명확한 가치를 찾아내서 그것을 행동으로 옮겨야 한다. 예를 들면, 보스턴 마라톤 폭발 사건 이후 오바마 대통령은 미국 시민들의 단합과 동료 시민들에 대한 관심이 가진 가치를 강조했다. 당신의 목표는 모든 갈등 당사자들이 긍정적으로 공감할 수 있는 가치를 분명히 밝히는 것이다. 누구라도 폭발 사건 이후 미국 시민들이 서로를 걱정하게 될 것이라는 오바마의 메시지에 공감할 수 있듯이.

몇 년 전 북아일랜드 여행 도중에 북아일랜드 총리이자 여당 대표인 피터 로빈슨과 그와 같이 일하는 고위 관리들을 만났다. 성금요일 평화 협정이 수십 년 동안 이어진 폭력 사태에 종지부를 찍었지만 이후 몇 년 동안 개신교와 가톨릭 사회 사이에서는 새로운 긴장감이 고조되고 있었다. 북아일랜드는 정체성 정치학의 유혹에 빠지지 않기 위해서 무슨 일을 할 수 있었을까? 나는 협상 도구들을 가지고서 정치 지도자들을 훈련시키는 것이 효과적일 수 있다고 주장했지만 그것만으로 해결될 문제는 아니었다.

로빈슨과의 만남 후, 제대로 된 변화를 위한 모든 노력이 북아일랜드 하면 떠오르는 정체성을 긍정적인 말로 재구성하는 데에 초점을 맞추어야 한다는 나의 믿음은 확고해졌다. 이것은 내가 정치 지도자들과 비공식적인 접촉을 하면서 그들과 공유했던 생각이다. 나는 나의 생각을 이렇게 설명했다. "국제 사회는 북아일랜드라는 단어를 들으면 갈등을 해소한 나라라는 생각부터 합니다. 북아일랜드는 성공한 나라를 상징합니다." 로빈슨은 나의 말에 동의하는 듯 고개를 끄덕였다. 나는 말을 이어갔다. "그런데 문제는 사람들이 계속해서 북아일랜드와 갈등을 연관 지어 생각한다는 점입니다. 이미 갈등이 중단된 이상 문화적 및 지리적인 아름다움을 강조하는 북아일랜드의 새로운 이미지를 만드는 데에 당신이 도움을 주면 어떻습니까?"

나는 북아일랜드의 정체성을 과거의 갈등에 찌든 나라가 아닌 매력적인 특징들이 넘쳐나는 장소로서 재정의할 수 있다고 강조하고 싶었다. 평화를 유지하기 위해서 정체성은 긍정적으로 채색되어야 한다.

로빈슨과 여당 부대표 그리고 권력을 공유하는 북아일랜드 정부의 모든 당 대표들이 이와 같은 생각에 집중하기 위해서 다 같이 인상적인 노력을 펼쳤다.[12] 아일랜드 대통령과 영국 여왕은 영국과 아일랜드의 정체성 사이의 강력한 유대감으로 관심을 돌리고자 세간의 이목을 끄는 다수의 상징적인 행동들에 참여했다.[13] 이러한 여러 가지 노력에도 불구하고 북아일랜드 내에서 지속적으로 일어난 긴장은 **시간을 두고** 긍정적인 정체성을 추구하면서 과거의 무게가 적대감을 재점화할 가능성을 낮추는 것이 얼마나 중요한지를 잘 보여주었다.[14]

3. 포괄적인 의사결정 과정을 설계하라

당신이 긍정적인 관계 구축을 위해서 열심히 노력하더라도 사람들은 의사결정 과정에서 배제되었다고 느끼고, 합의를 파기하기 위해서 숨어서 계략을 짜고 있을지 모른다. 따라서 협력적인 관계를 지원하기 위해서는 모든 사람들이 어려운 문제를 건설적으로 해결하는 동안 긍정적인 정체성을 유지할 수 있는 포괄적인 의사결정 과정을 설계하는 것이 중요하다.

가족 여행지 같은 간단한 문제부터 생각해보자. 누가 장소를 결정하는가? 결정을 내릴 사람을 누가 **결정하는가?** 우리 가족의 경우 이런 문제는 곧바로 가족들 사이에서 예민한 반응을 일으킬 수 있다. 집사람은 카리브 해 섬에서 휴식을 취하기를 원하지만 나는 중동 지역의 사막을 더 선호한다. 아이들은 디즈니 월드에서 롤러코스터를 타고 싶어한다. 우리의 친척들은 자기들을 만나러 오라고 조른다. 따라서 집사람과 나는 우리가 처한 딜레마를 해결하기 위해서 다음과 같은 간단한 도구를 이용한다.

ECNI 방법[15]

이 과정은 포괄적인 의사 결정을 위한 틀을 제공하면서 동시에 권한의 차이를 알려준다. 다음의 세 가지 핵심 질문을 생각하면서 시작하라.

(1) 어떤 결정을 내려야 하는가?

(2) 이 결정이 누구에게 영향을 주는가?

(3) 의사결정 과정에서 각 이해관계자의 발언권은 어느 정도인가?

이해관계자가 방해꾼일 가능성이 높다고 판단될 경우, 협상 과정의 일부 내지 전부에서 그를 배제하고 싶은 생각이 들 수 있다. 그러나 그가 내쳐졌다고 느끼고 복수를 모색할 때의 위험을 고려하면서 그를 배제할지 여부를 결정하라.

이제 한 장의 종이 위에 세 개의 세로 단을 만들어라. 첫째 단에는 내려야 할 결정을 적어라. 둘째 단에는 내려진 결정으로 영향을 받게 될 주요 이해관계자들의 명단을 적어라. 셋째 단을 완성하기 전에 어떤 이해관계자들을 다음과 같이 처리할지 결정하라.

- 결정 과정에서 배제한다(exclude).
- 결정을 내리기 전에 조언을 구한다(consult).
- 결정을 내리기 위해서 협상한다(negotiate).
- 내려진 결정을 알려준다(inform).

나는 위의 네 문장에 들어가 있는 동사들의 영어 단어 exclude, consult, negotiate, inform의 첫 글자들을 따서 ECNI 방법이라고 했다. 어느 날 저녁, 미아와 나는 앉아서 휴가 협상에 누구를 참여시키고, 누구에게 조언만 구하거나 협상 결과만을 알릴지를 논의했다. 다음의 표는 우리가 생각한 결과이다. 나는 휴가 기간 동안에 중요한 학술 모임이 잡히지 않도록 학과장에게 우리 가족의 여행 날짜에 대해서 상의했다. 이어 미아와 나는 부모님과 아이들과 함께 그들이 여행에 관심이 있는지 상의했다. 그리고 끝으로

결정 결과는?	결정에 관련된 사람들은?	발언권 정도는?
가족 여행 장소와 시기	미아	N
	댄	N
	부모님	C(장소와 날짜), I
	아이들	C(장소)
	상사	C(날짜)와 I(장소)

발언권 정도에 따라서 : E = 이 사람을 배제한다. C = 이 사람과 상의한다. N = 이 사람과 협상한다. I = 나중에 이 사람에게 알려준다.

우리 부부는 장소를 협상한 후 모든 사람들에게 알려주었다. 우리는 여름휴가 때는 태양, 모래 그리고 하이킹 코스를 맛볼 수 있는 블록 섬에 가기로 했고, 겨울휴가 때는 친척들과 같이 디즈니 월드에 가기로 했다. 우리는 우리의 아이들이 걸음마를 배울 때까지 해외여행을 미루기로 결정했다. 그리고 우리는 이해관계자들 중에서 누구라도 우리의 제안에 반대할 경우 그들과 협상하기로 합의했다. 우리는 이처럼 ECNI 방법(배제하고, 조언을 구하고, 협상하고, 알려주기)을 사용해서 의사결정 과정을 효율화했고, 멋진 휴가를 즐겼다.

다수의 갈등 : 무리

다수의 집단이 갈등에 휘말릴 경우에는 정체성 정치학이 분열을 부추길 수 있다. 일부 당사자들이 의사결정 과정에서 자신이 정치적으로 배제되었다고 느끼면서 잠재적인 합의 방해꾼으로 변할 위험이 크다. 모든 사람들이 좋은 의도를 가졌더라도 다수의 사람들 사이(각자 이해관계가 서로 다른)에서 협상을 조율하는 단순한 도전조차 극단적인 분열을 초래할 수 있다.

해법은, 각자 자체 대표를 가진 관리 가능한 숫자의 집단들로 사람들을 모음으로써 모든 사람들이 계속 정치적인 의견을 낼 수 있게 보장하는 것이다. 예를 들면, 각자 이해관계와 기대치가 다른 172개국에서 온 7,000명이 넘는 대표들이 참가한 정상 회담에서 국제 환경 정책에 대한 합의에 도달하는 것이 얼마나 어려울지 상상해보라. 이것이 리우데자네이루에서 열린 유엔 환경개발회의 의장을 맡았고, 하버드 로스쿨 협상 연구소에서 위대한 협상가상을 받은 토미 코 대사가 겪었던 도전이었다.[16] 코는 모든 사람들이 의사결정 과정에서 중추적인 역할을 하고 있다는 확신을 느껴야 한다는 것을 알았기 때문에 여러 집단들을 같이 모을 수 있는 창의적인 방법을 찾아냈다. 그 결과, 대표 한 사람이 상호 관심이 같은 '석유와 석탄 생산 국가들', '해수면 상승으로 인해서 위협받고 있는 섬 국가들', '열대우림 보존 주창자들' 같은 집단들을 대표해서 협상할 수 있게 했다. 그는 일단 7,000명의 대표들을 관리가 가능한 숫자의 대표로 나눈 다음, 정보를 알리고, 상담하고, 협상하기 위한 정치 과정을 명확히 밝히면서 가장 효율적으로 세계적인 초대형 회담 중 하나를 만들었다.

4. 이용당하지 않게 자신을 보호하라

당신이 긍정적인 정체성을 구축하기 위해서 얼마나 노력하건 간에, 사람들이 당신에게 불리하게 정체성 정치학을 이용할 위험은 항상 존재한다. 따라서 당신의 정체성을 보호하기 위한 선제적인 조치를 취하는 것이 중요하다. 이때 다음의 세 가지 전략이 특히 유용한 것으로 드러났다.

역학을 밝히고, 대안을 제시하라

정체성 정치학이 당신이 소중하게 생각하는 가치를 파괴한다는 느낌이 든다면 그 역학을 밝힌 다음에 포괄적인 관계를 이룰 수 있는 방법을 제안하라. 캐시와 조 사이의 부부싸움을 생각해보자. 어머니들이 일방적으로 자기의 자녀 편만 드는 바람에 부부의 감정은 격양되었다. 캐시는 어머니에게 "엄마, 제가 엄마를 사랑하는 거 아시죠? 엄마의 도움 감사해요. 그러나 제가 조와 다툴 때마다 엄마는 항상 그를 깎아내리시는데, 그러면 그에 대한 제 분노만 커질 뿐이에요. 다음에 제가 속상해서 엄마를 찾아오면 조의 관점에서 상황을 바라보게 도와주실 수 있죠?"라고 말할 수 있을지 모른다. 이렇게 말하려면 용기가 필요하지만, 그런 용기가 있느냐 없느냐에 따라서 존중과 적대감 내지는 최악의 경우 심지어 결혼과 이혼이라는 극단적인 차이를 만들 수 있다.

마찬가지로 국제적인 배경 속에서도 포괄적인 정치학의 수용이 화해를 조장한다. 몇 년 전, 나는 이스라엘-팔레스타인 사이의 갈등 해결을 위한 여러 방안을 논의하고자 요르단에서 이스라엘, 팔레스타인 그리고 더 넓은 차원에서 아랍의 지도자들이 모이는 사적인 회의를 주최했다. 이 지도자들이 중동 지역의 안정을 위한 보다 강력한 보안장비를 수입하는 전략을 논의하자 분노한 전 아랍 국가원수가 "이스라엘이 주위에 두른 벽 때문에 더 강해지겠습니까, 아니면 수도에 있는 22개 아랍 대사관 때문에 더 강해지겠습니까?" 하고 물었다. 그의 말은 논란의 여지가 있었지만 강력했다. 포괄적인 정치학은 연결의 교각을 세울 수 있다.

구조적인 힘을 키워라

정치는 힘과 관련되어 있다. 그리고 그 힘은 종종 당신이 누구인가보다 소셜 네트워크나 영향력 사다리에서 당신이 서 있는 위치에 따라서 달라진다. 사람들은 종종 소셜 네트워크와 영향력 사다리에서 힘 있는 사람들과 어울리면서 정치적인 피해로부터 스스로를 보호하고는 한다. 상사의 측근들은 일반적으로 조직도 아래에 있는 직원들보다 훨씬 더 큰 고용 안정성을 느낀다.

당신이 골리앗과 맞서는 다윗이라면 구조적인 힘을 키우도록 힘써라. 구조적 힘이란 상대방의 행동을 제어하는 힘이 아니라 사회가 따라야 하는 특정한 주체가 가진 규칙이나 의무나 권리 같은 시스템을 만들어내는 힘 내지 능력을 말한다. 이런 힘을 키울 수 있는 한 가지 방법은 정치 연합을 구축하는 것이다. 뜻이 같은 사람들을 찾아서 힘을 합쳐라. 예를 들면, 냉전 시대에 다수의 국가들이 모여서 비동맹국가조직(OAS)을 결성했다. OAS는 미국이나 소련과 공식적인 동맹을 맺지 않았다. OAS는 당시에 세상의 상당한 부분을 나누었던 제국주의적 및 식민주의적인 경향들에 대한 대항마 역할을 했다.

두 번째 방법은 상대방보다 더 정치적인 영향력이 큰 위치에 있는 역할을 정립하는 것이다. 이와 관련된 적절한 사례는 아프리카 연합의 여성, 평화, 안보 특사이자 내가 갈등 예방을 위한 세계적인 교육과정을 만들려고 시작했던 프로젝트에 참여했던 나의 동료인 비네타 디오프에게서 찾을 수 있다. 그녀는 나에게 콩고 민주공화국에서 정부와 반군 사이에 전쟁이 벌어졌을 때 어떻게 여성들이 전쟁의 주요 희생자가 되었고, 그들 중 다수가 평화 협상에 기여하기를 원했는지를 설명했다. 따라서 디오프와 그녀가 이끄는 조직인 여성 아프리카 연대는 아프리카 고위 여성 지도자들의 도움을 받아서 당시 30대 중반이었던 조제프 카빌라 대통령을 만날 수 있었다.[17] 여성들은 그들의 위상, 나이, 성으로부터 정치적인 영향력을 이끌어냈다. 디오프는 대담하게 "엄마이자 여동생으로서 우리는 평화로운 세상을 만들고 싶습니다. 우리는 대통령께 조언하고 싶습니다"라고 말하면서 카빌라 대통령의 관심을 이끌어냈다. 그들의 만남은 몇 시간 동안 이어졌고 대통령은 반군을 만나려던 그들의 계획을 지원했다. 결국 이런저런 노력들이 합쳐져서 콩고 민주공화국의 정치 협상에 여성들의 참여도를 높일 수 있는 길이 열렸다. 많은 관련된 이슈들에 대한 합의가 도출된 2002년 선시티 회담도 그중 하나이다.

구조적인 힘을 키울 수 있는 세 번째 방법은 당신의 정체성이 해를 입지 않도록 보호하는 사회적인 의제를 추구하는 것이다. 예를 들면 당신은 새로운 법이나 조직 정책이나 가정의 규칙 등을 정하기 위해서 힘쓸 수 있다. 이러한 과정에는 시간이 걸리지만 엄청난 효과를 거둘 수 있다. 예를 들면 미국에서 1964년 제정된 민권법은 인종, 종교, 성, 국적에 따른 차별을 금지했다. 아직까지도 이런 차별이 존재하기는 하지만 그러한 사회적인 정치는 중대한 보호막을 제공한다.

골리앗을 위한 몇 가지 조언도 유용하다. 당신이 상대방에 비해서 더 많은 힘을 가졌다고 해서 자신의 전략적인 입지를 최대한도로 끌어올린 것은 아니다. 당신은 종종 상대방과 힘을 공유함으로써 자신의 영향력을 키울 수 있다. 상대방이 당신이 원하는 것을 하게 억지로 만들기, 즉 강압하기보다는 두 사람이 협심(협력)해서 소기의 목적을 성취할 수도 있다.[18]

이런 식의 협력적인 관계 구축은 장기적으로 좋은 정치 전략으로 드러나는 경향을 보인다. 강압은 상대방의 자율성을 위협함으로써 잠재적인 거부감과 분노를 유발한다. 강압이 단기적으로는 효과가 있을지 몰라도 장기적으로는 비효율적인 경향을 보인다. 반대로 협력은 당신과 상대방 모두의 자율성을 확대한다. 차이점을 해결하기 위해서 함께 모이면 갈등을 해소하고 결과를 존중하기 위한 감정적인 투자가 더 깊어진다. 예를 들면, 관리자들은 압박보다는 협력을 통해서 직원들에게 동기를 더 잘 부여할 수 있다. 그럴 경우 직원들은 회사에 더 큰 친밀감을 느끼고, 그들이 일해서 만든 제품에 더 강한 주인의식을 가지게 되기 때문이다.

이와 똑같은 원칙이 정치적인 맥락에서의 성공 확률도 높일 수 있다. 탄자니아의 초대 대통령인 줄리어스 니에레레의 리더십에 대해서 생각해보자. 탄자니아에는 125개가 넘는 민족 부족이 살고 있기 때문에 분열적인 정체성 정치에 적합한 환경이 조성되어 있었다. 그러나 니에레레는 부족의 정체성보다 국가의 정체성을 최우선순위로 삼았다.[19] 그는 어떤 한 부족도 전권을 가지지 못하도록 정부가 가진 힘을 주요 부족들과 공유했다. 그는 국민들의 부족 가입을 묻는 공적인 조사를 금지했고, 모든 계층들과 부족들에게 의무적으로 군복무를 하도록 지시했다. 또한 그는 자신이 특정 민족의 배경 때문이 아니라 리더십 능력으로 인해서 대통령이 되었다는 점을 분명히 했다.[20] 이 모든 노력은 성공을 거두었다. 아프리카의 다른 지역에서는 계속해서 폭력적인 갈등이 이어졌지만 탄자니아는 평화로운 상태를 유지했다.

좋은 정치적인 관계를 구축하라

정체성이 피해를 입지 않게 그것을 보호하는 마지막이자 가장 강력한 방법은 상대방과 선제적으로 우호적인 관계를 구축하는 것이다. 다시 말하지만 이것이 끈질긴 우리이다. 긴장의 역사를 가진 두 나라는 좋은 관계를 구축하기 위해서 상당한 재원을 투자해야 한다. 또한 선출된 가장 똑똑한 관리들은 직무를 시작하기 전에 정치적인 경쟁자들을 만나서 향후에 이견이 있을 수 있는 문제들을 협력해서 해결하기 위한 건설적인 관계를 구축하는 데에 힘써야 한다. 나의 제자 한 명이 이러한 조언을 가슴에 새겼다. 그녀는 의회의 고위직에 올랐지만 정치인으로서 자리를 잡기 전에 시 외곽에 있는 한 농가에서 정치 라이벌을 만나 이야기하고는 했다. 나중에 그녀는 나에게 그녀가 나중에 정치적인 분열을 잇는 교각 역할을 하며 성공하는 데에 이러한 협력이 중요한 역할을 했다고 털어놓았다.

좋은 관계는 진실되고, 우호적이고, 긴장에 탄력적이다. 그런 관계는 이견들을 안전하게 논의할 수 있게 한다. 그러나 그런 관계도 유지하려는 노력이 필요하다. 일상적인 불만을 해소하지 못하는 부부는 관계가 파탄 날 준비를 해야 한다. 그리고 평화 중재를 위해서 애쓰는 협상가는 관련 당사자들과 지속적으로 소통을 유지하거나 위기에 대응할 준비를 해야 한다.

끈질긴 우리는 진정 끈질겨야 한다.

결론

정체성 정치학은 힘의 문제이다. 그리고 힘은 **관계**의 문제이다. 당신은 타인들과의 관계를 통해서 힘을 얻을 수 있다. 부정적인 정체성 정치학은 갈등을 부족 효과로 전락시킬 수 있는 적대적인 관계 속으로 당신을 가둔다. 반면에 긍정적인 정체성 정치학은 협력적인 관계를 조장할 수 있다. 긍정적인 정체성 정치학의 기본 전략은 간단하다. 당신이 누가 아닌지가 아닌 누구인지를 정의한 다음에, 파트너십을 최대한도로 강화하고 분노를 최소한도로 줄일 수 있는 위치에 자리할 수 있게 끊임없이 노력하는 것이다.

상대방과 합심하려면 정체성 정치학을 이용하라
개인별 응용 문제

1. 누가 은연중에 상대방에게 영향을 미칠 수 있는가? 그 방법은 무엇인가?

2. 당신은 갈등을 해결하기 위해서 영향력이 있는 사람의 협조를 어떻게 구할 수 있는가? 예를 들면, 상대방과 사귀거나 그의 호의를 얻도록 도와줄 수 있는 당신과 상대방 모두에게 친구인 사람을 부를 수 있는가?

3. 누가 당신의 화해하려는 노력을 망치고 싶어한다고 생각하는가? 그가 그런 행동을 하지 못하도록 막을 수 있는 방법은 무엇인가?

4. 상대방이 당신보다 더 강하다고 느낀다면, 이번 장에 소개된 당신의 구조적인 힘을 강화하고, 영향력을 높일 수 있는 전략을 개발하는 방법을 다룬 부분을 다시 읽어보자.

5. 갈등을 공통의 도전으로 재구성하기 위해서 할 수 있는 두 가지 일은 무엇인가? 상대방에게 갈등을 해결하는 방법에 대한 조언을 구하면 어떨까? 공통적인 연결 관계를 인정하면 어떨까("우리는 친형제이고, 우리 가족 덕분에 이 문제를 해결했다")?

제3부

관계 개선 방법

10

격차를 해소하기 : 4단계 방법

작고한 위대한 재즈 음악가 디지 길레스피(1917-1993)의 연주를 듣는 것만큼 멋진 일도 없다. 그가 입술을 오므리고 두 개의 풍선처럼 양 볼을 부풀리며 트럼펫을 입에 가져다 댈 때 악기에서 흘러나오는 소리는 운율과 리듬이 넘치다가, 이어 길 위의 요철에 부닥친 자동차처럼 일렁인 후, 다시 시냇가의 물처럼 부드럽게 흘러가는 듯이 느껴진다. 배경에는 부드럽게 드럼소리가 깔리고, 피아노 연주가 시작되면 디지는 '밥-디디-밥-밥-붐' 하고 강력한 스타카토 음을 내면서 다시 한번 리듬을 교란시키고, 가슴이 뻥 뚫릴 듯한 속도와 허세로 낮은 음계를 치기 시작한다. 이처럼 조화롭지 못하고 혼란스러우며, 광적이고 상상 속에나 나올 법한 느낌을 주면서 거칠게 뿜어대는 소리와 비트들은 놀랍도록 조화로운 화음이라는 통합적인 완전체 형태로 엇결린다.

재즈는 불협화음 속에서 화음을 찾는다. 불협화음은 남지만 그것은 더 깊고 통합적인 힘과 결합된다.

이러한 통찰은 감정이 고조된 갈등 해소에 중요하다. 깨진 관계를 복원하기 위해서는 초월적인 통합을 이루는 방법을 찾아야 한다. 당신과 상대방의 핵심 정체성들이 서로 100퍼센트 부조화를 이루는 것처럼 **느껴지더라도**, 다섯 가지 유혹이 가능하리라 생각되는 일에 대한 당신의 느낌을 훼손시키게 내버려두어서는 안 된다. 당신에게는 자기 자신 안에서뿐만 아니라 타인들과의 관계에서 조화를 창조할 수 있는 능력이 있다.[1] 일단 초월적인 통합이 가능하다고 믿는다면 마음을 터놓고 그것을 찾아라. 디지 길레스피는 분명 그러한 잡히지 않는 창조적인 에너지 샘을 찾다가 실패하여 여러 밤 연주를 쉬었을 수 있다. 가끔 그는 분명 자기 연주에 불만을 품었을 수 있다. 즉 초월적인 통합을 이루기 힘들 수 있다. 그러나 그가 연주했던 '밤'은 흠잡을 데가 없었다. 그는 아프리카계 쿠바 리듬과 아프리카계 미국 재즈를 통합해서 가볍고 빠른 템포로 여러 음계를 오르내리며 연주했고, 불협화음인 부분들을 그저 합친 것보다 훨씬 더 거대한 음악적인 완전체를 창조했다.

일반적인 갈등 해소 방법만으로는 불충분하다

두 가지 일반적인 갈등 해소 방법인 입장 교섭과 문제 해결만으로는 감정이 고조된 갈등에서 초월적인 통합을 이루기에 불충분하다.

입장 교섭이란 무엇인가?

당신과 상대방이 철저히 자기 입장만을 고수하며 서로 확고히 반대되는 입장을 취하면서 절대 양보하려고 하지 않는 것을 입장 교섭이라고 한다. 이런 방법은 직접적인 거래에서 가장 큰 효과를 본다. 예를 들면, 신차를 한 대 구입할 때 매수자는 고의적으로 지나치게 낮은 견적을 요구하는 반면, 딜러는 더 높은 견적을 제시한다. 그리고 양쪽은 마침내 각자가 제시한 견적에서 중간의 어느 지점에 있는 가격에 합의할 때까지 서로 물러나지 않고 공세를 편다. 결국 모든 사람들이 비교적 행복하게 협상을 끝낸다.

그러나 정체성 문제가 걸려 있을 때는 입장 교섭의 효과가 좋지 못하다. 정체성에는 의미, 기억, 이야기 같은 눈에 보이지 않는 문제들이 개입된다. 정체성을 타협이 가능한 거래할 수 있는 재화로 전락시키면 그것의 본질이 훼손된다. 거의 누구에게나 그러한 존재론적인 타협은 불쾌하게 느껴질지 모른다. 신성한 영토를 놓고 협상하는 두 정상이 있다고 상상해보자.

정치인 A : 당신의 종교적인 가치를 20퍼센트 희생한다면 우리가 20퍼센트의 땅을 더 드리겠습니다.

정치인 B : 그런 제안에 결코 동의할 수 없습니다! 우리가 종교적인 가치를 10퍼센트 희생할 것을 제안합니다. 당신이 우리 국민을 배려해서 20퍼센트의 땅을 더 주십시오. 그러면 우리는 2년 동안 당신의 국민이 받을 수치심을 5퍼센트 줄여줄 것을 보장하겠습니다.

정치인 A : 당신이 우리 국민에 대해서 가지고 있는 모든 부정적인 기억을 없애겠다고 적시한 문구를 계약서에 넣을 경우라야 그렇게 하겠습니다. 합의하시겠습니까?

핵심 정체성이 양적으로 조정과 거래가 가능하다는 위 협상의 전체 전제는 근본적인 방법적 오류를 나타낸다. 그러나 다보스에 모인 리더들조차도 확고한 자기 입장만을 고수하며, 입장 교섭이 세상의 폭발로 이어질 때까지 다른 정상들이 그들의 부족에 합류하도록 설득하는 것이 자신들이 맡은 임무라고 생각했다.

문제 해결이란 무엇인가?

두 번째 일반적인 갈등 해결 방법인 **협력적인 문제 해결**은 당신과 상대방이 각자의 입장 뒤에 감추어진 이해관계들을 알아본 다음, 그러한 깊은 동기를 가장 잘 만족시키는 합의를 고안하도록 권장하는 것이다.[2] 그러나 이 방법 역시 감정이 고조된 갈등 앞에서는 심각한 단점들을 노출한다.

협상 현장에서 가장 유명한 일화들 중에 하나를 생각해보자.[3] 두 어린 자매가 서로 오렌지를 먹겠다고 싸운다. 한 명이 "내가 오렌지를 먹을 거야!"라고 소리를 치자, 다른 한 명이 "안 돼, 그 오렌지 내 거야!"라고 맞받아친다. 두 자매가 서로 세게 잡아당기면서 몸싸움을 할 때 지치고 화가 난 엄마가 등장한다. 엄마가 오렌지를 공평하게 절반으로 잘라야 할까? 아니면 누구도 오렌지를 먹을 수 없다고 말해야 할까? 아니면 엄마가 오렌지를 먹어버릴까? 문제 해결에 숙달된 엄마는 마침내 아이들에게 "너희들은 왜 오렌지를 먹으려고 해?"라고 묻는다. 여동생은 훌쩍거리더니 감기가 낫는 데에 효과가 있어서 비타민 C가 필요하다고 말한다. 언니는 파이를 만들고 있어서 오렌지 껍질이 필요하다고 말한다. 아하! 해결 방법이 명백해졌다. 엄마는 딸들의 근본적인 이해관계를 파악하기 위해서 딸들이 말한 각자의 입장 뒤에 숨은 본심을 찾음으로써 두 딸이 서로 타협하지 않고서도 원하는 것을 얻게 할 수 있다.

문제가 해결된 것일까? 그런 것인가? 나는 내가 부모가 되기 전까지는 그렇다고 생각하고는 했다. 나에게는 툭하면 경쟁하고 다투는 아들 셋이 있다. 그리고 문제 해결은 일시적인 해법에 그치고 마는 경향이 있다. 실제 세계 속에서 위의 일화에 나온 엄마는 오렌지 갈등을 해소한 후 불과 몇 분이 지나지 않아서 딸들이 누가 더 큰 과자나 마지막 파이 조각을 먹어야 하는지 내지는 그외의 다른 문제로 다투기 시작하는 모습을 예상할 수 있을 것이다. 다시 말해서 엄마가 문제를 해결했을지 모르지만 문제를 일으키는 근본적인 역학을 해결한 것은 아니었을 수 있다. 자기가 생각한 대로 하려고 하면서 점점 더 강해진 감정은 정체성과 관련된 더 심각한 문제를 야기한다. 그것은 누가 더 강하고, 누가 더 똑똑하고, 누가 부모에게서 더 많은 사랑을 받는가의 문제이다. 이러한 문제들에 직면했을 때 그것들을 해결하지 못할 경우, 당면한 문제에 대한 어떤 해결 방법도 새로운 갈등을 오직 일시적으로만 미연에 방지할 뿐이다.[4]

감정이 고조된 갈등을 극복하기 위해서는 대안적인 갈등 해소 방법을 찾아야 한다. 그리고 디지 길레스피의 불협화음이 한 가지 방법을 알려준다.

통합적인 역학의 힘

긴장 관계를 해소하기 위해서는 **통합적인 역학**의 힘을 불러내라. 통합적인 역학이란 협상 당사자들이 더 강력하게 연결되게 만드는 감정적인 힘을 말하는데, 가장 안정적인 연결은 초월적인 통합이다. 이런 마음 상태에서 협상 당사자들은 우리 대 그들이라는 이분법적이고 대립적인 시각에서 벗어나 움직인다.[5] 통합적인 역학은 당신과 상대방을 서로 떨어져 있지만 통합된 하나로 연결한다. 다섯 가지 유혹이 당신을 상대방과 분리하듯이(두 사람 사이에 유사점이 있지만), 통합적인 역학은 당신과 상대방을 연결시킨다(두 사람 사이에 차이점이 있지만).

통합적인 역학은 당신과 상대방이 습관적으로 내뿜는 감정적인 에너지를 적대감에서 우호감으로 전환시키면서[6] 둘 사이의 관계를 적에서 동료로 돌려놓는다.[7] 이런 성과를 얻기 위해서는, 의식적인 의지에서 벗어나 긍정적인 감정이 생기면서 마치 먹구름이 갑자기 걷힌 것 같은 느낌이 들 때까지 당신과 상대방의 관계를 전환시키기 위한 강렬한 감정적인 과정을 거쳐야 한다. 나는 이런 과정을 거치면서 당신이 당신과 상대방 사이에 존재하는 감정적인 공간을 효과적으로 바꿀 수 있다는 점에서 이것을 **관계 전환** 과정으로 간주한다. 종교적인 대화를 나눌 때처럼, 핵심은 변화가 가능하다고 믿고, 그런 믿음에 몸을 맡기는 것이다. 당신은 여전히 고통스러운 감정을 느끼셨지만 통합적인 역학의 잠재력을 신뢰한다면 치유하고자 하는 본능이 생길 것이다.

통합적인 역학은 당신이 다음과 같은 특징을 가진 공동체적인 사고방식을 가지게 이끈다.

1. **협력적이다.** 상대방을 단지 위협적인 존재로만 간주하지 않고, 그와의 접점들을 찾아내서 협력적인 관계 육성을 위해서 그런 점들을 강조할 수 있다. 당신은 차이를 무시하는 것이 아니라 그것이 분열의 원인으로 변하지 않게 만드는 것이다.

2. **동정적이다.** 공통체적인 사고방식은 당신에게 자신이 처한 곤경뿐만 아니라 상대방이 처한 고통에 대한 동정심을 불러일으킨다. 갈등에 휘말린 사람들이 느끼는 고통의 정도가 모두 다르지만, 모두가 일정 수준의 고통을 느낀다. 동정은 당신이 이기주의에서 벗어나 협상하려는 동기가 있음을 보여준다는 점에서 인도주의적인 이상이다.[8] 당신과 상대방 사이의 관계가 개선될수록 두 사람 사이에는 자연스럽게 동정심이 흐른다.

3. **개방적이다.** 공동체적인 사고방식을 가지게 되면 당신은 상대방과의 연결에 개방적으로 변한다. 정체성을 둘러싼 벽들에 구멍이 생기기 시작하면서 상대방이 하는 걱정에 대해서 더 많은 정보를 얻고 당신이 느끼는 걱정을 상대방과 공유할 수 있게 된다. 이제 핵심 정체성을 둘러싼 싸움 속에 휘말리게 되기보다는 상호 간의 관계가 개선되도록 하기 위한 새롭고도 창의적인 방법을 상상할 수 있게 된다.

분열적인 사고방식(부족 효과)	공동체적인 사고방식
1. 적대적이다	1. 협력적이다
2. 독선적이다	2. 동정적이다
3. 폐쇄적이다	3. 개방적이다

통합적인 역학은 상처입은 관계를 치유하고, 정체성 때문에 생긴 차이점들을 해소하기 위한 네 단계의 접근법으로 이루어져 있다. 208쪽의 도표는 이 네 단계가 무엇이고, 그것들이 어떻게 상호 연결되어 있는지를 설명한다. 간단히 말해서, 이 과정은 당신과 상대방이 갈등 속에서 서로의 관계를 각자 어떤 식으로 바라보는지를 이해하기 위한 독특한 방법을 사용하는 작업에서부터 시작된다. 일단 당신이 하는 이야기를 상대방이 듣고 이해할 경우 두 사람은 함께 감정적인 고통을 해결하게 된다. 관계가 부드러워질 경우 신뢰할 만한 관계를 구축할 수 있는 기회의 문이 열리고, 상호 긍정하는 분위기 속에서 당신과 상대방의 관계를 재구성할 수 있는 토대가 마련된다.

통합적인 역학의 원칙

통합적인 역학의 세부 사항에 대해서 논의하기 전에 그것을 이루는 방법과 그것이 지향하는 목표를 이해하기 위한 큰 그림부터 그리는 것이 유용하다. 이때 다음의 몇 가지 핵심 원칙을 기억할 필요가 있다.

1. 목표 : 승리가 아닌 조화를 모색하라

감정이 고조된 갈등에 휘말렸을 때 당신은 상대방을 설득해서 자기편으로

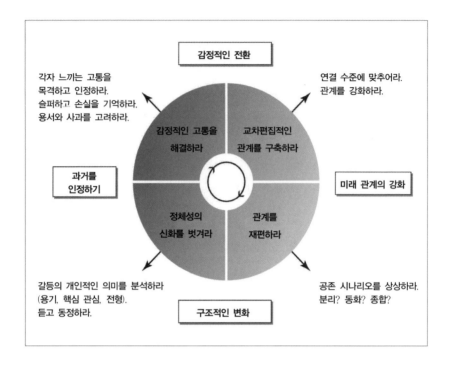

끌어들이기를 원할지 모르지만 이런 바람이 안정적인 평화 여건을 조성할 가능성은 낮다. 당신의 승리는 상대방에게는 손실이다. 그리고 상대방이 이후 느낄 분노는 일반적으로 어떤 형태로건 복수심으로 이어지는 것이 보통이다.

상대방과 당신 자신 속에서 조화로운 관계를 생산하는 것이 통합적인 역학의 목표이다. 토지나 기타 가시적인 문제들을 둘러싼 실질적인 차이는 해결 가능하지만, 정체성의 차이는 조화를 이루어야 한다. 당신의 믿음에 맞게 상대방이 의지를 굽히게 만들 수는 없지만 초월적인 통합의 틀 안에서 두 사람의 차이를 바라보면서 관계의 성격에 변화를 줄 수는 있다.

2. 조화로 이루는 길은 비선형(非線形)이다

내가 통합적인 역학을 직선으로 표시된 네 단계로 이루어진 깔끔한 순환적인 과정으로 묘사했지만, 이러한 묘사는 엄밀히 말해서 정확한 묘사가 아니라 편의적인 안내에 불과하다.[9] 통합적인 역학을 발전시키기 위해서 당신은 감정적으로 불안한 상태 속에서 이 단계들의 앞뒤로 움직이게 될 것이다. 즉, 어느 날 배우자를 증오하다가, 다음 날에는 용서하고 싶은 기분을 느끼다가, 그다음 날에는 다시 분노 상태로 돌아갔다가, 일주일 뒤에는 깊이 뉘우치며 관계를 회복할지도 모른다.

화해로 이르는 길은 무수히 많기 때문에 이 네 단계가 완전하다는 것은 아니다. 그러나 당신에게 실질적으로 사용하기에 지나치다 싶을 정도로 많은 정보가 담긴 1,000쪽짜리 두꺼운 책을 제공하기보다 나는 당신이 부부 싸움이나 국제적인 충돌 협상을 비롯해서 어떤 협상을 하건 전체적으로 기억하고 적용할 수 있는 중요한 요소들만을 찾아냈다.

3. 조화로 이르는 길은 과거와 미래로 이루어졌다

감정이 고조된 갈등은 쓰라린 역사와 미래의 두려움이 가득 찬 바다로 우리를 던져버린다. 그곳에서 우리는 과거를 치유하거나 미래의 관계를 개선할 공동 활동을 위한 협력 중 무엇에 집중해야 할지를 정해야 하는 근본적인 선택과 마주쳐야 한다.

정신분석적인 성향을 가진 것을 특징으로 하는 한 학파는 과거를 다루는 데에 실패하면 우리가 그 실패를 되풀이하게 된다고 주장한다. 한 소수민족이 스스로를 역사적으로 사회적인 탄압과 '권력'에 의한 차별 대상으로 간주한다면, 그 민족은 그렇게 인지하는 부당한 대우에 대해서 금전적 내지 상징적인 보상을 받지 못할 경우, 완전하고 열광적으로 시민권을 포용할 가능성이 낮다는 것이다. 심지어 그러한 보상을 받게 되더라도 과거는 여전히 그 민족의 공동체적인 친밀감에 계속해서 부정적인 영향을 미칠지 모른다.

또다른 학파는 과거의 나쁜 일에 대한 기억을 되살리면 과거의 갈등만 재연할 뿐이라고 주장한다. "이미 끝난 일은 끝난 일이다. 과거의 문제를 거의 그대로 반복하기보다는 현재의 문제를 힘을 합쳐서 풀고 새로운 강력한 관계를 구축하는 것이 더 낫다"는 생각이다. 이런 학파는 논쟁자들이 긴급한 문제에 대해서 미래 지향적인 해결책을 고안하는 데에 집중하며 협력적으로 문제를 해결하려는 태도를 취하는 것을 중시한다.

그렇다면 어떤 학파의 생각이 옳은 것일까? 모두 옳다. 과거와 미래가 모두 중요하기 때문이다.[10] 현재의 감정적인 관계가 미래의 관계에 영향을 주듯이 과거의 경험은 분명 현재의 감정적인 관계에 영향을 준다. 이때, 어떻게 과거를 존중하면서 더 나은 미래를 세우느냐가 문제이다.[11] 통합적인 역학은 과거와 미래를 모두 바라보면서 이러한 문제에 접근한다. 방법의 첫 두 단계는 정체성 이야기를 해체하고 관계상 입은 상처를 받아들이려고 애쓰면서 과거에 집중한다. 나중의 두 단계는 초월적인 통합을 향해서 애쓰도록 관계를 재구성하는 미래 지향적인 성격을 띤다.

4. 조화로 향하는 길은 감정적, 구조적인 변화를 요구한다

감정이 고조된 갈등을 해결하기 위해서는 고통스러운 감정을 해소하는 것은 물론이거니와 관계 구조도 바꾸어야 한다.[12] 남편에게 학대를 받는 여성은 남편과 치료 과정에 같이 참여함으로써 그녀의 분노와 고통을 상당 수준 성공적으로 해소할 수 있을지 몰라도 두 사람의 상호작용 패턴에 아무런 변화가 없을 경우 학대는 지속될 것이다. 마찬가지로 두 분쟁 지역의 지도자들은 그들의 정치적인 견해 차이를 좁히기 위한 협상을 할지 모르지만 그들의 지역 주민들이 상호 적대적인 시각을 고수한다면 갈등은 지속될 것이다. 따라서 고통스러운 감정과 분열적인 구조는 갈등 해결을 가로막는 장애물들이다. 그리고 각 장애물은 통합적인 역학의 방법 내에서 극복된다.

산을 만들기

통합적인 역학은 지질학과의 비교를 통해서 이해가 가능하다. 우리의 두 다리 밑에는 대륙과 섬을 만드는 지구의 대형 판들이 놓여 있다. 이 판들은 움직이는 조각 그림 맞추기의 조각들처럼 지하에서 작용하는 힘에 따라서 아주 조금씩 부단히 이동한다. 두 판의 가장자리가 충돌할 경우에는 그것들은 강력한 파괴력을 지닌 지진이나 산이 만들어지는 형태로 강력한 지질학적인 활동을 야기한다.

이제 이러한 판들이 사회적인 상호 관계를 통해서 이동하는 우리의 핵심 정체성을 나타낸다고 상상해보자. 대부분의 시간 동안 우리는 비교적으로 평화로운 마음의 상태를 유지한다. 그러나 두 사람의 정체성이 충돌할 때, 결과적으로 지속적인 감정적 떨림이 일어날 수 있다. 이때 그 충돌이 지진이나 산 중 어떤 결과로 이어지느냐가 문제이다.

지진은 우리 정체성의 기반 자체를 뒤흔들어놓음으로써 우리와 타인들에게 파괴적인 피해를 입힌다. 산은 우리의 정체성을 조각들을 합친 전체보

다 더 위대한 전체로 통합시키는 건설적인 역할을 한다. 통합적인 역학은
정체성들의 충돌이 그런 산이 될 수 있는 여건을 조성한다.

11

정체성의 신화를 벗겨라

인간은 본래 이야기꾼이다. 당신이 태어나는 순간부터 가족은 당신에게 이름을 지어주고, 주변 문화에 대해서 가르쳐주고, 머릿속에 적과 동지로 이루어진 역사적인 망을 심어주는 등 정체성에 얽힌 이야기들로 당신을 에워싼다. 이러한 이야기들은 당신의 인생에 정합성(coherence)을 그리고 당신의 정체성에 모양을 선사한다.[1]

갈등을 조장하는 모든 이야기들 중에서, 당신이 상대방의 정체성과 관련해서 당신의 정체성을 바라보는 방식에 영향을 주는 핵심적 이야기인 **정체성 신화**보다 당신에게 더 많은 영향을 미치는 것은 없다. 갈등에 빠졌을 때 당신은 자신을 희생자로, 상대방을 악당으로 간주할 가능성이 높다.[2] 당신은 개인적인 슬픔과 비난을 통해서 이러한 신화의 곳곳을 채운다. 물론 상대방 역시 신화를 통해서 갈등을 바라보며, 그가 보기에는 **자기**가 희생자이다. 당신이 상대방과 상호 관계를 맺는 근본적인 방식(신화)을 바꾸지 않을 경우 갈등은 지속될 것이다.

그러나 신화를 단지 골칫거리로 간주한다고 해서 문제가 모두 해결되는 것은 아니다. 원자력이 전기 생산이라는 생산적인 목적으로 이용이 가능한 것처럼 당신의 신화도 화해를 조장하는 데에 이용할 수 있다. 협상 당사자들이 각자의 신화를 더 진심으로 이해할수록 긍정적인 관계를 구축할 수

있는 여지가 더 늘어난다. 상대방의 '비합리적인' 행동도 이해할 수 있게 된다.[3]

이번 장에서는 각자가 가진 신화를 벗기는 특별한 방법을 제시하겠다. 이미 드러났듯이 불만을 단순히 인정하는 것만으로는 감정이 고조된 갈등을 해결하는 데에 미흡하다. 당신에게는 갈등의 상징적인 의미를 분석하고, 관계를 재정립함으로써 보다 성공적인 대화를 이끌고, 가장 폭발적인 갈등을 해소하게 할 수 있는 도구들이 필요하다.[4]

신화가 가진 무의식적인 힘

내가 유럽에서 열린 국제회의에서 전 세계 리더들을 대상으로 실시한 협상 훈련 도중에 목격했듯이 당신이 갈등에 투사하는 신화는 갈등의 전개 양상에 강력하고 무의식적인 영향을 미친다. 나는 참가자들 50명을 엘리트에서부터 소득 하위 계층에 이르기까지 경제 계층에 따라서 나누었다. 엘리트들에게는 충분한 재원을 제공했고, 소득 하위 계층들에게는 사실상 아무것도 제공하지 않았다. 참가자들은 그들 각자 경제적인 성공을 최대한 늘리기 위해서 3회에 걸쳐서 원하는 사람 누구와도 재원을 거래할 수 있었다. 엘리트들이 가진 부가 더 크게 불어나자 소득 하위 계층들의 좌절감은 커져만 갔다.

3회를 시작하기 전에 나는 놀라운 변화를 발표했다. 엘리트들이 이제 너무 많은 부를 획득했기 때문에, 그들은 최종 회 흥정을 위한 **새로운** 규칙을 정할 기회를 얻게 된다는 것이었다. 엘리트들은 재원의 가치를 재정의하고, 그들과 협상이 가능한 사람들을 제한할 수 있었다. 나는 그들이 안락한 소파와 샴페인과 스위스 초콜릿이 구비된 옆방에서 만날 수 있게 초대했다.

그들은 무척이나 기뻐했지만 그 기쁨은 오래 가지 못했다. 그들이 주 회의실을 떠났을 때 소득 하위 계층들이 그들을 향해 야유를 퍼부었기 때문이다. 한 분노한 기업인은 의자 위에 서서 "우리는 그들을 믿을 수 없습니다!"라고 소리쳤다. 또다른 사람은 "혁명을 시작합시다!"라고 외쳤고, 세 번째 사람은 "그들이 가진 것을 훔칩시다!"라고 촉구했다. 그리고 실제로 엘리트들이 회의실을 떠나자마자 한 참가자가 그들의 서류철 중에서 하나를 훔쳤다.

놀랍게도 엘리트들은 옆방에서 20분 동안 그들 자신이 아닌, 소득 하위 계층에게 이롭게 흥정 규칙을 수정하는 방안에 대해서 논의했다. 그러나 이제 소득 하위 계층은 흥분을 주체하지 못해서 현기증 같은 광란의 상태에 빠져든 상태였고, 엘리트들이 주 회의실로 다시 들어왔을 때 야유 소리로 인해서 엘리트들의 목소리는 파묻혀버렸다. 소득 하위 계층이 "엘리트들이 권력을 남용했다"라고 비난하자 엘리트들은 거만하게 대응하면서 그들의 선한 의도를 옹호했다. 모든 사람들이 소리를 지르기 시작했고, 나는 최종 회 협상이 결코 열리지 못할 것임을 깨달았다. 우리가 정황을 파악할 수 있도록 모든 사람들이 심리적인 안정을 찾기까지 족히 10분은 더 걸렸다.

이러한 세계적인 리더들을 사실상 계층 전쟁에 휘말리게 만든 것은 무엇일까? 각 계층이 가진 정체성의 신화가 중요한 원인이었다. 소득 하위 계층들은 그들 자신을 독재의 희생자로 간주했다는 사실을 인정했다. 이것은 엘리트들이 새로운 흥정 규칙을 발표하기도 전에 그들이 집착했던 신화였다. 다시 말해서, 그들은 엘리트들이 그들을 착취할 것이라고 지레 **짐작했**다. 그런데 사실상 엘리트들에게는 그런 의도가 전혀 없었다. 엘리트들은 그들 나름대로 그들을 무기력한 사람들을 도와주는 구조자라는 신화에 빠졌다. 그들은 샴페인을 마시고 초콜릿을 먹으면서 은밀한 모임을 가지면서 소득 하위 계층을 어떻게 '구할지' 난상토론을 벌인 끝에 상명하달식 의사

결정 방법을 채택했다. 어떤 규칙도 그들이 소득 하위 계층과 하는 이야기를 금지하지 않았다. 그들이 그렇게 이야기하려는 생각을 한 적도 없었지만.[5] 따라서 각자 상대방의 의도를 오해한 신화에 의존했고, 감정적인 폭풍우를 일으켰다.

신화의 작동 방식

신화를 파헤치기 위해서는 그것의 기본적인 특성들을 먼저 이해해야 한다.

신화는 감정적인 현실에 영향을 준다

갈등에 빠졌을 때 당신이 믿는 신화는 당신의 가장 깊은 감정을 난공불락의 진실처럼 느껴지는 정합적인 이야기로 만든다. 다른 사람들이 그것을 무용지물로 만들려고 했다가는 당신의 분노에 대비하는 것이 나을 것이다. 협상 훈련에 참여했던 엘리트들과 소득 하위 계층 사이의 갈등을 생각해보자. 엘리트들은 소득 하위 계층에게 그들이 가지고 있던 공통의 선에 대한 관심을 설득하기 위해서 애써 노력했지만 후자는 그들 자신의 신화에 집착하면서 그것을 부정하는 어떤 말에도 동의하기를 거부했다.

상황이 바뀌면 당신의 신화도 바뀔 수 있다. 협상 훈련에 참여했던 소득 하위 계층이 엘리트들을 상대로 반란을 일으켰을 때, 그들의 신화는 '희생자'에서 '혁명가'로 전환되었다. 이러한 새로운 신화는 예전의 신화가 그렇게 했듯이 그들의 감정적인 현실에 대한 생각의 틀을 본능적으로 만들었다.

신화도 전기(傳記)처럼 생물학에 많은 뿌리를 내리고 있다[6]

프로이트는 반복강박이 그렇듯이 갈등을 우리가 어린 시절에 겪었던 사회적인 경험이 낳은 결과로 간주했지만, 다른 학파들은 갈등이 생물학적으로 기원된 요소라고 주장했다.[7] 다시 말해서 인간의 본질적인 특성이 갈등에 기여할지도 모른다는 것이다.

스위스의 정신과 의사인 카를 융(1875-1961)은 인간이 모두 집단적 무의식을 공유한다고 주장했다. 집단적인 무의식이란 개인적인 무의식과 달리 태어날 때 누구에게나 이미 선천적으로 갖추어져 있는 원초적이고 보편적인 '무의식적인 이미지들'을 말한다.[8] 원형(archetype)이라고 알려진 이러한 이미지들은 인류의 전형적인 특성들을 요약적으로 보여준다.[9] 새들이 겨울에 남쪽으로 날아가는 법을 알듯이 인간도 사회 세계 속에서 살아갈 수 있는 내재적인 틀을 가졌다는 것이다.[10] 우리는 모두 출생과 죽음, 어머니와 아버지, 영웅과 악당, 창조와 파멸의 이야기 같은 원형들에 감정적으로 반응한다. '어머니'의 원형에 대한 나의 구체적인 의식적인 이미지는 당신의 그것과 다를지 몰라도 우리는 그것의 감정적인 의미에 대한 원초적인 이해를 공유한다.

융은 인간이 사회적인 세계를 이해하기 위한 선천적인 구조를 공유한다는 확신을 가졌다. 신경과학은 우리의 사회적인 행동에 영향을 주는, 전례가 없이 폭넓게 종 전체에 굳건히 퍼지고 있는 뇌의 메커니즘들을 발견해오고 있다. 발생기구학의 발달은 생물학적인 유전에 비유전자 메커니즘이 존재한다는 것을 시사한다. 유명한 언어학자인 놈 촘스키는 우리가 언어의 의미를 이해하기 위한 심층 구조와 언어의 내용을 소통하기 위한 표면 구조를 모두 가졌다고 주장했다.[11] 그리고 행동생물학적인 연구들은 인간을 포함한 모든 동물들에게 고유한 사회적인 행동 패턴을 밝혀냈다.

신화는 원형적인 이미지(생물학)를 당신의 현재 맥락(전기)과 연결시켜서 감정적인 현실의 깊이를 더 깊게 만든다. 한 부부가 각자의 가족을 호텔의 연회상으로 초대한 후 가족에게 그들이 연회장의 뒤쪽에서 앞쪽으로 천천히 걸어가는 모습을 지켜봐달라고 부탁하는 장면을 상상해보자. 이것은 상당히 극적이지 않는 일일 것이다. 그러나 이날이 부부의 결혼식 날이라면 똑같은 상황이라 할지라도 이것이 연회회장에 모인 가족에게 더 깊은 감정적인 반향을 일으킬 것이다. 부부는 가족에게 인간의 결합에 대한 강력한 이야기로 수렴되는 원형들을 떠올리게 할 것이다. 가족은 목격자의 역할을 맡을 것이고, 부부는 신성한 의식을 통해서 합쳐진 신화적인 연인이 될 것이다.

신화는 갈등의 개인적인 의미를 심화시킨다

모든 연령대의 사람들이 사랑, 질투, 분노, 치욕의 플롯을 중심으로 펼쳐지는 원시 신화에 공감해왔다. 신화는 이러한 플롯들을 현재의 당신이 처한 갈등 상황에 집어넣는다.[12] 당신이 개인적인 전기를 원형에 투사할 때, 당신은 동시에 개인적인 경험뿐만 아니라 공유된 인간 경험의 지속적인 흐름 속에 스스로 뿌리를 내리는 것이다. 자신이 겪는 갈등이 특별하다고 느낄지 몰라도 (그리고 갈등을 겪는 당시에는 그것이 특별하다) 그것의 기본 주제는 영원하다.

사실상 갈등은 당신을 신화적인 시기로 끌어당길지도 모른다. 무의식적으로 신화적인 인물이나 순교자 역할을 맡을 때, 당신은 자신의 심리적인 현실을 원래의 신화가 생겨난 시대로 데리고 간다. 당신은 신화적인 원형과 현재 자신이 직면하고 있는 현실 사이의 감정적인 골을 구분하지 못하고, 종교 역사가인 마르체아 엘리아데가 말한 **영겁회귀**(역사의 기원이 반복해서 되돌아온다는 신화시대의 순환적인 시간관/역주)로 들어간다.[13] 나는 영겁회귀의 개념을 포괄적으로 해석한다. 즉 고대 문서나 최근의 역사 중 무엇에서 나온 것이든 간에 신화적인 줄거리를 갈등에 투사할 때마다 당신은 영겁회귀에 빠져든다는 것이다. 외부인이 당신의 갈등을 '기술적인 국경 분쟁'이나 아니면 '조직 내 균열'로 볼 수 있지만 당신은 그것을 선과 악 사이의 신화적인 투쟁으로 경험한다.

전략 : 창조적인 성찰

창조적인 성찰은 내가 협상 당사자들이 각자의 신화를 벗길 수 있게 도와주기 위해서 개발한 간단한 방법이다.[14] 이 과정은 위대한 예술가들에게서 기술을 빌렸다. 이들 예술가들은 그들의 원형적인 판타지와 공포를 구체적인 이야기와 기타 예술 작품을 통해서 표현한다. 마찬가지로 당신은 갈등 속에서 무의식적인 원형들을 서로의 관계형 정체성을 더 잘 이해하는 데에 도움을 줄 수 있는 구체적인 이미지들로 전환시키는 방법을 찾을 수 있다. 융의 말을 빌리자면, 당신의 목표는 무의식적인 경험을 드러내는 이야기와 이미지를 만들 수 있는 능력인 '신화를 만드는 상상력'을 활성화시키는 것이다.

다음의 도표는 창조적인 성찰의 핵심 단계들을 보여준다. 우선 논란의 소지가 있는 주제와 관련해서 진심 어린 대화를 할 수 있는 공간을 만들어라. 이어 갈등의 주제가 무엇인지를 파악하라. 다음으로 협상 당사자들이 두려워하고 걱정하게 만드는 신화를 벗겨라. 그리고 관계를 개선할 수 있게 신화를 수정하라.

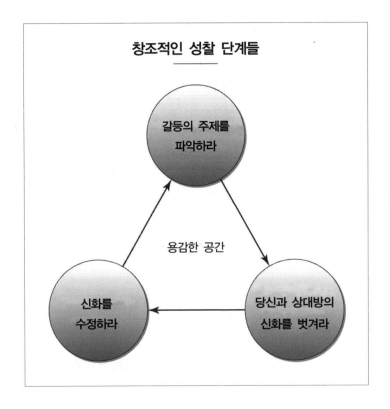

1. 진심 어린 대화를 하기 위한 '용감한 공간'을 만들어라

상식적으로 당신은 논란이 있는 문제들을 논의하기 위한 '안전한 공간'을 만드는 것이 좋지만 이러한 전략이 역효과를 낳을 수도 있다. 기본 규칙이 당신이 까다로운 주제들을 회피하는 것을 허용할 정도까지 당신이 느끼는 감정을 무마시킬 경우, 안전한 공간이 지나치게 안전할 수가 있다. 예를 들면, '합의하지 않는 데에 동의'하면 갈등을 멈추는 것이 용인 가능하다는 일반적인 기본 규칙이 있다고 상상해보자. 이 규칙은 당신이 안전한 느낌을 받게 도와줄 수 있지만 모든 사람들에게 치열한 대화에서 벗어날 수 있게 허락한다. 그것은 또한 단지 "나는 당신이 무슨 생각을 하건 상관이 없습니다. 저는 단지 합의하지 않는 데에 동의합니다"라고 말할 수 있는, 보다 힘이 센 쪽에게 유리할 수가 있다. 그럴 경우에 갈등은 지속된다.

감정이 고조된 갈등에서 더 심각한 문제들을 제대로 해결하기 위해서는 대화를 하면 할수록 감정적인 불안감이 커져야 한다. 나는 따라서 당신과 상대방이 모두 대범하게 논란을 포용하고, 개인적인 위험을 감수하고, 서로의 시각을 다시 생각해보는 학습 환경인 '용감한 공간'을 만들라고 제안한다.[15] 이런 환경 속에서 감정적인 취약성은 강점이 아니라 약점을 보여주는 신호이다.

용감한 공간에서 적용되는 규칙은 안전한 공간에서 적용되는 규칙과 크게 다르지 않다. 그것은 비밀 규정을 준수하고, 진심을 나누고, 터놓고 경청하고, 상호 존중하는 것이지만, 틀을 잡는 것이 중요하다. 사람들은 안전하다는 착각을 강조하기보다는 개인적인 용기를 최우선시하는 틀 안에서 감정적으로 민감한 문제들을 논의할 가능성이 보다 높다.[16]

2. 갈등의 주제를 파악하라

개인적인 차원에서 당신과 상대방이 충돌한 동기가 무엇인지 찾아보라. 언뜻 보기에 당신의 갈등은 재원이나 정책이나 다른 실질적인 문제를 둘러싼 단순한 싸움처럼 보일지도 모른다. 문제는 갈등을 일으킨 더 깊은 원인을 파헤치는 것이다. 당신은 거만한 동료가 어렸을 때 학대를 당해서 사회적으로 존경받기를 갈망한다는 사실을 알게 될 때까지 그 동료와 끊임없이 싸울지도 모른다. 더 깊숙이 숨어 있는 지위에 대한 동료의 욕구를 이해하면 그에 대한 인내심이 커지고, 감정적인 골을 잇는 데에 도움이 될 수 있다.

인간의 동기의 깊이를 이해하라

인간의 경험에는 기본적으로 세 가지 차원이 존재한다. 그리고 각 차원마다 자체적으로 당신에게 동기를 불어넣을 기구를 가지고 있다. 최상위 차원은 합리성을 강조하고, 중간 차원은 감정성에 집중하고, 가장 깊은 차원은 정신성을 강조한다. 더 깊은 층들은 위대한 개인적인 의미를 가지며, 당신은 그것들을 지키기 위해서 최대한 열심히 싸울 것이다. 갈등에 빠졌을 때, 그 층들에 있는 문제를 해결하지 못할 경우 합의에 도달하는 것은 더욱 어려워지고, 합의가 쉽게 풀릴(unravel) 수 있다.[17]

합리성은 논리적이고 지적인 이해와 시스템적인 분석 단계이다. 합리성은 당신이 **논리적으로** 행동하게 동기를 부여한다. 갈등에 빠진 당신과 상대방은 각자가 모두 지금 하는 일을 하고자 하는 이유들을 가지고 있다. 협상 분야에서 이 이유들은 **이해관계**라고 불린다. 특정 갈등의 경우, 사람들의 입장 차이가 심할 수 있어도 그들의 기본적인 이해관계는 훨씬 더 조화를 이루는 경향을 보인다.

감정성은 당신이 주위의 세상에 개인적으로 강렬한 감정을 느끼게 만든다. 갈등 속에서 당신이 겪는 개인적인 경험은 충족되지 않는 '핵심 관심'인 기본적인 관계형 욕구 때문에 생긴 결과인 경우가 종종 있다.[18] 로저 피셔와 나는 인정, 친밀감, 자율성, 지위, 역할이라는 다섯 가지 핵심 관심이 갈등 속에서 생기는 많은 감정을 자극하는 경향이 있다는 것을 알아냈다.[19] 핵심 관심이 충족되었을 경우, 우리는 긍정적인 감정을 느끼고, 더욱 협력하려고 하는 경향을 보인다. 반대로 그것이 충족되지 못했을 경우, 우리는 괴로움을 느낀다. 내가 기업과 정부의 리더들과 일할 때, 나는 종종 그들과 상대방의 감정을 유발하는 충족되지 않은 핵심 관심을 알아보기 위해서 그들에게 갈등을 분석해볼 것을 시킨다. 결과적으로 그 리더들은 숨겨진 불화의 원인을 찾아내고, 비합리적으로 보였던 상대방의 행동은 보다 이해하고 관리하는 것이 가능해진다.

정신성은 이런 여러 층들 중에서 가장 복잡하면서 감정이 고조된 갈등을 해소하는 데에 가장 관련이 많을지도 모른다. 영적인 차원이 반드시 그 자체로 신적인 것과 관련되어 있는 것은 아니지만 그것은 더 **깊은 목적의식**을 상징한다. 합리적인 관점의 충돌로 치열한 논쟁이 벌어지기는 하지만 영적인 충돌은 열성적인 반대를 야기할 수 있다.

정신성은 인생의 목표를 어떻게 가장 잘 성취할 수 있는지를 알려주는 본능적인 지시인 **소명**을 통해서 당신에게 동기를 부여한다. 그것은 가끔은 은은한 속삭임으로, 또 가끔은 고함으로 당신을 불러내어 당신에게 저 길이 아니라 이 길을 걸으라고 강요한다. 따라서 소명을 받든다는 것은 당신의 감정적인 전체성에 대한 감각을 확대하는 행동을 추구하는 것이다. 당신은 어떤 대가를 치르더라도 감정적인 전체성을 느끼기 위해서 해야 할 일이 무엇인지를 '당신에게 말하며' 행동하라고 손짓하는, 가족과 국가와 민족과 종교와 이데올로기처럼 당신보다 더 큰 어떤 것과 동일시된다.

합리적인 마음은 이런 부름에 답할지도 모르고, 감정적인 마음은 당신에게 전진하라고 촉구할지도 모른다. 그러나 소명은 종교인들이 '영혼'이라고 부를 수 있는 정체성의 내적 성소(聖所)에서 발한다. 당신은 이러한 소명에 귀를 닫거나 일상생활의 소음으로 그것을 묻어버릴 수도 있지만 그것을 무시할 경우 화해로 이르는 길을 알려줄 중요한 안내를 이용하지 못하게 된다.

갈등의 깊은 의미를 이해하도록 노력하라

당신은 갈등의 합리적인 의미를 생각하다가 그것에 걸린 핵심 관심들을 찾아내고, 그럼으로써 갈등의 영적인 의미를 찾아낼 수 있는 기초 작업을 하게 될 것이다. 갈등의 이러한 세 가지 차원을 밝혀내기 위해서는, 처음에는 혼자서 그리고 이후에는 상대방과 함께 다음에 나오는 질문들에 대한 답을 생각해보라.

1. **어떤 이해관계가 위태로운가?** 각자의 입장 뒤에 숨어 있는 기본적인 이해관계들이 무엇인지 찾아보라.[20] 예를 들면, 경제적인 어려움을 겪고 있는 한 작은 회사의 고위 파트너들인 존과 사라는 직원 두 명을 해고하는 문제에 대해서 이견을 보인다. 존은 "회사가 살아남기 위해서 우리는 그들을 모두 해고해야 합니다"라고 말한다. 사라는 "안 됩니다"라면서 "그들 모두를 해고할 경우 회사의 근간이 흔들립니다"라고 주장한다. 존은 화가 나서 사라에게 왜 그렇게 자기 의견에 반대하는지를 묻는다. 그러나 존과 사라가 서로 반대 입장을 취했지만 사실상 그들의 이해관계는 양립 가능하다. 그들은 모두 회사의 경비를 아끼고, 핵심 사업을 유지하고, 파트너십을 지키고 싶다. 그들은 상호 이득이 될 수 있는 여러 방안을 검토한 후 실행이 가능한 방안을 결정한다. 그것은 두 직원 모두를 회사에 남긴 채 임대료가 싼 건물로 회사 사무실을 옮기는 것이다.

2. **개인적으로 어떤 핵심 관심들이 위태로워졌다고 느끼는가?** 갈등에서 어떤 관심들이 가장 강렬한 감정을 유발하는지를 알아보라. 자신의 생각이 무시되었다고 느끼는가? 적으로 간주되었는가? 의사 결정에서 배제되었는가? 지위가 추락했는가? 성취감을 주지 못하는 역할을 맡았는가? 다음으로 상대방의 입장에서 그의 핵심 관심 중에 무엇이 충족되지 못했다고 느낄 수 있는지를 생각해보라.

존과 사라는 문제를 해결할 수 있기 전에 현기증의 유혹에서 벗어나야 했다. 사라는 그녀뿐만 아니라 존에게 해결되지 않은 핵심 관심이 무엇인지 파악함으로써 그렇게 했다. 사라는 자신의 의견이 무시되고 있다는 느낌을 받았다는 것을 알았다. 존이 그녀에게 어떤 일을 하라고 '지시했을' 때 자신의 자율성이 침해당하고 있다는 느낌을 받았다. 사라는 또 자신이 적으로 취급되는 것처럼 느꼈고, 자신이 비하되는 것처럼 느꼈으며, 회사 내에서 자신의 역할이 하찮다고 느꼈다. 그녀는 존도 아마 자신과 똑같이 느끼고 있을지 모른다는 것을 깨달았다. 이처럼 핵심 관심에 대한 자기반성은 그녀의 격앙된 감정을 가라앉히면서 문제를 해결할 수 있는 공간을 만드는 데에 도움을 주었다.

3. 어떤 정체성 기둥들이 개인적으로 위태로워졌다고 느끼는가? 신화의 정신적인 층을 발견하는 일이 당신이 자신을 성찰하고 자신이 무엇을 생각하는지 정직해져야 하는 치열한 과정일 수가 있다. 그러나 정신적인 성찰을 통해서 당신은 자신이 하는 행동에 상당한 영향을 주는, 아마도 잘 몰랐거나 철저히 외면했던 자신의 여러 가지 측면을 찾아낼 수 있다.

갈등에서 겪는 정신적인 경험을 인식하기 위해서는 정체성 기둥들에 대해서 되돌아보라.[21] 당신은 근본 믿음, 의식, 충성, 가치, 혹은 의미 있는 경험들 중에서 무엇이 위협받고 있다고 느껴지는가? 어떤 기둥들이 당신의 행동을 촉구하는가?

또한 갈등에서 당신에게 진정 중요한 것이 무엇인지를 더 잘 이해할 수 있게 **비교되는 질문들**을 자문할 수 있다. 상대방과 좋은 관계를 만들었다면 그에게도 똑같은 질문들을 던져볼 수 있을지 모른다.[22]

- 당신이 겪은 경험 중에서 상대방이 가장 잘 이해하기를 바라는 것은?
- 이번 논쟁이 개인적으로 이전 논쟁들과 어떻게 다른가?
- 지금으로부터 5년 후에 이번 논쟁을 뒤돌아본다고 한다면 지금 볼 수 없는 무엇이 보이겠는가? 가장 중요한 것이 무엇이라고 생각되겠는가?

핵심 정체성	관계형 정체성
다음 중 해당되는 일은?	**당신이 받은 느낌은?**
1. **믿음**이 공격당했다고 느낀다?	1. 당신의 관점이나 노력이 **무시된다**?
2. **의식**이 위험해졌다고 느낀다?	2. 원하는 대로 행동하고 느끼고 싶은 **자율성**이 제약을 받는다?
3. **충성심**이 더렵혀졌다고 느낀다?	
4. **가치**가 위협받는다고 느낀다?	3. **불만족스럽다**: 배척되거나 적처럼 대우받는다?
5. **감정적으로 의미 있는 경험**이나 기억이 정당화되지 못한다고 느낀다?	4. **지위**가 무시된다?
	5. 모욕적인 **역할**을 맡는다?

갈등의 함의를 해독하기 위한 질문들

- 당신의 친한 친구는 이번 갈등에서 겪은 당신의 경험을 어떻게 설명하겠는가?
- 당신의 어머니는 이번 갈등에서 겪은 당신의 경험을 어떻게 설명하고, 당신의 어떤 점을 가장 걱정하겠는가? 당신의 생각에 대해서 어머니가 어떤 점을 이해하지 못한다고 생각하는가?

당신은 상대방이 합리적이거나 감정적이거나 정신적인 관심 중 하나에 의해서만 움직인다는 확신이 들지도 모르나, 속지 마라. 이 세 가지 모두가 일반적으로 중요하다. 위의 표에는 당신이 갈등의 함의(含意)를 해독하는 데에 도움을 줄 추가적인 질문들이 담겨 있다.

합리주의자조차 영적인 사람이 경험하는 세상을 경험할 수 있다. 얼마 전에 나는 카페에서 나의 동료 물리 딘나를 우연히 만났다. 그의 아버지는 일주일 전에 낙상 사고로 인한 뇌출혈로 돌아가셨다. 물리가 특별히 종교적인 사람은 아니지만, 그는 아버지의 마지막 순간이 얼마나 신비로운 의미를 띠었는지를 밝혀냈다. 아버지의 건강이 급속히 악화되었기 때문에 물리는 아버지를 보기 위해서 곧바로 해외 항공편을 잡았다. 착륙하자마자 그는 아버지가 혼수상태에 빠졌다는 사실을 알았다. 의사들은 아버지가 언제라도 돌아가실 수 있다는 말을 10시간 동안 해댔다. 물리는 병실로 달려들어가서 아버지의 손을 잡았다. 그는 "아버지, 저 왔어요. 사랑합니다. 우리 모두 아버지와 침대 옆에 모여 있어요. 그리고 아버지를 사랑해요"라고 말했다. 아버지는 마지막 숨을 내쉬었다. 물리는 경외감을 느꼈다. 그날은 전몰장병 추모일(5월 마지막 주일 월요일/역주)이자 안식일 전날이었다. 이러한 사건들이 모두 합쳐져서 그에게 아버지의 생과 사에 대한 초월적인 의미를 상징했다.

힘든 순간에도 배우기 위해서 경청하라

갈등을 겪으면 마음이 불안해질 수 있다. 그러나 그렇다고 해서 지레 겁을 먹고 상대방의 이야기에 귀를 기울이지 않는 것은 금물이다. 불안감을 받아들여라. 그것은 감정적인 학습을 하고 있다는 것을 알려주는 중요한 신호이다. 어떤 사람이 좋은 개방형 질문을 던지고도 바로 얼마 안 가서 방어적인 답변을 하며 대화에 갑자기 끼어드는 일이 비일비재하다. 반박이 아닌 이해를 위해서 남의 말을 경청하는 것을 목표로 삼아라.

적극적인 경청이 인기 있는 방법이지만 감정이 고조된 갈등에서는 그것만으로는 불충분하다. 당신이 상대방이 한 말을 기계적으로 되풀이할 경우, 그가 한 말의 함의를 이해한다는 것을 보여주지는 못한 채 그의 말을 들을 수 있다는 것만을 보여줄 뿐이다. 감정이 고조된 갈등에서는 이런 함의를 파악하는 것이 중요하다. 단순히 상대방이 느끼는 거부감을 단지 앵무새처럼 흉내 냈다가는 그의 신화를 인정하지 못할 수 있다. 따라서 앵무새처럼 흉내 내기보다는 갈등 속에서 상대방의 정체성이 어떻게 숨겨져서 표현되는지에 대해서 적극적으로 귀를 기울여야 한다.[23]

경청의 가장 중요한 부분은 당신 안에서 생긴다. 당연한 분노, 치욕, 도덕적인 판단이 개입된 생각에 지나치게 사로잡히게 되면, 말 그대로 상대방이 던지는 메시지를 듣지 못하게 된다. 따라서 상처받은 감정, 신체적인 긴장감, 분노가 치밀어오르는 생각에 주목하면서 몇 분마다 한 번씩 습관적으로 자신의 감정적인 상태를 평가하는 것이 중요하다. 이러한 경험들에 주의함으로써 그것들에 대한 관심을 일단 보류한 채 상대방의 경험에 제대로 집중한 다음에 그것들을 처리할 수 있다. 결과적으로 당신은 더 강력한 청취자가 되고, 자동반사적인 반응을 피할 수 있다.

상대방이 하는 이야기의 진의를 파악하기 위해서 신중하게 경청한 후 당신의 이야기를 나누어라. 단, 상대방이 그 이야기를 듣고 인정하게 만드는 것이 목표임을 명심하라. 그렇게 하기 위한 최선의 방법은 위협적이지 않은 언어로 자신을 표현하는 것이다. 예를 들면 "내가 권력을 남용한다고 나를 비난하는 당신은 완전 바보이다"라고 불평하기보다는 "당신의 비난 때문에 내가 상당히 화가 납니다. 나의 의도는 이것이었습니다"라고 말할 수 있을지 모른다. 상대방과 거리감이 생기지 않게 하면서 또한 당신이 '상당히' 화가 났고, 감정이 복잡한 상태라는 것을 지적하면서 화해의 여지를 남겨둔다.

3. 신화를 벗겨라

오래 지속되는 갈등의 해결에 도달하기 위해서는 기본적으로 상대방과의 관계를 바라보는 방식, 즉 정체성의 신화들을 바꾸어야 한다. 두 정상이 평화협정에 서명하더라도 그들이 사실상 상대방을 적으로 간주할 경우 합의는 지속되지 못할 것이다. 정체성의 신화는 무의식적으로 당신과 상대방을 예상이 가능한 방식으로 서로 관련된 원형적인 적들로 만든다. 당신은 자신을 골리앗에 맞선 다윗이나 납치범에게 인질로 붙잡힌 희생자로 간주할지 모르지만, 어떤 경우건 간에 강력한 적 앞에서 느껴지는 무기력감에 직면하고 있는 중이다. 갈등을 다시 통제하기 위해서는 이러한 원형들과 그것들에 형태를 부여하는 신화들을 벗겨야 한다.

원형들을 논의함으로써 얻게 되는 실질적인 혜택들이 몇 가지 있다. 첫째, 원거리에서 객관적으로 관계를 바라볼 수 있게 된다. 관계에 변화를 상상하기도 쉬워진다. 당신은 자기 자신에 대해서 직접 말하지 않고 은유적인 이미지에 대해서 말하는 중이기 때문이다.

둘째, 원형은 자신의 감정에 대해서 직접 이야기하기보다는 상징적인 이미지라는 대용물을 통해서 감정적인 문제들을 논의할 수 있게 한다.[24] 갈등에 빠진 사람들은 종종 그들이 느끼는 감정을 털어놓기를 꺼려한다. 그들은 쉽게 상처받기를 싫어하고, 적대적인 반응을 조장하는 일을 말하기 두려워한다. 원형에 대한 논의는 이런 두려움을 억제할 수 있다.

셋째, 원형은 기억하기가 쉽다. 갈등하는 도중에 각자의 감정, 불만, 바람, 두려움의 모든 세세한 측면까지 완전히 파악하기가 힘들 수 있다. 반면에 원형적인 이미지는 기억할 수 있고, 눈에 보이며, 감정적인 정보로 포장되어 있다. 당신은 상대방의 복잡한 감정을 떠올리지 못할지 모르지만, 그가 당신을 골리앗으로 간주했다는 것은 쉽게 기억할 수 있다. 원형은 당신이 차후에 대화의 맥락을 신속히 고려하고, 감정이 이입된 이해를 도모하는 데에 유용할 수 있다.

끝으로, 원형을 벗기면 당신은 자신이 느끼는 고통 외의 것을 볼 수 있는 개방적인 사고를 할 수 있다. 갈등이 당신의 관심을 자기 자신이 느끼는 고통으로 좁혀놓지만 원형에 대한 집중은 갈등의 맥락을 고려할 수 있는 능력을 확대시킨다.[25] 당신은 자신을 단순히 갈등의 외로운 희생자가 아니라 원시 드라마의 등장인물로 바라본다.[26] 당신이 직면한 문제는 "왜 나일까?"에서 "왜 우리일까?"로 전환된다. 왜 우리 인간들은 힘이 있는 자들의 손에 의해서 고통을 받는가? 왜 우리 인간들은 사랑하는 사람을 잃고 슬퍼하는가? 원형은 고립되어 있는 아픔을 갈등에서 빼내온다.

나는 이런 접근법이 특히 위안을 준다는 것을 알았다. 집사람과 내가 다툴 때, 나는 부부들이 다투는데, 그들은 항상 그래왔고 앞으로도 늘 그럴 것이 세상사라는 점을 떠올려본다. 미아와 나는 감정적인 고통에만 빠져 있지 않고 오래된 원형적인 드라마를 재연하고 있다. 더 폭넓은 인간의 경험이라는 범위 내에서 갈등의 맥락을 고려하면 긴 안목에서 우리가 처한 상황을 바라볼 수 있다.

이제 당신이 원형의 중요성을 이해한 이상 각자의 신화를 벗기기 위한 도구로써 그것을 이용할 수 있다.

갈등 관계를 묘사하기 위한 은유를 창조하라. 어떤 이미지가 갈등에 빠진 당신의 감정적인 경험을 반영한다고 느끼는가? 아마도 당신은 힘이 센 사자나 힘이 없는 아이처럼 느낄지도 모르겠다. 어떤 이미지가 상대방을 가장 잘 나타내는가? 신화나 어린이 동화나 영적인 이야기에 나오는 인물들을 떠올려보라. 더 창의적일수록 더 좋다. 당신은 상대방을 교활한 원숭이나 맹렬한 폭풍이나 거친 권투선수로 상상할지도 모른다.

용감한 공간을 만들었다면 이런 이미지들을 생각하기 위해서 상대방과 협력하는 방안을 검토하라. 나는 인종정치학적인 갈등에 휘말린 논쟁자들과 함께 이런 과정을 시작했고, 상호 합의된 이미지들을 만들 수 있는 그들의 능력을 보고 놀랐다. 그러나 가장 중요한 점은, 이미지를 창조하는 과정에서 그들은 상호 간의 관점을 경청하고, 이견을 인정하고, 함께 결정을 내리면서 그것을 설명해야 한다는 것이다.

몇 년 전, 나는 중동 지역에서 시아파와 수니파 사이에 격화되었던 분쟁을 해결하기 위한 워크숍을 연 적이 있다. 긴장감이 너무나 고조되었기 때문에 문제의 주제에 대한 공개적인 논의는 거의 필연적으로 비생산적인 논쟁으로 이어졌을 것이다.[27] 따라서 나는 워크숍 참가자들은 몇 개의 그룹으로 나누었고, 각 그룹마다 시아파와 수니파 사이의 관계를 묘사할 수 있는 은유를 찾아보는 임무를 맡겼다. 30분 뒤에 각 그룹이 찾아낸 결과를 발표했다. 한 그룹은 두 이슬람 종파 사이의 갈등을 몸을 파괴하는 암으로 묘사했고, 다른 집단은 그것을 만성적인 형제간의 경쟁으로 보았다. 이 후자의 이미지가 워크숍에 모인 전체 그룹에게 반향을 일으켰고, 이제 대화는 형제간의 반목을 치유하는 방법으로 전환되었다. 한 참가자가 '가족 내'에서 온 지도자들만이 화해를 촉진할 수 있다고 제안했을 때, 그룹은 시아파와 수니파의 지도자들이 만나서, 의견을 교환하고, 화해 과정을 생각해내는 구조를 머릿속에 그렸다. 두 종파의 화해를 둘러싼 문제들이 복잡했고, 지정학적인 경쟁 구도로 인해서 악화되었지만, 당시에 한 훈련은 참가자들이 보다 효과적으로 문제를 해결할 수 있게 그것의 본질을 명확히 파악하는 데에 도움을 주었다.

당신이 적절한 은유를 찾아내게 도와줄 수 있는 다양한 창의적인 방법이 존재한다. 초보자들의 경우에는, 어떤 이미지를 선택한 다음에 그것을 당신이 처한 상황에 맞게 만들어라. 당신은 237쪽에 나온 예시적인 원형들 표에서 사자처럼 하나를 고를 수 있다. 이어서 갈등 속에서 겪는 감정적인 경험을 구체적으로 드러낼 수 있게 그것을 어떻게 만들지 생각해보라. 당신은 늙은 경비를 위협하는 어린 사자인가? 아니면 거친 모습을 유지하고는 있지만 고통스러워하는 부상당한 사자인가?

또다른 방법은 믿을 만한 협력자와 함께 은유를 개발하는 것이다. 이 방법은 융의 환자들에게 좋은 효과를 보았다. 융은 오랫동안 세상에 퍼진 신화들을 연구했기 때문에 환자들이 그에게 그들이 겪던 문제를 털어놓았을 때, 그는 환자들의 원형적인 경험을 묘사할 때 쓸 수 있는 풍부한 신화를 가지고 있었다. 당신의 친구가 융의 신화학을 연구한 학자일 필요는 없다. 창의적인 친구이면 충분할 것이다.

당신은 또한 예술을 통해서 자신의 이미지를 묘사할 수 있다. 갈등에 빠진 당신의 경험에 들어맞는 이미지를 찾거나 위험을 무릅쓰고 자신에 대한 이미지를 직접 그려보라. 결과가 큰 깨달음을 줄 수도 있다. 어느 정도 경력이 쌓인 임원들을 대상으로 연 협상 과정에서 나는 참가자들에게 현재의 갈등 속에서 그들이 자기 자신을 어떤 모습으로 간주하는지를 그림으로 그려보라고 시켰다. 그들이 그린 이미지들은 놀라움 자체였다. 그림에는 결의에 찬 군인에서부터 놀란 아이까지 모든 것이 들어 있었다.

그렇다면 '적절한' 은유를 찾아냈다는 것을 어떻게 알 수 있을까? 핵심은 감정적인 울림이다. 당신은 갈등에서 당신이 감정적으로 겪는 경험의 반향을 불러일으키는 은유를 고르기를 원한다. 완벽한 은유를 찾는 것이 목적이 아니다. 어떤 이미지도 감정을 100퍼센트 압축적으로 보여주지 못한다. 따라서 유용하다는 느낌이 들 만큼 반향을 불러일으키는 은유를 찾을 때까지 난상토론을 하라.

이미지들 사이의 관계를 명확히 하라. 이제 적절한 은유를 찾았다면 이미지들 사이의 관계의 성격에 대해서 생각해보라. 아마도 그것이 성난 사자들 사이의 영역 다툼처럼 느껴지는가? 아니면 사자 무리의 우두머리의 사랑과 관심을 받기 위한 경쟁처럼 느껴지는가?

버지니아 대학교의 카터 센터의 바믹 볼칸 교수와 그의 동료들은 소련의 붕괴 직후 러시아와 에스토니아 대표들 사이에서 비공식적인 회담을 주선하면서 국제적인 맥락에서 은유가 가진 힘에 대한 실험을 실시했다. 회담 중 그들은 에스토니아와 러시아 대표들에게 양국의 관계를 묘사할 수 있는 은유를 고안할 것을 요청했다.

대표들은 각각 러시아를 대표하는 코끼리와 에스토니아를 대표하는 토끼라는 두 가지 이미지를 생각했고, 토끼와 코끼리 사이의 역학에 대해서 곰곰이 생각했다. 그들은 두 동물이 친구가 될 수 있지만 코끼리가 무의식적으로 토끼를 밟을 수 있기 때문에 토끼는 항상 경계심을 유지해야 한다고 생각했다. 볼칸 교수와 그의 동료 조이스 노이는 "코끼리-토끼 은유를 가지고서 일부 러시아인들은 에스토니아인들이 소련이 과거에 준 도움에 감사할 줄 모를 뿐만 아니라 당연히 소련에 대해서 경계심을 가지고 있는 것으로 보게 되었다"고 말했다.[28] 에스토니아인들은 그들이 새로 얻은 자치권을 잃을까봐 걱정했고, 두 나라는 정치적인 토대의 변화 속에서 각자의 신화를 정의하기 위해서 애썼다. 은유를 탐색한 결과, 두 나라의 대표는 그들의 관계를 안전하게 논의할 수 있게 되었다. 그들은 각자 느끼는 감정을 직접 공유하기보다는 간접적으로 알렸다.

은유를 더 분명하게 만들기 위해서는 각 협상 당사자의 관점에서 그것이 갈등의 전반적인 의미를 어떻게 잘 전달할 수 있는지를 고려해보라. 이미지들이 걸려 있는 합리적인 이해관계들뿐만 아니라 감정적 및 정신적 이해관계들을 반영할 수 있게 하라. 갈등의 의미를 분석하고 은유를 재정의하는 것 사이를 오락가락하는 동안 당신은 정체성 신화의 본질을 명확히 드러낼 것이다.

물론 어떤 원형적인 이미지가 당신과 상대방의 관계를 가장 잘 정의하는 지를 두고 상대방과 항상 의견이 일치하지는 않을 것이다. 당신은 자기가 유순한 고양이 같다고 생각하지만 상대방은 당신을 적대적인 사자로 간주하는 경향을 더 보일 수 있다. 서로 생각하는 이미지에 차이가 있다면 왜 각자 그렇게 다르게 관계를 묘사했는지 이유를 논의해보라. 사실상 이때 유용한 훈련은 당신과 상대방 각자가 상대방이 관계를 어떻게 상상하고 있는지 최대한 잘 추측한 결과를 보여주는 원형들을 상상한 다음에, 그렇게 나온 이미지들을 논의하게 만드는 것이다.

4. 신화를 수정하라

창조적인 성찰의 마지막 단계는 신화를 수정하는 것이다.[29] 이 단계에서 당신은 당신과 상대방이 자신들을 위해서 만든 것과 똑같은 이미지들을 가지고 있지만 (핵심 정체성들은 안전하게 남아 있다) 러시아와 에스토니아 대표들이 코끼리와 토끼 사이의 관계를 재해석했던 식으로 그런 이미지들 사이의 관계를 재설정해야 한다.

이미지들 사이에 더 개선된 관계를 상상하라. 집사람과 나 사이의 갈등을 생각해보자. 미아는 내게 "우리는 교감이 없어요"라고 말하고, 나도 그녀의 말에 동의한다. 우리는 개인적인 경험들을 공유한 결과, 우리 모두 좌절감과 소외감을 느낀다는 것을 깨닫는다. 나는 학생들을 가르치고 책을 집필하느라 바쁘고, 미아는 집에서 아이들을 돌보고 집안일을 하느라 쉬지 않고 일한다. 2분 동안만이라도 이야기를 나눌 시간이 있을 때도 우리는 누가 먼저 나서서 그렇게 하지 않는다. 서로의 사정에 대해서 공감하지만 우리의 단절된 관계는 지속된다.

그날 늦게 우리는 갈등의 맥락 속에서 각자 어떤 느낌을 가지는지를 이미지로 그리면서 예전과 다른 방식으로 대화를 나눈다. 우리는 내가 책을 집필하면서 이론의 세계 속에서 떠다니는 구름 같고, 미아는 끊임없이 집에서 계속 가사를 돌보아야 하는 고정된 닻 같다는 결론을 내린다. 이미 우리는 각자 더 인정을 받은 느낌이 들고, 분위기는 밝아진다.

우리는 구름과 닻이 어떻게 더 잘 소통할 수 있는지를 재미있게 상상한다. 가끔 닻이 구름으로 헬리콥터를 데리고 가야 할지도 모른다. 단, 가스가 떨어질 정도까지, 그렇게 오랫동안은 아니다. 또 어떤 경우에는 구름이 땅으로 흘러 내려와야 할지도 모른다. 우리는 또한 우리 둘이 하늘을 떠다니는 동안에 땅에 고정되어 있는 연으로 합쳐질 가능성에 대해서 이야기한다. 우리의 시나리오가 논리적으로 타당하지 않았지만 (닻이 헬리콥터를 날려 데리고 간다니?) 그것은 중요하지 않다는 사실을 명심하라. 창의적인 성찰은 여러 은유들의 조합이 아무리 불협화음을 내더라도 관계의 경험에서 느껴지는 감정의 **본질**을 잡아내는 것이 목적이다.

통찰을 행동으로 옮겨라. 새로 가지게 된 관점을 관계에 어떻게 실질적으로 적용할 수 있는지 생각해보자. 미아와 나의 갈등에서 우리는 각자 상대방이 우리의 가족뿐만 아니라 더 광범위한 사회적인 가치를 지키기 위해서 얼마나 열심히 일하는지를 인정했다. 우리는 또한 우리가 두 가지 서로 다른 언어로 소통하고 있다는 것을 깨달았다. 나는 이론적인 말을 하고 있었고, 미아는 실질적인 말을 하고 있었다. 우리는 우리가 각자 최소한 매일 10분 정도라도 상대방이 생활하는 세계를 '방문해보기로' 결정했다. 닻은 이론에 대해서 이야기하기 위해서 구름을 방문하고, 구름은 일상생활에 대해서 이야기하기 위해서 닻을 방문하는 식이다. 이러한 조치들은 우리를 더욱 가깝게 만들었다.

　내가 서로 연결되는 데에 애를 먹었던 엄마와 10대 딸인 마리아와 게일에게 조언을 할 때도 이와 똑같은 창의적인 성찰 과정이 유용한 것으로 드러났다. 모녀는 며칠이고 쉬지 않고 싸우고, "다시는 말을 섞지 않겠다"라고 위협하다가 마침내 화해한 후 일주일도 채 못 되어 다시 싸우고는 했다. 우리가 그들이 그들의 관계 역학의 본질을 드러낸다고 느꼈던 원형적인 이미지들에 대해서 논의했을 때, 게일은 자신을 항상 공격적인 상어에 의해서 위협을 받는 조그만 물고기로 여겼다. 그녀의 엄마도 자신을 딸과 마찬가지로 조그만 물고기로 간주하는 경우를 제외하고는 딸의 생각에 동의했다.

　내가 모녀에게 상어와 조그만 물고기 사이의 관계의 성격을 묘사해보라고 요청하자 그들은 각자 느낀 불만에 대해서 활기찬 대화를 나누었지만, 모두 관계를 개선하는 데에 대한 강력한 욕구를 드러냈다. 게일은 엄마에게 두 사람이 서로의 감정을 적극적으로 보호하는 친한 상어들로 변신할 수 있는 방법을 같이 생각해보자고 제안했다. 게일의 엄마는 그녀의 생각에 동의했고, 우리는 이런 생각을 어떻게 행동으로 옮길지를 알아보기 시작했다.

　앞에서 모녀는 여러 차례 서로의 감정을 공유하는 데에 실패했다. 그들은 곧바로 반복강박에 빠졌고, 현기증 속으로 소용돌이쳐 들어갔다. 이제 그들의 관계는 만신창이가 된 상태라서 간접적인 창의적 성찰의 길이 그들을 화해로 이끄는 특별히 안전하고 효과적인 길임이 입증되었다. 엄마는 이제 분노한 게일이 하는 말의 진심을 알아들을 수 있었고, 게일의 분노가 자신의 정체성이 피해를 입지 않게 지키려는 단순한 갑옷에 불과했다는 사실을 깨달았다.

가족 관계

- 반항하는 아이
- 이혼녀
- 불충한 형제자매
- 요구가 많은 부모
- 복종하는 아이
- 배신한 배우자
- 파문을 당한 가족 구성원
- 입양아
- 과부
- 먼 친척
- 경쟁 관계에 있는 친척

전형적인 인물

- 구원자
- 사기꾼
- 마녀
- 치유자
- 영웅
- 신앙심이 없는 자
- 악당
- 환자
- 도둑
- 조언자
- 뱀파이어
- 장난이 심한 아이

예시적인 원형들

그리스 신화

- 올림포스 산의 신들 : 올림포스 산에 앉아 아래의 인간들 위에 군림했다.
- 제우스 : 신과 인간들 사이에서 안정을 유지하기 위해서 절대 권력을 휘둘렀다.
- 시시포스 : 계속해서 바위를 산 위로 밀어 올리는 벌을 받았다. 그가 밀어 올리는 바위는 산꼭대기에 이르면 다시 아래로 굴러 떨어지기 때문에 그는 영원히 이 일을 되풀이했다.
- 헤라 : 제우스의 끊임없는 부정(不貞)을 인내할 수밖에 없었기 때문에 사랑하는 사람의 배신에 분개했다.
- 탄탈로스 : 신들의 비밀을 누설한 벌로 지옥의 물에 턱까지 잠겨 있었으나, 목이 말라 물을 마시려고 하면 물이 빠져서 결코 물을 마실 수 없었다.
- 테세우스 : 좋은 신념을 가지고 협상했지만 속아서 영원히 지옥에 감금되었다.

동물의 왕국

- 사자의 우두머리 : 혼자 떨어진 얼룩말을 잡아먹기 위해서 무리를 이끈다.
- 백상아리 : 바다에서 가장 무시무시한 포식자 중 하나로, 주위의 모든 것을 먹어치운다.
- 쥐 : 작은 몸의 크기를 민첩함으로 만회하며, 공격을 받을 때 풍부한 지략을 선보인다.
- 코끼리 : 몸집은 엄청나게 크지만 행동은 매우 유순하다.
- 늑대 : 녹초가 될 때까지 큰 먹이를 쫓아가서 덮친다.
- 치타 : 빠르고, 우아하고, 흉포하다. 빠르게 공격하지만 마찬가지로 그만큼 빠르게 포기한다.

그러나 그들이 더 강력하면 어떻게 하나?

신화는 단지 이야기일 뿐만 아니라 권력을 휘두르는 데에 필요한 도구이다. 신화의 기본적인 원칙은 단순하다. 당신의 신화를 통제하는 사람은 누구나 당신을 통제하기 때문에 갈등에서 상대방이 그의 목적에 이바지하게 당신의 신화를 만들려고 애쓰려고 할지 모르는 것이 당연하다. 이때가 정체성 정치학이 가장 위험할 때이다. 감정적으로 모욕을 주는 남편이 어떻게 해서 부인이 상처를 받지 않고서는 관계를 정리할 수 없다는 느낌을 받게 만들면서 그녀 위에 군림하는 이야기를 만드는지 생각해보자. 부인은 반대하는 목소리를 낼 공간을 찾지 못한다. 혹은 미국에서 짐 크로 인종차별법(19세기 말부터 20세기 초에 미국에서 시행되었던 인종차별법으로, 공공장소에서의 흑백 분리를 골자로 했다/역주) 같은 인종차별적인 이야기들이 어떻게 해서 백인들만 일방적으로 재화와 용역과 사회적인 영향력을 가진 네트워크에 접근할 수 있게 했는지를 생각해보자.

신화에 대한 권력을 되찾아오라

대부분의 갈등에서 각자 상대방이 자기의 정체성을 잘못 묘사하거나 어떤 식으로건 자신의 위상을 떨어뜨린다고 느낄 것이다. 당신의 신화에 대한 권한을 되찾아오기 위해서는 다음과 같은 단계를 밟아라.

첫째, 상대방이 당신에게 강요하는 신화를 인식하라. 감정적인 모욕을 당하는 관계에 있는 부인은 남편이 그녀를 의존적이고 순종적인 사람으로 정의하려고 할지 모른다는 사실을 깨닫게 될지 모른다. 남편은 올림포스 산의 제우스이고, 자신은 연약하고 무기력한 인간처럼 느껴진다. 이러한 인식에 도달하기 위해서 그녀는 남편이 그녀에게 어떤 정체성을 규정하고 있고, 그것이 두 사람 사이의 관계에서 받아들일 수 있는 것인지 자문했다.

둘째, 상대방이 가진 힘의 기원이 어디인지 찾아라.[30] 상대방이 다음과 같은 종류의 힘을 가지고 있는가?

1. **합법적인 권력** : 상대방이 당신보다 더 권위 있는 자리를 차지했다.
2. **전문가적인 권력** : 상대방이 특별한 지식이나 자격증을 가졌다.
3. **준거 권력** : 상대방이 인간관계에서 영향력을 가졌다.
4. **보상적인 권력** : 상대방이 당신에게 보상할 수 있는 능력을 가졌다.
5. **강압적인 권력** : 상대방이 위협, 처벌, 혹은 제재를 가할 능력을 가졌다.
6. **정보 권력** : 상대방이 당신이나 다른 사람들이 원하는 정보에 접근할 수 있다.

우리 사례에 등장한 부인은 남편의 신화가 그에게 두 사람의 결혼에서 유일한 **합법적인 권력**을 부여한다는 것을 깨닫는다. 남편은 외식을 나가거나, 휴가를 즐기거나, 주말 활동을 결정해도 되는지를 결정할 수 있는 유일한 사람이다. 남편은 자신이 두 사람의 결혼에 유익한 일에 대해서 부인보다 '더 잘 알고' 있다고 주장할 때 **전문가적인 권력**에 의지한다. 그는 부인이 집안에서 해야 할 일을 잘하는 한 일주일에 한 번씩 그녀에게 '용돈'을 줌으로써 **보상적인 권력**을 이용한다. 그리고 그는 부인이 관계를 단절할 경우 경제적인 지원을 중단하겠다고 위협함으로써 **강압적인 권력**을 휘두른다.

셋째, 의존할 수 있는 권력원을 찾아보라. 부인은 사회 네트워크를 넓히고, 자신의 준거 권력을 확대해주는 협력 단체에 일주일에 한 번씩 참여한다. 그녀는 자신 역시 부부 관계에서 결혼의 운명을 결정하는 데에 중요한 역할을 하는 **합법적인 권력**의 보유자로 활동할 수 있다는 것을 깨닫는다. 부인은 자신의 경제적 및 법적인 권리에 대해서 더 많은 정보를 얻기 위해서 변호사와 상의하면서 **정보 권력**을 확대하는 한편, 남편의 **강압적인 권력**을 약화시킨다. 부인은 남편이 그의 방식을 바꾸는 것을 거부할 경우, 여동생의 집에 갈 준비를 함으로써 자신의 **강압적인 권력**을 제고한다.

끝으로, 신화에 대한 통제권을 되찾아오라. 부인은 남편에게 다가가서 불만을 알리고 그가 행동방식을 바꾸지 않으면 부부 관계를 끝내겠다고 말한다. 이 경고는 믿을 만하다. 그녀가 힘을 되찾았기 때문이다. 남편은 경제적인 지원을 끊겠다고 위협하지만 그녀는 그럴 경우를 잘 대비하고 있다. 남편은 "부부 관계가 끝날 경우, 부인이 혼자 살 수 있는 능력이 없다"라고 주장하지만 부인은 그녀의 사회적인 지지 네트워크에 대해서 자신감을 가진다. 부인을 잃게 될지 모른다는 두려움은 남편이 그녀의 요구에 응하게 만들고, 남편은 마지못해 그녀와 함께 둘 사이의 관계를 수정한다. 이것은 시간뿐만 아니라 깊고도 집중적인 개인적 숙고와 대화가 필요한 과정이다.

상대방이 대화를 거부할 경우에 어떻게 해야 하나?

상대방에게 그의 신화를 밝히도록 강요하거나, 상대방이 당신의 신화를 경청하도록 만들 수도 없다. 사실상 당신이 당신보다 더 많은 힘을 가졌다고 느끼는 쪽과 합의를 시도할 경우에는 저항을 **예상해야** 한다. 상대방은 그가 당신과 이야기하기로 합의할 경우, 당신이 그의 권력원인 이야기 기반을 약화시킬지 모를 가능성에 대비한다.[31]

이때 가장 좋은 방법은 상대방이 대화에 참여하도록 전략적으로 설득하는 것이다. 위협을 가해서 그를 협상 테이블로 데려올 수 있을지 모르지만 그는 분한 마음 상태에 있을 것이다. 다음은 상대방이 대화를 거부할 때 이를 해결하는 데에 요긴한 몇 가지 제안이다.

- 상대방에게 말을 걸기 전에 대화를 하기 원하는 목적을 분명히 밝혀라. 당신의 고통을 치유하기 위한 내적인 바람 때문인가? 상대방의 시각을 이해하기 위한 호기심 때문인가? 도덕적인 의무감 때문인가? 당신은 스스로 고통스러운 감정을 치유하는 식으로 대화를 하지 않고서도 당신의 욕구를 만족시킬 수 있을지 모른다.
- 껄끄러운 관계 문제에 대한 대화를 어떻게 하면 좋을지부터 대화하기 시작하라. 그런 식으로 당신이 겪는 갈등 자체뿐만 아니라 갈등에 대해서 이야기하는 과정을 이야기하라.
- 상대방을 비공식적인 대화로 초대하라. 주목받지 않고서 하는 대화가 더 안전하다.
- 상대방이 여전히 대화를 거부하는 경우에는, 개인적인 편지(와 상대방이 응할 요청) 형태로 상대방과 당신의 시각을 공유할 수 있을지도 모른다.
- 공동 대화를 권할 수 있는 당신과 상대방 모두의 동지를 찾아라. 아니면 대화를 주선하고 가능하게 할 서로의 친구나 동료나 다른 믿을 만한 제3자로부터 협조를 구하라.
- 이 전체 과정을 인내, 공감이 요구되는 개인적인 학습 기회로 간주하라.
- 상황이 제도적인 문제와 관련되어 있다면 당신의 목소리가 들리고 대화를 할 수 있는 더 많은 공간을 만들기 위해서 차별법이나 정치 같은 제도적인 구조를 바꿀 수 있게 힘써라.

- 최종 수단으로 절연을 해야 할지도 모른다. 그러나 그렇게 하기 전에 협상이 어떻게 될지를 알아보라.

종합 : 사무실 사례

갈등에서 정체성 신화를 벗기려면 노력과 함께 창의적인 정신을 가지고 갈등에 접근하려는 의지가 필요하다. 당신을 구부러진 숟가락이나 소심한 토끼로 묘사하는 것이 유치하게 느껴질지도 모르지만, 자신의 관점을 수정했을 때에 그것이 갈등처럼 어려운 상황에 미치는 영향이 상당할 수 있다. 존경받는 임원인 애덤이 나와 함께 일한 후에 깨달은 교훈이 바로 그것이다.

애덤은 기업계에서 일하기 위해서 비영리 조직 위원장 자리에서 물러난 지 얼마 안 된 상태였다. 그의 새로운 상사인 제리의 태도는 결코 변화를 쉽게 만들지 않았다. 애덤은 "그는 나를 못 잡아먹어서 안달입니다. 2주일 전에 제리가 제게 중요한 고객에게 제출할 제안서를 정리할 것을 부탁했어요. 저는 가족이고 뭐고 다 무시하고 주말을 포함해서 일주일 내내 밤이고 낮이고 쉬지 않고 제안서에 매달렸어요. 그리고 완성한 제안서를 제리에게 보냈죠. 그리고 다음 날 제리는 몇 가지 사소한 세부 사항들에 대해서 비난하더니 제가 이번 일을 잘 처리하는 데에 필요한 자질이 부족하다고 생각한다고 말했어요. 저는 **부글부글 끓었죠**"라고 말했다.

우리는 상사와의 갈등에서 애덤의 주된 이해관계를 찾아냈다. 그것은 그의 일자리를 지키고, 승진할 수 있는 기회를 얻는 것이었다. 우리는 제리에게서 그가 한 일에 대해서 인정을 받고 싶은 욕구를 포함해서 그의 핵심 관심들이 무엇인지 알아보았다. 그리고 갈등에서 지역사회에 봉사하는 사람이 되겠다는 그의 영적인 소명에 대해서 논의했다.

이어서 우리는 원형 문제로 돌아갔다. 나는 애덤에게 "은유를 써서 제리와의 관계를 어떻게 묘사할 수 있겠습니까?"라고 물었다. 애덤은 잠시 생각에 잠겼다가 "그는 배타적인 클럽의 창립 위원입니다. 그리고 그 클럽을 찾는 모든 사람들이 부자이고 성공했고, 배금주의 사상에 빠져 있죠. 그는 저를 사기꾼이자 클럽 회원이 되기 위해서 물, 불 안 가리는 침입자로 여깁니다. 그에게 저는 단지 비영리 단체에서나 일했고 실제 기업에서는 일한 적이 없는 평범한 사람에 불과합니다. 저는 그가 제게 이런 종류의 일을 할수 있는 투지가 있다고 믿지 않는다고 생각해요"라고 말했다.

나는 물었다. "정말요?"

그는 방어적이고 머뭇거리는 어조로 "물론입니다"라고 대답했다.

나는 다시 "정말요?"라고 물었다.

그러자 애덤은 대답했다. "솔직히 말해서 저는 제가 기업체에서 일할 자격이 되는지 늘 의구심을 가져왔어요. 저는 제가 적합한 사람이라고 확신하지는 못해요. 그러나 그렇다고 해서 제리가 제 업무능력에 대해서 맹비난할 자격이 있다고 생각하지는 않아요."

나는 그의 말에 공감했다. "물론입니다. 그렇지 않아요. 그러나 현재 몇 가지 문제들이 걸려 있습니다. 하나는 당신이 이곳에서 일하고 **싶은지** 여부입니다. 둘째는 제리가 어떤 생각을 하고 있느냐 여부입니다. 셋째는 당신이 현재 처한 상황을 개선하기 위해서 할 수 있는 일입니다."

우리의 대화는 애덤의 정체성 신화로 더 깊이 파고들었다. 이번 갈등에서 그의 핵심 관계형 이야기는 무엇이었는가? 그는 비영리 조직 분야를 떠난 자신을 배신자처럼 느꼈는가? 그는 비즈니스 정글 속에서 살아남을 수 있는 자신의 능력을 의심했는가?

우리는 이어서 그의 상사의 신화들에 대한 힌트들을 찾아보면서 그의 관점으로 이동했다. 애덤은 우연히 제리의 부모님이 모두 지역사회 활동가라는 사실을 알게 되었다. 나는 애덤의 커뮤니티 중심적인 정신이 그의 회사 경력에 대한 의구심을 불러일으키면서 제리의 마음을 불안하게 만들지 않았을까 의심했다. 애덤과 소통할 때 제리는 사기꾼이나 심지어 더 심각하게는 그의 가족이 중시하는 가치에 대한 배신자처럼 느끼면서 부족 효과가 일어났을지 모른다.

은유를 사용함으로써 애덤이 그의 정체성을 지원하는 식으로 그의 경력상의 열망을 추구하는 방법에 대해서 생각할 수 있게 도와주었다. 나와 대화를 마친 애덤은 제리를 점심에 초대했고, 회사 생활과 관련해서 그가 느꼈던 갈등 문제를 꺼냈다. 놀랍게도 제리는 자신은 자기가 하는 일을 가족을 부양하고 남은 인생을 지역사회에서 봉사활동을 하기 위해서 매진하기 위한 방법으로 보고 있다고 설명하면서 그가 겪던 내적인 갈등에 대해서 입을 열었다. 두 사람이 이런 대화를 나눌 시간을 가지지 못했다면 아마도 서로 연결점을 찾지 못했을 수 있고, 애덤의 일자리는 위태로워졌을지 모른다.

결론

긴장 관계들을 화해로 이끌기 위한 첫 번째 단계는 갈등에 대한 상호 관점을 더 잘 이해하는 것이다. 그러나 상호 이해관계를 합리적으로 논하기만 해서는 걸려 있는 더 깊은 감정적인 문제들을 이해하기에 부족하다. 감정을 직접 이야기하는 것만으로도 충분하지 않다. 사람들은 극단적으로 다른 경험들을 설명하기 위해서도 늘 똑같은 단어들을 사용하는 경향이 있기 때문이다. 정체성 신화만큼 각 협상 당사자에게 더 현실적이면서 감정적으로 강력한 영향을 미치는 것은 없다. 깊은 의미를 가진 일들을 밝히는 것은 현대적인 맥락에 뿌리를 둔 보편적이면서 개인적인 원형적 이야기이다. 각자의 신화를 벗김으로써 차이를 극복할 수 있는 거대한 발걸음을 걷게 된다.

정체성의 신화를 벗겨라
개인별 응용 문제

1. 갈등에 빠진 당신에게 개인적으로 동기를 부여하는 것은 무엇인가?

   - 합리적 이해관계(돈과 기타 유형의 물품들)
   - 감정적 관심(인정, 친밀감, 자율성, 지위, 역할)
   - 정체성의 기둥(신념, 의식, 충성, 가치, 감정적으로 의미 있는 경험)

2. 상대방에게 동기를 부여하는 것으로 무엇이 있을 수 있다고 보는가?

3. 긴장 관계를 설명할 수 있는 은유를 만들어보자. 은유의 사례는 이번 장에 나온 차트를 참조하라.

4. 당신의 권력에 대한 감각을 강화하기 위해서 이 은유를 어떻게 개조할 수 있는가?

5. 당신과 상대방이 마음을 열고 토론하고 있는가? 만일 그렇다면 당신은 어떻게 용감한 공간을 만들 수 있는가? 당신과 상대방 각자의 시각을 공유할 수 있는 시간을 확보해줄 비밀 코드와 안건을 정하는 방안을 고려해보자.

12

감정적인 고통을 해결하라

복수의 여정을 시작하기 전에 두 개의 무덤을 파라.

―공자

미국의 남북 전쟁(1861-1865)이 정점일 당시 전쟁에 지친 남부 연합군 소속 병사가 조용한 절망 상태로 회상에 잠겼다. "어떻게 우리가 맞서 싸우고 있는 저런 적들을 용서할 수 있단 말인가? 우리의 재산을 빼앗고, 우리를 집과 친구로부터 끌어내고, 전쟁터에서 우리의 소중한 시민들을 무참히 살해한 행위는 용서하기 힘든 범죄이다. 어쨌든 그들에게 복수할 기회를 달라. 그래야 나는 하느님의 은총으로 그들을 용서할 수 있다."[1]

병사는 남부가 겪는 고통에 대응하는 방법에 대한 두 가지 가능한 이야기를 가지고 고민했다. 하나는 그에게 그야말로 하느님의 은총으로 그들을 용서하라고 손짓했다. 훨씬 더 감정적으로 강렬한 다른 이야기는 그에게 그의 두 손으로 정의를 실현할 것을 촉구했다. 눈에는 눈으로 대응한 다음에야 관용을 베풀라는 것이다.

병사가 겪는 딜레마가 우리가 겪는 딜레마이다. 용서는 우리의 양심을 달래지만 보복은 복수하고 싶은 우리의 갈망을 해결한다. 우리가 가족 구성원이나 동료와 화해하기를 원할지 몰라도 상처받은 감정은 우리에게 반격을 가하거나 심지어 상처를 주라고 촉구한다. 남부 연합군 소속 병사처럼 우리는 부득불 복수심을 느낄지 모르는데, 가끔은 그것이 너무 강해서 복수 외에는 다른 방법이 없다고 느끼기도 한다.

그러나 우리에게는 선택권이 있다. 이번 장은 감정적인 고통을 해결하고 복수의 필요성에서 벗어날 수 있는 방법을 제시하겠다.[2] 깊은 분노를 털기가 쉽지는 않다. 그러나 그런 행동이 당신의 모든 복수 본능을 거스르더라도 그로 인해서 해방감을 느낄 수 있으며, 복수보다 훨씬 더 생산적이다.

해결하기

감정적인 고통을 치유하는 최선의 방법은 그것을 해결하는 것이다. 고통은 당신 안에 굳어져 있으며, 그것을 치유하기 위해서는 램프가 전기 에너지를 불빛으로 변환시키듯이 부정적인 감정을 긍정적인 관계의 힘으로 변환시켜야 한다. 이런 과정에서 당신은 자신의 감정적인 고통의 위치를 파악하고, 그것을 이해하기 위해서 자기 성찰을 해야 한다. 도중에 불만에 매달리고 온 힘을 다해서 복수하라고 손짓하는 내부의 악마들과 만나게 될지 모르기 때문에 이런 과정이 무시무시할 수 있다.[3] 그러나 손의 상처는 무시해도 자연스럽게 치유되지만, 그러한 내적인 악마들을 무시할 경우에 상황은 악화된다. 고통이 더 심각한 고통을 낳다가 임계점을 넘게 되면 당신의 세상은 폭발하고 만다.

준비가 되었는가? BAG을 확인하라

당신이 느끼는 감정의 운명은 전적으로 당신 자신에게 달려 있다. 감정적으로 버릴 준비가 되어 있지 않다면 원한을 떨칠 수가 없다. 따라서 자기 안으로 들어가서 자문하라. 원한에 대한 최고의 대안은 무엇인가(나는 '원한에 대한 최고의 대안'을 줄여서 BAG이라고 부르겠다. BAG은 '원한에 대한 최고의 대안'의 영어 표현 Best Alternative to Grudge의 첫 단어들을 따서 만든 단어이다)? 원한을 품고 사는 현재의 당신의 삶을 원한이 없는 현실적인 삶과 비교해보라. 어떻게 달라질까? 그리고 상황이 더 나아지지 않을까?

당신의 원한에는 목적이 있다. 상대방이 당신의 정체성을 훼손했을 때 그는 당신의 도덕적인 질서(옳고 그른 것에 대한 느낌)를 파괴한다. 그러면 당신은 자연스럽게 의기소침하게 되어 복수를 다짐한다. 복수를 포기할 경우 당신의 고통에 불충실하다는 느낌을 받을 수 있다. 그러나 원한을 계속 품고 있기 위해서는 아이러니하게도 당신의 행복과 고결함을 갉아먹을 수 있는 강렬한 개인적인 에너지가 요구된다.

그렇다면 BAG을 확인해보라. 유독한 감정의 짐에서 벗어나는 것이 어떤 느낌일까? 상대방과 어떻게 관계를 맺을 것인가? 선택은 당신의 몫이다. 원한을 털어버릴 준비가 되었는지 결정하라. 당신에게는 고통을 해결하거나 그것을 무시할 힘이 있다. 고통을 해결할 준비가 되었다고 느낀다면 세 단계를 거쳐 여행해야 할 것이다. 첫째, 감정적인 고통을 증언하라. 둘째, 상실을 슬퍼하라. 셋째, 용서를 구하라. 간단히 말해서 목격하고, 슬퍼하고, 용서하라.

1단계 : 고통을 증언하라

증언한다는 것은 현실을 수용하기가 아무리 어렵더라도 개인의 감정적인 고통을 인정하는 것이다. 먼저 당신 자신이 느끼는 고통을 증언한 다음에 같은 과정을 거쳐서 상대방의 고통을 증언하라. 그러려면 고통을 목격하고, 그 속으로 들어가서, 그것의 의미를 해독해야 한다.[4]

고통을 확인하라

감정적인 고통의 두 가지 측면인 **원초적인 고통**과 **정신적, 신체적인 고통**을 찾아라. 원초적인 고통은 당신의 연인이 "나는 더 이상 당신을 사랑하지 않아요"라고 말했을 때 강하게 느끼는 본능적인 감정이다. 가슴이 먹먹해지고, 목이 메고, 두통이 온다. 정신적, 신체적인 고통은 "내가 뭐가 잘못되었지?"라고 조용히 걱정하면서 원초적인 고통을 이해하다가 생긴다.

원초적인 고통을 감지하기 위해서는 감정과 신체적인 느낌을 주시하라. 갈등이 최고조에 이르렀을 때 당신의 모습을 상상하면서 머리에서부터 발가락까지 천천히 몸을 살펴보면서 긴장이 느껴지는 지점들을 찾아라. 어깨가 경직된 느낌인가? 배가 뻣뻣해지는 기분이 드는가? 당신은 당신이 알아낸 결과 때문에 놀랄지도 모른다. 갈등 속에서 분노가 당신의 집중력을 크게 소모시키는 바람에 수치심이나 굴욕감이나 자기연민 같은 다른 강력한 감정들의 신체적인 징후들을 눈치채지 못할 수 있다. 그러나 그것들을 인정할 때까지 그것들에 의해서 좌지우지된다.

일단 감정적인 고통을 찾았다면 정신적, 신체적 고통이 주는 신호들을 찾아라. 즉 원초적인 고통을 이해하는 방법을 찾아라. 당신이 상처를 받았다고 느꼈을 때 자기 자신에게 하는,[5] "나는 그가 내게 이렇게 했다는 것을 믿을 수 없어!"나 "그는 대가를 치르게 될 거야!" 같은 말들에 집중하라. 당신의 성난 생각 속에 숨겨진 무기력함에 대한 두려움에 주목하라. "왜 이런 일들이 늘 내게 일어나는 거지? 아마도 나는 비참한 삶을 살 운명인가보다."

그러나 원초적인 고통을 피할 수는 없지만 그로 인한 아픔은 줄일 수 있다. 당신 안의 비평가가 당신의 가장 위대한 비평가인 경향이 있다. 비결은, 비평가를 의식하고 (자기 비난의 '소용돌이 기계'의 속도를 늦추기 위해서) 그에게 맞서는 것이다.[6] 당신의 내부 비평가가 마지막 말을 하게 내버려두지 말라. 다음에 열띤 논쟁에 휘말렸을 때는 당신의 머리에서 흘러나오는 생각의 흐름에 주목하고, 그것을 신중하게 경청할 수 있게 흐름의 속도를 낮추어라. "그는 정말 바보다! 왜 그는 항상 내게 시련을 주는가? 아마도 나는 여기에 적응하지 못할 것이다."

이어 당신의 자아비판에 의문을 제기하라. 당신이 사랑하는 어머니나 당신에게 소중한 멘토처럼 내부 옹호자에 대한 기억을 끄집어낸 다음에 그 사람이 도와주었을 때 했던 말로 비판에 맞서라. "당신은 가장 열심히 노력했고, 세상에 줄 것이 아주 많다. 그가 당신의 장점을 보지 못한다고 해서 당신이 그런 장점을 가지지 않은 것은 아니다."

고통을 느껴라

'치유하기 위해서는 느껴라'라는 간단한 모토를 떠올려보자. 원초적인 고통에 대해서 입을 다문다면 그것을 증언할 수 없다. 문제를 해결하는 것만으로 충분하지 않은 이유가 이것이다. 문제가 풀리더라도 고통은 풀리지 않기 때문이다. 당신은 직접 맞서서 자신이 받는 느낌을 이해해야만 비로소 감정적인 고통을 해결할 수 있다.

용기를 내서 고통을 경험해보라. 분노는 당신이 받는 고통을 제3자의 탓으로 돌릴 수 있게 하기 때문에 그것을 느끼기 쉽다. 그러나 부끄러움이나 죄나 치욕 같은 당신의 단점에 대해서 주의를 환기시키는 감정들은 인정하기가 한층 더 어렵다. 당신은 그런 감정들을 묻어버리고 싶은 유혹에 빠질 지도 모른다. 그런 감정들을 느끼면 분명 고통스럽기 때문이다.[7] 그러나 재차 말하지만, 치유하기 위해서는 질투로 인한 불안감, 창피함으로 인한 치욕스러움, 슬픔의 무게 등을 느껴야 한다.

단, 고통을 느껴야 하지만 그 속에 파묻히게 되어서는 안 된다. 이처럼 경계를 넘어가지 않는 한 가지 전략은 잠수부와 인명구조원이라는 두 가지 역할을 동시에 맡고 있다고 상상하는 것이다. 잠수부로서 당신은 머리부터 고통 속으로 뛰어들어서 스쿠버다이버가 물고기와 산호초의 모습을 받아들이는 것과 똑같은 방식으로 눈에 보이는 모든 것을 관찰하고 체험한다. 잠수부가 감정에 휘말려 익사할 위험에 빠진 것 같다면 인명구조원이 잠수부를 수면 위로 끌어올린다. 다시 말해서, 감정으로부터 언제 휴식을 취할지 알아라. 산책을 나가고, 뉴스를 읽고, 숨을 돌려라. 바다는 당신이 제자리로 돌아갈 준비를 할 때 기다릴 것이다.

감정적인 고통을 이해하기 위해서 전문 치료사에게 도움을 요청하는 방법도 고려하라. 당신이 압도당하거나 개인적인 위기 때문에 꼼짝 못 하게 되거나 신체적, 정신적인 안전이 걱정될 경우 이렇게 하는 것이 특히 중요하다. 유능한 치료사는 비타협적인 감정들을 해결하는 데에 필요한 안전과 기술을 공급해줄 수 있다.

고통의 의미를 해독하라

고통의 기원을 분명히 밝히는 일부터 시작하라. 누가 감정적인 행복에 상처를 주는 말이나 행동을 했는가? 한 가지 외상적인 사건만 있었나, 아니면 고통이 장기적인 학대의 결과인가? 이어 그러한 고통의 기능을 해독해보

라. 예를 들면, 내가 두통을 느낄 때 그것은 나에게 스트레스를 줄이라고 말하는 것이다. 마찬가지로 감정적인 고통은 당신의 인생에서 빠지거나 깨진 것이 무엇인지 메시지를 보내는 것이다. 그런 메시지를 찾아라. 당신이 당신의 생각을 흠뜯는 상사를 피하고 싶은 강력한 충동을 느낀다면 당신의 고통은 당신에게 당신이 인식하는 것보다 더 많은 칭찬을 받아야 한다고 말하는 것일지도 모른다.

자신의 감정적인 고통을 증언한 후 상대방의 고통으로 관심을 돌려라. 그의 입장에 서 있다고 상상해보라. 상대방은 어떻게 느낄 수 있는가? 이유는? 당신이 반복강박이나 현기증의 덫에 걸려 있다면 그의 입장에 서기가 어려울 수 있지만 그럼에도 불구하고 계속 노력해보라.

그러나 상대방에게 치유를 강요할 수는 없다. 치유하려는 의지는 개인적인 선택이다. 일반적인 실수는 상대방이 당신과 공통점을 찾고 갈등을 '식히도록' 밀어붙이는 것인데, 그러나 감정이 상할 경우 그는 당신이 그가 당연히 느껴야 할 분노를 못 느끼게 막고, 분노해서 무력을 사용할 준비가 되었을 때 커지는 영향력을 무력화시키려고 애쓴다는 느낌을 받을지도 모른다.

그런 경우 당신이 할 수 있는 최선의 일은 감정적인 치유를 하기에 적합한 환경, 즉 서로의 고통을 증언할 수 있는 용감한 공간을 만드는 것이다.[8] 모두가 믿을 만한 가족 구성원이나 전문 중재자처럼 서로가 존중하는 제3자에 의해서 이런 공간이 만들어질 수가 있다.[9] 모두 제3자의 도움 없이도 각자의 고통을 알아보면서 편안한 느낌을 받는다면 생산적인 대화를 촉진할 수 있는 기본 원칙을 정하는 것이 중요하다. 예를 들면 내가 알고 있는 한 부부는 냉장고에 다음과 같은 기본 원칙들을 붙여놓았다.

- 한 번에 하나씩 감정적인 고통을 공유하자.
- 상대방이 하는 말을 편견 없이 듣고, 그 말의 요점들을 반복하자.
- 감정적인 위험을 감수하자.
- 상대방을 배려해야 한다는 것을 명심하자.
- 우리 중 누구라도 감정이 격해질 경우, 휴식을 요구할 수 있는 '예외 규정'을 명심하자.

2단계 : 상실을 슬퍼하라

감정적인 고통을 해결하기 위한 두 번째 단계는 당신 때문에 생긴 상실을 슬퍼하는 것이다.[10] 어떤 갈등이라도 잃는 것이 있다. 이혼한 부부는 함께 살려는 꿈이 좌절된 것을 슬퍼해야 하고, 화해하는 형제자매들은 떨어져서 보낸 세월들을 슬퍼해야 하고, 전투 중인 군대들은 전쟁의 희생자들을 슬퍼해야 한다. 슬픔은 본질적으로 상실의 감정적인 대사 작용이다.[11] 슬퍼하지 않는다면 고통스러운 감정의 타임캡슐 속에 갇히게 된다. 더 나은 미래를 위해서라도 당신은 슬픔의 감정을 신중히 생각하고, 그것을 받아들여야 한다.

상실을 인정하라

잃어서 되찾을 수 없는 것이 무엇인지 주목하라. 갈등 때문에 당신은 친구의 신뢰를 잃거나 목가적인 결혼을 망쳤을 수 있다. 그러한 상실은 사랑하는 사람이 죽었을 때 '그녀가 정말 갔는가? 어떻게 이런 일이 일어날 수 있지?'라고 생각하며 큰 혼란에 빠지게 되듯이 방향 감각을 잃거나 또는 가끔 엄청난 충격 속에 휘말리는 느낌을 줄 수 있다.

슬퍼한다는 것은 현재에 있었던 것이 이제 없어졌다는 사실을 받아들이게 되는 것이다. 그러나 친구의 배신이나 배우자의 이별을 **머리로는** 이해하더라도 이런 현실을 **감정적으로** 받아들이기는 극도로 힘들다. 존재론적인 현실에 직면할 때 관계형 정체성도 바뀌어야 한다.

나는 우리 가족의 친한 친구들이 그들의 10대 딸 노라를 잃었을 때 이런 일이 벌어지는 것을 목격했다. 그들은 몇 년 동안 딸을 잃은 아픔을 견디기 위한 치료를 받았다. 그러나 그들은 노라가 숨졌을 때의 모습 그대로 노라의 방을 내버려두었다. 노라의 드레스는 방바닥 위에 펼쳐져 있었고, 일기장은 침대 옆에 놓여 있었다. 그러던 한 비 오는 화요일, 그들은 정신을 차리고, 노라의 죽음을 인정할 때가 되었다는 것을 깨닫고 노라의 물건들을 모두 창고에 넣었다. 그들의 사랑과 고통이 지속되었으나 그들은 그들의 딸이 숨진 현실을 인정하기 위해서 감정적으로 고통스럽지만 필요한 발걸음을 내딛었다.

상실을 받아들여라

상실로 인한 고통은 당신이 그것을 받아들일 때까지, 즉 당신이 상실했다는 사실에 대한 감정을 다잡을 때까지 지속될 것이다. 이를 위해서 당신은 감정을 인식하는 차원에서 벗어나서 감정을 수용해야 한다. 여기서 중요한 도전은 슬픔으로 인한 강력한 고통이 슬픔에 직면할 수 있는 능력을 약화시킬 수 있다는 점이다. 사실, 외상적인 경험을 기록했을 때 두뇌는 그런 경험을 완전히 비언어적인 인상인 감정 자국(emotional imprint)으로 보존하면서 언어의 부호화를 비활성화시키는 경향을 보인다.[12] 그러나 말이 없이는 말 그대로 고통을 받아들이고, 고통을 통제할 수도 없다.

따라서 말로 표현하라. "왜 이번 상실이 내게 **그토록 고통스러운가?**" 내지 "**내가 이번 상실의 의미를 어떻게 가장 잘 찾을 수 있을까?**" 하고 자문해보라. 당신은 믿을 만한 친구와 논의하거나 당신이 느끼는 감정을 언어로 적기 위해서 자신의 생각을 기록할 수도 있다.

그러나 언어를 통해서만 감정을 받아들일 필요는 없다. 의식은 고통을 해소하고 감정적인 경험을 끝내는 데에 필요한 강력한 도구이다. 당신은 의식을 통해서 상실 상태에서 수용으로의 내적인 변화를 뒷받침할 수 있는 엄숙한 식을 거행한다. 예를 들면, 유대교에서는 부모나 배우자와 사별한 유대인은 장례식 후 7일간의 복상(服喪) 기간을 가진다. 그 기간 동안 유대인은 집에 남아서 먹을 것과 마실 것을 가져오는 친구와 가족들의 방문을 받는다.

가장 강력한 의식은 불, 물, 땅, 공기처럼 우리 지구의 기본적인 구성 요소들과 연결되어 있다. 예를 들면, 기독교의 세례식에서는 교회의 일원이 된다는 것을 상징하기 위해서 아기를 물속에 담근다. 죽은 사람들은 종종 땅속에 묻힌다. 힌두교 같은 종교들은 화장(火葬)을 한다. 그리고 많은 영적인 전통들에서는 화장재를 공기 중으로 뿌린다.[13]

상실을 받아들이기 위해서는 그것을 기념해야 한다. 국가는 기념비를 세워 나라를 위해서 싸우다 숨진 군인들을 추모한다. 비통해하는 부모들은 비영리 재단을 통해서 죽은 아이의 기억을 보존할지 모른다. 또한 슬픔의 노래를 짓거나 분노의 그림을 그리거나 향수를 담은 짧은 이야기를 쓰는 등의 예술 활동을 통해서 상실을 받아들이기 시작할 수도 있다. 이 세상에서 가장 간절한 이야기와 노래들은 상실에서 태동했다. 기념한다는 것은 당신이 느끼는 고통을 소모적인 경험에서 삶이 안겨준 고통을 결코 잊지 못할 것임을 인정하면서 그 삶의 한 장을 쉬게 하는 유형적인 구조이자 억제된 실체로 전환시키는 것이다.

당신이 상실을 슬퍼하듯이 상대방도 역시 그렇게 해야 한다. 상대방에게 슬픔을 표현할 공간을 주어라. 그의 날카로운 공격 뒤에는 갈등을 통해서 그가 영원히 잃어버린 것을 되찾고자 하는 갈망이 존재할지 모른다.

3단계 : 용서를 구하라

용서는 감정적인 고통을 해결하는 세 번째 단계인데, 일반적으로 가장 부담스럽다. 이번 장 앞에 나왔던 남부 연합군의 병사는 자신이 희생자이며 그와 전우들이 입은 감정적인 상처를 복수할 의무가 있다고 느꼈다. 그는 죄를 저지른 가해자들이 자신이 생각하는 정당한 심판을 받게 만들지 않고서 어떻게 그들을 용서할 수 있을지 궁금했다.

그 군인은 중요한 사실을 모르고 있었다. 용서한다는 것은 자신이 피해자라는 인식에서 벗어난다는 뜻이다. 분노에 사로잡혀 있다가는 그것을 일으킨 사람들의 포로로 남는다. 용서는 당신을 해방시키고, 마음속에 더 가치 있고 중요한 일로 관심을 전환할 수 있는 공간을 여는 것이다. 가진 시간의 40퍼센트를 과거의 상처를 재연하고, 분노를 다스리고, 복수를 계획하면서 쓴다면 더 이로운 활동을 하는 데에 쓸 시간이 고작 60퍼센트밖에 남지 않는다. 그리고 복수심은 당신을 과거에 집착하게 만들지만, 용서는 현재에 살 수 있도록 당신을 자유롭게 풀어준다.

용서하기 위해서는 이 단어의 사전적인 의미가 아니라 화해를 앞당기는 실질적인 행동 계획을 개발하는 데에 더 관심을 쏟아야 한다. 예를 들면 당신은 용서할 때 쓸 말을 준비할 수 있을지 모른다. **지금까지 일어난 일에**

도 불구하고 (내가 그 일을 결코 잊지는 못하겠지만) 나는 과거의 일은 과거로 돌리고, 복수심을 버리고, 당신과 이야기하고, 더 나은 미래를 위해서 손을 맞잡을 준비가 되어 있다.

용서의 독특한 특성들

용서하는 것이 죄가 없어졌음을 선언하는 것은 아니다. 아버지가 외박한 딸을 용서할지는 몰라도 주말 동안 딸의 외출을 금할 것이다. 남부 연합군의 병사가 적이 저지른 짓을 용서할지 몰라도 여전히 그들이 법의 심판을 받게 만들 수 있다.

용서하는 것은 또한 용서하지 않는 것이다. 은행은 당신의 부채를 용서할지 모르지만 그것에 대한 기록을 계속 남길 것이다. 두 나라가 잔혹한 전쟁에서 적으로 싸울지 모르지만 화해를 한 뒤에도 각 나라의 역사책들은 여전히 그동안 일어났던 일을 기록할 것이다.

용서는 과정이다. 용서로 이르는 빠른 길은 없다. 용서에는 시간, 노력, 인내 그리고 용서하려는 동기에 변화가 있을 것이라는 인식이 요구된다. 친구가 당신의 신뢰를 깼을지 모르고, 당신은 갑자기 뜻밖의 어느 날 그에 대한 유감이 약해질 때까지 오랫동안 그를 용서하지 않을지 모른다.

당신 자신을 포함해서 누구도 당신에게 억지로 용서하도록 시킬 수는 없다. 영국의 소설가 C. S. 루이스(1898-1963)는 30년 동안 누군가를 용서하기 위해서 애썼다. 그리고 그가 마침내 용서할 준비가 되었다고 느꼈을 때 그는 "일단 어떻게든 하고자 마음먹은 순간, 쉽게 할 수 있는 일이 너무나 많다는 것을 느꼈다. 그러나 그전까지는 수영을 배울 때처럼 실제로 그렇게 하기가 불가능하다. 아무리 노력해도 몸이 물에 뜨지 않다가 갑자기

258

어느 날이나, 시간이나, 분부터는 가라앉는 것이 불가능해지고, 그 뒤로도 쭉 그렇게 된다"라는 것을 깨달았다.[14]

용서하고 싶지 **않다는** 유혹에 빠지기 쉽다. 특히 가해자가 당신의 도덕 공동체 안으로 들어오게 허가할 수 있는 열쇠를 당신이 쥐고 있을 때 그렇다. 가해자가 당신의 품위를 손상시키면서 당신 위에 군림했던 적이 있지만 이제 권력의 역학이 뒤집힌다. 남아프리카 공화국 출신의 작가 품라 고보도-마디키젤라는 "가해자가 반성하고, 어떤 식으로건 용서를 구하기 시작하는 바로 그 순간부터 희생자는 그 가해자이자 따돌림받는 사람이 원하는 인간 공동체로의 재입성을 통제할 문지기가 된다"라고 말했다.[15]

용서하는 과정을 시작하기 위해서는 용서의 가능성에 마음을 열어라. 용서할 경우 당신과 상대방의 관계가 어떤 느낌일지 상상해보라. 용서와 용서하지 않는 데에 대한 찬반 의견들을 고려하고, 260쪽의 표를 이용해서 그 의견들을 기록하라. 다음으로 직감을 통해서 확인하라. 원한을 버릴 때 어떤 느낌이 들 것 같은가? 그런 느낌을 현재 당신을 짓누르는 분노와 비교하라. 어떤 것이 올바른 느낌인지 생각해보라. 친구와 이야기하고, 모든 각도에서 당신이 처한 딜레마를 검토하라. 시간이 지나면 생각이 분명해질 것이다.[16]

끝으로 (1) 용서할지, (2) 용서를 미룰지, 혹은 (3) 나중에 다시 이 문제를 따져볼지 결정하라. 어떤 결정을 내릴지 신중하게 따져보고, 마음이 내는 소리를 들어라. 용서하기로 결정했다면 더 자유롭고 더 강해진 느낌이 들겠지만, 그것으로 이야기가 끝나는 것은 아니다. 당신은 여전히 분노를 털어버려야 하며, 그렇게 하기 위해서 가장 좋은 방법은 아마도 상대방이 느끼는 고통을 염려하는 동정심을 불러일으키는 것이 될지도 모른다. 따라서 당신이 분노의 끌어당김을 느낄 때 이렇게 자문해보라. 내가 나 자

내가 용서해야 할까?	
그렇다	아니다
찬성하는 이유는?	찬성하는 이유는?
반대하는 이유는?	반대하는 이유는?

신과 상대방에게 고통을 주기를 원하는가, 아니면 동정심을 포용하기를 원하는가?

그러나 용서할 수 없는 일은 어떻게 하나?

철학자 한나 아렌트는 특정 행동들은 지나치게 도리를 벗어나기 때문에 그것들은 칸트가 말한 '근본악(radical evil)'의 산물일 뿐일 수 있다고 주장했다. 근본악은 모든 도덕적인 법칙에 위배되는 끔찍하기 이를 데 없는 악의를 말한다. 거세지는 국가주의와 반유대주의에 직면하여 고국인 독일을 떠난 유대인인 아렌트는 멀리서 홀로코스트를 지켜보고, 그러한 행동이 너무도 잔악하고 인류에 터무니없이 모욕적인 일인지라 그것이 그녀 말에 따르면 '처벌할 수 없고' 또한 '용서할 수 없는' 근본악에서 발단된 행동이라는 생각을 떨쳐낼 수 없었다.

아렌트와 마찬가지로 나는 특정한 갈등들은 죄를 용서할 수 없다고 **느껴질** 정도로 도저히 인내할 수 없는 고통을 낳을 수 있다고 믿는다. 그러나 나는 또한 우리가 남을 용서할 수 없다는 확고한 가정은 궁극적으로 자기실현적인 예언(발생하지 않을 수도 있었던 현상이 예언대로 된 현상/역주)이라고도 믿는다. 감정적인 상처가 추억의 상처로 전환될 때까지 몇 세대가 지나야 치유가 가능할 수 있다. 그러나 용서는 항상 가능성의 영역 안에 머물고 있다.

사과 : 용서의 다른 측면

진정한 사과만큼 긍정적인 관계 회복에 강력한 효과를 내는 도구는 없을지 모른다. 사과는 반성의 표현이자, 당신이 상대방에게 상처를 주었던 행동을 철회할 수 있기를 너무나 간절히 바라는 바람에 화해를 위해서라면 자존심도 버릴 의사가 있다는 것을 전달하는 메시지이다.

용서가 내적인 결정이지만 사과는 **인간관계상 후회의 인정**이다. 당신은 가해자의 존재 여부와 상관없이 어떤 갈등에서건 용서할 수 있지만 빈 방에게 용서를 구할 수는 없다. 용서한다는 것은 당신이 미안하게 생각하는 또 다른 사람에게 진심을 전달하는 것이다.

진정한 사과를 하기 위해서 따라야 할 몇 가지 지침

진정한 사과는 마음에서 나오지만 몇 가지 기본 원칙들이 유용할 수 있다. 사과하기 전에 이 원칙들을 검토한 후, 어떻게 확실하게 사과를 전달할 수 있을지 생각해보라. 사과를 할 때 이 원칙들을 더 많이 따를수록 더욱 효과적인 사과가 될 것이다.

1. 솔직한 후회를 표현하라.

2. 자신이 한 행동의 결과를 인정하라.

3. 책임을 지겠다고 말하라.

4. 잘못을 되풀이하지 않겠다고 약속하라.

5. 보상을 제시하라.

사과를 사적으로 할지 공적으로 할지 결정하라. 사적인 사과는 친밀감을 쌓기 더 쉬우며, 당신과 상대방 누구라도 체면을 잃을 위험이 없어진다. 회복적인 사법(지역사회, 피해자와 가해자의 입장을 모두 고려하여 범죄 행동에 의한 피해를 바로잡는 것에 중점을 둔 사법적인 이론/역주) 같은 복잡한 경우에 범법자가 피해자의 생각을 알아보기 위해서 그를 개인적으로 만나고, 심지어 잘못에 대해서 사과할 수도 있다. 또 어떤 경우에는 공개적으로 사과를 하는 것이 가장 좋을 때도 있다. 특히 부당행위가 정치적이고 집단적일 경우가 그렇다. 남아프리카 공화국의 진실화해위원회(남아프리카 공화국이 인권침해 등 과거사 청산을 위해서 설립했던 기구/역주)는 정치적인 폭력의 희생자들이 그들의 불만을 이야기하고, 가해자들이 그들의 잘못을 인정하고 사과할 수 있는 플랫폼을 제공했다. 어떤 경우에는 희생자들이 심지어 가해자들에게 사과하기도 했다.[17]

변명하지 말고 사과하라

사과를 하려면 똑바로 하라! 후회하고 방어적인 자세를 취하며 사과의 진의를 혼란스럽게 만들지 말라.[18] 플라톤의 책 『소크라테스의 변명(*Apologia Sokratous*)』에서 소크라테스는 국가가 인정한 신들을 부정하고 새로운 신들을 만들면서 당시 그리스 청년들의 사고를 타락시켰다는 혐의로 고발되어 재판을 받는다. 법정에서 소크라테스는 사과가 아닌, 자신에게 가해진 비난을 해명하는 **변명**을 했다. 생일 파티에 참가하는 바람에 늦게 귀가한 배우자도 "늦게 와서 당신의 기분을 상하게 한 점 미안해요. 그러나 프로젝트를 끝내야 했어요"라고 변명을 대라는 잘못된 조언을 들었을 수 있다. 이런 모순되는 의사소통이 겉으로는 사과처럼 보일지 모르지만 그 속뜻은 분명히 "내게는 당신의 마음을 상하게 한 책임이 없다"는 뜻이다.

결론

감정이 고조된 갈등은 얽혀 있는 모든 사람들에게 고통을 유발한다. 이런 갈등이 생겼을 때 이해심과 동정심이 필요한 이유가 바로 이 때문이다. 각자 느끼는 감정적인 고통을 인정하고, 상실을 슬퍼하고, 용서로 나아감으로써 협상 대상자들은 서로의 마음을 치유하기 시작할 수 있다. 시인 시어도어 로스케의 말대로 "어두울 때 눈이 보이기 시작한다."

감정적인 고통을 해결하라
개인별 응용 문제

1. 당신은 이번 갈등에 빠지지 않았더라면 당신의 삶이 어떠했을 것이라고 생각하는가?

2. 당신은 갈등에서 벗어날 준비가 되었는가? 그렇지 않다면 준비를 하기 위해서 당신에게 무엇이 필요할까?

3. 당신은 갈등으로 인해서 어떤 점이 가장 고통스러운가? 그 이유는 무엇이라고 생각하는가?

4. 당신은 고통으로부터 어떻게 감정적인 의미를 만들 수 있는가? 당신이 이런 과정을 통해서 자신과 인생에 대해서 무엇을 배웠고, 잃어버린 모든 것을 어떻게 존중해야 할지를 생각해보자.

5. 당신은 상대방을 용서하면 어떤 기분이 들 것 같은가? 용서하고 싶은지를 결정해보자.

　　찬성 :

　　반대 :

6. 당신은 갈등 상태에서 한 어떤 행동을 후회하는가?

7. 당신은 사과할 마음이 생길 수 있을 것 같은가? 그렇다면 어떻게 그러한 마음을
   표현할 수 있다고 생각하는가?

13

교차편집적인 관계를 구축하라

1991년에 시릴 라마포사라는 이름의 남성은 친구에게서 주말에 제물낚시 (fly-fishing)를 같이 하자는 초대를 받았다. 제물낚시를 좋아하는 시릴은 기꺼이 초대에 응했다. 3시간 정도 낚시를 했을 때, 그 친구는 시릴에게 롤로프 마이어가 가족을 데리고 토요일 점심 식사 때 오게 될 것이라고 알려주었다.

시릴 라마포사가 아프리카 민족회의(ANC)의 사무총장이고, 롤로프 마이어가 당시 여당인 남아프리카 공화국 국민당 소속의 국방장관이 아니었다면 이러한 일은 대부분의 사람들에게 별다른 관심을 끌지 못했을 것이다. 그로부터 2주일 뒤, 두 사람은 다인종 민주국가로의 전환과 관련해서 치열한 논쟁이 벌어지던 문제들에 대해서 협상을 시작할 예정이었다.[1]

그러나 남아프리카 공화국 오지에서 그 주의 토요일 오후, 두 남자의 머릿속에는 정치만 들어 있던 것은 아니었다. 롤로프의 아들은 시릴에게 "제물낚시를 하는 법을 가르쳐주실래요?"라고 요청했고, 이에 동의한 시릴은 같이 낚시를 시작했다. 롤로프도 낚시를 해보기로 마음먹었지만, 낚싯줄을 잘못 던지는 바람에 낚싯바늘이 넷째 손가락에 박히면서 살을 뚫고 들어갔다. 그는 시릴에게 애처롭게 "어떻게 하죠?"라고 물었다.

간호사인 시릴의 부인이 낚싯바늘을 빼내려고 애를 썼지만 소용이 없었다. 시릴은 어떤 조치를 취해야 하는지를 알고 있었다. 그는 부인에게 "내게 집게를 줘요"라고 말했다. 그는 롤로프에게 위스키 한 잔을 따라준 후에 "좋습니다. 위스키를 마시고, 다른 데를 쳐다보세요. 나를 믿으세요"라고 말했다. 그는 이어 낚싯바늘을 빼냈다.

그로부터 2주일 뒤, 협상 테이블에 마주 보고 앉은 두 사람은 협상이 교착 상태에 빠졌다는 것을 깨달았다. 국민당은 오랫동안 ANC의 지도자인 넬슨 만델라와 그의 많은 동료들을 포함해서 인종차별 정책에 반대했던 다수의 사람들을 투옥시켰다. 1991년까지, 그들 중 전부는 아니더라도 다수가 풀려난 상태였다. 국민당은 ANC가 무력 저항을 중단할 경우에 남아 있는 정치범들을 풀어줄 의사가 있었다. ANC의 입장에서는 정치범들이 풀려날 때까지 무력 저항을 중단하기를 거부했다. 협상에서는 누가 먼저 양보하느냐의 문제가 중요해졌다.

롤로프는 탁자에 기댄 채 시릴에게 "'나를 믿으세요'라고 말하신 것을 들었습니다"라고 말했다.

그는 정치범들의 석방을 지시했고, 일주일 뒤에 ANC는 무장 투쟁을 종식한다고 발표했다.[2]

이 일화가 확실하게 보여주듯이 화해를 일으키는 근본동력은 인간관계이다. 사람들은 일반적으로 싸움을 벌일 때에 그들의 관계를 우리 대 그들처럼 적 대 적으로 간주한다. 그러나 감정이 고조된 갈등에 휘말렸을 때조차 관계의 깊이를 더하고 이기주의를 초월하는 긍정적인 관계를 맺을 수 있는 여러 가지 방법들이 있다. 이때 관건은, 내가 교차편집적인 관계(cross-cutting connection)라고 부르는 것을 만드는 것이다.

교차편집적인 관계가 가진 힘

관계는 당신과 다른 사람 사이의 다양한 연결을 통해서 강화될 수 있다. 이러한 연결 횟수와 의미가 늘어날수록 관계는 더욱 굳건해진다.[3] 시릴과 롤로프는 낚시 모험, 오지에서의 대화 그리고 협상가로서의 통상적인 역할을 통해서 연결되었다. 이러한 다양한 연결은 신뢰감을 고취시켰고, 창의적으로 문제가 해결되는 것을 가능하게 했다. 연결이라는 보호막 속에서 그들은 보다 소리를 높여 논쟁할 수 있었고, 각자 아무 제약 없이 관심을 드러내고 정보를 공유할 수 있는 관계 속에서 충분한 안도감을 느꼈다. 당신도 마찬가지로 적보다는 동료에게 영향을 주는 입장에 있을 때가 더 좋을 것이다. 친구들은 적보다는 다른 친구들의 말을 더 귀담아 듣기 때문이다.

당신의 협력적인 관계가 육성되도록 돕기 위해서 이번 장에서는 선제적으로 교차편집적인 관계를 구축하는 전략을 알려주겠다. 이 방법은 당신에게 어떻게 해서 (1) 현재의 연결 수준을 평가하고, (2) 더 나은 관계의 모습은 어떨지 상상하고, (3) 관계하는 방식을 바꾸어야 할지 결정하고, (4) 관계의 강화를 세 가지 도구에 의존할 수 있는지를 보여준다.

1단계 : 현재의 연결 수준을 평가하라(REACH 틀을 사용하라)

인간관계의 깊이는 저마다 다르다. 관계의 강도가 강할수록 혼란스러운 갈등 상황에서도 서로 뭉칠 가능성이 높다.[4] 당신의 관계 상태를 평가하는 것을 도와주기 위해서 나는 **REACH 틀**이라는 것을 개발했다. 이 틀은 당신의 감정적인 친밀감을 평가할 수 있는 간단한 지침 기능을 한다. 당신이 느끼는 친밀감의 정도가 들쭉날쭉하지만(오늘 아침까지만 해도 배우자와 친밀

한 느낌을 받았다가 오후에 들어서는 소원한 느낌을 받을 수 있다), 다음에
나오는 내용은 당신이 그러한 역학에 잘 맞출 수 있게 도와줄 것이다.

REACH 틀

이 모형은 다음과 같은 5단계 관계를 구분하는데, 위에서 아래로 내려갈수
록 감정적인 깊이가 깊어진다.

　1단계 : 존재의 인식(Recognition of existence)

　2단계 : 공감적인 이해(Empathic understanding)

　3단계 : 애착(Attachment)

　4단계 : 관심(Care)

　5단계 : 신성한 연대감(Hallowed kinship)*

1단계 : 존재의 인식. 상대방이 당신을 보이지 않는 사람처럼 취급하는가,
아니면 당신의 존재를 인정하는가? 영화 「바보 네이빈」(1979)에서 배우
스티브 마틴은 세상에서 자기의 자리를 찾기 위해서 애쓰는 빈털터리 주유
소 직원인 네이빈 존슨 역을 맡았다. 어느 날 주유소에 새로운 전화번호부
가 도착하고, 네이빈은 그 안에서 자기 이름을 발견하고 뛸 듯이 기뻐한다.
그는 "이제 나도 어엿한 사람이 되었다! 수백만 명의 사람들이 매일 전화번
호부를 본다! 사람들에게 나를 자연스럽게 알릴 수 있게 되었다!"라고 소리
쳤다. 그의 기쁨은 인간관계의 가장 근본적인 형식인 존재의 인식이 가진

---

* REACH는 위의 5단계에서 각각에 해당하는 영어 문구의 첫 글자를 모아 만든 약어이다. 저자는
REACH에 '……에 이르다'라는 뜻이 있기 때문에 이 단어는 '관계에 이르다'라는 의미를 상기시
키는 효과도 있다고 생각한다/역주

힘을 잘 드러낸다.

우리 모두 '어엿한 사람', 즉 눈에 띄고, 사람들이 목소리를 들어주는 이 세상에서 존재의 의미를 가진 어떤 사람이 되었다는 느낌을 받기를 원한다.[5] 동료들과 같이 회의에 참석했는데 그들이 당신이 하는 말을 깡그리 무시한다고 상상해보라. 아니면 가족과 같이 저녁 식사를 하면서 말할 기회를 찾으려고 최대한 애쓰는데 아무도 당신 쪽으로 시선을 돌리지 않는다고 상상해보라. 이런 상황에서 당신은 분명 비통함을 느끼게 된다. 인종정치학적인 집단들은 정치적으로 인정을 받지 못하거나 외교적인 논의에서 배제되었을 때 극도의 좌절감을 느낄 수 있다.[6] 무시된다는 느낌은 쓸모없는 존재로 취급받는 느낌인데, 누구도 그런 것을 원하지 않는다.

2단계: 공감적인 이해. 상대방이 당신이 느끼는 감정을 자기와 무관하다고 여기는가, 아니면 진심으로 그것을 인정하는가? 공감한다는 것은 남의 감정, 의견, 주장 따위에 대해서 자기도 그렇다고 느끼는 것이다. 당신은 그나 그녀가 느낀 경험을 감지하고, 그들이 그 경험에 부여하는 감정적인 의미를 이해한다.[7]

공감에는 두 가지 종류가 있다. 하나는 **인지적인 공감**으로, 이것은 누군가의 감정적인 경험을 머리로는 이해하지만, 감정적인 반응은 보이지 않고 하는 공감을 말한다. 10대 소녀를 희생시키려는 사이코패스를 상상해보자. 그는 그녀의 약점에 대한 날카로운 인지적인 이해를 통해서 그녀를 자신의 자동차로 유인한다. 그는 그녀의 감정을 읽지만 감정적인 반향을 경험하지는 않는다. 다른 하나는 **감정적인 공감**이다. 이것은 인지적인 공감과는 다르게 상대방의 감정을 같이 경험하는 것을 말한다. 뇌는 이것을 가능하게 만들 전기 회로망을 갖추고 있고, 이 회로망은 특히 의미 있는 관계 속에서 활성화된다. 독일의 신경과학자인 타니아 싱어는 단순히 연애 파트너가 손에 타격이 가해지는 장면을 보기만 하더라도 **당신의 신경망이 활성화되면**서 신경망이 느끼는 고통의 감정을 경험한다는 것을 보여주었다.[8]

3단계 : 애착. 상대방이 당신을 소모품처럼 간주하는가, 아니면 감정적으로 대체가 불가능한 존재로 간주하는가? 당신은 애착을 통해서 지속적인 유대감을 경험한다.[9] 아마도 결혼 생활에서 겪는 가장 큰 고통은 배우자가 바람을 피웠다는 것을 발견했을 때 느낄지 모른다. 이는 당신이 대체될 수 있는 존재임을 알리는 신호일 수 있다. 애착은 결합을 의미한다. 감정적인 접착제는 당신을 상대방과 연결한다. 이것이 애착이 화해에 그토록 유용한 이유이다. 애착은 화합하는 관계로 이어진다.

두 가지의 숨길 수 없는 애착의 신호를 찾아라. 첫 번째는 **감정적으로 연결되어 있다고 말하고 싶은 갈망**이다. 나의 네 살배기 아들 리엄은 엄마가 컴퓨터 자판을 두드리거나 저녁 식사 준비를 할 때 엄마의 다리를 붙잡고 늘어지는 등 엄마와 조금도 떨어져 있으려고 하지 않는다. 몇몇 이혼한 부부들은 이혼한 뒤에도 계속해서 싸우는데, 그들의 변함없는 애착을 충족시키려는 욕구가 일부 이유이다. 이처럼 애착을 지속시키려고 하는 욕구 때문에 겉보기에 비합리적인 행동을 하게 된다. 이와 관련된 고전적인 사례는 여행 가방을 싸면서 이제 부부 관계를 참을 만큼 참고 살아왔다면서 문밖으로 뛰어나갔다가 "나도 이런 식으로 못 살아! 기다려, 나도 같이 가"라고 소리 지르며 뒤쫓아오는 남편을 보게 되는 불만이 가득한 부인이다.

애착의 두 번째 신호는 **격리불안**이다. 격리불안은 영아가 애착대상인 엄마나 자신을 돌보는 사람이 자리에 없을 때 주변 환경을 적극적으로 탐색하지 않고, 엄마가 떠난 것에 대해서 울거나 몸부림치거나 불쾌함을 표현하는 현상을 말한다. 어린 리엄 역시 격리불안을 느낄 때 "엄마, 날 안아요!"라며 성질을 부린다. 리엄이 엄마와 다시 연결되었을 때, 아편이 든 진통제들이 리엄의 머릿속에서 활성화되며 리엄의 애착을 강화시키고, 리엄의 얼굴에는 미소가 깃든다. 이와 똑같은 불안의 경고는 같이 있는 것을 참을 수 없지만 떨어져 있는 것도 참을 수 없는 이혼한 부부에게도 울린다.

4단계 : 관심. 상대방이 당신의 운명에 무관심하다고 느끼는가, 아니면 당신을 소중하게 여긴다고 느끼는가? 한편으로 상대방은 당신에 대한 모든 것을 소중히 여긴다. 그는 조건 없는 사랑을 한다. 다른 사람이 당신의 행복을 위해서 기꺼이 희생하는 정도는 당신에 대한 그의 관심의 정도를 보여주는 좋은 지표이다. 나는 코카인 중독자인 10대 아들에 대해서 너무 걱정한 나머지 경찰을 불러 아들을 체포하게 했던 플로리다의 한 어머니의 이야기를 알고 있다. 그녀는 아들의 인생에 대한 걱정 때문에 아들과의 관계를 희생했다.

노벨 평화상 수상자인 루마니아 출신의 작가 엘리 위젤은 "사랑의 반대는 증오가 아니다"라고 썼다. 홀로코스트의 생존자이기도 한 그는 제2차 세계대전 때 강제 수용소에 수용된 유대인들에게 참을 수 없는 나치의 잔혹함보다 더 고통스러웠던 유일한 일은, 초기에 국제사회가 보여준 그들의 고난에 대한 무관심이었을지도 모른다는 것을 깨달았다.

5단계 : 신성한 연대감. 상대방이 당신을 이데올로기적으로 공존할 수 없는 사람과 마음이 맞는 사람 중 어떤 사람으로 보는가? 신성한 연대감은 영적 내지 이데올로기적인 연결에 기초를 둔 초월적인 유대를 말한다. 미국의 흑인 해방운동가인 맬컴(1925-1965)은 처음에는 인종 통합의 개념을 비웃었지만 메카(사우디아라비아에 있는 도시로 이슬람 최고의 성지/역주)로 여행을 가서 전 세계에서 온 수만 명의 순례자들을 보고 중요한 사실을 깨달았다. "푸른 눈을 가진 금발부터 검은 피부를 가진 아프리카인들에 이르기까지 온갖 유색인종이 섞여 있었다. 그러나 우리는 모두가 미국에서 겪은 경험상 백인과 유색인종 사이에서는 결코 존재할 수 없다고 믿었던 통합과 형제애의 정신을 보여주는 똑같은 의식에 참가하고 있었다."[10]

민족주의는 신성한 연대감의 또다른 사례이다. 전장(戰場)의 병사는 개인에 대한 관심뿐만 아니라 애국주의에 의해서 동기를 부여받으며 쓰러진 전우의 목숨을 살리기 위해서 목숨을 건다. 실제로 종교적이건 아니건 간에 어떤 초월적인 경험도 신성한 연대감의 토대 역할을 할 수 있다. 우리 집의 첫째인 노아가 한 살이었을 때, 나는 새벽에 노아를 데리고 해변으로 갔다. 그곳에서 우리 둘은 태양이 바다의 잔물결 위로 반사되는 광경을 보았다. 나는 아들과 우리를 둘러싼 자연의 아름다움에 신성한 연대감을 느꼈다.

관계 상태를 조사하라

이제 관계의 다섯 단계에 대해서 감을 더 잘 잡게 된 이상, 당신은 자신이 맺는 관계의 질을 평가하는 데에 그것들을 이용할 수 있다. 먼저 가족 구성원이나 동료나 이웃처럼 당신과 갈등 중인 사람을 생각해보라. 그리고 현재의 관계 수준을 평가하기 위해서 정직하게 자기 자신을 돌아보라. 얼마나 인정받는다고 느끼는가? 감정적으로 얼마나 이해를 받는다고 느끼는가? 그들에게 애착을 느끼는가? 그들에게 관심이 있는가? 그들과 신성한 연대감을 느끼는가?

관계의 긴장 상태를 분석하는 데에 도움을 줄 수 있는 274쪽의 표를 참조하라. 예를 들면, 가족 관계의 경우 당신은 자녀가 감정적으로 당신을 이해하기는 해도 당신이 원하는 만큼은 아니라고 느낄지 모른다. 이는 공감하는 데에 격차가 있음을 의미한다(2단계). 274쪽의 표의 각 단계 내에서 당신이 **현재** 당신의 연결 상태라고 생각하는 선의 지점에 C자를 적어라. 그런

관계 수준	가능한 감정 스펙트럼
1. 인정	철저히 무시된다────────100퍼센트 인정을 받는다
2. 공감	감정적으로 판단된다──────────── 인정된다
3. 애착	대체 가능하다────────────대체 불가능하다
4. 관심	무의미하다────────────────소중하다
5. 신성한 관계	정신적으로 분리되었다──────정신적으로 합쳐졌다

다음에 이 단계에서 내가 **원하는** 관계가 무엇인지 자문하고, 그 지점에 D자를 적어라. 당신의 현재와 원하는 관계들의 정도의 차이는 당신이 느끼는 긴장의 정도를 나타낸다. 당신이 생각하는 관계의 수준과 바라는 관계의 수준 사이에 존재하는 어떤 격차라도 주목하라.

이제 상대방의 입장에서 그가 당신과 얼마나 좋은 관계를 맺고 있다고 느끼는지 상상해보라. 그가 당신이 자신을 인정한다고 느끼는가? 그를 감정적으로 이해한다고 느끼는가? 다시 표로 돌아가서 그가 인식하는 관계의 정도와 그가 어느 정도 수준의 관계를 열망하는지 생각해보라.

2단계 : 더 나은 관계를 상상하라

현재의 관계 수준을 평가했다면 이제 원하는 관계의 유형을 머릿속에 그려보라. 이미지가 구체적일수록 보다 성공적으로 갈등을 전환할 수 있다. 궁극적으로 당신은 현실적일 뿐만 아니라 필연적으로 느껴지는, 정말로 확실한 공유된 협력의 꿈을 키울 수 있기를 원한다.[11]

이와 관련해서 빛나는 사례는, 인종 관계의 가능한 미래에 대해서 담대한 꿈을 품었던 마틴 루터 킹 주니어(1929-1968) 목사에게서 찾을 수 있다. 미국에서 인종차별이 정점에 이르던 시기에, 링컨 기념관 앞에 선 그는 당시 정부의 정책을 비난하기보다는 인종이 통합된 국가에 대한 자신의 비전을 강변했다. 그는 "제게는 꿈이 있습니다. 어느 날 조지아 주의 붉은 언덕에서 노예의 후손들과 노예 주인의 후손들이 형제처럼 손을 맞잡고 나란히 앉게 되는 꿈입니다"라고 말했다. 킹 목사는 사회차별의 족쇄로부터 벗어나기 위해서 미국인들에게는 신뢰할 수 있는 포괄적인 사회 모형이 필요하다는 것을 알고 있었다.

더 나은 관계에 대한 비전을 만들 때 다음의 지침들을 명심하라.

1. 생생하게 만들어라. 생생한 비전은 구체적이고, 감정적인 울림을 준다. 호전된 관계에 대한 당신의 비전이 담긴 짧은 동영상이 한 편 있다고 상상해보자. 전 배우자와 대화를 나눌 때 기분이 좋은가? 프로젝트를 추진할 때 직장 내 경쟁자와 다정하게 협력하는가? 경계 분쟁을 논의하기 위해서 이웃과 같이 앉아 머리를 맞대는가?

2. 판단을 유보하라. 비전을 비판하지 마라. 논쟁이 가열되었을 때는 화해에 대한 어떤 생각도 비현실적으로 느껴질 수 있다. 그러나 화해의 비전이 눈곱만큼도 없다면 계속해서 갈등에 휘말리게 된다. 수면 중에 꾸는 꿈을 판단하지 않듯이 깨어 있는 동안 가진 비전을 판단하지 마라. 당신의 목표는 상정하는 미래에 대한 선명한 그림을 상상하는 것이다. 스스로 신선한 가능성들을 그려보게 하라.

이러한 과정은 어떤 차원에서나 갈등 해결에 유용할 수 있다. 나는 공공과 민간분야 출신의 이스라엘과 팔레스타인 리더들을 대상으로 워크숍을 주최한 적이 있다. 당시에 나는 그곳에 모인 집단에게 20년 뒤 미래에 평화가 어떤 모습일 수 있을지에 대한 구체적인 비전을 그려볼 것을 요구했다.[12] 처음에는 회의적인 분위기가 팽배했고, 몇몇 참가자는 평화가 불가능한 것처럼 느껴졌기 때문에 당시의 훈련을 시간 낭비라며 투덜댔다. 그러나 나는 그들에게 그런 생각이 아무리 비현실적으로 보이더라도 창의적으로 생각할 것을 부탁했고, 그들은 나의 부탁을 받아들였다. 불과 10분 만에 방 안에는 활기가 넘쳤고, 1시간 뒤에 참가자들이 각자 자신의 생각을 제시하자 결과는 놀라웠다. 그들은 사회 조직과 새로운 정치 연합들을 서로 연결시키는 합동 경제 프로젝트의 가능성을 열정적으로 설명했다. 그들은 정치적인 권리에 대한 추상적인 주장보다는 구체적인 관계를 형성하는 방법을 상상해보라는 과제를 받았기 때문에 굉장히 열정적으로 노력했다. 그들은 평화를 이룰 수 있을 것 같았고, 이런 기대감은 이 영향력 있는 집단에게 공식적인 협상을 통해서 난국을 돌파하고자 하는, 더 광범위하면서도 궁극적으로 성공을 거둔 계획을 지지하게 만들었다.

3단계 : 변할 의사가 있고, 준비가 되어 있는지 결정하라

당신과 상대방 모두가 더 깊은 관계를 모색할 의사가 있고, 그럴 준비가 되어 있는지를 판단하는 중요한 중간 단계를 거치지 않고서는 비전에서 행동으로 건너뛸 수 없다. 협상 당사자들이 새로운 형태의 정치적 내지는 개인적인 관계를 합의하고서는 그것을 정말로 원하지도 않고 실행할 능력도 없어서 약속을 어기는 경우가 무수히 많다. 따라서 다음의 두 질문을 자문해보라.

관계를 심화시킬 의지가 있는가?

의지는 어떤 일을 이루고자 하는 마음이다. 의지에는 감정적인 의지와 정치적인 의지 두 가지가 있고, 당신은 상대방과 관계를 맺고자 하는 의지를 알아보기 위해서 각 의지를 확인하기를 바란다.

감정적인 의지는 관계를 강화하기 위해서 갈등 중에 감정을 숨기지 않으려는 의도를 말한다. 갈등으로 인한 고통이 심각할 경우, 감정적인 의지가 담긴 우물이 현재 마르고 있음을 깨달을지도 모른다. 이해할 만한 일이다. 감정적인 의지는 시간이 지나면서 바뀌며, 오늘 느끼는 거부감이 내일은 적극성으로 바뀔 수 있다.

이제 **정치적인 의지**로 관심을 전환해보자. 정치적인 의지란 관계의 개선을 위해서 전력을 다해 **행동**을 취하는 것을 말한다. 당신은 사이가 멀어진 형제자매와 감정적으로 화해할 수 있기를 바라지만 먼저 화해의 제스처를 취하기 위해서 전화기를 들 용기를 내지 못할 수 있다. 마찬가지로 조사 부서 관리자는 마케팅 부서와 긴장을 해소하기를 바라더라도 그러기 위해서 정치적인 손해를 보는 것이 싫을 수 있다.

변화하고자 하는 의지의 정도가 어느 정도인지 판단한 다음에 결정하라. **실제로 바뀔 의사가 있는가?** 분명 '그렇다'면 감정적인 관계가 더 돈독해질 가능성이 크다. 분명 '아니'라면 당신은 지금 현재로는 관계의 강화를 위해서 노력하는 것을 꺼릴지 모른다. 불확실성은 미래에 문제가 있는 관계를 낳을 뿐이다. 성직자가 신부에게 "이 남성을 합법적으로 혼인한 당신의 남편으로 받아들이겠습니까?"라고 물었더니 신부가 "그러겠습니다. 단, 추가로 논의하고 싶은 몇 가지 조건하에서만 그렇게 하겠습니다"라고 대답했다고 상상해보라. 이런 결혼은 성립되지 못할 것이다. 당신이 분명한 의지를 가지고 시작하지 않는 한, 깊이 있는 관계를 맺으려는 시도 역시 효과가 없을 것이다.

관계를 심화시킬 준비가 되어 있는가?

상대방의 감정에 공감하고 당신의 감정을 공유하는 데에 거리낌이 없다면 이 질문에 대한 대답은 '그렇다'일 가능성이 높다. 그러나 관계를 강화하고자 하는 의지는 있지만 감정적으로 준비가 안 되었다면 문제가 생길 수 있다.

좋은 사례가 남자는 결혼을 하고 싶어서 안달이 났지만 여자는 그렇지 않은 애정 관계이다. 여자가 남자를 사랑하지 않거나 남자에게 관심이 없어서 결혼을 머뭇거리는 것은 아니고, 그녀에게는 단지 시간이 좀더 필요해서 그럴 수 있다. 감정적인 준비가 추상적인 개념일 수 있지만, 그것은 우리 대부분이 살아가면서 친숙해지는 상태이다. 우리는 결혼하거나, 집을 사거나, 아이를 갖거나, 전업하거나, 기타 중요한 인생이 걸린 결정을 할 '적절한 시기'를 직감한다. 우리는 그런 결정을 내릴 적절한 시기를 말하는 시계를 참고하지 않는다. 그런 결정은 내적으로 내리기 때문이다.

손상된 관계가 회복되기를 원한다면 더 적극적으로 관계의 개선을 위해서 애써라. 어떤 식으로 바뀌기를 거부하는지부터 찾아보라. 더 가까운 관계가 두려운가, 억울한가, 아니면 치유되지 않은 고통을 가지고 있는가? 그렇다면 그러한 거부감부터 해결하라. 예를 들면, 북아일랜드의 갈등을 중재하던 정치인 조지 미첼은, 논쟁의 당사자들이 마음을 열고 획기적인 관계 개선에 나설 감정적인 준비가 되어 있어야 한다는 것을 깨닫고 그들이 바뀌겠다고 마음먹고, 실제 행동으로 그런 변화를 준비할 수 있게 도왔다. 미첼은 기관과 시민들이 새로운 평화의 현실에 준비할 수 있게 국제 지도자들과 협력했다. 이러한 예비 단계의 노력들은 궁극적으로 평화 협정으로 이어진 협상에 필수적인 것으로 입증되었다.

연결 형태	연결 방법
1. 물리적	지리적인 근접성
2. 개인적	감정적인 친밀감
3. 구조적	공유된 그룹 멤버십

4단계 : 관계를 강화하라

철학자 아르투어 쇼펜하우어(1788-1860)는 호저(몸에 길고 뻣뻣한 가시털이 덮여 있는 동물/역주)들이 추운 겨울에 체온을 유지하는 방법에 대해서 곰곰이 생각해보았다. 호저들은 몸을 충분히 밀착시켜서 체온을 공유하지만 서로 가시에 찔리지 않을 만큼만 충분한 거리를 유지한다. 인간관계의 '적절한' 수준을 찾아내는 데에도 이와 똑같은 개념이 적용된다. 나는 그것을 쇼펜하우어 원칙이라고 부르겠다. 관계를 개선하고 싶다면 긍정적인 관계로부터 혜택을 입을 만큼만 가깝게 거리를 유지하라. 각자의 공간을 침범할 정도로 거리를 좁혀서는 안 된다.[13] 자신의 연결 수준을 평가하고, 상대방과의 거리가 너무 멀어지는지, 아니면 너무 가까워서 불편한지 여부를 생각하는 습관을 길러라.

더 깊은 관계를 원한다면 물리적, 개인적, 구조적인 형태의 연결에 의존하라. 이 세 가지 연결 방식은 당신이 헤어진 가족이나 조직이나 국가와 다시 연결되려고 하는지 여부와 상관없이 광범위한 범위의 맥락에서 적용이 가능할 뿐만 아니라 강력한 교차편집적인 관계를 맺는 데에 필수적이다. 믿을 만한 관계를 맺을 수 없더라도 이 세 가지 연결 방식은 긍정적인 관계에 필요한 조건을 창조한다.

물리적인 연결이 가진 힘

물리적인 연결은 당신과 상대방의 몸의 거리를 말한다. 그러한 거리는 당신과 상대방이 서로의 관계를 어떻게 생각하는지를 보여주는 좋은 지표이다. 갈등을 논의할 때 당신과 상대방이 한 몸처럼 옆에 가까이 앉아 있는가, 아니면 긴 탁자를 사이에 두고 서로 마주보고 앉아서 싸울 태세를 취하는가? 서로 앉아 있는 공간적인 방향에서의 약간의 차이도 상당한 영향을 미칠 수 있다. 다음에 친구와 저녁 식사를 같이 할 경우, 평소보다 더 가까이 앉으면 어떤 일이 생기는지 알아보라. 친구는 불편해하면서 무의식적으로 뒤로 물러나는 것처럼 보일지 모른다. 심각한 협상에서 그렇게 잘못 계산된 접근성은 끔찍한 재앙으로 이어질 수 있다.

연결을 가로막는 물리적인 장애물들을 인식하라. 물리적인 거리는 당신의 연결감에 강력하고 무의식적인 영향을 미칠 수 있다. 조직 내에서 직원들이 같은 건물 내 다른 층들에 위치해 있다는 사실만으로도 부족의 분열이 초래될 수 있다. 같은 층에서 일하는 직원들조차 구석에 있는 동료들보다는 같은 칸막이 안에 있는 사람들에게 더 많은 유대감을 느낄지 모른다. 더 큰 차원에서 보았을 때, 물리적인 공간의 분리는 사회적 분리를 고착화할 수 있다. 동서독인들 사이의 구체적, 정치적인 장벽이었던 베를린 장벽이나 흑인들은 버스의 뒷좌석에 앉게 하고, 화장실 등에서 별도의 시설들을 이용하게 했던 미국의 인종차별주의에 대해서 생각해보라.

심리학자인 헨리 타지펠(1919-1982)이 보여주었듯이 단순히 사람들을 여러 집단으로 나누기만 해도 집단 내 구성원들 사이에서 자기의 집단을 더 선호하는 현상이 생길 수 있다. 이러한 결과는 부족 훈련에서도 똑같이 나타난다. 협상을 시작하기 전에 부족들은 6개 집단으로 나누어져 앉았다.

그러자 부족원들은 즉시 자기가 속한 집단 내 부족원들과 물리적, 감정적으로 더 공조했고, 다른 부족들과는 거리를 두었다. 놀랍게도, 어떤 집단도 모든 참가자들을 포함하는 하나의 거대한 원이 되게 좌석을 다시 배치하자는 제안을 자청하지 않았다. 나는 누군가가 그렇게 했다면 분열의 벽들은 무너졌을 것이라고 확신한다.

연결을 촉진하도록 배경을 설계하라. 다른 사람들을 만났을 때 협력을 증진할 수 있게 자리를 다시 배치하라. 사람들 중에서 한 명이 다른 사람들을 내려다보는 높은 연단 위에 앉아 있는가? 아니면 모두 가까이 붙어서 앉아 있는가? 원형 탁자나 탁자의 같은 쪽에 앉을 경우 반대편이나 다른 높이에 앉아 있을 때보다 더 강한 유대감이 생기는 경향이 있다. 직장이나 가정에서 대화의 유형에 따라서 이와 비슷하게 구체적인 공간을 설계할 수 있을지 모른다. 나는 대기업을 공동으로 경영했지만 경영 결정에서부터 시작해서 개인적인 불만에 이르기까지 온갖 문제로 끊임없이 싸우던 오누이에게 유용한 조언을 해준 한 컨설턴트를 알고 있다. 오누이 사이의 소통이 악화되자 그들의 사업도 어려워졌다. 컨설턴트는 그들에게 사업상 분쟁은 사무실에서 해결하고, 가족사로 인한 다툼은 집에서 해결하라고 조언하는 한편, 시간을 정하고 협상하라고 조언했다. 이 간단한 조언은 효과적이었다. 오누이가 공사를 구분하고 공적인 문제는 회사에서 그리고 사적인 문제는 집에서 해결할 수 있게 했기 때문이다.

개인적인 연결의 힘

젊은이들을 중심으로 저항운동을 시작해서 슬로보단 밀로셰비치 유고슬라비아 대통령 정권을 무너뜨린 혁명으로 이어지게 만들었던 스르자 포포비치에게 개인적인 연결은 중요한 의미를 주었다. 그가 이끈 조직은 선별된 대학생 집단에게 어떤 저항운동에 착수하건 그 전날, 경찰서장들을 만나서 "우리는 이제 이런 일을 하려고 합니다. 경찰이 우리를 체포해야 한다는 것을 알고 있습니다. 그리고 우리는 모든 시위가 질서정연하게 이루어지도록 보안 인력을 배치하겠습니다"라고 설명하게 했다.[14] 이런 식으로 혁명 참가자들은 경찰 및 군인 들과 조직적으로 친밀감을 쌓았고, 자신들이 표방하는 명분에 그들의 동조를 유도했다.

연결되었을 때, 우리는 서로 감정적인 경험을 공유하고, 그러면서 더 가깝게 느낀다. 우리가 중요한 사업상 계약을 마무리 짓거나 지속적인 갈등을 화해로 끝내려고 할 때 개인적인 연결을 통해서만 장기적인 성공을 거둘 수 있다. 이를 위해서는 다음에 나오는 다섯 가지 전략이 특히 유용하다.

1. 상대방의 인생의 중요한 점들과 연결하라. 상대방에게 감정적으로 중요한 것이 무엇인지 알아낼 수 있게 질문을 던져라. 목적은 그의 형식적인 모습을 넘어서서 친한 친구에게 털어놓을 수 있는 일을 알아내는 것이다. 질문은 상대방의 이력에서 벗어나 보다 개인적인 주제까지 확대하면서 진짜 호기심을 가지고 던져야 한다.

"형제자매나 아이가 있습니까? 그들 얘기를 좀 해주세요."

"어떤 취미생활을 즐기세요?"

"어디서 성장하셨어요? 그곳에 여전히 연줄이 있습니까?"

그러나 점차 개인적인 영역으로 옮겨가는 것이 중요하다. 편안한 분위기를 조성하기 위해서 날씨나 교통이나 오늘의 뉴스처럼 비개인적인 주제들을 가지고 안전하게 대화를 시작한 다음에 점차 상대방의 개인적인 삶에 대한 질문을 던져라. 그가 질문에 대답을 하면 경청하면서 그에게 의미 있는 것이 무엇인지 힌트를 찾아라. 상대방이 표현하려고 하는 것은 무엇인가? 말하고 싶은 것은? 상대방이 계속해서 특정한 주제로 대화를 몰아가면 그것을 그가 감정적으로 중시하는 것에 대한 힌트로 간주하라.

그에게 가장 중요한 주제가 무엇인지를 알게 되면 그와 당신이 겪은 경험 사이에서 접점을 찾아보라. 예를 들면, 상대방이 몇 달 전에 어머니가 돌아가셨다고 말하면 당신은 "유감스럽습니다. 저도 어머니가 돌아가시기 전에 주말을 같이 보낸 일이나 어머니가 얼마나 멋진 분이셨는지가 기억납니다. 어머니에 대해서 말씀하시고 싶은가요?"라고 대답할지 모른다.

2. 사생활의 중요한 점들을 밝혀라. 질문의 반대는 스스로 밝히는 것이다. 자기의 인생에 대해서 솔직히 털어놓아서, 상대방이 공감하여 자기의 것도 공유할 용기를 낼 수 있게 해줄 정보를 그에게 제공함으로써, 당신의 인간성을 증명해 보일 수 있다.

자기 자신에 대한 여러 가지 사실을 밝힐 때에는 상대방의 삶의 여러 가지 측면들과 연결을 시도하라. "아이들 키우기가 얼마나 힘든지를 이해해요. 저는 사내아이만 셋을 키우고 있답니다. 아이들을 죽도록 사랑하지만 정말 저를 파김치로 만들죠!" 여러 가지 일을 화려하게 설명하라. 그래야 상대방은 그런 사건들이 당신에게 감정적으로 어떤 의미가 있는지 감을 잘 잡을 수 있다. "바로 어제 있었던 일이에요. 집에 돌아온 후 보니 네 살배기 리엄이 부엌 바닥을 온통 파란색으로 칠해버린 것 있죠. 우리 부부가 무려 두 시간 동안 부엌을 청소했답니다." 용기를 내서 자신의 강점과 약점을 공유하라. 상대방이 인생에서 자랑스러워하는 여러 가지 점들을 알게 할 수 있다. "아들이 대학에 합격했어요!" 그러나 자신의 약점을 인정하면서 이런 말의 균형을 맞추어라. "아들이 집에서 멀리 떨어져서 잘 살 수 있을지 걱정돼요."

3. 개인적인 화학 반응에 맞추어라. 갈등하는 상황에서 당신이 언제 상대

방과 자연스럽고 편한 관계를 맺고 싶다고 느끼는지를 주시하라. 이런 개인적인 화학 반응은 대화와 의사결정을 개선시킬 것이다.[15] 반면에 개인적인 연결이 조화롭게 되지 않는다는 느낌을 받을 경우, 상대방과 좋은 화학 반응을 일으키는 사람에게 중재자 역할을 해달라고 부탁하는 방안을 고려하라. 예를 들면, 몇 년 전에 나는 한 국가원수와 일류 기업인 사이에 일어난 갈등을 중재해달라는 부탁을 받은 적이 있다. 정부 관리는 이 기업인을 지독히 경멸했기 때문에 그와 직접 소통하기를 거부했다. 두 사람은 중요한 정치적인 차이점들을 해소해야 했지만 그들의 대화는 중단된 상태였다. 결과적으로 좋은 화학 반응을 보인 대리 고문들을 통해서 화해가 일어났다.

4. 연결 노력을 주시하라. 상대방의 '연결되려는 노력', 즉 당신과 친해지려는 미묘한 시도들을 알아채고 그것들에 반응하라.[16] 예를 들면, 남편이 부인에게 TV 시청을 원하는지 묻는데 부인이 보기 싫다고 답했다고 치자. 저녁 식사를 준비해야 해서이다. 남편이 부인의 대답을 듣고 화를 내면, 부인은 그의 '비합리적인 분노'를 이해할 수 없다. 남편도 그의 초대가 부인과의 연결을 위한 미묘한 노력이었지만 이것이 무산됨으로써 그가 무시를 당한 것 같은 부끄러움을 느꼈다는 사실을 부부가 같이 인정하게 될 때까지 자신의 '비합리적인 분노'를 이해할 수 없다. 국제적인 분쟁의 경우에도 가장 효율적으로 일하는 외교관들은 미묘한 화해의 힌트들과 부정적인 수사의 조절에 극도로 익숙하다.

5. 연결 의식을 만들어라. 당신은 학교에 가려는 아이들과 포옹하거나 밤마다 가족의 저녁 식사를 준비하는 등 매일 자기도 모르게 무수한 의식들을 거행하고 있다. 그런 의식들은 당신이 예상할 수 있고, 의미 있는 상호작용을 통해서 시간이 흐름에 따라 관계의 깊이를 더할 수 있게 한다. 따라서 갈등 관계에 의식을 도입하는 방안을 검토해보라. 의식이 시간을 소비하는

것이어서는 안 되고 반복적이고 의미가 있어야 한다.[17] 예를 들면 애정 관계에서 당신은 갈등한 후에 치유하는 과정을 의식화하면서 서로 안마를 해줄지도 모른다. 대규모의 갈등이 일어났을 때는 매 협상 회의 때마다 모든 희생자들을 기리는 묵념을 1분 동안 한다거나 같이 식사를 한다거나 아니면 서로 정치적으로 힘든 시간을 보내고 있더라도 일주일에 한 번씩 소통에 매진하는 등 협상 과정의 여러 가지 측면들을 의식화할 수 있을지 모른다.

구조적인 연결의 힘

세 번째 연결 방법인 구조적인 연결은 조직 내 공동체 의식에 기반한다. 당신과 상대방이 같은 단체나 기관이나 국가의 동료들인가? 개인적인 연결이 감정적인 친밀감에 집중하는 반면, 구조적인 연결은 같은 편인지 여부에 집중한다. 당신은 이러한 연결을 촉진하기 위해서 다음의 세 가지 주요 전략을 활용할 수 있다.

상대방과 공통점을 찾아라. 당신과 상대방이 같은 마을에서 태어나서 같은 학교를 다녔을 수 있고, 취미가 같을 수도 있다. 구조적인 공통점들이 긍정적인 연결을 촉진하는 데에 엄청난 역할을 할 필요는 없다. 몇 년 전, 중동 지역에 있는 한 워터파크에서 나는 대형 미끄럼틀을 타려고 늘어선 긴 줄에 서서 순서를 기다리고 있었다. 그때 내 뒤에 있는 남성이 "어디서 오셨어요?"라고 물었고, 내가 "미국이요"라고 답하자 그는 아주 반가운 듯 "오, 나도요!"라고 말했다. 미국 시민의 수가 3억 명이 넘고, 미국에서는 미국 시민이라는 사실이 그다지 의미를 가지지 않는다. 그러나 외국에서는 국적이 같다는 단순한 사실이 30분 동안 이어진 대화의 도화선이 되었다.

부족 커뮤니티를 만들어라. 갈등에 휘말린 논쟁자들은 종종 편파적인 의견대립 문제를 해결하기 위한 새롭고 포괄적인 집단을 만들 수 있는 가능성을 간과한다. 단 한 차례의 부족 훈련 때만 모든 참가자들이 모여서 외계인이 주는 가르침에 반발할 수 있는 전략을 고안했다. 그러나 어떤 집단도 외계인을 기품 있는 창립 회원으로 하는 부족협력 은하 간 위원회를 출범하는 식으로 외계인을 적에서 파트너로 돌려놓겠다는 생각을 하지는 않았다.

실제 삶에서 크기와 상관없이 분열된 집단들은 공통되는 충성심의 보호 하에서 단합할 수 있다. 우리의 충성심은 우리의 가족이나 친구나 문화적인 부족의 익숙함으로 우리를 끌어당길지 모른다. 그러나 많은 집단이 공통된 충성심을 가지고 합칠 수 있는 지배적인 틀인 **부족 간 커뮤니티**를 만드는 것이 가능하다. 가장 효과적인 전략은 이러한 여러 집단들을 하나의 커뮤니티로 합칠 수 있는 상징들을 찾아내는 것이다. 예를 들면, 국가들은 각자 자체 문화와 유산을 가진 여러 부족들로 이루어지지만, 국가적인 정체성이 종종 그들에게 지배적인 영향을 미친다. 왜 그럴까? 존경받는 사회 심리학자인 고든 올포트가 지적했듯이 "국가들은 국기, 공원, 학교, 의사당 건물, 통화, 신문, 휴일, 군대, 역사적인 문건들을 가지고 있기 때문이다." 이런 것들은 정신적으로 국민들의 머리와 가슴속에 한 국가만이 가진 고유한 특성을 단단히 못 박는 상징들이다.[18]

분열되었던 집단들이 화합한 후에 지배적인 부족 커뮤니티를 만든 사례는 풍부하다. 제2차 세계대전 이후 몇몇 유럽 국가들은 더 거대한 대륙의 통합을 추진하기로 결정했다. 통합하고자 하는 수많은 국제적인 노력이 있은 후 체결된 마스트리히트 조약은 광범위한 범위의 협력적인 경제, 법률, 교육, 군사, 보건 관련 활동들에서 유럽 내 국가들을 연결하는 통치기구인 EU(유럽연합)를 설립하는 데에 공식적인 토대가 되었다. 현실을 확고히 하기 위해서 EU는 기(旗)와 공동 통화를 만들었고, 벨기에에 수도를 정했고, 외교단을 설립했다. EU가 회원국들 사이의 문화나 언어의 차이점들을 좁히지는 못했지만 각 지역의 특색과 전통들을 살리면서 지역의 경제 성장과 화합 분위기를 고취시켰다.

대형의 구조적인 기구가 가진 힘의 또다른 사례는 중동 지역에서 찾을 수 있다. 나는 캠프 데이비드 II 협상 실패 후 세워진 이스라엘-팔레스타인 협상 파트너 네트워크의 강사이자 자문관을 지냈다. 이 네트워크의 일환으로 이스라엘과 팔레스타인의 참가자들은 매사추세츠 케임브리지에서 일주일을 보내면서 협상하는 방법을 배웠고, 집단들의 내부 및 사이에서 관계를 구축할 수 있는 기회를 얻었다. 참가자들 중에 워크숍 이전에 미리 만났던 사람들은 거의 없었지만, 워크숍 도중에 그들은 여러 협상 사례에서 같은 편에서 함께 일했고, 사교모임에서 비공식적인 대화를 나누었으며, 강의 때는 '학생' 역을 맡았다. 이러한 종류의 활동들은 그들이 서로를 적이 아닌 같은 문제를 해결하기 위해서 협력하는 동료로 간주할 수 있게 도왔다. 이 프로그램의 결과는 구체적이고도 놀라웠다. 예를 들면, 베들레헴에 있는 예수 탄생 기념 성당에서 38일 동안 이어진 갈등은 이 네트워크로 연결된 이스라엘과 팔레스타인 회원들 사이의 막후 협상을 통해서 해결되었다.[19]

초월적인 연결을 강조하라. 가장 강력한 구조적인 연결은 우리를 일상적인 문제에서 벗어나 신성한 관계로 안내한다. 초월적인 연결은 그것이 정신적이건 역사적이건 문화적이건 자연적이건 공동체적이건 간에 상관없이 더 고귀한 의미나 이상을 다 같이 숭배하게 만듦으로써 우리를 하나로 묶는다. 아름다운 석양을 바라보는 부부가 주위의 세상과 초월적인 연결을 경험하듯 종교 의식에 모인 신자들은 신성한 힘과의 초월적인 연결을 경험한다. 두 협상 당사자들이 서로 매우 다른 정신적인 신념을 가지고 있을지라도 종교적인 경외감을 공유하면서 함께 뭉칠지 모른다. 우리는 초월적으로 연결되는 방법을 찾음으로써 오랫동안 끌어왔던 갈등을 보다 쉽게 해결하고, 평화로운 공존의 길을 모색할 수 있다.

남아프리카 공화국의 인종차별 시대에 국내 불안이 정점에 이르자 데즈먼드 투투 대주교는 "우리가 함께 있기에 내가 있다"는 것을 가르쳐주는 남아프리카 공화국의 전통적인 공동체 정신인 우분투(ubuntu) 개념에 의존해서 초월적인 연결 관계를 조성하기 위한 노력을 집중적으로 펼쳐나갔다.[20] 남아프리카 공화국이 인종차별의 그늘에서 벗어나려고 하자 우분투는 강력한 사회적인 힘으로 부상했고, 사람들이 적에서 같은 정신적인 전통에 뿌리를 둔 형제자매로 변해서 충격적인 역사에서 벗어나서 상호 연결된 미래를 향해서 나아갈 수 있게 도왔다.

결론

나는 긍정적인 관계를 강화하는 방법에 대해서 생각할 때마다 아들 노아가 아이스하키 경기를 할 때 신는 아이스 스케이트를 머릿속에 그린다. 스케이트 끈이 워낙 단단히 얽혀 있기 때문에 경기가 끝난 후 끈을 푸는 데에만 족히 5분은 걸린다. 마찬가지로 교차편집적인 관계는 당신과 상대방이 서로 연결된 상태를 유지할 수 있게 도와준다. 더 많고 다양한 교차편집적인 관계를 맺을수록 관계의 강도와 탄성이 커지고, 그 결과 가장 감정이 고조된 갈등을 건설적으로 해결하는 데에 도움을 받게 된다.

교차편집적인 관계를 구축하라
개인별 응용 문제

1. 당신은 상대방과 얼마나 연결되어 있다고 느끼는가?

2. 상대방과의 더 좋은 관계는 어떤 모습일 것 같은지 상상해보자. 그런 관계를 묘사해보자.

3. 당신은 관계를 개선하는 것에 얼마나 마음을 열었나?

1	2	3	4	5	6	7	8	9	10
(열지 않았음)								(완전히 열었음)	

4. 당신이 관계를 강화하기 위해서 할 수 있는 일은 무엇인가? 상대방과 당신 사이의 공통점을 부각시킬 것인가, 상대방의 인생에서 중요한 측면들에 대해서 질문할 것인가, 아니면 개인적인 정보를 공유할 것인가? 구체적으로 말해보자.

14

관계를 재편하라

당신이 뉴욕 시장에게서 전화 한 통을 받았다고 상상해보자. 이슬람 극단주의자들이 세계무역 센터 마천루에 두 대의 비행기를 충돌시킨 후 불과 9년이라는 짧은 시간이 흐른 상태이다. 시장은 당신에게 "당신의 도움이 필요합니다. 우리는 파크(Park)51을 둘러싼 갈등을 해소하는 방법을 찾아야 합니다. 제가 관련된 핵심 인사들을 불러 회의를 소집하려고 합니다. 회의를 주재해주시겠습니까?"라고 묻는다.[1]

개발자는 파크51이라고 불리는 15층짜리 이슬람교 사원과 이슬람 문화원으로 새로 단장할 수 있기를 기대하며 로어 맨해튼에 있는 낡은 의류 할인점인 벌링턴 코트 팩토리 건물을 매입했다. 그러나 9/11 테러 사건으로 무너진 세계무역 센터(세계무역 센터는 쌍둥이 고층 빌딩이라 트윈 타워라고도 불린다/역주)에서 약 두 블록밖에 떨어지지 않은 파크51이 새로 들어설 자리에서 항의 시위가 일어났다. 많은 반대론자들은 세계무역 센터가 있던 곳 지적에 이슬람 센터를 세울 경우 장소의 신성함을 더럽히고, 9/11 사건 때 사랑하는 사람들을 잃은 사람들에게 감정적으로 고통을 안겨줄 것이라고 느꼈다. 그러나 본 프로젝트를 찬성하는 사람들도 그들 못지않게 열성적으로 이슬람교 사원은 19명의 테러범들이 저지른 행동이 이슬람 교도를 대표하는 것은 아니며, 미국은 기본적으로 종교적인 관용을 지지한다는 사실을 전 세계에 알릴 수 있다고 주장한다.

과제는 확실하다. 반대파들이 파크51 논란에 실행이 가능한 해결책을 찾도록 도와주는 것이다. 그러나 왜 어느 한 쪽이 타협해야 하는가?

이 책에서 우리는 부족 사고의 다섯 가지 유혹을 거부하고, 각 협상 대상자의 정체성 신화를 드러내고, 고통스러운 감정을 해소하고, 교차편집적인 관계를 구축하는 등의 통합적인 역학을 촉진하는 방법들을 알아보았다. 이러한 전략들이 모두 당신의 관계를 개선하는 데에 도움이 되겠지만, 어떤 갈등에서나 당신은 여전히 자신의 핵심 정체성을 타협하지 않고서 당면한 실제 문제를 해결할 수 있는 방법을 알아내야 할 것이다. 이번 장에서 나는 당신이 그러한 문제를 해결하는 데에 도움을 줄 수 있는 간단한 틀인 **SAS 시스템**을 소개하겠다.

안에서부터 문제를 해결할 수는 없다

핵심 정체성이 위협을 받게 되면 갈등은 쉽게 **제로섬 싸움**(zerosum battle)으로 전환될 수 있다. 즉 상대방이 당신의 정체성을 따르거나 아니면 당신이 상대방의 정체성을 따르게 된다. 당신이 **자신의** 정체성을 배신할 가능성은 낮기 때문에 당신에게는 오직 한 가지의 실행이 가능한 선택만이 보인다. 즉 적이 굴복하게 만드는 것이다. 그러나 당신이 상대방의 정체성을 따를 가능성이 낮은 만큼 상대방도 당신의 정체성을 따를 가능성이 낮고, 결과적으로 당신과 상대방 모두 머리가 아픈 교착 상태에 빠지게 된다. 돈과 다른 유형자산은 협상이 가능할지 모르지만 핵심 정체성은 그렇지 않다. 부족 훈련의 결과가 보여주듯이 대부분의 사람들은 자아를 포기하기보다는 세상을 폭발시키는 것을 택한다.

그렇다면 협상이 불가능한 일을 어떻게 협상할 수 있을까? 심지어 협상이 가능하기는 할까?

그렇다. 그리고 이때 명심해야 할 핵심 통찰은 안에서부터 문제를 해결할 수는 없다는 것이다. 당신은 목표를 정체성 싸움에서의 '승리'에서 당신과 상대방의 핵심 정체성이 같이 공존할 수 있고 상호 관계를 재구성하는 것으로 바꾸어야 한다. 그러나 공존만이 목표는 아니다. 예를 들면 가족은 비참한 상태로 오랫동안 같이 공존할 수 있다. 정체성에 기반한 분열을 제대로 해결하기 위해서는 당신이 겪는 갈등을 **조화로운 공존**을 위한 탐구로 간주함으로써 타협 없이 해결할 수 있는 가능성을 열어두어야 한다.

관계 재편하기

SAS 시스템은 세 단계로 이루어져 있다. 첫째, 정체성이 얼마나 위태로운지 분명히 확인하라. 둘째, 조화로운 공존을 위한 시나리오를 상상하라. 셋째, 어떤 시나리오가 조화에 가장 적합한지를 평가하라. 이 세 단계를 끝마쳤다면 가장 실질적인 문제들조차 해결할 수 있는 강력한 위치에 서게 될 것이다.

정체성이 얼마나 위태로워졌는지 분명히 확인하라

다섯 가지 유혹이 어떻게 당신을 옭아매고 갈등을 통제가 불가능한 상태로 만드는지를 떠올려보라. 당신은 처음에는 당신을 회의에서 배제한 동료 때문에 짜증이 났지만 이후에는 불과 몇 분 만에 현기증과 반복강박이 당신을 흥분시켜 격노하게 만든다. 따라서 갈등의 더 깊은 의미인 정체성의 신화를 찾아라. 지금 겪고 있는 갈등은 그 자체만으로도 중요하지만 그것이 정체성에 기반한 걱정의 다른 형태인 경우가 종종 있다. 파크51을 둘러싼 갈등은 건물의 실질적인 기능 때문에 생겼지만 그것은 "누가 미국인이고, 누가 미국에 속하며, 누가 외부인이고, 미국 사회에서 이슬람 교도의 역할은 무엇인가?"라는 국가 정체성이라는 더 깊은 문제를 대신 따져 묻는 역할을 했다.

이러한 문제들은 직접 논의하기 힘들기 때문에, 건물은 사람들이 그것을 통해서 그들의 정체성의 모습에 대한 바람과 걱정을 표현할 수 있는 대상인 **감정적인 대용물**이 되었다. 대용물은 정체성에 대한 직접적인 대화보다 더 안전하게 생각할 수 있는 주제이다.[2] 이 경우, 이슬람교 사원은 확실히 가늠할 수 있는 양이다. 즉, 당신은 그것이 세계무역 센터가 있었던 곳에서 2블록 내지 10블록의 거리를 두고 있어야 하는지에 대해서 논의할 수 있다. 그러나 당신이 정체성 자체에 대한 개인적인 관점을 대놓고 공유하는 순간, 당신의 에고에 대해서 직접적으로 공격할 수 있는 문을 열어준 셈이 된다.

각 협상 당사자를 갈등으로 몰아가는 더 깊은 이유들을 이해하도록 노력하라. 이때 유용한 출발점은 팽팽한 긴장감이 맴도는 문제가 어떻게 정체성에 대한 질문의 감정적인 대용물이 될 수 있는지를 알아보는 것이다. 정말로 재원을 배분하는 문제 때문에 부서 간에 다툼이 일어난 것일까, 아니면 그것이 궁극적으로는 이사회가 어떤 부서를 회사 경영에 더 핵심적인 부서로 간주하는지를 둘러싼 갈등인 것일까? 정말로 유산 때문인가, 아니면 어머니가 가장 많이 사랑하는 사람이 누구인지가 중요해서 형제자매들끼리 다투는가?

몇 년 전에 내가 파혼하기 일보 직전에 몰렸던 린다와 조시라는 한 젊은 부부에게 상담해주었을 때, 그들의 더 깊은 파혼 이유를 이해해야 한다는 생각이 나의 머릿속에서 한참 동안 맴돌았다. 그들은 대학을 다닐 때 만나서 3년 동안 연애한 끝에 결혼했다. 그들의 관계는 쌍둥이 딸들이 네 살이 되어서 산타클로스에 대해서 알 만큼 알게 되었을 때까지는 좋았다. 문제는 린다는 개신교도이고 조시는 유대 교도라는 데에 있었다. 크리스마스가 가까워질수록 그들은 어떻게 두 사람 모두에게 의미 있는 방식으로 크리스마스를 축하해야 하는지 해마다 반복되는 문제에 접했다. 린다가 크리스마스 트리를 설치하자고 간청하면 할수록 조시는 더 강하게 반대했다. 그들은 이 문제에 대해서 끊임없이 이야기를 나누었고, 서로에게 유익한 해결책을 찾는 데에 도움이 될까 해서 협상책들도 읽었고, 친구들에게서도 조언을 구했다. 그러나 머지않아 그들의 분노가 너무 심해져서 합의점을 찾는다는 것이 불가능해 보였다. 이제 딸아이들까지 이 일에 개입되었기 때문에 특히 더 그랬다.

나는 크리스마스트리를 둘러싼 싸움이 부부가 해결해야 하는 더 심오한 정체성의 차이에 대한 대리전이라는 것을 감지하고, 그들에게 "이번 갈등에서 정체성의 어느 부분이 위협을 받는다고 느낍니까?"라고 물었다. 나는 그들 각자에게 믿음, 의식, 충성, 가치, 혹은 의미 있는 경험들이라는 다섯 가지 정체성 기둥 중에서 어떤 것이 가장 시달리는 것 같은지 알아보았다.

린다는 불과 10살 때 어머니가 돌아가셔서 아버지가 혼자서 그녀를 키우셨다고 말했다. 린다는 크리스마스마다 아침에 일어났을 때 선물이 산더미처럼 쌓여 있는 의식을 체험한 사실을 떠올리면서 아버지에게 강력한 충성심을 느꼈다. 크리스마스트리는 아버지와 린다의 친밀한 관계를 보여주는 대용물이 되었다. 아버지는 린다의 감수성을 키워주었고, 크리스마스트리가 없을 경우 배신을 당한 것처럼 느낄 것이다. 조시의 경우, 겨울은 그의 부모님과 조부모님들에게 유대교의 의식과 가치에 대한 충성심을 고양해주었다. 그는 그의 집에 크리스마스트리가 세워져 있고 어린 딸들이 산타의 선물을 기다린다는 것을 알게 되었을 때 겪게 될 그들의 실망을 상상했다. 그에게 크리스마스트리는 자신의 혈통에 대한 배신인, 그의 가족의 뿌리에 대한 부끄러운 신성 모독을 의미했다.

이러한 논의가 린다와 조시가 왜 서로 상대방의 생각에 반대했는지를 이해하고, 부부로서 새로운 관계를 맺게 도와주었지만, 크리스마스트리를 어떻게 하면 좋겠는지에 대한 실제 질문은 여전히 해결되어야 했다.

조화로운 공존을 위한 시나리오를 상상하라

SAS 시스템은 공존에 필요한 세 가지 접근 방식을 제공한다. 그것들은 분리(Separation), 동화(Assimilation) 그리고 통합(Synthesis)이다.[3] SAS 시스템에서 SAS는 이 세 단어의 영어 첫 글자를 가지고서 만든 약어이다. 어떤 방법도 모든 상황에 다 적합하지는 않지만, 다음에 나오는 세 가지 질문은 당신이 갈등 해소를 위한 광범위한 범위의 개연성이 있는 시나리오들을 고안하는 데에 도움을 줄 것이다.

1. 당신과 상대방의 정체성을 서로 분리하면 어떻게 될 것 같은가? 당신은 결혼 생활이 순탄하지 않다면, 잠시 동안 따로 떨어져서 살거나 이혼 소송을 제기하기로 결심할지도 모른다. 이웃이 당신의 사생활에 끼어들 경우에는 울타리가 필요할 수 있겠다. 전쟁을 끝내기 위해서는 가장 먼저 군대를 철수시켜야 한다. 우리 가족의 경우에, 아들 둘이 싸울 때 내가 어떻게 할까? 그들을 갈라놓는다.

그러나 물리적인 분리가 유일하게 가능한 방법은 아니다. 당신은 또한 특정한 문제들에 대한 논의를 삼가게 하는 등 심리적인 형태의 분리를 추구할 수도 있다. 내가 10대 때, 어머니는 습관적으로 내가 사귀고 있던 소녀들에 대한 개인적인 질문들을 퍼부으셨다. 나는 어머니께 "금지 질문들입니다"라고 말하고는 했고, 우리 관계에서 그런 문제들을 배제시켰다. 국가들끼리도 가끔은 좋은 관계를 유지하고 확전을 피하고자 논쟁을 초래할 수 있는 문제들을 한쪽으로 치우는 식으로 같은 전략을 구사하고는 한다.

2. 상대방의 정체성에 동화되거나 그 반대의 경우처럼 되면 어떻게 될까? 동화된다는 것은 상대방의 정체성의 일부를 당신의 정체성에 통합시키는 것이다. 분리가 둘의 정체성을 따로 떼어놓는 반면, 동화는 그것을 확대한다. 예를 들면, 러시아에서 미국으로 이민을 온 나의 친구는 실용적이고 빠른 속도로 변하는 미국 문화에 재빨리 동화되었지만, 집에서는 러시아어를 쓰고 정기적으로 샤슬릭(러시아의 전통 꼬치구이/역주)과 보르시치(수프의 일종/역주)를 즐기면서 국가 정체성을 유지했다.

당신은 순응이나 전향을 통해서 상대방의 핵심 정체성에 동화될 수 있다. 순응할 경우, 상대방이 따르는 규칙을 내면화하지 않고서도 그 규칙에 따라서 움직이면 된다. 일본을 국빈 방문한 버락 오바마 대통령은 아키히토 일왕을 만나 머리를 깊이 숙여 인사했다. 다시 말해서, 오바마는 일본의 의식에 순응했지만 그런 행동을 자신의 정체성의 필요불가결한 일부로 받아들인 것은 아니었다. 그는 그동안 만난 다른 국가원수들에게 머리를 숙여 인사한 적이 없었다.[4] 반대로 전향할 경우에는, 당신은 선교사가 개인에게 새로운 종교를 자기 것으로 받아들이라고 설득할 때처럼 상대방의 핵심 정체성의 여러 가지 측면들을 내면화한다. 전향은 당신의 선택이기 때문에 핵심 정체성은 타협의 대상이 아니다. 당신이 정체성을 바꾸었지만, 무력에 의해서 억지로 바꾼 것은 아니다.[5]

3. 정체성들을 합치면 어떻게 될까? 관계를 재구성하는 세 번째 경로는 통합이다. 당신은 당신과 상대방의 핵심 정체성들이 서로 공존할 수 있게

상대방과의 관계를 재정의한다.[6] 둘은 떨어진 채 연결되어 있고, 자율적으로 행동하면서도 친밀감을 느끼게 된다. 각자 독자적인 문화 역사를 가지고 있지만 모두 미국인으로서의 정체성을 가진 채 미국에서 사는 수많은 인종 집단들을 생각해보라.[7]

나는 한국을 방문하던 도중에 창의적인 통합 사례를 우연히 접한 적이 있다. 서울에서 워크숍을 개최한 후, 주최자가 나에게 일제 강점기 때 세워진 소박한 콘크리트 구조물인 옛 서울특별시청 청사를 소개했다.[8] 이 청사는 일제 강점기 때, 경성부청(京城府廳)으로 건립되었다가 광복 이후 서울시청 건물로 쓰였는데, 2005년에 이명박 전 시장은 신청사 건립을 지시했다.[9] 그렇다면 구청사의 운명은 어떻게 되었을까?

서울 시민들의 의견은 엇갈렸다. 일부는 구청사를 철거하라고 주장했다. 그들은 신청사가 서울의 현대적인 이미지를 웅장하게 표현할 수 있는데 굳이 왜 아픈 과거의 잔재를 남겨두어야 하느냐고 따졌다. 그러나 한국 역사의 모든 측면들이 인정받을 가치가 있다고 주장하며 철거에 반대하는 의견도 있었다.[10] 이처럼 상반되는 의견을 내놓는 사람들 각각에게 시청은 한국의 정체성에 대한 대용물 역할을 했다.

친구의 안내를 받으며 서울시청 건물을 지나가던 중, 나는 서울시가 통합을 통해서 이처럼 정체성이 관련된 딜레마를 해결했다는 것을 깨달았다. 서울시는 구청사 앞에 물결치는 거대한 파도를 빼닮은 유려한 곡선미가 깃든 현대식 유리 건물로 신청사 건물을 세웠고, 구청사 건물을 서울도서관으로 개조해서 개관했다.[11] 이 두 건물은 어두운 과거와 빛나는 현재를 병치시키면서 한국의 다면적인 정체성에 얽힌 이야기를 들려주었다.[12]

다시 크리스마스트리로. 린다와 조시는 크리스마스트리 때문에 생긴 딜레마를 해결하지 못해서 교착 상태에 빠졌다. 그들이 조화로운 공존이 가능

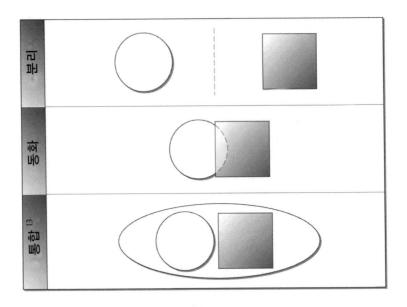

한 시나리오를 찾는 것을 도와주기 위해서 나는 그들에게 SAS 시스템을
소개했다. 그들 각자는 신념을 양보하지 않았지만, 기꺼이 둘 사이의 이견
을 좁힐 수 있는 방법을 알아보려고 했다. 나는 그들에게 창의적인 사고가
옳다고 느끼는 것을 찾을 수 있게 도와줄 것이라는 기대를 가지고 현실적인
것에서부터 멀리 떨어진 것에 이르기까지 광범위하고 다양한 선택들에 대
해서 난상토론을 벌이는 것을 목표로 삼으라고 설명했다. 나는 또한 그들에
게 각자가 제시한 시나리오의 장점을 평가하지 말 것을 당부했다. 평가는
나중에 할 예정이었다.

부부는 별도의 시나리오들을 상상하기 시작했다. 그들은 1년 내내 그들
의 관계에 이런 타협이 불가능한 차이가 범접하지 못하게 막고, 크리스마스
가 다가올 때만 이 문제에 대해서 이야기하기로 하고 평소에는 갈등이 아예
존재하지 않는 척할 수 있었다. 또한 두 사람이 서로 겉으로는 상대방의
뜻에 동의하지만 불만을 품고 있을 수도 있었다. 또한 그들이 집을 나누어

쓰는 보다 이례적인 조치를 취할 수도 있었다. 그들은 "집의 이쪽 부분에서는 크리스마스를 축하하고, 나머지 부분에서는 하누카(Hanukkah, 11월이나 12월에 8일간 진행되는 유대교 축제/역주)를 축하하자"라고 합의할 수 있었다. 혹은 그들은 변호사의 자문을 구하고 이혼 절차를 밟을 수 있었다.

다음으로 그들은 동화의 시나리오들을 생각했다. 조시는 린다의 종교로 개종해서 개신교도가 될 수 있었다. 혹은 그가 조상에 대한 배신감을 가지고 살거나 자신의 믿음 내에서 트리를 어떻게 받아들일지 고민하며 집 안에 크리스마스트리를 가져다놓는 것을 받아들일 수도 있었다. 반대로 린다는 그녀의 개신교 교파에 충실하지만 유대교 의식을 따르면서 유대교 의식에 순응하며 살기로 동의할 수 있었다. 혹은 유대교로 개종할 수도 있었다.

끝으로 부부는 둘 사이의 차이를 통합하는 시나리오를 상상했다. 그들은 집에 트리를 사놓고, 아이들과 같이 트리를 장식하고, 각자 그것에 개인적인 의미를 부여할 수 있었다. 린다와 조시는 트리를 각각 크리스마스트리와 하누카를 기념하는 장식으로 간주할 수 있었다.

어떤 시나리오가 조화에 가장 적합한지를 평가하라

나는 린다와 조시에게 몇 분 동안 시나리오들을 생각한 다음에 어떤 시나리오대로 되면 좋을지 판단하라고 시켰다. 내가 그들에게 대답을 고민할 것을 요청했던 질문은 "어떤 시나리오 내지 조합이 당신들 모두에게 가장 매력적이면서 실현이 가능한 것 같습니까?"였다.

장단점을 저울질하라. 린다와 조시가 깨닫게 되었듯이 완벽한 공존 방법은 없다. 분리는 갈등의 감정적인 정도를 줄일 수 있다. 군대를 분리하면 위기를 피할 수 있는 것과 같은 이치이다. 그러나 분리가 화해를 하게 만드는 데에 유용할 수 있지만 그것을 유지하는 데에는 방해가 될 수 있다.[14] 1970년대 초반 영국에 맞서 유혈 분리운동이 한창이던 북아일랜드에서는 폭력 사태의 발화점 역할을 했던 지역들을 보호하기 위해서 철과 벽돌과 강철로 이루어진 '평화의 벽들'이 세워졌다. 나는 최근 북아일랜드를 방문하는 동안 성금요일 평화 협정이 체결된 지 10년이 지났지만 여전히 그 평화의 벽들이 세워져 있는 것을 보고 놀랐다. 사실상 오히려 협정이 체결된 이후에 벽의 숫자가 늘어났다.[15] 벽들은 여러 커뮤니티들을 안전하게 만들었지만, 통합된 사회에는 심리적인 부담을 주었다.[16]

마찬가지로 당신이 상대방에게 동화되어 협력할 수 있지만 그로 인해서 오랫동안 분노가 유발될 수 있다. 당신이 상대방의 정체성에 순응하여도 그것이 억울하다는 생각이 점점 더 커질 때 강력히 반발할 수 있다. 조시가 크리스마스트리를 설치하자는 의견을 수용하기는 했지만 막상 집에 설치된 트리를 보고 마음이 바뀌었다고 상상해보자. 처음에는 미묘하게 분한 감정을 느끼지만 나중에 그것에 완전히 휩쓸리자 그는 "내가 왜 나의 본모습을 버린 거지?"라고 자문하며 어지러운 현기증을 느낀다.

통합은 많은 이점을 가지고 있다. 당신과 상대방이 정체성을 공존시킬 수 있는 방법을 찾을 수 있다면 두 사람의 관계는 강력한 역풍도 견뎌낼 수 있다. 두 사람은 더욱더 긴밀히 연결되고, 좋을 때나 나쁠 때나 뭉치는 것이 의무라고 느낄 수 있다. 두 사람이 '한 배를 탄 같은 편'이므로 관계를 깨야 할 이유가 사라졌다.

그러나 통합이 만병통치약은 아니다. 적들이 공존할 수 있는 상호 간의 합의가 가능한 연결 지점을 찾아내기가 극도로 힘들 수 있다. 예를 들면, 정부가 테러범 조직과의 차이점들을 어떻게 통합시킬 수 있다는 말인가? 더 힘이 강한 쪽이 힘이 약한 쪽에 자신의 입장을 강화하기 위해서 그것을 시도할지 모를 위험도 있다. 약한 쪽이 손해를 보아야 양쪽이 연결될 것이다. 끝으로 통합적인 정체성을 유지하기 위해서는 의식적인 장기적인 노력이 요구된다. 결혼이 통합의 훌륭한 사례이지만 "결혼하겠다"라고 말만 해서는 결혼 관계를 지속할 수가 없다.

관계를 두고 싸우지 말라. 함께 관계를 만들어라. 당신은 동등한 자격의 통합을 원하지만 상대방은 당신이 그에게 동화될 것을 주장한다면 갈등을 해소하기는 힘들다. 우선적으로 원하는 일 사이의 어떤 부조화도 더 많은 갈등만을 초래할 뿐이다. 파크51을 반대한 사람들은 이슬람교 사원이 세계무역 센터 자리에서 멀리 떨어진 곳에 세워져야 한다고 주장했다. 그들은 사원이 세계무역 센터 자리와 분리되어 있기를 원했다. 반면에 파크51을 찬성한 사람들은 원래 사원이 세워질 예정이었던 장소를 옹호하면서도 사원 안에 9/11 공격의 희생자들을 기리는 기념비와 기도 공간이 있는 커뮤니티 센터를 만들자면서 통합을 향해서 움직였다.

여러 가지 시나리오들을 가지고서 다투기보다는 각자 두려움과 바람을 해소할 수 있게 관계를 구축할 수 있는 방법들을 고안하도록 노력하라. 린다와 조시는 이런 조언을 따르다가 궁극적으로 세 가지 공존 방법을 통합한 해법을 찾아냈다. 그들은 집에 크리스마스트리를 설치하지는 않더라도 조지아 주에 있는 린다의 아버지 집에서 매년 크리스마스 축하 파티를 열기로 합의했다. 이것은 두 사람의 정체성 신화에 맞는 결정이었다. 린다와 조시와 그들의 아이들은 린다의 크리스마스 의식에 대한 애정과 조시의 믿음을 모두 존중하면서 린다의 아버지와 함께 크리스마스를 보내게 되었다. 한편 린다는 아이들을 유대인의 신념에 따라서 키우겠다는 결혼 전의 결심을 재확인했고, 이로 인해서 자신의 유산을 포기해야 할지 몰라서 했던 조시의 걱정은 경감되었다. 부부는 그들의 관계 속에 차이점들을 엮어넣고 그 과정

중에 성장하면서 서로의 정체성을 이해하고 수용하게 되었다. 분명히 말해서 이러한 합의는 계속 진행 중인 일이지만, 어쨌든 진척이 이루어졌다.

권력 다툼을 경계하라. 사람들은 권력을 좋아하고, 그것을 잃을까봐 두려워한다. 따라서 권력을 가진 사람들은 종종 다른 사람들이 그의 방식에 동화되기를 원하지만 권력이 없는 사람들은 통합을 더 원한다.[17] 그로 인해서 생긴 충돌은 폭발력이 강할 수 있다. 이와 관련된 적절한 사례가 제1차 세계대전을 끝냈던 베르사유 조약이다. 승전국들은 "그들의 적인 독일에 극도의 굴욕감을 주고 독일을 파괴하는 방법"을 모색했고, 독일인들을 평화협상에서 배제했으며, 독일 경제를 고사시킬 수 있는 제재를 부과했다.[18] 독일은 굴욕감을 느꼈고, 이는 "그보다 불과 20년 전에는 상상할 수 없었던, 아돌프 히틀러(1889-1945) 같은 지도자와 그가 내세운 극단적인 국수주의가 권력을 잡을 수 있는" 무대를 마련해주었다.[19]

당신이 구조적인 권력, 다른 사람들에게 합법적으로 지시할 수 있는 권한을 쟁취하기 위한 투쟁에 뛰어들 때가 언제인지를 인식하라. 많은 협상들이 구조적인 권력 다툼과는 관련이 없다. 당신이 신차의 가격 때문에 흥정할 때, 영업사원이 가진 권한의 수준에 대해서 협상하는 것은 아니다. 당신은 영업사원에게 당신이 원하는 가격에 차를 팔라고 강요할 수 없다. 그러나 소수 집단이 더 강력한 의사결정 권한을 가진 사람을 찾는다면 그들은 보다 구조적인 권력을 얻기 위해서 협상하고 있는 것이 된다. 마찬가지로 회사의 공동 소유자 두 사람이 회사 내 과반수 이상의 지분 확보를 위해서 싸운다면 그들의 갈등은 구조적인 권력 투쟁으로 볼 수 있다. 두 사람 중에 한 사람만이 회사의 정책을 결정할 수 있는 능력을 가지게 되기 때문이다.

가장 뜨거운 갈등은 보통 권력 투쟁 때문에 일어난다. 권력을 가진 자는 권력을 잃을까봐 두려워하고, 권력이 없는 자는 더 많은 권력을 가질 수 있기를 갈망하기 때문이다. 따라서 권력 관계의 균형을 다시 잡을 수 있는 방법을 선제적으로 모색하라. 다음은 몇 가지 제안이다.

- 당신이 특히 더 많은 힘을 가지고 있을 때 상대방을 모욕하지 말라. 제2차 세계대전 이후 승전국들은 패전국들에게 망신을 주기보다는 마셜 플랜(제2차 세계대전 이후 1947년부터 1951년까지 미국이 서유럽의 16개 나라에 행한 대외 원조 계획/역주)을 통해서 그들이 전 세계 공동체로 재통합될 수 있도록 도왔다.
- 제도적인 변화를 모색하라. 민권법은 미국 내 흑인과 백인들에게 동등한 처우를 하도록 명했다.
- 중재자의 도움을 구하라. 중재자는 공평한 경쟁의 장을 만들어서 각 협상 당사자가 각자의 의견을 말하고, 차이를 해결하고, 서로 만족을 얻을 수 있게 관계를 수정할 수 있는 시간을 똑같이 가지도록 만들 수 있다.
- 희생의 필요성을 기억하라. 조화로운 공존을 위해서는 각자 어느 정도의 권한을 포기해야 한다는 것을 상기하라.

다시 파크51로

당신과 시장이 전화 통화를 끝내기 전에 시장이 당신에게 "뉴욕과 우리나라는 당신의 도움이 필요합니다"라는 사실을 상기시킨다. 당신은 주재할 회의를 준비하기 시작한다. 회의의 의제를 정하고, 초대된 사람들과 접촉하고, 사람들에게 회의는 비공개로 열리는 사적인 회의임을 상기시킨다. 그러나 당신은 프로젝트 찬성파나 반대파 중 한 쪽이 승리하는 식으로 두 가지의 가능한 해법밖에 없을 것 같다는 것을 깨닫고 걱정이 된다. 상호 간의 합의가 가능한 극소수의 시나리오들만 제시되었으며, 문제의 장소를 사원과 추도 장소로 모두 활용하는 등의 제안이 담긴 시나리오들은 강력하게 거부되었다.

그로부터 며칠 뒤, 논쟁에 참여했던 각 파에서 12명씩이 언론의 조명을 피해서 뉴욕 주 북쪽에 있는 호텔에서 이틀 간 열린 워크숍에 모였다. 당신은 그들에게 워크숍의 개최 목적을 설명한 후 다섯 가지 유혹에 대해서 설명하고, 어떻게 하면 그들이 갈등을 더 키울 수 있는지에 대해서 2시간 동안 토론을 주최한다. 참가자들은 국가와 언론이 어떻게 해서 파크51 문제로 인해서 현기증 상태에 빠졌는지, 9/11 사태의 트라우마로 인해서 어떻게 반복강박이 작동할 수 있는지 그리고 미국 사회에서 이슬람을 향한 광범위한 태도를 공개적으로 논의하는 것이 어떻게 해서 금기가 되었는지를 논의한다. 집단 내의 개인들은 문제가 그들 자신이 신성시하는 가치들뿐만 아니라 관련된 상대방이 신성시하는 가치와 믿음들에 대한 공격처럼 느껴진다는 것도 깨닫는다. 용감한 영혼을 가진 한 부부는 몇몇 정치인들이 중간 선거일이 다가오자 파크51 문제를 선거 이슈로 이용하고 있다는 사실을 인정하면서 이 문제가 정체성 정치학의 목적으로 이용되었을지 모른다고 인정한다.

이제 당신은 먼저 각 참가자가 5분 동안 각자의 정체성 신화를 공유하게 만든 후에, 이어 각자 상대방에게 그러한 신화에 대한 질문을 던질 수 있는 기회를 열어주는 식으로 그룹이 개략적으로 통합적인 역학 형식을 경험하도록 이끈다. 당신은 각 참가자마다 "파크51이 당신 개인에게 어떤 의미가 있습니까?"라는 질문을 던진다. 당신은 다른 참가자들에게 대답을 신중하고 공손하게 들어야 한다는 것을 상기시킨다. 논쟁이 아닌 배움이 목적이기 때문이다.

각 사람마다 하는 말에서 공통된 주제가 등장한다. 모든 당사자들은 감정적으로 고통과 두려움을 느낀다. 9/11 공격은 사람들이 그들의 정체성과 안보 상태를 보는 방법에 심각한 영향을 미쳤다. 회의실에서 공유된 감정을 고려해서 당신은 모든 사람들에게 9/11 공격의 희생자들을 위한 묵념의 시간을 가지자고 제안한다. 침묵이 흐르면서 당신은 집단의 역학이 바뀌고 있음을 느낀다. 그들은 슬픔을 공유하고 있다. 이것은 감정적인 고통을 해결하기 위한 중요한 걸음이다. 그들은 인간적인 유대감을 강화하고 있다.

사람들은 그들이 논란에 대해서 목소리를 높이게 된 원인이 무엇인지를 논의하고, 각 참가자는 자신의 동기를 더 깊숙이 파고든다. 정오가 되자 집단은 실질적인 차이를 둘러싼 문제를 해결할 준비가 된 것 같다. 당신은 SAS 시스템을 소개하고, 두 가지 규칙을 정한다. 하나는 최대한 많은 시나리오를 가지고서 난상토론을 하는 것이고, 다른 하나는 아직까지는 남들의 생각을 평가하지 않는 것이다. 당신은 집단에게 "파크51 문제를 해결할 수 있는 방법들로 무엇이 있습니까?"라고 물으면서 시작한다.

사람들은 가능한 해결책들을 상상하고, 분리에 기반한 두 가지 시나리오가 등장한다. 센터를 세계무역 센터가 있던 곳에서 멀리 떨어진 곳으로 옮기거나 그것을 예전의 시설 내에 유치하는 것이다. 동화 시나리오들에는 파크51을 문화원으로 만들고, 그것을 테러범의 공격의 희생자들을 기리는 유일한 기념관으로 바꾸고, 파크51 커뮤니티 센터로 사원을 통합시키는 방안들이 포함된다. 통합 시나리오들에는 파크51을 모든 종교들의 중심지로 만들고, 그것을 이슬람 문화원으로 유지하되 테러범의 공격의 희생자들을 위한 기념비를 추가하고, 빌 클린턴 전 대통령이 제안했던 대로 "센터를 9/11 사태 때 숨진 모든 무슬림들에게 바치는" 방안들이 포함된다.[20]

당신은 참가자들에게 어떤 시나리오가 관련된 모든 사람들에게 가장 만족스러울지 함께 평가할 것을 요청한다. 가장 유력한 시나리오 3개로 시나리오 숫자가 줄어들면서 토론은 긍정적인 분위기로 흐른다. 당신은 이 시나리오들을 시장에게 보여주고, 시장은 열정적으로 반응한다. 3개의 시나리오 모두가 대중적인 논쟁을 지배했던 이분법적인 시나리오들보다 더 낫다. 시장은 핵심 이해관계자들과 함께 시나리오들에 대해서 은밀히 논의하고, 이해관계자들은 추천을 받은 3개의 시나리오 중에서 하나대로 추진하기로 합의한다. 그들은 궁극적으로 각 이해관계자의 정체성 신화에 내재된 우려들을 통합한 시나리오를 선택한다.

결론

협상이 불가능한 일을 협상할 수 있는가? 나의 대답은 "그렇다"이다. SAS 시스템은 당신이 관계를 재구성하기 위해서 당신의 핵심 정체성을 관계형 정체성으로부터 풀어주는 것을 허용한다. 당신의 핵심 정체성은 대체로 고정되어 있기 때문에 그것을 협상하려는 시도가 생산적인 결과로 이어질 가능성은 낮다. 대신에 당신과 상대방의 공존 방법을 바꾸면서 관계형 정체성을 조정하는 데에 집중하라.

SAS 시스템은 당신의 핵심 정체성을 온전히 유지한 채 분리, 동화, 통합이라는 당신의 관계를 재구성하는 데에 필요한 세 가지 도구를 제공한다. 이 방법들은 각각 신중한 평가가 수반되어야 할 장단점이 있다. 당신의 목표는 각 당사자의 정체성 신화에 가장 적합한 시나리오를 찾아내서 개발하는 것이다.

따라서 명심하라. 당신은 문제 안에서부터 문제를 해결할 수 없다. SAS 시스템을 적용함으로써 갈등 해결을 위해서 그것의 밖으로 나갈 수 있다.

관계를 재편하라
개인별 응용 문제

---

1. 조화로운 공존을 조성하기 위해서 어떻게 관계를 재편할 수 있을 것 같은가?

  • **헤어진다**(별거한다, 특정 사안에 대한 논의를 자제한다 등)?

  • **맞춘다**(상대방이 정한 규칙을 따른다, 그가 믿는 것을 따라서 믿는다)?

  • **합친다**(당신과 상대방의 정체성을 모두 포용할 수 있는 방법들을 찾아낸다)?

2. 위의 세 가지 시나리오 중에서 어떤 것이 (혹은 어떤 것들을 합쳤을 때가) 가장 매력적이고 실현 가능하다고 느끼는가?

3. 실질적으로 상호 관계를 재편할 수 있는 방법은 무엇인가?

제4부

불가능한 것을 협상하는 방법

15

변증법을 관리하라

북아메리카 원주민 사이에서 손자에게 비밀을 털어놓는 할아버지와 관련된 오래된 전설이 하나 있다. 할아버지가 손자에게 "내 안에는 두 마리의 늑대가 싸우고 있다. 한 마리는 사랑과 친절의 늑대이고, 다른 한 마리는 증오와 탐욕의 늑대이다"라고 말한다.

손자의 두 눈이 커지더니 "어떤 늑대가 이겨요?"라고 묻는다.

할아버지는 잠시 머뭇거리더니 "내가 먹이를 주는 아무 늑대나 이긴다"라고 대답한다.

화해를 하려면 사람들 사이에 대화가 있어야 한다. 그러나 화해의 가장 힘든 부분은 당신 자신 안에서 일어난다. 어떤 갈등에 빠졌을 때나 당신은 어떤 늑대에게 먹이를 주어야 하는지를 결정해야 한다. 당신은 불만을 표출하고, 용서하고, 관계의 진전을 모색할 수 있는가? 상대방이 다시 당신의 호감을 사는 것을 환영할 만큼 충분히 그를 믿는가? 당신은 근본적으로 바뀔 의사가 있는가? 이런 질문들에 대한 대답은 어떤 교과서에도 없고, 당신의 가슴속 깊은 곳에 들어 있다.

이런 질문들에 대답하기 특히 어려운 이유는, 질문들이 서로 모순되는 충동과 관련되어 있기 때문이다. 당신은 갈등이 해소되기를 원하면서도 또한 자신을 지키고 싶어한다. 상대방을 당신의 삶의 일부로 받아들인다는 것은 위험하다. 그가 그동안 당신과 싸워왔고, 당신에게 상처를 주었기 때문이다. 그가 다시는 그러지 않을 것이라는 것을 어떻게 확신할 수 있겠는가? 따라서 당신과 상대방 사이의 차이를 극복하는 데에 요구되는 연약함은 화해에 대해서 피할 수 없는 양면적인 감정을 유발한다. 우리 중에서 아무리 동정심이 많은 사람이라고 할지라도 복수심을 느낄 것이다. 아무리 순한 영혼이라도 조금이라도 분한 마음이 드는 것을 인정할 것이다. 아무리 마음이 넓은 사람이라도 판단의 고통을 느낄 것이다.

나는 이러한 대립적인 충동을 관계 변증법이라고 부른다. 관계 변증법은 당신 안에 있는 늑대들이다. 그것들은 당신의 감정을 두 가지 방향, 즉 가까운 관계 내지는 소원한 관계 쪽으로 잡아당긴다. 어떤 갈등에서나 이런 모순적인 충동들은 피하거나 해결하기가 불가능하다. 그것들이 당신이라는 인간 구조물의 일부이기 때문이다. 그러나 일단 그것들을 인식하게 된 이상 당신은 어떤 충동들에게 먹이를 줄지 결정할 수 있다.

변증법에 대한 짧은 역사

변증법이라는 개념의 탄생은 수천 년 전으로 거슬러 올라간다. 그리스의 철학자인 헤라클레이토스(540?-480? 기원전)는 대립자들의 통합이라는 개념을 제시했다. 이것은 이 세상에 있는 모든 것은 그것과 대립되는 것에 의해서 결정된다는 개념이다. 예를 들면, 미국 정치에서 공화당이 제출한 안건이 민주당이 제출한 안건에 영향을 미칠 수 있고, 그 반대의 경우도 성립한다. 이처럼 두 가지의 대립적인 시각이 상호 관련되는 성격을 띠는 것이 변증법의 본질이다.

철학자 이마누엘 칸트(1724-1804)는 이 개념을 한층 더 발전시켰다.[1] 그는 생각은 정(thesis)과 반(antithesis)이 충돌하여 합(synthesis)이 만들어지는 세 단계를 거쳐서 발전한다고 주장했다. 이처럼 단순하면서도 명쾌한 공식은 사고의 어떤 분야와도 관련되어 있는, 생각과 역사와 경제학의 발전을 설명한다. 중세 시대의 어부는 평평한 세계가 수평선에서 끝난다고 추측했다(정). 그러나 그러던 어느 날, 그가 배를 타고 정말로 멀리 항해하다가 결과적으로 고국의 반대편 해안에 도착하고 나서 자신의 추측을 재검토하게 되었다(반). 궁극적으로 그는 세상이 둥글다는 결론을 내렸다(합).

칸트가 똑똑하지만 그의 이론에는 여러 개의 구멍이 있었다. 혹은 변증법적인 표현을 빌려 말하자면 그의 정에 반이 없지 않았다. 독일의 철학자인 게오르크 빌헬름 프리드리히 헤겔(1770-1831)이 그 구멍들을 메우려고 애썼다. 헤겔은 반의 개념이 너무 모호하다고 믿었기 때문에 생각은 추상적, 부정적, 구체적이라는 세 단계를 거치면서 발전한다고 주장했다. 최초의 정은 추상적이고, 검증되지 않았고, 시행착오라는 '부정적인' 정확성이 부족하다. 아무리 사려 깊은 생각이더라도 모든 생각에는 본질적인 불완전함이 포함되어 있다. 세상이 수평선에서 끝난다는 생각에는 내부 오류, 즉 변증법을 완성하는 새로운 생각을 통해서만 극복되는 '부정적인' 것이 포함되어 있다.[2] 추상적인 것은 부정적인 것과 만났을 때 보다 구체적인 합이 나온다.[3]

변증법은 당신에게 필요한, 당신 안에서 일어나는 피할 수 없는 갈등인 양면성을 제공한다. 그러나 당신이 변증법이 가진 모순된 힘들을 관리하는 방법을 안다면 그것이 당신이 갈등을 해소하는 것을 방해할 필요는 없다.

한 보따리의 모순을 헤쳐가기[4]

수용 대 변화, 구원 대 복수 그리고 자율성과 친밀감 같은 몇몇 변증법이 갈등이라는 감정적인 세상을 지배한다. 당신은 구원을 모색하지만 복수심을 품고 있다. 당신은 상대방을 받아들이려고 노력하지만 그가 바뀌기를 바란다. 당신은 친밀감을 쌓지만 그 안에 갇힌 기분이 든다. 이러한 변증법들을 효과적으로 다루기 위해서는 세 갈래의 전략을 수용하라.

첫째, 당신 안에서 투쟁하는 변증법에 주의하라. 그대로 내버려둘 경우 변증법이 끌어당기는 힘이 당신에게 가장 만족스러운 합의조차 망칠 수 있다. 따라서 변증법이 어떻게 당신에게 영향을 주고 있는지를 항상 의식하라. 화해하는 것에 거부감을 느끼는가? 변화를 주저하는가?

둘째, 당신을 원하는 곳에 데려다주는 힘을 키워라. 같이 부모로서 양육을 하는 의무를 져야 한다고 생각하기 때문에 전 배우자와 관계가 개선되기를 바란다면, 먼저 당신을 구원과 복수로 동시에 끌어당기는 내적인 싸움을 인식하라. 그런 다음, 오랫동안 누적된 분노로 인해서 당신의 마음속에 온통 복수심이 불타오를지 몰라도 관계를 복원하기 위해서 구원에 초점을 맞추어라. 적대적인 감정을 인식하더라도 그것을 키워서는 안 된다.

셋째, 변증법이 상대방에게도 영향을 미친다는 사실을 인식하라. 상대방의 변증법적인 도전들을 인식하게 됨으로써 당신은 당신과 화해하는 문제에 대해서 그가 느끼는 두려움을 완화하는 데에 도움을 줄 수 있다. 예를 들면, 당신은 과거에 겪었던 온갖 고통 때문에 전 배우자가 **당신과 좋은 관계로 돌아오기가 얼마나 힘든지를 분명히 이해한다는 사실을 그녀가 알게 할 수 있다.

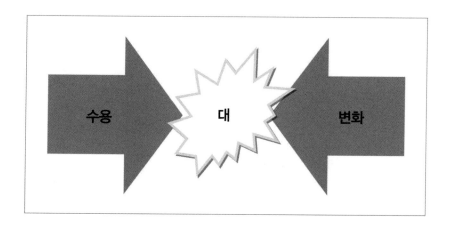

변증법 1 : 수용 대 변화

대부분의 갈등은 두 가지의 극히 중요한 사실 때문에 생긴다. 첫째, 관련된 모든 사람들이 인정받기를 원한다. 둘째, 누구도 변화를 원하지 않는다. 결혼한 지 30년이 된 부부 수전과 론이 같이 소파에 앉아서 TV를 보다가 생긴 일을 생각해보자. 수전은 "새해에는 몸무게를 20파운드 빼기로 결심했어요. 그리고 과자 먹는 것도 줄이기 시작할 거예요. 나 좀 도와줄래요?"라고 말했다.

론은 기꺼이 도와주겠다는 듯 미소를 지으면서 "물론이지"라고 말한다.

그러자 수전이 "음, 그러면 당신은 내가 과자를 너무 많이 먹는다고 생각하는 거죠?"라며 쏘아붙인다.

깜짝 놀란 론은 그 자신이 수전의 마음속에 존재하는 변증법에 사로잡혔음을 깨닫는다. 그녀가 지원해달라고 요청하는 것 속에는 두 가지의 중요한 질문이 담겨 있었다. 하나는 "내가 있는 그대로의 나의 모습을 받아들여야 할까, 아니면 변해야 할까?"라는 질문이고, 다른 하나는 "론이 있는 그대로의 나의 모습을 받아줄까, 아니면 그는 내가 변해야 한다고 생각할까?"라는 질문이다. 론은 수전의 신년 결심이 실현되도록 도와주기로 함으로써 부지불식간에 그녀에 대한 지원을 망쳤다.

물론 변증법에 '정답'은 없다. 론이 수전에게 "당신은 살을 뺄 필요가 없어. 당신은 지금 그대로도 완벽해"라고 대답했다면 수전은 "왜 나를 도와줄 수 없는 거죠?"라고 대답했을지 모른다.

우리는 인정을 갈망한다

흠까지 포함해서 있는 그대로 인정받고 있다고 느낄 때 당신은 안도감과 해방감을 느낀다. 당신은 더 이상 무슨 말을 하고 어떤 행동을 할지 걱정할 필요가 없다. 당신은 무슨 일이 일어나건 상대방이 당신을 지지할 것이라고 자신한다.

상대방에게 평가를 받는다고 느낄 때는 정반대의 경험을 하게 된다. 평가는 인정의 적이다. 누구나 자신이 무시당하고 있다는 것을 보여주는 어떤 암시라도 경계하는 감정적인 레이더 시스템을 가졌다. 누군가가 '부당한' 감정이나 '잘못된' 생각이나 '결함이 있는' 성격적인 특성을 트집 잡아 당신을 비난할 때마다 당신은 무시당하는 느낌을 받는다. 그리고 그런 느낌은 아프다.

그러나 가장 고통스러운 평가는 자기의 내부에서 나온다. 당신이 자신의 행동이나 감정이나 생각을 가혹하게 평가하면서 자기가 부적절한 사람이라는 결론을 내리면서 자신의 일부 내지는 전부를 받아들이지 못할 때가 그렇다. 심리학자인 윌리엄 제임스는 그가 쓴 책 중 한 권을 "혐오스럽고, 부풀려지고, 거만하고, 교만하고, 수종(水腫) 덩어리 같고, 무엇보다 심리과학 같은 것은 없고, 다음으로 윌리엄 제임스는 무능력하다는 두 가지 사실 외에 아무것도 입증하지 못하는 책"이라며 묵살했다.[5] 제임스는 그의 시대에 가장 존경받는 지성인 중 한 사람이었지만 그런 그조차 그의 저서와 더 나아가 그 자신에 대한 가혹한 비판에 쉽게 무너졌다.

자아비판으로부터 완전히 벗어나기란 극도로 힘들다. 당신은 궁극적으로 자기 자신에 대한 비판 강도를 높일수록 자신이 더 비판받을 만한 사람이라고 느끼는, 심리학자들이 소위 **인지 왜곡**(cognitive distortion)이라고 부르는, 저절로 계속해서 잘못된 사고방식에 빠지게 되는 패턴 속에 갇힌다.[6]

우리는 변화를 거부한다

갈등은 당신이 자신이 아닌 상대방이 행동을 수정하기를 원하게 만들면서 당신을 초긴장 상태로 빠뜨린다. 당신은 "내가 옳은데 왜 내가 변해야 하지?"라고 묻는다. 그러나 상대방도 당신과 똑같은 이유를 가지고 있기 때문에 각자 상대방이 변해야 한다고 주장하면 할수록 상대방에게서 인정받는다는 느낌은 점점 더 줄어든다. 헤겔의 말을 빌리자면, 당신과 상대방은 각자 자기가 아닌 상대방이 자신의 시각이 틀렸다거나 구멍이 있다는 등의 '부정적인 의견'을 내기 때문에 둘 다 고집스럽게 자기 입장만을 고수한다.

부족 훈련에서 나는 변화에 대한 압력이 인정받고 싶은 욕구와 어떻게 충돌하는지를 종종 목격했다. 훈련의 1라운드에서 부족의 리더들은 종종 다른 부족들을 설득해서 그들의 부족에 들어오게 하려고 애쓴다. 이때 그들은 상대방 부족의 장점은 깎아내리고 자기 부족의 매력만을 강조한다. 그러나 이러한 리더들은 저항에 강한 정체성을 변화시키기가 얼마나 어려운지를 고려하지 못한다. 부족은 변하라는 외부의 압력을 강하게 느낄수록 다른 부족들이 자신을 있는 그대로 수용할 것을 요구한다. 그럴 경우 각각의 부족이 다른 부족들이 자기 부족을 리더로 인정할 것을 요구하면서 자율성을 둘러싼 싸움이 벌어진다. 결과는 두말할 것도 없이 충돌이다.

다섯 가지 유혹은 변하려는 동기를 더욱더 위축시킨다. 예를 들면 현기증은 당신을 왜곡된 마찰의 세계로 밀어 넣는다. 반복강박은 당신이 분열적인 패턴에 더 깊숙이 빠지도록 끌어당긴다. 금기는 당신이 상대방과 변화에 대해서 언급조차 하지 못하게 막는다. 그리고 신성시하는 것에 대한 공격과 정체성 정치학은 분열의 강도를 심화시킨다.

수용이냐 변화냐?

수용과 변화의 변증법을 인식함으로써 당신은 상대방과 함께 긴장을 해소하는 방법을 개선할 수 있다. 나는 서로 못 잡아먹어 안달이 난 듯이 밥 먹듯이 싸우던 마셜과 베티 부부에게 조언을 한 적이 있다. 마셜은 베티가 얼마나 자주 돌연 화를 내는지 그리고 그가 "진정해요, 여보. 같이 문제를 풀어봅시다"라는 말로 어떻게 그녀를 달래려고 애쓰는지를 설명했다. 그러나 베티는 오히려 더 화를 내면서 마셜이 뒤로 물러나게 만든다는 것이다.

부부는 모두 상대방이 자신의 감정을 표현하는 방식을 수용하지 못한다고 느꼈다. 베티는 거리낌 없이 분노를 표현한 반면, 그럴 때마다 마셜의 주름살은 늘어났다. 그는 갈등이 없는 집에서 성장했고, 그의 가족은 강력한 감정을 표현하는 법이 드물었다. 반면 베티의 가족은 툭하면 서로 으르렁댔지만 항상 화해했다. 베티가 분노를 표현하면 할수록 마셜은 그녀를 더욱더 받아들이지 못했다. 그리고 마셜이 베티의 화내는 습성을 바꾸려고 애쓸수록 그녀는 마셜로부터 무시당한다는 느낌을 받았고, 결과적으로 분노가 더 치밀었다. 이 부부는 한마디로 재앙의 소용돌이에 갇혔고, 그 중심에는 수용 대 변화의 변증법이 자리를 잡고 있었다.

내가 이러한 관찰 결과를 알려주자, 마셜은 베티와의 관계를 새로운 차원에서 바라보기 시작했다. 다음에 부부가 또다시 싸울 때 마셜은 예전과는 다른 방식으로 대응했다. 그는 베티의 분노에 대해서 자신이 느끼는 불편함을 인정하고 받아들였지만 대응하거나 베티를 진정시키기 위해서 애쓰지 않았다. 그러자 놀랍게도 베티의 분노가 누그러졌다. 마셜은 두 사람의 변증법적인 투쟁을 수용함으로써 둘 사이의 관계를 재구성할 수 있었다.

감정이 고조된 갈등을 화해시키기 위해서는 수용과 변화가 모두 필요하다. 이때 중요한 것은 무엇을 수용하고, 무엇을 바꿀지를 아는 것이다. 누군가의 핵심 정체성을 바꾼다는 것은 힘든 싸움이다. 사람들은 그들에게 극히 중요한 믿음과 가치에 대한 변화를 거부한다. 그러나 긴장되고 반생산적인 관계를 받아들여보았자 아무에게도 도움이 안 된다.

따라서 상대방의 핵심 정체성을 있는 그대로 받아들이는 것을 목표로 하라. 이때 개인적인 판단을 내리지 말고 그의 가치와 믿음을 인정하라. 한편 각자의 핵심 정체성을 더 넓은 상관관계가 있는 이야기 속에 넣어 두 사람의 관계를 재구성하는 방법을 모색하라. 마셜은 베티의 분노를 인정하되 그것에 대응하지 않으면서 결혼 관계를 재구성했고, 그 전략은 맞아떨어졌다.

변증법 2 : 구원 대 복수

그대들이 우리를 찌르면 우리가 피를 흘리지 않소? 그대들이 우리를
간질이면 우리가 웃지를 않소? 그대들이 우리에게 독을 먹이면 우리가
죽지를 않소? 그대들이 우리에게 악을 행하면 우리가 복수하지 않겠소?
　　─윌리엄 셰익스피어, 『베니스의 상인(*The Merchant of Venice*)』

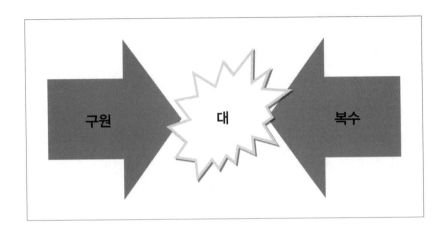

친한 친구에게 꽁꽁 숨겨두었던 비밀을 털어놓았는데 나중에 알고 보니 친구가 그 비밀을 자신의 홈페이지에 올렸다고 상상해보라. 당신은 소스라치게 놀랄 것이다. 친구가 당신을 배신했다고 느끼는 순간 당신은 복수와 구원 사이의 변증법에 온통 정신이 팔린다. 한편에서는 본능적인 힘이 당신의 도덕적인 질서 감각을 회복하기 위해서 친구의 비밀 몇 개를 당신의 홈페이지에 올리는 식으로 복수할 것을 강요한다. 다른 한편에서는 그녀가 친구이기 때문에, 마음속의 목소리가 당신에게 그녀와 만나서 자초지종을 알아볼 것을 촉구한다. 당신이라면 어떤 목소리를 따르겠는가?

충동적인 행동을 하지 않을 수 있느냐가 관건이다. 당신의 정체성에 가해진 사소한 공격이라도 강력한 복수심을 유발할 수 있다. 당신이 그런 충동을 의식하지 않더라도 충동에 휘둘릴 수 있다. 그러나 충동을 피할 수는 없지만 그것에 대응하는 방법을 심사숙고할 수는 있다.

복수하고 싶은 충동을 인식하기 위해서는 당신이 복수에 대해서 가지고 있는 어떤 공상이라도 주목하라.[7] 상사가 계속해서 당신을 깎아내린다면 그의 결점을 온 세상에 폭로하는 공상을 하지 않을까? 공상에는 한계가 없다.

공상은 반사회적이거나 충격적일 수 있다. 당신의 아주 작은 일부는 이러한 공상을 즐길지도 모른다. 그것이 상처받은 자아를 달래고, 정의감을 불러일으키기 때문이다. 상사가 당신을 고통스럽게 만들었기 때문에 이제 당신은 그에게 앙갚음을 하고 싶다. 그러나 실제로 복수를 결심할지 여부는 완전히 다른 문제이다.

복수의 장점

복수는 정의, 권력, 카타르시스에 다가가게 함으로써 당신에게 권한을 부여할 수 있다.

정의. 복수는 당신에게 부당함을 바로잡고, '응징하고자 하는' 동기를 부여한다.[8] 휴일 파티 때 당신을 부르지 않은 친척들은 당신이 여는 다음 가족 모임 때 초대받을 것이라는 기대를 해서는 안 된다. 당신에게 상처를 준 친척들이 뉘우치게 만들고 싶어서가 아니라 그들이 벌을 받게 만들고 싶어서 복수의 불꽃이 타오른다. 친척들 때문에 당신이 겪었던 것에 버금가는 쓰라린 감정적인 고통을 그들도 똑같이 맛보기를 원한다. 또한 그들이 이제 진정 당신의 고통을 이해하고, 그로 인해서 벌을 받고 있다는 것을 알고 만족한다. 정의가 회복된 느낌이다.

복수를 당할지 모른다는 위협은 미래의 부당한 행동을 억제하는 효과를 낸다. 학교에서 아이들을 괴롭히는 학생이 당신의 딸을 모욕할 경우, 그 학생이 딸에게 크게 얻어맞게 될 것이라는 것을 안다면 그는 딸에게 그런 짓을 하기 전에 한 번 더 고민할지 모른다. 사실상 당신의 딸은 과도한 힘을 가지고서 그에게 복수하겠다고 위협할지도 모른다. 딸의 위협이 비이성적으로 보일 수도 있지만, 그것은 협력을 조장할 수 있는 넓은 억제의 벽을 만든다.

권력. 복수는 상대방과의 관계에서 당신이 지위를 높이게 만든다. 괴롭히는 아이와 맞서는 것이 딸에게는 자신의 우월함을 내세우고 사회의 계급 질서를 바로잡는 방법일지도 모른다. 이러한 지위를 향상하려는 욕구가 정의를 실현하려는 욕구를 대체할 수도 있다.

카타르시스. 복수는 고통스러운 감정을 정화시키면서 당신에게 카타르시스를 느낄 수 있는 수단을 제공한다. 결과적으로 당신은 치욕과 수모에서 벗어나고 부당한 괴롭힘의 사슬에서 풀려났다고 느낀다.[9] 실제로 취리히 대학교의 연구원들은 복수를 행하는 동안 니코틴이나 코카인을 접했을 때 활성화되는 것과 같은, 뇌의 미상핵(尾狀核)과 시상(視床)을 포함해서 뇌 속에 보상중추라고 불리는 부분으로 쏠리는 피가 늘어난다는 사실을 발견했다.[10]

복수의 단점

복수가 몇 가지 측면에서 만족감을 주지만 과학적인 연구와 경험적인 증거는 그것이 내는 효과에 대해서 의구심을 던진다.

일방적인 정의. 복수는 사실상 당신에게만 정의감을 북돋울 수 있다. 상대방은 당신이 생각하는 정의를 상호 간의 복수를 야기하는 부당한 처사로 간주할 것이다. 당신이 상대방에게서 당한 그대로 상대방에게 고통을 주는 것뿐이라고 확신하더라도 상대방은 당신의 처벌을 과도하다고 여길 가능성이 높다. 할머니께서 말씀하신 것처럼 "자기 손가락이 더 아픈 법이다." 다시 말해서 당신은 외부에서 고통을 바라보는 사람보다 자기가 느끼는 고통이 더 아프다고 판단한다. 이는 복수가 추가적인 공격을 막을 것이라는 믿음을 실현될 가능성이 낮은 가정으로 만든다.

단기적인 권한. 복수가 당신에게 짧은 시간 동안 권한을 줄 수 있지만, 가해자였던 희생자는 재빨리 복수할 방법을 짜기 시작할 것이다. 예를 들면, 남편이 전 부인에게 복수를 계획할 때 (예를 들면, 그녀가 좋아하는 그림을 가지러 집에 들어오지 못하게 막는 등) 그는 권한을 가지게 되어 힘이 샘솟는다. 그러나 다음 날, 그는 새로운 법적인 다툼에 휘말릴지도 모른다.

순식간에 사라지는 카타르시스. 복수의 달콤한 맛은 오랫동안 머물지 않는다. 배우자나 동료가 저지른 추잡한 악행에 복수를 계획하면 기운이 샘솟을지도 모른다. 그러나 연구 결과, 복수 후에 우리의 기분은 당초에 기대했던 것보다 더 **나빠지는** 것으로 나타났다. 우리는 우리 자신의 도덕성에 대해서 의심하고, 가해자에 대해서 곰곰이 생각한다.[11] 아울러 복수가 주는 카타르시스는 손실에 따른 감정적인 고통에서 잠시 동안만 벗어나게 할 뿐이다. 전투 중 전우가 죽는 모습을 목격한 군인은 복수심에 불타 적에게 총을 난사하면서 카타르시스적인 정의감이 밀려오는 듯한 기분을 느낄지 모르지만, 그는 여전히 손에 피를 묻히고 살아야 한다. 또한 그에 대한 적의 복수하려는 위협은 높아질 것이고, 전우가 영원히 그의 곁을 떠났다는 사실도 바뀌지 않는다.

분노의 표출: 중립지대?

당신은 복수를 모색하기보다는 분노를 표출하려고 할지 모른다. 베개를 움켜잡고서 그것이 당신에게 상처를 입힌 사람이라고 생각하고 그것을 마구 때린다. 이어 친한 친구에게 어떤 식으로 모욕을 당했는지 그 끔찍한 상황을 자세히 털어놓는다. 분명 이러한 일반적인 형태의 카타르시스도 효과가 있지 않을까? 아니다. 수많은 과학적인 연구 결과들은 분노를 표출하는 것의 부작용을 증명해서 보여준다. 다시 말해서, 분노를 더 많이 표출하면 할수록 복수하고자 하는 욕구가 더 강해진다는 것이다.[12]

표출되는 분노는 주전자에서 뿜어져 나오는 증기와 같다. 증기를 배출하기 위해서 주전자 뚜껑을 열면 압력이 낮아진다. 그러나 분노는 그렇게 작동하지 않는다. 자신이 온갖 방법으로 모욕을 당한 것 같다는 생각을 하면 할수록 당신은 자기 자신을 감정적인 흥분 상태로 더 몰아넣게 된다.[13] 분노를 표출하는 것은 분노를 해소하기보다는 분노의 강도만 높일 뿐이다.

심리학자인 브래드 부시먼 교수는 그렇다는 것을 확인시켜주는 이례적인 연구를 설계했다.[14] 실험 참가자들은 낙태를 찬성하는지 여부와 상관없이 낙태에 대한 글을 쓰라는 지시를 받았다. 그리고 다른 방에 있던 한 학생이 글들을 평가한 후에 "내가 **읽어본 최악의 글 중 하나!**"라는 평가를 수기로 써서 돌려주는 것처럼 했다. 참가자들은 몰랐지만, 그 다른 방에는 실제로는 학생이 없었다. 한 실험자가 참가자들의 화를 북돋우기 위해서 본인이 직접 평가를 달았던 것이다. 실험자들은 이어 학생들을 세 집단으로 나누었다. 한 집단의 학생들은 (허구의) 가증스러운 학생 평가자를 생각하면서 샌드백을 두들겼고, 또다른 집단의 학생들은 건강해진다고 생각하면서 샌드백을 두들겼다. 그리고 나머지 한 집단의 학생들은 2분 동안 조용히 앉아 있었다.

이 세 집단에 속한 학생들은 이어 머리에 헤드폰을 끼고 그들의 글을 평가했던 (가상의) 학생에게 맞서 싸우는 컴퓨터 게임을 했다. 학생들은 게임을 한 판 할 때마다 질 경우에는 굉음을 들어야 했고, 이길 경우에는 굉음의 강도와 지속 시간을 직접 정할 수 있었다. 게임은 참가자들이 절반의 시간 동안만 이길 수 있게 미리 조작되어 있었다. 그렇다면 어떤 집단이

들은 소리가 가장 컸을까? 샌드백을 두들긴 첫 번째와 두 번째 집단의 학생들은 그들이 가증스러운 상대이건 자신의 신체적인 건강에 대해서 생각했건 간에 모두 공격적이었고,[15] 이러한 결과들은 분노를 폭발시키는 것의 위험성을 나타냈다.

물론 훨씬 더 효과적인 다른 형태의 카타르시스도 존재한다. 임상 심리 분야의 연구 결과로 나온 많은 증거들은 감정에 의미를 부여하는 차원에서 그것에 대해서 말하는 것이 의미가 있음을 알려준다. 분노를 표출하는 것은 주로 분노를 없애는 것이 목적이지만, 더 잘 설계된 카타르시스 방법은 통합적인 역학에 대해서 앞장에서 설명했던 것처럼, 분노를 이해하고 해소할 수 있는 대화의 힘을 이용한다. 그러나 중요한 것은 사고방식이다.

복수가 아닌 구원에 집중하라

복수는 관계를 파괴하지만 구원은 공동체 정신을 배양할 수 있는 공간을 창조한다. 관계를 회복하기 위해서 다시 연결되고, 보상하고, 긍정적인 유대감을 복원할 수 있는 가능성이 있다는 것을 믿어야 한다. 그러나 구원은 기술이라기보다는 사고방식과 더 많이 관련되어 있다. 구원은 당신의 불안감을 인정할 수 있는 **용기**, 타인들이 겪는 고통에 대한 **동정** 그리고 더 나은 관계를 구축하겠다는 **도덕적인 결의**가 빚어낸 결과로 볼 수 있다. 누구에게나 구원의 가능성은 열려 있다.[16] 다음은 당신이 누군가를 구원해야 할 때 유용한 몇 가지 구체적인 방법이다.

1. 마음속을 들여다볼 수 있는 용기를 내라. 몇 년 전에 열린 한 국제회의에서 나는 이스라엘과 팔레스타인 사이의 갈등을 주제로 한 고위 정치 협상가와 이야기를 나눈 적이 있다. 우리가 그 갈등을 둘러싼 몇 가지 민감한

문제를 파고들자 그의 두 볼은 붉어졌고, 두 팔은 마구 흔들거렸으며, 말하는 속도도 빨라졌다. 이런 모습을 본 내가 그에게 "감정이 갈등에 휘말린 당신에게 영향을 주고 있다고 생각하십니까?"라고 물었다. 그러자 그는 발끈하더니 "절대 아닙니다!"라고 대답했다. 이것은 자신의 마음속을 들여다보지 않겠다는 것을 분명하게 보여준 사례였다. 어떤 차원에서 보았을 때 그의 분석은 옳았다. 구조적인 요인들이 문제의 갈등을 일으킨 주요 원인이었다. 그러나 겉보기에 합리적으로 보이는 문제의 속을 뜯어보면, 그와 다른 이해관계자들이 감정적인 교착상태에 빠져 있었다. 구원의 문을 열려면 우리의 두려움과 불안감을 객관적으로 살펴볼 수 있는 용기가 필요하다.

2. 타인들이 느끼는 고통에 동정심을 느껴라. 당신은 상대방의 믿음이나 행동에 동의하지 않을 수 있다. 또한 그의 말이나 처사가 역겨울지도 모른다. 그러나 명심하라. 그도 사람이다. 또한 감정이 고조된 갈등에 빠졌을 때 당신은 상대방 역시 고통을 느끼고 있다고 확신할 수 있다. 상대방이 느끼는 괴로움에 민감한 것은 긍정적인 관계를 복원하기 위한 한 가지 최선의 방법이다.

상대방에게 동정하게 되면 그가 느끼는 고통에 공감하면서 그것을 덜어주고 싶은 욕구를 느낀다.[17] 석가모니는 동정을 "상대방의 고통에 선한 마음이 움직이게 되는 것"이라고 보았다. '동정'의 영어 단어 compassion은 라틴어로 '고통'을 뜻하는 pathos와 '같이'를 뜻하는 com에서 비롯되었다. 동정은 우리가 감정적으로 행동에 나서게 만든다.

우리는 각자 동정할 수 있는 능력을 가지고 있지만, 그런 감정을 불러일으킬 수 있느냐 여부가 문제이다. 일부러 당신에게 상처를 입힌 사람에게 어떻게 동정심을 느낄 수 있을까? 우선 첫째로, 누군가에게 동정심을 느낀다고 해서 그가 저질렀을 수 있는 어떤 악행에 대해서도 정의를 구현할 수 없는 것은 아니라는 사실을 명심하라.

둘째로, 상대방이 느끼는 고통을 알아보라. 당신은 "이번 갈등이 개인적으로 당신에게 얼마나 고통을 주었습니까?"라고 물어볼 수 있다. 방어하기 위해서가 아니라 이해하기 위해서 경청하라.

셋째로, 상대방의 **입장**에서 그가 얼마나 고통을 느낄 수 있을지 상상해보라. 최근 나는 보스턴에서 시카고로 가는 비행기에 탑승했는데, 내 자리에서 몇 열 뒤에 앉아 있던 네 살배기 여자아이가 울음을 멈추지 않았다. 같이 비행기를 탄 승객들과 나는 동정 어린 시선을 공유했지만 우리가 할 수 있는 일이라고는 아이가 시끄럽게 울부짖는 소리를 참는 것밖에는 없었다. 그러다가 문득 이 아이를 내가 거부감을 느끼는 대상인 부족의 외부인으로 간주하고 있다는 생각이 들었다. 나는 아이가 나의 가족의 일원이라고 상상하기로 결심했고, 그러자 얼마 안 가 나의 짜증은 동정으로 바뀌었다. 나는 통로를 따라서 걸어가서 광대 같은 얼굴 표정을 하며 아이가 다른 곳에 주의를 돌리게 만들려고 애썼다. 아이는 몇 분 동안 울음을 멈추었고, 아이의 어머니는 고맙다는 표정으로 나를 쳐다보았다.

동정심을 불러일으킬 수 있는 네 번째 방법은 사소한 감정적인 연결이라도 맺어보는 것이다. 실험실 실험 결과, 짝지어 마주 보고 앉아서 음악에 맞추어 손가락만 두드리게 한 학생들은 음악에 맞추어 손가락을 두드리지 않고 짝지어 마주 보고만 앉아 있던 학생들보다 이후 45분 동안 진행된 지루한 작업에서 파트너를 자발적으로 도와줄 가능성이 31퍼센트 이상 높았다. 같이 음악에 맞추어 손가락을 두드린 학생들은 평균 7분 동안 파트너를 도와준 반면에 그렇지 않았던 학생들은 1분 동안만 도와주었다.[18]

그러나 **비난받을 만한** 적에게는 어떻게 동정심을 느낄 수 있단 말인가? 나는 이 질문을 아프가니스탄, 이라크, 시리아, 라이베리아, 남아프리카 공화국, 예멘 등지에서 수많은 독재자와 무장단체들과 정치적인 안정에 대해서 협상한 전력을 가지고 있던 유명 외교관인 라흐다르 브라히미 알제리 대사에게 던졌다. 우리는 전 세계적인 갈등 해소 방법을 찾는 위원회 회원들이었다. 브라히미 대사는 전형적인 고심하는 모습으로 이 질문을 곰곰이 생각하더니 "그들에게도 존경스러운 뭔가를 찾습니다"라고 대답했다. 육아를 위한 헌신이건 대의명분에 대한 충성심이건 상관없이 무엇이라도 인정하기 위해서 만나서 같이 일하는 모든 사람의 인간적인 면모를 찾는 노력을 선제적으로 기울인다는 것이다.

동정심을 불러일으키는 또다른 효과적인 방법은 사색하는 관행에 의존하는 것이다. 연구 결과, 좋은 효과를 본 것으로 입증된 한 가지 기술이 사랑-친절 명상법(LKM)이다. 이 방법은 당신과 타인들을 향한 친절함을 체계적으로 개발함으로써 긍정적인 감정을 강화하도록 권장하는 것이다. 이 기술이 비현실적으로 들릴지 몰라도 자연과학이 그것의 긍정적인 효과를 뒷받침한다. 저명한 신경과학자인 리처드 데이비드슨과 그의 동료들은 LKM이 공감적인 민감성과 관련된 뇌 회로를 강화한다는 것을 알아냈다.[19] 또한 긍정 심리학자인 바버라 프레드릭슨은 LKM이 "주의를 기울이는 관심, 자아 수용, 타인들과의 긍정적인 관계, 양호한 신체적인 건강을 포함해서 다양한 개인 자원을 증진시키는" 효과를 낸다는 것을 발견했다.[20]

LKM을 연습하기 위해서는 자기 자신에 대한 사랑과 친절함의 감정부터 개발해보라. 그런 감정을 포용하고, 그것이 몸 전체에 흘러퍼지도록 하라. 이제 이와 똑같은 긍정적인 감정이 당신이 사랑하는 사람들을 향해서 발산된다고 상상하라. 몇 분 뒤에 이런 동정심이 친구, 지인 그리고 낯선 사람들에게까지 퍼지게 하라. 그런 다음에 당신에게 고통을 주는 사람들에 대한 기억을 떠올리고, 그들에게까지 동정심을 퍼뜨려라.[21]

결론적으로 감정이 고조된 갈등은 당신이 복수를 추구하게 유혹할 것이다. 이런 감정과 맞서 싸우지 말되 그것에 굴복하지도 말라. 복수가 아닌 구원에 집중하라는 주문을 외워라.

3. 관계를 개선하기 위한 도덕적인 의지를 불태워라. 복수의 유혹에서 벗어나기 위해서는 도덕적인 결의를 다지면서 구원에 나서라. 이를 악물고, 목표를 꽉 붙잡은 채 매진하라. 먼저 본보기로 삼을 가치들을 정의한 다음, 그것들에 집중함으로써 그렇게 할 수 있다. 여기서 두 번째, 즉 집중이 핵심이다. 예를 들면, 부족 훈련에서 부족들은 계속해서 평등, 조화, 동정 같은 중요한 가치들을 옹호하지만 협상만 시작하면 이러한 가치들이 사라진다.

몇 분 동안 시간을 내서 당신에게 가장 소중한 가치 3-5개를 적어보라. 위험, 동정, 평등, 정의, 안정, 존중 등이 그러한 가치에 속할 수 있다. 그것들을 냉장고에 붙여놓고 매일 상기해보라. 다음 갈등을 해결해야 할 때 그러한 가치들에 맞게 살고 있는지를 생각해보라. 그렇지 않았다면 행동을 수정하거나 가치를 재정의하라.

어떤 갈등의 경우, 같이 공유하는 가치들을 정의하는 것도 도움이 될 수 있다. 예를 들면, 갈등 패턴에 휘말린 배우자들은 평화로운 시간에 같이 자리에 앉아서 위험, 공정함, 존중, 친절, 동정 등 그들의 관계를 정의하는 세 가지 핵심 가치를 찾아낸 다음에 이 가치들에 대한 책임을 지기로 합의할지도 모른다. 사실상 배우자들은 그들 관계의 도덕적인 기반에 서로 매진하자는 **사회적인 약속**을 한다.[22] 이후의 갈등에서는 그러한 사회적인 약속을 했다는 사실만으로도 그들이 서로를 존중하는 정도가 높아질 수 있다.

그러나 모든 관계가 그렇게 쉽게 화해에 이르지는 못한다. 구원을 모색하는 것을 가로막는 가장 큰 장애물은 상대방이 구원받을 수 없다는 믿음이다. 당신은 상대방의 행동을 비도덕적이라고 비난하고, 격렬한 반감을 가지고 그를 대하다 보니, 그와 감정적으로 연결된다는 것을 용인할 수 없고 그것이 불가능하다고도 느낀다. 따라서 그런 경우에 구원을 모색하기 위해서는 당신이 비난하는 도덕률을 가진 사람과의 관계를 인내할 수 있는 내적인 힘인 **도덕적인 용기**가 필요하다.

이것이 나의 동료인 로버트 제이 리프턴이 겪었던 도전이다. 그는 남성과 여성 및 아이들을 대상으로 잔인한 의학 실험을 저질렀다는 비난을 받은 나치의 의사들 수십 명과 인터뷰했던 저명한 학자이다. 그가 유대인이라는 점에서 특히 이 일은 그의 도덕적인 용기를 시험했다. 리프턴에 따르면, 연구를 시작했을 때, 그는 멘토이자 존경받는 사회학자인 에릭 에릭슨과 상의했는데, 에릭슨은 "실은, 심지어 나치 의사들의 인간성과 마주하게 될지도 모른다"라고 말했다.[23] 리프턴은 나치 의사들의 심리를 제대로 파악하기 위해서 그들의 마음속으로 들어가서 그들이 어떻게 그런 잔인한 행동을 스스로 정당화했고, 어떻게 의학적인 고문 행위를 도덕적인 행위로 합리화했는지를 이해해야 했다.

리프턴은 헌신적인 인도주의자이지만 그런 그조차 구원으로 가는 길을 가로막는 문턱을 발견했다. 그는 나치 의사들과 인터뷰를 하다가 "툭하면 악몽"을 꾸었다면서 내게 이렇게 말했다. "역사상 가장 혐오스러운 나치 의사들 중에 한 명을 인터뷰하러 독일 바이에른 주로 갔다가 가장 견디기 힘든 일이 일어났죠. 한 의사의 집에 도착해서 자신이 저지른 범죄 행위로 인한 재판을 단 한번도 받은 적이 없는 매력적인 노인을 만났던 겁니다. 그가 문을 여는 순간부터 그에게서 낯선 친밀감을 느꼈어요. 물론 저는 그의 과거에 대해서 알고 있었기 때문에 이런 감정이 상당히 부끄럽게 느껴졌죠. 그러나 그는 저를 관대하게 맞아주더니 제가 묻는 모든 질문에 정말로 솔직하게 대답했어요."

곧바로 구원과 복수 사이의 변증법이 정점에 이르렀다. 리프턴은 보통 인터뷰 대상자들과의 식사를 자제했다. 그들이 저지른 행동에 대한 도덕적인 비난과 연구를 위해서 그가 유지해야 할 필요가 있는 객관적인 관계를 서로 분리하기 위해서 그가 선택한 방법이었다. 그러나 그날 리프턴은 가까운 식당이라고 해보았자 몇 마일은 떨어져 있는 바이에른 숲 한가운데에 있었고, 인터뷰에 필요한 소중한 시간을 잃어버릴까봐 걱정이 되어서 식사 초대를 받아들였다. "그다음 한 시간은 제가 지금껏 연구를 하면서 겪었던 가장 힘든 시간 중에 하나였어요. 우리는 비교적 분명히 정해놓은 인터뷰 역할에서 벗어나서 갑자기 친목을 도모하는 모임에 참가한 사람들처럼 잡담을 나누기 시작했죠. 제가 그 남자와 그의 말도 안 되는 생각들을 너무 사근사근하게 받아들이는 것 같아 양심의 가책을 느꼈어요." 그러나 리프턴은 자신의 연구 목표가 그가 그날 한 행동을 정당화한다는 결론을 내렸다. 나중에 그는 "저는 후회하지는 않아요"라고 말했다.[24]

개인의 도덕적인 용기가 아무리 강하더라도 모든 관계가 쉽게 회복될 수 있는 것은 아니다. 의견의 대립 때문에 갈등에 휘말린 정치 지도자들은 좋은 관계를 회복했을 때에 얻게 되는 사회적, 경제적 및 장기적인 정치적인 가치를 인식하고는 있지만, 또한 상대방에게 평화롭게 손을 뻗는다는 것이 사실상 정치적인 자살일 수 있다는 사실도 알고 있을지 모른다. 그렇다면 그들은 어떻게 해야 할까?

그런 경우에는 자신의 결정을 포기하기보다는 그것을 다른 방향으로 돌리는 것이 최선이다. 정치적인 문제가 걸린 갈등에서는 '강제' 합의를 마련하기 위해서 제3자의 도움을 구해야 할지 모른다. 두 국가의 정상은 그들을 대리해서 합의를 체결하는 데에 도움을 줄 수 있는 중립적인 국가의 정상과 은밀히 만나서 대화할 사람들을 임명할 수도 있다. 그러면 제3국의 정상이 갈등하는 국가들의 정상들을 정상회담에 초빙해서 그들이 합의를 마무리 짓고 정치적으로 민감한 결정들을 '받아들이게' 만들 수 있다.

변증법 3 : 자율성 대 친밀감

1이라는 숫자는 참으로 신기하다. 두 사람이 결혼하면 그들은 하나로 합쳐 진다. 아이를 임신하면 두 생명체가 하나의 생명체를 창조한다. 두 기업이 합병하면 하나가 된다. 그러나 이렇게 친밀감을 쌓는 과정에는 본질적으로 갈등이 수반된다. 배우자들은 상대방이 자기에게 신세를 졌다고 느낀다. 아 이는 독립을 갈망한다. 그리고 합병기업은 각자가 본래 가지고 있던 특성들 을 통합시키기 위해서 안간힘을 써야 한다.

다른 누군가와 **합쳐져서** 하나가 되고(친밀감), 다른 누군가와 **떨어져서** 하나가 되려는(자율성) 이중적인 욕구가 세 번째 변증법에 해당한다.[25] 나 는 이것이 공존에 필수적인 변증법이고, 이것이 우리가 갈등을 확대할 수 있는 두 가지 역학에 직면하게 만든다고 믿는다. 하나는 자율성을 위협하는 역학이고, 또 하나는 친밀감을 위태롭게 만드는 역학이다.

텃밭 싸움

어떤 조직이나 자율적인 영역을 지키거나 확대하기 위한 싸움인 텃밭 싸움 때문에 씨름한다. 직원들이 그들을 연결시키는 같은 조직 내에서 일한다는 사실 역시 독립된 공간을 제약한다. 자율성은 사람들이 얻기 위해서 경쟁하 는 유한한 자원이 된다. 누군가가 그들의 텃밭을 침해할 경우 그들은 반격 한다.

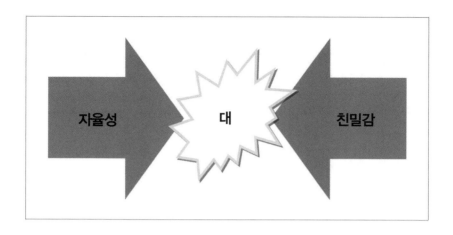

자율성 대 친밀감

통상적인 사니리오를 하나 생각해보자. 두 회사의 CEO가 합병에 합의한다. 이론상 합병은 급격하게 수익이 증대하는 것을 보장하지만, 두 CEO가 합의를 실행에 옮기자 상황은 급격히 악화된다. 새로 찾은 친밀감은 새로운 텃밭 싸움으로 이어졌다. 직원들이 새로 통합된 기업에 적절히 동화되지 않았기 때문에 합병되기 전의 기업에 대한 충성심을 유지했다. 그들은 사실상 두 개의 부족이 되어 부족의 일자리, 권한, 문화를 잃게 될까봐 몹시 두려워했다. 결과적으로 그들이 권력 다툼을 시작하면서 합병 기업의 생산성과 직원들의 사기는 모두 엉망진창이 되었다.

효과적인 기업 합병을 위해서 경영진은 합병한 후에 필연적으로 일어날 수밖에 없는 텃밭 싸움을 의식하고, 그것을 막기 위한 선제적인 조치를 취해야 한다. 기업의 경영진이 합병 전략을 수립할 때, 합병의 성공 확률을 높이는 데에 필요한 다양한 방법을 고안하기 위해서는 여러 부서와 직급 출신의 직원들로 구성된 협의체를 만들어야 한다. 이 협의체는 각 '부족' 구성원들이 새로운 조직 내에서 핵심적인 역할을 수행할 수 있는 정책들을 개발할 수 있다. 협의체 설립을 제도화할 경우, 모든 직원들이 서로 연결되

어 있다고 느끼는 새로운 기업 정체성을 창출하는 데에 효과적이다. 그럼에
도 불구하고 자율성과 친밀감의 변증법으로 인해서 어쩔 수 없이 텃밭 싸움
이 계속 일어나더라도, 모든 사람들이 새로운 조직에 대한 친밀감과 그 안
에서의 자율성을 확대하는 선제적인 노력을 기울이는 식으로 싸움의 강도
를 약화시킬 수 있다.

공간 침입

텃밭 싸움은 자율성을 둘러싼 싸움이지만 공간 침입은 친밀감을 둘러싼 싸
움이다. 이러한 시나리오에서는 당신이 자신의 정체성을 상대방의 정체성
과 분리하지 못해서 감정적으로 숨이 막히는 느낌을 받기 때문에 긴장이
고조된다. 과도한 친밀감은 당신의 자율성을 침해한다.

공간 침입은 가족들 내에서 피할 수 없다. 나의 친구인 피터는 장모가
그의 집에서 며칠 동안 머물던 때에는 장모와 잘 지냈다. 그러나 그로부터
6개월 뒤에 장모가 아예 그의 집으로 이사를 오자 둘 사이의 긴장은 고조되
었다. 피터는 부인과 아이들과만 따로 같이 있을 시간을 낼 수 없었다. 곧바
로 장모가 모든 가족의 일에 시시콜콜 참견하기 시작했다. 장모는 자신이
유용한 생각을 제공하고 있다고 생각했지만 피터가 보기에 장모는 그의 결
정 능력을 침해하고 있었다. 피터는 장모에게 불만을 표시할 경우 장모가
상처를 입을 수 있다는 것을 알았다. 그렇다고 해서 가만있을 경우 그의
자율성이 계속해서 위태로워질 것이었다. 그는 옴짝달싹 못하는 상황 속에
갇혀 있는 느낌을 받았다.

그러나 사실 꼭 그런 것만은 아니었다. 피터와 나는 이 일에 대해서 이야
기를 나누었고, 그는 장모와의 관계를 위험해 빠뜨리기보다는 이 문제를

부인과 의논해보기로 결심했다. 부인은 그의 생각에 공감했고, 어떻게 각자의 역할을 명확히 정리하면 좋을지 어머니와 은밀히 이야기를 나누었다. 장모는 사정을 이해하고, 가족 결정 중 일부에는 참견하지 않았다. 피터는 부인을 통해서 건설적으로 공간 침입 문제를 제기함으로써 이 문제를 해결했다.

당신이 자율성과 친밀감 사이에 생긴 긴장을 해소하지 못할 경우 무척이나 소모적인 상태에 빠질 수 있다. 나는 그렇다는 것을 몇 년 전에 하버드에서 기업과 정부의 고위 임원과 관리들을 대상으로 실무 교육 프로그램을 공동 개최했을 때 분명히 느꼈다. 조력자와 나는 부족 훈련을 실시했다. 우리는 일반적으로 참가자들이 마이크 없이 협상하게 했는데, 그날은 사용이 가능한 마이크가 하나 있었다. 그것으로 인해서 예상하지 못한 결과가 일어났다. 마이크는 부족의 대표들이 한 번에 한 명씩 말할 수 있게 함으로써 혼란을 줄이고 모든 사람들이 다른 부족의 대표가 하는 말을 경청할 수 있게 만들었다. 부족 간의 협상을 하는 시작부터 존이라는 이름을 가진 한 대표가 이런 상황을 긍정적으로 이용해서 토론을 주도했다. 그는 방의 정중앙에 서서 각 부족이 부족의 특성들을 공유할 수 있게 마이크를 건넸고, 그 결과를 플립 차트에 기록했고, 사람들이 동의할 수 있는 의사 결정 과정이 가능하도록 했다. 최종 협상 단계 도중에 존은 나에게 오더니 "우리 모두 합의했습니다"라고 말했다.

나는 믿지 못하겠다는 듯 "정말요?"라고 물었다. 6개 부족의 대표들은 모두 존의 부족을 선택한 부족으로 가리키며 고개를 끄덕거렸다. 나는 훈련 결과를 검토하기 위해서 모든 사람들이 자기의 자리로 돌아가서 앉게 한 후 나의 조력자에게 "보고 시간이 지루하겠어요"라고 속삭였다.

그런 나의 생각은 틀렸다.

나는 사람들에게 "지금 느낌이 어떠십니까?"라고 질문하며 논의를 시작했다.

방 뒤쪽에 앉아 있던 한 기업인이 손을 들더니 존을 가리키며 "왜 당신(존)이 마이크를 가졌습니까?"라고 물었다.

존이 대답하기도 전에 또다른 참가자가 "맞아요. 누가 그런 권한을 준 겁니까? 1라운드 때는 우리 모두 마이크를 쓸 수 있는 기회가 있었지만 2라운드 때 당신이 그것을 독점했잖아요!"라고 말했다.

이웃한 식탁에 앉아 있던 여성은 팔짱을 낀 채 "당신은 내가 하는 말에 전혀 관심을 기울이지 않았어요! 당신은 독재자 같았어요!"라며 투덜댔다.

존은 "그러나 제가 여러분들의 목숨을 구했잖아요!"라고 항의했다.

머리를 절레절레 흔들며 뒷줄에 앉아 있던 기업인이 갑자기 일어나더니 "당신 같은 사람들이 있는 부족에 들어가느니 차라리 죽는 것이 낫겠소"라고 소리쳤다.

방 안에는 적막감이 감돌았다. 나는 그 기업인에게 진심으로 하고 싶은 말이 무엇인지 설명할 것을 요청했다. 그는 존이 협상 도중에 모든 사람들의 자율성을 심하게 침해한 데에 상당한 불쾌감을 느꼈다고 말했다. 존의 의도가 긍정적이었지만 (그도 결국 세상을 구하려고 애쓰는 중이었다) 그는 모든 사람들의 독립성을 존중하지 않았다. 결과적으로 기업인과 다수의 참가자들은 권력을 박탈당하고, 모욕을 당한 것 같아서 맞서 싸워야겠다고 느꼈다.

그러나 존은 어떻게 했어야 했던 것일까? 결과적으로 그는 이러지도 저러지도 못하는 상황에 있었다. 리더의 역할을 맡음으로써 그는 세상을 구했다. 그러나 대신에 자신에 대한 상당한 반감을 불러일으켰다. 그가 리더의 역할을 맡지 않았다면 세상은 폭발했을 가능성이 컸다. 어떤 방안도 좋아

보이지 않았다. 존의 리더십이 부족들이 합의에 도달하는 데에 도움을 주었지만, 나는 이런 일이 실제로 세상에서 일어났다면 부족들이 느낀 분노는 민족 분규를 유발했을 수 있다는 데에 의심의 여지가 없다.

결론

감정이 고조된 갈등을 해소하기 위해서는 공동의 사고방식을 개발해야 한다. 그러나 공해(公海)에서 방향을 유지하는 배처럼 그러한 사고방식은 당신이 변증법을 밀고 당기는 것을 부단히 주시할 것을 요구한다. 당신은 수용과 변화 사이에서 균형을 잡고, 복수가 아닌 구원에 집중하고, 무엇보다도 우리와 그들 그리고 지금과 앞으로도 언제나 친밀감과 자율성을 확보하기 위해서 노력해야 한다.

그것이 화해로 이르는 길이다.

변증법을 관리하라
개인별 응용 문제

수용 대 변화

1. 당신은 어떤 측면에서 상대방에게 무시되고 있다고 느끼는가?

2. 당신은 무엇 때문에 상대방을 받아들이기가 힘든가?

3. 상대방이 당신의 시각을 더 잘 이해할 수 있도록 돕기 위해서 당신이 할 수 있는 일은 무엇인가?

구원 대 복수

4. 당신은 복수하고 싶은 충동을 느낀 적이 있는가? 언제 그랬는가?

5. 당신은 상대방이 복수하고 싶은 충동을 느낀 적이 있다고 생각하는가? 왜 그런가?

6. 상대방이 겪는 고통에 대해서 동정심을 느끼기 위해서 당신이 할 수 있는 일은 무엇인가?

자율성 대 친밀감

7. 당신은 상대방과의 관계 때문에 질식하는 것 같은 느낌을 받은 적이 있는가?

8. 상대방도 가끔 질식하는 느낌을 받을 수 있다고 생각하는가?

9. 어떻게 하면 상호 관계가 번창할 수 있도록 '숨 쉬는 공간'을 만들 수 있을까?

16

화해의 정신을 길러라

어떤 신화나 결말이 있어야 한다. 우리도 이제 우리의 결말에 도달했다. 우리는 갈등 해소의 세계를 여행했고, 그 과정에서 갈등의 분열적인 힘을 중성화시키고 통합적인 역학을 자극할 수 있는 여러 가지 도구를 찾아냈다. 그러나 책은 그저 책일 뿐이다. 이론은 그것이 실제로 사용되어야만 유용하다. 따라서 이 책에 담긴 생각들을 실행에 옮기고 그것들 중에서 어떤 것이 당신이 겪는 특정한 갈등에서 가장 효과적인지를 알아보라. 그러나 화해는 사회공학(사회행동의 과학적인 연구로 얻어진 기초적인 식견이나 법칙을 응용하여 사회생활에서 당면하는 여러 가지의 실천상의 특수문제를 해결하고 그로 인해서 필요한 기술적인 모든 문제에 대해서 연구하는 학문/역주) 이 아니다. 화해를 하는 과정에는 당신의 마음이 전적으로 개입될 필요가 있다. 화해의 **정신**이 있어야 궁극적으로 화해가 가능하다. 나는 화해를 하기 위한 몇 가지 필수적인 원칙을 알려주겠다.

1. 화해는 선택이다

누구도 당신에게 억지로 화해를 강요할 수 없다. 화해는 변화가 가능하다는 느낌에서 시작된다. 부족 효과가 당신에게 불리한 음모를 꾸미기 때문에 그런 느낌을 가지기가 힘들 수 있다. 다만 부족 효과가 난공불락의 힘은 아니다. 마음만 먹으면 그것의 마력에서 벗어날 수 있다.

변화를 발전시키기 위해서는 노먼 빈센트 필(1898-1993) 목사가 말한 "가능성의 신봉자"가 되어라.[1] 상상력을 발휘해서 **긍정적인 가능성**을 찾기 위한 탐색에 나서라.[2] 지식이 당신을 현재의 상태에 가둔다면, 상상력은 미래에 **가능한** 일로 향하는 문을 열어준다.[3] 지식보다 상상력이 중요하다는 아인슈타인의 주장은 옳았다.

2. 작은 변화가 큰 변화를 만들 수 있다

화해의 파급효과가 널리 퍼질 수 있다. 생산적인 방식으로 해결하는 싸움이 세상에 긍정적인 영향을 줄 수 있다. 가족 구성원과의 화해는 직장 내 관계가 개선될 가능성을 높이고, 그러한 효과는 다시 더 넓게는 지역 공동체와 전 세계로까지 확산될 수 있다. 인도의 철학자 지두 크리슈나무르티(1895-1986)가 말했듯이 "돌 하나가 강물의 경로를 바꿀 수 있다."

3. 기다리지 말라

갈등 때문에 괴롭다면 갈등에 그것이 마땅히 받을 만한 관심을 주어라. 화해를 할 때 생기는 기본적인 갈등은 다른 사람들과의 사이가 아니라 당신 속에서 생기는 갈등이다. 내적인 저항은 평화를 가로막는 가장 큰 장애물이며, 누구도 당신을 위해서 그것을 극복해줄 수 없다.

『오즈의 마법사(*The Wizard of Oz*)』에서 어린 도러시는 마법의 땅인 오즈에서 고향인 캔자스로 돌아가기 위해서 애쓴다. 도러시가 가장 절망한 순간, 착한 마녀인 글린다가 등장해서 도러시에게 그녀에게는 항상 집으로 돌아갈 수 있는 힘이 있었다고 말한다. 그러자 허수아비가 "그렇다면 왜 진작 도러시에게 그 사실을 알려주지 않았죠?"라고 묻자, 착한 마녀는 "도러시는 나를 믿지 않았을 것이기 때문이지. 도러시는 스스로 그것을 배워야 했어"라고 말한다.

화해로 이르는 지름길은 없다. 화해는 당신이 심사숙고하며 거쳐 가야 하는 과정이다. 또한 당신은 어디에서인가부터 그 과정을 시작해야 한다. 타인들을 비난하고, 당신의 관계가 고통받는 것을 지켜보고 있지 말고, 자기 자신에게 "이 갈등을 해소하는 방향으로 한 걸음 더 다가가기 위해서 내가 오늘, 지금 무엇을 할 수 있을까?"라고 자문해보아라. 도러시의 여행은 시작한 곳, 즉 도러시가 사는 안락한 집에서 끝났다. 당신이 화해의 여행을 떠난다면 당신 역시 시작했던 곳, 즉 당신 마음속에서 여행을 끝낼 것이다. 그러나 그 과정에서 당신은 자기 초월을 이룰 것이다.

다보스 훈련이 끝나고 몇 년 뒤에, 나는 부족 훈련에 참여했던 부총리를 우연히 만났다. 그는 나에게 그가 속한 집단이 세상을 구하지 못해서 정말로 충격을 받았다고 털어놓았다. 결과적으로 그는 합리적인 전략뿐만 아니라 상대방과 자기 자신에게 중요한 정체성과 관련된 심오한 문제들을 생각하면서 다가올 모든 협상을 준비하는 습관을 들이기 시작했다고 한다.

이것이 부족 효과를 극복하는 열쇠이다. 다보스에서 세상이 폭발할 필요는 없었다. 또한 당신의 인생 속에서도 세상은 폭발할 필요가 없다. 화해의 가능성은 전적으로 당신의 머리와 가슴에 굳건히 자리잡고 있다. 그것을 이용할지 여부에 대한 결정은 순전히 당신의 몫이다.

감사의 말

이 책을 집필하는 동안 나의 머릿속에서는 내내 "누구도 혼자가 아니다"라는 영국 시인 존 던이 썼던 시구가 맴돌았다. 나는 다양한 관점에서 수많은 사람들과의 상호작용을 통해서 갈등 해결 분야를 연구해야 했다. 나는 이 여행을 가족, 친구, 동료 들로부터 영감을 받으며 함께할 수 있게 되어서 영광으로 생각한다.

학자 공동체. 고인이 된 하버드 로스쿨의 로저 피셔 교수와 존스 홉킨스 대학교의 제롬 D. 프랭크 교수와의 공동 연구를 통해서 배운 모든 것에 감사한다. 그들은 불가능한 것은 조금 더 힘든 일일 뿐이라는 나의 할아버지가 가졌던 믿음을 공유했다. 하버드 로스쿨 협상 연구소(PON)의 소장인 밥 누킨과 귀중한 지적 지원과 한없는 격려를 보내준 하버드 협상연구소의 이사인 짐 세베니우스에게도 감사한다. PON의 대표이사인 수전 해클리와 부대표이사인 제임스 커윈의 아낌없는 지지와 통찰에도 깊이 감사한다.

PON의 폭넓은 학자 공동체 덕에 나는 광범위한 협상의 중요한 측면들을 새롭게 생각해볼 수 있는 기회를 얻었다. 내가 만난 사람들이 이 책에 얼마나 중요한 영향을 미쳤는지에 대해서 한 장을 별도로 할애할 수 있는 정도이다. 그러나 간략하게만 나의 진심 어린 감사의 마음을 표현하겠다. 아일린 배빗, 맥스 베이저먼, 가브리엘라 블룸, 로버트 보던, 해너 라일리 볼스,

다이애나 시거스, 재러드 커핸, 플로리 다원, 데이비드 페어먼, 메리 피츠더프, 마셜 갠즈, 슐라 길래드, 데비 골드스타인, 실라 힌, 데이비드 호프먼, 케슬리 홍, 피터 카밍아, 허버트 켈먼, 킴벌린 리리, 알랭 랑프뢰르, 제니퍼 러너, 자밀 무하마드, 디패 맬호트라, 브라이언 맨델, 멀리사 맨워링, 핼 모비우스, 브루스 패튼, 하워드 레이퍼, 나딤 로하나, 제스왈드 살라쿠제, 프랭크 샌더, 데이비드 세이벨, 오퍼 샤론, 보스코 스탄코프스키, 더그 스톤, 구한 수브라마니안, 로렌스 서스킨드, 길리언 토드, 윌리엄 어리, 조슈아 와이스, 마이클 휠러, 로버트 윌킨슨에게 감사한다. 그리고 PON의 스태프와 자문 위원인 워런 덴트, 애비게일 어니스트, 앨릭스 그린, 베스 행크스, 크리스티 핸스태드, 폴리 햄런, 키스 루츠, 게일 오데닐, 케이티 숀크, 시오나 서머빌, 낸시 워터스, 트리샤 우즈에게도 감사한다.

이 책은 심리학 분야의 위대한 지성인들과의 공동 연구로부터도 도움을 받았다. 지식인이며 도의적인 지원을 해준 저명한 신경과학자 스콧 로치에게 깊이 감사한다. 그는 매클레인 하버드 부속 병원의 병원장이며 정신과 의사이다. 어떤 말로도 하버드 의과 대학/매클레인 병원 심리학과의 상징적인 책임자인 필립 레벤더스키 박사에 대한 나의 감사를 표현할 수 없을 것이다. 그는 나에게 아낌없는 지원과 지도를 해주었다. 또한 나의 연구는 트로스터 브외르그빈손, 브루스 코언, 캐시 쿡, 수 드마르코, 제이슨 일라이어스, 로리 에트링거, 주디스 허먼, 리사 호비츠, 로버트 제이 리프턴, 마이클 밀러, 스티브 니센바움, 세실리아 오닐, 레이철 펜러드-마틴, 모나 피터, 브루스 프라이스, 리처드 슈워츠 그리고 브루스 섀클턴의 특별한 조언과 지원을 받았다.

하버드의 국제 의료 기관과 그곳과 연계된 교수들과 교직원들을 포함한 광범위한 하버드 시스템은 나에게 지적 영감의 원천이었다. 아시시 자, 데이비드 커틀러, 수 골디에게 특별히 감사한다. 버크 글로벌 의료 협회의 회원 자격을 받은 것은 영광스러운 일이었다. 덕분에 이 책의 이론을 개선하고 교육과정 활동으로 바꾸어 쓸 기회를 얻을 수 있었다. 게다가 갈등 해결 문제를 심층적으로 연구하면서 딘 데이비드 헴프턴과 박사 과정 학생인 엘리자베스 리-후드가 지휘하는 하버드 신학 대학의 종교와 평화 계획 실천에 참여하여 도움을 받을 수 있었다.

나는 하버드 학생들과의 공동 연구를 통해서 정말로 많은 것을 배웠다. 학생들의 신선한 시각과 날카로운 사고는 나를 긴장시켰고, 나는 나의 맹점을 볼 수 있었다. 지금과 예전의 연구 조수들과 하버드 국제 협상 프로그램의 동료들인 아미라 아불라피, 세라 아부샤르, 블라디미르 복, 머리사 브록, 알렉산더 다지, 할린 감비르, 제니 개스라이트, 부시라 게눙, 멜다 구라카, 에이미 고트먼, 에릭 헨디, 조지프 칸, 애덤 키넌, 머라이어 러빈, 브룩 매클레인, 애비게일 모이, 조이 나스르, 켄드라 노턴, 재스민 오메크, 애슐리 오닐, 미란다 라비츠, 세라 로젠크란츠, 조니 탠, 데이비드 탕-취안, 티 워커, 켈시 베르너, 베시 장, 알리 주비에게 특별히 감사한다. 또한 하버드의 교직 동료들인 마이클 케리시, 카시프 칸, 소라팝 키아트풍산, 미한 리와 학장이며 하버드 국제 협상 프로그램의 특수 활동의 부책임자인 레베카 고트먼에게도 감사한다.

국제적인 공동체. 독립적인 국제 조직인 세계경제포럼은 내가 나의 연구를 실제로 실험해볼 수 있는 실제 세계의 중요한 실험실 역할을 톡톡히 했다. 나에게 영감을 준 포럼의 창립자 클라우스 슈밥 교수에게 많은 신세를 졌다. 그는 우리가 사는 세계를 이질적인 부분들이 아닌 전체적인 시스템으로 보았다. 나는 다보스에서 그의 격려를 받으면서 부족 훈련을 실시했다.

이 책은 수많은 유명한 학자들과 국제적인 정치, 사업 리더들과의 공동 연구를 통해서 도움을 받았다. 나는 그들과 버티 어헌, 데이비드 에이크먼, 브루스 앨린, 퀘시 애닝, 루이즈 아버, 로니트 아브니, 셀레네 비피, 베티 비곰베, 토니 블레어, 크벨 본데비크, 윌리엄 볼딩, 제이미 드 버번 파름, 라흐다르 브라히미, 캐럴라인 케이시, 미니야 차테르지, 앤드루 코언, 제니 퍼 코리에로, 체스터 크로커, 락기다 더감, 키릴 드미트리브, 비네타 디오 프, 존 더턴, 메리 갈레티, 캐서린 개릿-콕스, 피에르 젠틴, 맥 질, 제임스 길리건, 흐룬트 건스타인, 줄리언 하, 데이비드 할랜드, 샤밀 이드리스, 마 틴 인디크, 패러그 카나, 스티브 킬레리아, 팀 레베레흐트, 앤드루 리, 예이 르 루네스타, 다니엘 말란, 제시카 매슈스, 미셸 미셀러, 미로크 미로슬라 프, 앰리 무사, 크리스티안 무멘탈러, 옥사나 미슐로브스카, 프리야 파커, 애런 페이로라, 조너선 파월, 길버트 프루스트, 메리 로빈슨, 알바로 로드리 게스, 마리-프랑스 로저, 카림 사자푸어, 허버트 샐버, 마리아 슈밋, 데니 스 스노어, 지로 다무라, 마벨 반 오라녀, 폴 반 질, 짐 월리스, 스튜어트 월리스, 스콧 웨버, 빅토르 윌리, 옌 쉐퉁, 카일 치머 같은 세계경제포럼의 의욕을 북돋우는 수많은 젊은 글로벌 리더들과 함께 세계경제포럼 연구를 했다.

나의 국제적인 연구는 중동에서의 나의 오랜 공동 연구자인 야사르 자라 르와 할레드 엘 고하리와의 공동 연구와 이상적인 평화를 만드는 사람들인 샤피크 가브르, 보웨이 리와 그들에게 의욕을 북돋우는 가족들과의 협력을 통해서 향상되었다. 나는 다양한 상황에 관한 하버드 수업을 함께하고 나의 학생들과 『불가능한 협상은 없다』의 주요 원칙들을 설명한 훌륭한 시각 자 료를 만드는 일을 한 로메로 브리토에게도 도움을 받았다. 마지막으로, 톰 에이브러햄, 멀리사 어곡스, 올리버 앰레인, 울리히 아쇼프, 댄과 시모나 바치우, 미셸 바머젤, 안드레 비사소르, 멀리사 브로더릭, 하비에르 알바로, 모니카 크리스턴, 아이린 추, 피터 콜먼, 나디아 크리산, 제니퍼 델무스, 알렉산드라 디미드리아디스, 리오르 프란키엔스츠타인, 마르코 가키야, 요란다 가르손, 노스웨스턴 대학의 딘 톰 기번스, 데이비드 그런펠드, 마야 헬릿, 쥘리앙 하워리, 아슈라프 헤가지, 폴 헨리, 루이즈 헐랜즈, 패트릭 히댈고, 앤절라 홈시, 크리스 허니먼, 고우리 이시와란, 왈리드 이사, 비라와 이반 재닉, 카일 존스, 존 케네디, 이합 카팁, 시브와 우르바시 켐카, 영훈 데이비드 김 회장, 클레어 킹, 오드리 리, 에블린 린드너, 버네사 루, 메리 맥데이비드, 올리버 맥터넌, 비트 마이어, 매슈 밀러, 제니퍼 모로, 마이클과 에스터 멜로이, 산드로 뮤리, 존 뮈레르, 조지프 나이, 유라이 온드레코빅, 유다 폴랙, 소냐 로슈츠, 하비에르 호주, 카탈리나 로하스, 수재나 샘스태크, 조 시걸-라이힐린, 오퍼 샤론, 카림 수아이드, 케빈 스타인버그, 에리카 수터-갠즈, 지로 다무라, 스테파니 티터리츠, H. E. 압둘라 알 타니, 리즈 티펫, 루이 페드로 트로파, 루스타보 루이스 벨라스케스, 로리 반 루, 프랭크 화이트, 데버러 휘트니, 리베카 울프, 얀 야노프스키, 크레이그 젤리저, 케이티 마리 주하리를 포함해서 나를 고무시킨 다른 수많은 친구들과 동료들에게 감사를 전하고 싶다.

비평가 공동체. 유명한 국제적인 학자들과 변호사들 그리고 국제적으로 유명한 기자인 미나 알 오라이비, 조직에서의 감성 지능 연구 협력단의 공동 이사인 케리 처니스 교수, 매클레인 병원 전략 계획과 실행의 부원장인 카타린 길더스게임, 에콰도르의 전 대통령 하밀 마우아드, MIT 슬론 경영대학원의 로버트 매커시에 교수, 플로리다 대학교와 노스웨스턴 대학교의 레너드 리스킨 교수, MIT의 창립 옴부즈맨 메리 로 교수, 평화 호소 재단의 회장 제프 쥘 그리고 수많은 하버드의 학생 연구원들이 『불가능한 협상은 없다』를 비평했고 자세하고 예리한 의견을 주었다.

출판 공동체. 바이킹 출판사 부족은 굉장했다. 탁월한 편집자 릭 코트늬 이 책에 나오는 모든 단어와 주장이 가능한 선명하고 설득력 있게 전달될 수 있게 애썼다. 그는 출판 과정 내내 나에게 조언을 해주었다. 밤낮으로 나의 전화를 받았고, 진심으로 이 책이 알찬 책이 되기를 열망했다. 릭에게 깊은 감사를 전한다.

바이킹 팀원들은 너무나도 힘들 수 있던 출판 과정을 긍정적인 모험으로 탈바꿈시켰다. 브라이언 타르트, 안드레아 슐츠, 캐럴린 콜번, 메러디스 버크스, 케이트 스타크, 리디아 히르트, 메리 스톤, 크리스 스미스, 디에고 누네즈에게 감사한다.

출판 세계에는 숨은 보석이 있다. 『O, 오프라 매거진(*O, The Oprah Maga-zine*)』의 편집 기자인 케이티 아널드-래틀리프이다. 나는 일찍이 그녀에게 편집에 관한 도움을 요청했다. 그녀는 편집의 톱과 같은 것으로 쪽, 단락 그리고 단어들을 다듬어 읽기 쉽게 만들었다. 나는 그녀의 타고난 소질을 믿었고 덕분에 책은 더 좋아졌다.

출판 세계의 복잡한 미로에서 나를 안내한 이들은 놀라운 에이전트인 앤드루 와일리, 세라 칼판트, 재키 코였다.

책을 쓰는 것과 책에 담긴 생각들을 전파시키는 것은 별개의 문제이다. 나의 생각을 더 폭넓은 독자들에게 전달해준 해리 로즈 2세, 크리스틴 패럴, 교육 컨설턴트 워싱턴 스피커스 뷰로, 마크 포티어, 코트니 노빌레 그리고 그들의 홍보 팀에게 감사한다.

신성한 공동체. 가족은 나를 지탱해준 힘이었다. 부모님만큼 내가 세상을 이해하는 방식에 영향을 준 사람은 없다. 부모님은 내 인생의 축복이라고 생각한다. 부모님은 인류가 더 나은 세상을 만들 수 있다고 믿으신다. 부모님은 내가 그 목표를 향해서 일하도록 응원해주셨다. 나의 멋진 여동생 매들린과 그녀와 마찬가지로 훌륭한 남편인 마이크와 내가 아는 가장 창의적인 부부인 나의 남동생 스티브와 그의 부인 시라가 보내준 지지에도 감사한다. 수전 돌은 나의 또다른 어머니이다. 어떤 사람들은 그녀를 나의 장모라고 부르지만 그런 식의 호칭은 너무 기계적으로 들린다. 그녀는 나의 마음과 영혼에서 우리 가족의 일부이기 때문이다. 수전과 존에게 감사를 보낸다.

나의 이모와 삼촌인 베치와 피터에게도 감사한다. 그들은 나에게 소중한 조언을 하고 유능한 리더가 되려면 어떻게 해야 하는지를 가르쳤다. 나의 이모 마거릿은 우리가 의식하지 않으면 너무나 쉽게 우리 곁을 지나쳐버리는 것처럼 보이는 존재의 깊은 차원을 이해할 수 있도록 도와주었다.

어떤 말로도 나의 집사람과 아이들이 준 사랑과 지지에 대한 고마움이 얼마나 깊은지 표현할 수 없다. 나는 자주 아이들의 순수한 관점에서 배우려고 아이들에게 의지했다. 아이들은 이론적인 복잡함 뒤의 단순한 진실을 자연스럽게 바라본다. 그리고 아이들이 준 몇몇 통찰은 이 책에 담겨 있다. 노아, 재커리, 리엄에게 고맙다. 아빠는 너희를 영원히 사랑할 것이다. 마지막으로, 나의 집사람 미아에게 깊이 감사한다. 집사람과 함께하는 매일, 매 순간에 감사하며, 이 책이 출간되도록 돕느라 감수한 많은 희생에도 감사한다. 나는 세상의 그 누구보다도 집사람으로부터 많은 것을 배웠다. 우리의 차이점은 우리의 힘이 되고, 우리의 유사점은 오랫동안 지속될 것이고, 집사람을 향한 나의 사랑은 협상 불가능하다.

부록 I

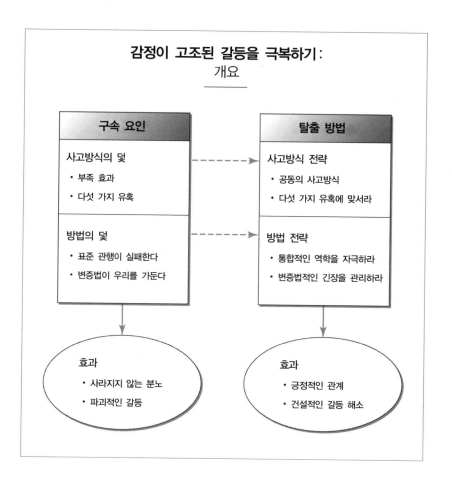

감정이 고조된 갈등을 극복하기:
개요

구속 요인	탈출 방법
사고방식의 덫 • 부족 효과 • 다섯 가지 유혹	**사고방식 전략** • 공동의 사고방식 • 다섯 가지 유혹에 맞서라
방법의 덫 • 표준 관행이 실패한다 • 변증법이 우리를 가둔다	**방법 전략** • 통합적인 역학을 자극하라 • 변증법적인 긴장을 관리하라

효과
• 사라지지 않는 분노
• 파괴적인 갈등

효과
• 긍정적인 관계
• 건설적인 갈등 해소

부록 Ⅱ : 존재의 사다리

존재의 사다리는 내가 사람들의 상호연결성에 대한 인식을 넓히기 위해서 개발한 개념적인 도구이다. 갈등은 그러한 연결에 대한 우리의 의식적인 인식의 범위를 좁히기 때문에 물리적인 틀은 우리에게 관계에 대한 우리의 의식이 확장 가능하다는 것을 상기시키면서 이러한 연결의 깊이와 폭으로 우리가 관심을 전환하게 도와줄 수 있다.

예를 들면, 우리 가족이 매년 로드아일랜드에서 휴가를 보낼 때마다 집사람과 나는 호텔 현관에 앉아서 일몰을 감상한다. 이러한 일종의 의식을 치르면서 우리는 서로에게 초월적인 관계를 느낀다. 반대로 논쟁을 벌일 때 우리는 정체성의 벽을 다지고, 서로를 별개의 '위험한' 존재로 간주하고, 공격에 대비한다. 이처럼 긴장이 고조된 순간에 우리의 초월적인 관계는 유야무야된다. 그것이 여전히 존재하더라도 우리는 더 이상 그것을 의식하지 못한다. 갈등은 우리가 초월적인 관계에서 분리되었다는 환상을 만든다.

존재의 사다리는 인간은 사물이 아니라 세상에 존재하는 방식이라고 했던 독일의 존재론적 철학자 마르틴 하이데거(1889-1976)의 통찰에서 비롯되었다. 우리는 우리가 살고 있는 세상에서 분리된 실체로서 존재하지 않고, 그것과 본질적으로 연결되어 있다. 우리의 의식이 세상이 없이는 존재하지 않듯이 세상도 우리의 의식 없이는 존재하지 않는다.

따라서 존재의 사다리는 자기 인식의 5단계에 대한 주의를 환기시킨다.

양파 껍질이 양파 속보다 진짜가 아니듯이 어떤 단계도 다른 단계보다 더 '진짜'가 아니다.

갈등에 휘말릴 경우, 당신의 존재 단계를 파악한 다음에 당신이 어떤 단계로 가기를 갈망하는지를 생각하면 도움이 될 수 있다.

I 단계: 순수한 존재

이 단계에서 당신은 the I, 즉 순수한 의식의 관점에서 세상을 인식한다. 세상에 갓 태어난 아기처럼 당신은 자아와 타인들, 내적인 세계와 외적인 세계 사이의 경계를 구분하지 못한다. 당신의 정체성에는 검열관이 없다. 열정이 고조되었을 때처럼 갈등이 고조되었을 때, 당신은 너무 강해서 자신에 대해서 자신에게 말하는 이야기인 the me에 대한 감각을 잃어버리는 몰입의 상태에 빠진다.

당신은 이 단계에서 심지어 자기도 모르는 사이에 갈등을 경험한다. 자아와 타인에 대한 틀이 없는 상태에서 당신은 비난, 분노, 수치심이 아닌, 오로지 욕구와 만족감만을 느낀다. 엄마가 신생아에게 젖을 줄 수 없다면 신생아는 화가 나서가 아니라 욕구불만 때문에 우는 것과 같은 이치이다.

II 단계: 단수의 관계 속에서의 존재

이 단계에서 당신의 the I와 the me가 합쳐진다. 당신은 자신이 누구이고, 상대방이 누구이며, 서로 어떻게 연결될지가 담긴 하나의 거대서사(Master Narrative, 모든 역사적인 사건들이 이해되도록 설명하는 커다란 이야기 틀/역주)를 만든다. 당신은 자신에 대해서 한 가지 이야기(고독한 the me)만 인식하기 때문에 어떤 감지된 위협 앞에서라도 그것을 강렬하게 지킨다.

III 단계 : 복수의 관계 속에서의 존재

이 단계에 이르면 당신은 자기 자신을 구성하는 모든 실체에 대해서 의식하게 된다. 당신은 기업인, 부모, 친구, 중재자일지도 모른다. 정체성의 각 부분은 당신에게 타인들과 당신과 관련된 다양한 대본을 제공하면서 자체적인 감정적인 함의를 가진 자체적인 이야기를 가지고 있다. 언제든지 당신은 이런저런 하위 정체성(subidentity)을 강조하고, 그 '속에서 살' 수 있을지도 모른다.

IV 단계 : 세상에서의 존재

이 단계에서 당신은 자신이 다양한 세계관을 가졌고, 각 세계관 내에 여러 개의 하위 정체성이 있다는 것을 인식한다. 각 세계관은 특정한 하위 정체성들의 집합에 그것들을 통합하는 존재 철학을 제공하면서 그것들에 의미를 부여하는 방법의 기틀을 잡아준다.

　예를 들면, 나에게는 한국계 미국인 친구가 한 사람 있다. 그의 부모님은 그가 출생하기 전에 미국으로 이민을 왔지만 그의 전반적인 가정생활은 전통적인 한국 기준을 따르고 있다. 그는 한국인이자 미국인으로서 두 가지 별개의 세계관을 학습했고, 각 국가의 사람들과 관계된 하위 정체성들을 쌓아나갔다. 그가 집에서 가족들과 함께 있을 때 행동하고, 반응하고, 성찰하는 방식은 그가 친구들과 같이 학교에서 하는 행동과 생각과는 놀라우리만큼 딴판이었다.

V 단계 : 초월적 존재

합리적인 의식을 가장 확대시킨 형식은 사람들의 세계관이 **공통된 인간성이**
라는 하나의 연결을 통해서 같이 묶여 있다는 인식이다. 당신과 다른 사람들
은 정체성의 영역을 떠도는 별개의 존재들이 아니라 공통된 인간성을 통해
서 근본적으로 연결되어 있다. 당신은 당신의 자아가 우주 공존이라는 초월
적인 차원 내에서 존재하게 만들면서 동시에 존재의 껍질을 초월한다.

초월적인 사고방식을 얻기 위해서는, 갈등 속에서 당신의 정체성이 상호
연결이라는 확장적인 네트워크 안에 존재한다는 것을 인식하라. 감정이 고
조된 갈등은 당신이 존재의 사다리 아래로 내려가서 세상에서 자신에 대해
서 보다 이기적으로 이해하게 밀어붙인다. 현재 당신이 어떤 단계의 존재에
서 있는지 이해하고, 존재의 확장성에 대해서 더 많이 인식할 수 있도록
의식적으로 사다리를 올라가라.

역설적이지만 V 단계와 I 단계는 근본적으로 동일하다. 완전한 초월의
경험은 순수한 의식의 경험과 유사하기 때문이다. 각자는 세상 속에서 차이
가 없는 존재의 경험을 낳는다. 따라서 존재의 사다리를 '존재의 원(Circle
of Being)'으로 간주하는 것이 더 나을 수도 있다. 우리의 존재의 경험이
깊을수록 우리는 그것의 원래 상태로 더 많이 돌아가기 때문이다.

존재의 사다리

단계	어떤 모양인가?
I. 순수한 존재	
II. 단수의 관계 　속에서의 존재	
III. 복수의 관계 　속에서의 존재	
IV. 세상에서의 존재	
VI. 초월적인 존재	

주

서론 : 왜 이 책이어야 하는가?

1. 이 책에 소개된 나의 개인적인 이야기들은 실화에 바탕을 두고 있다. 다만 관련 당사자들의 신원을 보호하기 위해서 일부 내용에 수정을 가했음을 밝혀둔다. 나는 세르비아에서 조력자이자 좋은 친구들인 제니퍼 델무스와 멀리사 어곡스와 함께 워크숍을 진행했다.

2. 통합적인 역학은 우리가 문제를 해결하는 차원에서 벗어나 공동의 의미를 창출하는 단계로 나아가게 한다. 그 과정에서 우리는 상호 관계 속에서 우리의 정체성과 우리가 함께 가장 잘 일하면서 살 수 있는 방법을 이해하기 위해서 애쓴다. 이것은 정체성을 장애물에서 자산으로 전환시키기 위해서 심리적으로 집중하는 방법을 제시하는, 실천만큼이나 사고와 관련된 이론이다.

   전통적으로 협상 분야는 협상의 개별적인 요소들에 집중해왔다. 이러한 접근법의 중심에는 협상 분위기를 이해하는 데에 결정적인 요소인 협상의 7가지 요소들을 개발한 하버드 협상연구소(Harvard Negotiation Project)의 창립자이자 나의 멘토인 로저 피셔 교수의 노고가 있었다. 여기서 말하는 7가지 요소들은 관계, 의사소통, 관심, 대안, 합법성, 합의에 대한 최선의 대안, 결심이다. 협상 이론을 인체와 비교하자면 이 7가지 요소들은 장기(臟器)가 될 것이고, 통합적인 역학(내가 이 책에서 소개하는 방법)은 이런 장기들 사이의 역동적인 상호작용이 될 것이다. 다보스에 모인 지도자들의 합리적인 사고를 마비시켰던 강력한 밀고 당기기를 통해서 입증되었듯이, 감정이 고조된 갈등은 역동성 위에 세워진다. 통합적인 역학은 합리적인 사람들이 비합리적인 것처럼 행동하도록 자극함으로써 각 당사자의 관계형 정체성에 대한 주의를 환기시키는 이러한 강력한 힘들이 생기는 원인을 설명한다. 한 편의 핵심 정체성이 다른 편의 핵심 정체성과 타협하는 것이 불가능해 보이더라도 관계 체제를 변화시킴으로써 갈등을 줄이고, 협력을 강화하는 방법이 있을지도 모른다.

제2장 : 생각하는 정도 이상으로 정체성이 중요하다

1. 1장의 여러 부분들은 나의 예전 논문을 각색한 것이다. "Relational Identity Theory: A Systematic Approach for Transforming the Emotional Dimension of Conflict," in *American Psychologist* (Shapiro 2010).

2. Ibid. 나는 구성원들이 스스로를 (1) 비슷한 유형이고(like-kinded), (2) 친족 같은 관계로 연결되어 있고(kinlike), (3) 집단의 매력이나 가치의 개선을 위해서 '감정적으로 투자하고(emotionally invested)' 있다고 생각하는 어떤 집단이라도 부족으로 정의한다. 내가 논문에서 설명했듯이 집단이 부족으로 간주되려면 이 세 가지 요소가 모두 필요하다.

   비슷한 유형이라는 것은, 집단 구성원들이 스스로를 공통의 정체성을 가진 집단의 일부로 여긴다는 의미이다. 팔레스타인의 아랍인들과 이스라엘의 유대인들, 북아일랜드의 가톨릭 교도와 개신교도들 같은 인종정치학적인 집단들도 부족이 될 수 있겠지만, 부족은 종종 민족적 내지는 혈연관계를 기반으로 하지 **않는다**. 그보다 부족은 사회적 및 심리적으로 구성된다. 부족은 개인들이 이웃한 지역사회나 종교 분파, 기업, 국가, 혹은 국제 정치 조직 중 무엇의 구성원으로서나 공통된 정체성을 공유할 때마다 생길 수 있다.

   그러나 부족은 순전히 중요한 목적을 달성하기 위해서 결합되는 연합체는 아니며, 구성원들 사이의 제휴 관계도 느슨하지 않다. 그들이 **친족 같은 관계**로 연결되어 있다는 말은 이 정체성 집단의 관계의 성격을 명확히 드러낸다. 부족 구성원들은 주관적으로 서로를 "같은 계통의 사람"으로 정의하기 때문이다. 이러한 연결은 신체적인 특징, 이데올로기, 언어, 지리적인 '고향', 조직의 임무, 혹은 종교적인 신념 등 말 그대로 공유되는 모든 특성을 토대로 할지 모른다. 친족 같은 관계로 연결되어 있기 때문에 부족의 구성원들은 부족과 강한 공감대를 느끼고, 결과적으로 그들이 동료 부족원들과의 관계에 부여하는 감정적인 의미도 커진다.

   부족의 구성원들은 부족의 매력이나 가치의 개선을 위해서 **감정적으로 투자하고 있**다고 느낀다. 그들은 부족의 생존과 개선을 위해서 자신들이 감정적으로 상당히 투자하게 되기 때문에 서로를 보호하고 지키면서 집단의 대의를 쟁취하기 위해서 기꺼이 이기심을 버릴 용의가 있다(그리고 집단의 기준들이 종종 그들에게 그럴 것을 요구한다). 이러한 감정적인 투자가 가장 강력한 힘을 발휘할 때, 부족원들은 그들의 삶이나 그들 자식들의 삶을 희생하게 될 수도 있다.

3. 나는 부족 훈련을 통제된 실험이 아니라 학급 실험처럼 하고 있다. 나는 각 집단별로 훈련에서 쓰는 질문들을 각색하고, 폐쇄되고 어둡고 비좁은 느낌이 들게 방을 다시

설계하고, 흥분되고 긴장되는 감정적인 분위기를 유지하기 위해서 강력한 드럼 음악 소리를 내보내고, 그것도 아닐 경우 부족 효과를 조장할 확률을 높이기 위해서 실험 환경을 자유롭게 조절한다. 그러나 나는 또한 부족들에게는 세상을 구할 기회가 있음을 분명히 밝힌다. 부족들이 세상을 구한 이례적인 경우, 그들은 훈련을 가볍게 여기고, 그들이 새로 고안한 부족의 정체성에 대한 소유권을 지키려고 하지 않는 경향을 보인다. 그들은 훈련을 단순한 하나의 게임 정도로 간주한다. 그러나 집단들이 감정적으로 공상과 현실의 주변 세계로 들어갈 경우, 세상은 거의 필연적으로 폭발한다.

4. 나는 다음의 두 가지 이유로 인해서 '정체성에 기반한 갈등(identity-based conflict)'이라는 말을 사용하지 않는다. 첫째, 모든 갈등은 모두 어느 정도는 정체성과 관련되어 있다. 갈등 속에서 당신의 욕구나 가치나 믿음이 좌절될 때 감정이 고조된다. 당신의 정체성은 당신이 의미 있게 여기는 것이 무엇인지를 정의하고, 당신의 감정적인 반응의 강도를 보정하기 때문에 불과 몇 가지 갈등만을 정체성에 기반한다고 단정하는 것은 그다지 합리적이지가 않다. 둘째, 정체성이 유일하게 갈등을 유발하는 원인은 아니다. 갈등을 정체성에 기반했다고 말하는 것은, 정체성이 전반적으로 우위에 있을 것으로 추정하고, 신경생물학적인 성향에서부터 거시경제학적인 힘과 사회학적인 구조 및 정치적인 동기 등에 이르기까지 다양한 다른 잠재적인 원인들을 무시하는 것밖에 안 된다.

5. 지속적으로 조화로운 관계에 이르기 위해서는 다음의 세 가지 차원에서 갈등이 해소되어야 한다. 첫째, 토지나 돈의 분배 등을 둘러싼 실질적인 차이들을 **해결해야** 한다. 둘째, 갈등 당사자들이 서로 적에서 동지로 변하면서 갈등의 감정적인 성격을 **바꾸어**야 한다. 셋째, 수정된 관계를 **내면화해야** 한다. 따라서 갈등 해소를 위해서는 해결, 변화, 화해가 요구되며, 이것들은 각각 이해관계, 감정, 정체성이라는 갈등 해소의 핵심 문제들을 해결한다. Kelman 1956 and Rouhana 2004 참조.

6. 예를 들면 Damasio 1994 참조. 그는 특히 감정, 인식, 의사 결정의 상호 관계에 대해서 집중한다.

7. Lerner et al. 2015 and Shapiro 2004 참조.

8. 이 책은 **감정**이 고조된 갈등에 집중하기 때문에 (1) 기분이 좋아지거나 우울해지는 등 우리가 어떻게 느끼는지를 말해주는 **긍정적인 감정과 부정적인 감정** 및 (2) 우리가 느끼는 감정이 행동에 미치는 영향을 말해주는 **유용한 감정과 문제가 되는 감정** 사이를 구분하는 것이 중요하다. 나의 구분 중 후자는 달라이 라마가 말했던, 고통을 주고, 고통을 주지 않는 감정의 구분과 비슷하다. 두려움 때문에 당신이 이웃을 살해하게 된다면 그때 느끼는 감정은 부정적이면서 고통을 준다(문제가 된다). 두려움 때문에

자식의 목숨을 구한다면 그때 느끼는 감정은 부정적이지만 고통을 주지는 않는다(유용하다). Dalai Lama 2005, 27-28 참조.

9. Hendrix and Hunt 2013, 54 참조. 두 사람은 결혼 관계의 맥락에서 이와 유사점을 지적한다. 심리학자인 루텔렌 요셀슨(1992)은 관계 사이의 공간에 대해서 말한다.

10. 미국의 사회학자인 찰스 호튼 쿨리(1902)는 사람이 거울을 통해서 자신을 보듯이 주변 사람들에게 비치는 자신의 모습을 내재화하면서 자아를 형성한다는 것을 설명하기 위해서 '거울상 자아(looking-glass self)'라는 용어를 처음 만들었다.

제3장 : 정체성은 협상이 불가능한가?

1. Lewis Carroll's *Alice's Adventures in Wonderland* (New York: Macmillan & Co., 1865), 60 참조.

2. 정치 과학자들은 민족의 정체성이 **원초적인** 것인지(근본적으로 존재하는) 아니면 만들어진 것인지(인간들과의 상호작용을 통해서 생기는)를 두고 오랫동안 논쟁을 벌여왔다. 다시 말해서, 민족의 정체성이 원초적인 특징인가 아니면 그것이 사회의 상호작용에 의해서 구성되는 것인가? 나는 정체성은 사회 구조, 정치적인 힘, 문화적인 가정, 생물학적인 특성들의 제약 안에서 구성된다고 믿는다. 이는 우리 모두 우리의 정체성을 창조할 수 있는 어느 정도의 (완전하지는 않지만) 자유를 가졌다는 의미이다. 사회는 우리에게 내가 '**정체성 견본**(identity template)'이라고 부르는 것을 제공한다. 우리는 '정체성 견본'이라는 사회적인 대본을 바탕으로 우리 자신에 대해서 상상할 수 있고, 또 자율적으로 그러한 견본들 사이에서 선택할 수도 있다. 그러나 마리안 쳄프니와 알도나 자브로브스카(2002, 4)의 지적대로 "정체성은 (또한) 일관되고 통합적인 사회적인 관행 속에 단단히 박혀 있다."

따라서 문화적인 정체성은 여러 세대를 거쳐 이동하면서 종종 수정될 수 있고, 또 실제로 수정되더라도 원초적인 상태가 유지되는 듯한 모습을 보인다. 데이비드 레이틴(1983) 스탠퍼드 대학교 정치과학 교수는 국가 정체성 같은 문화적인 식별 요소는 불변하는 것이 아니며, 갈등이 집단의 정체성을 바꿀 수 있다는 것을 보여주는 흥미로운 사례 연구를 제공한다. 원초주의와 구성주의에 대한 논란과 관련된 다른 중요한 관점들은 정치학자인 새뮤얼 헌팅턴, 문화인류학자인 클리포드 기어츠, 구성주의자인 알렉산더 웬트, 정치과학자인 로버트 히슬로프 같은 학자들의 연구 결과를 참조.

3. 심리학자인 제임스 마샤(1988)는 정체성 발달의 2단계로 '탐험(exploration)'과 '수용(commitment)'을 제시한다. 탐험은 다양한 존재 방식을 자세히 살펴보는 과정이고, 수용은 일련의 이상(ideal)들을 받아들이는 것을 나타낸다. 일단 이런 이상들을

수용하게 된 이상, 정체성의 혼란을 막는 지속성, 목적, 충실함에 대한 감을 잡게 된다는 것이다. 다음 자료도 참조. Schwartz 2001, 11.

4. 정치과학자, 심리학자, 사회학자들이 정체성에 대한 수백 가지 정의를 내렸지만, 이러한 복잡한 주제를 완벽하게 정의할 수 있는 방법은 없다. 내가 이번 장에서 실시한 분석은 당신이 당신의 삶에서 겪는 갈등을 더 잘 해결하는 것을 돕고자 중요한 개념들을 소개하기 위한 목적에서 한 것이다. 나는 정체성 학자들이 종종 좁은 탐구 영역 속에서 정체성을 개념화한다는 사실에 맞서 정체성에 대한 포용적인 정의를 하기 위해서 노력해왔다. 예를 들면, 일부 심리학자들은 정체성을 사회적인 표지(social marker)로 간주하면서도 그것의 신체적, 정신적인 특성들을 무시하는 경향이 있다.

정체성에 대한 나의 정의는 느슨하며 불완전하지만 실용적이다. 이것은 갈등 속에서 충돌하는 여러 가지 특성들에 초점을 맞추게 할 만큼 충분히 협소하지만, 동시에 당신을 정의하는 전 영역대의 특성들을 포착할 수 있을 만큼 충분히 광범위하다. 당신은 장기, 순환하는 혈액, 움직이는 부분들 그리고 서로 연결된 세포 조직들로 구성된 신체를 가졌다. 당신은 사람, 장소, 사물에 대해서 안정적이면서 계속 바뀌는 기억들을 가졌다. 당신은 당신이 하는 행동의 상당 부분을 통제하는 많은 하위체제(subsystem)들을 갖춘 발전하는 인격을 가졌다. 당신은 잠깐 스치고 지나가는 생각, 변화무쌍한 기분 그리고 현실을 감지하기 위한 자동적인 심리 작용과 함께 일부는 강력하게 자리잡고 있지만 일부는 그렇지 않은 파노라마 같은 믿음들을 가졌다. 당신은 어린이, 부모, 동료 같은 다양한 역할을 소화한다. 실제로 이런 식의 목록은 무한대로 늘릴 수 있으며, 그렇기 때문에 갈등 속에서 정체성이 그렇게 문제가 될 수밖에 없는 것이다. 서로 연결된 부분들이 많다.

5. Stone, Patton, and Heen 1999 참조.

6. 구체적인 내용은 부록 참조. 나는 정체성에는 그것의 역동적인 복잡함을 일으키는 여러 차원들이 존재한다고 주장한다.

7. William James (1890) and G. H. Mead (1934) 참조. 그들이 사용한 I와 me는 상징적인 상호작용론(symbolic interactionism, 사회라는 구성체의 근본 의미는 사회적인 행위자들 간의 다양한 상징을 매개로 한 소통 과정에서 반성적인 성찰을 통해서 구성된다고 보는 사회심리학 이론/역주)으로 불리는, 그들이 제시한 사회학 이론의 핵심이었다.

8. 핵심 정체성의 세 가지 측면을 알아두는 것이 중요하다. 첫째, 당신의 핵심 정체성은 그것이 여러 상황과 관계 들을 거치더라도 상당히 안정적이라는 점에서 '핵심'이다. 예를 들면 성(姓)은 당신의 핵심 정체성의 일부이다. 당신은 다른 사람과 상호작용

할 때마다 이름을 바꾸지는 않는다. 둘째, 당신의 핵심 정체성에는 당신이 가장 깊은 믿음 이상의 것이 들어 있다. 그것에는 당신의 삶에 중심적이건 부수적이건 간에 당신에 대한 모든 안정적인 특징들이 포함되어 있다. 당신이 파란색보다 노란색을 좋아한다는 사실이 당신이 당신의 부모님에게 보여주는 충성심에 비해서는 개인적인 의미가 아주 적을지 몰라도 그것은 당신의 핵심 정체성의 일부이다. 셋째, 핵심 정체성은 당신이 자기 자신에 대해서 자기에게 그냥 하는 이야기보다 더 큰 의미를 가진다. 그것에는 여러 상호작용을 거쳐서도 지속성을 유지하게 하는 무의식적 및 생물학적인 특징들(몸과 마음의)이 포함되어 있다. 조너선 터너 교수도 '핵심 정체성'을 "사람들이 대부분의 만남 때 가지고 다니는, 개인적으로 자기 자신에 대해서 가진 개념과 감정"으로 정의하면서 그것을 나와 유사하게 정의했다(Turner 2012, 350).

9. Amartya Sen (2006, 30) 참조.

10. L. Mlodinow, *Subliminal: How Your Unconscious Mind Rules Your Behavior* (New York: Vintage Books, 2012), 153 참조. 추가 정보는 다음 자료 참조. (1) H. T. Himmelweit, "Obituary: Henri Tajfel, FBPsS," *Bulletin of the British Psychological Society* 35 (1982): 288-89; (2) William Peter Robinson, ed., *Social Groups and Identities: Developing the Legacy of Henri Tajfel* (Oxford: Butterworth-Heinemann, 1996), 3-5; and (3) Henri Tajfel, *Human Groups and Social Categories* (Cambridge: Cambridge University Press, 1981).

11. 정체성의 목적은 의미를 찾는 것이라는 나의 주장을 뒷받침하기 위해서, 몇 년 전, 심리학자인 프레더릭 바틀릿은 사람은 인식, 상상, 기억, 사고, 추론 등 인간의 모든 인지적인 반응을 '의미를 추구하기 위한 노력(effort after meaning)'이라고 말할 수 있다고 지적했다(Bartlett 1932, 44). 우리는 우리 자신뿐만 아니라 우리를 둘러싼 세상과 상호작용하면서 우리가 겪은 경험에 대해서 의미를 부여하기 위해서 정신적인 도식(내러티브)을 이용한다. 이를 통해서 우리는 본능적으로 의미를 만든다. 이런 측면에서 심리적인 삶 전체는 개인적인 의미를 만들기 위한 내러티브를 만들고 적용하는 과정으로 간주될지도 모른다.

12. 나는 명목상 정체성(nominal identity)과 의미상 정체성(semantic identity)을 구분한다. 당신의 **명목상 정체성**은 미국인이나 독일인이나 교사나 친구처럼 당신과 다른 사람들이 서로를 칭하는 방식을 말한다. 의미상 정체성은 당신이 그런 호칭에 부여하는 의미이다. 미국인이나 독일인이나 교사나 친구가 된다는 것은 어떤 의미일까? 마찬가지로 사회 인류학자인 프레드릭 바스(1981)는 **명목상 정체성**과 **가상의 회원제**(virtual membership) 사이를 구분했다.

13. 당신의 사회적인 자아가 완전히 고정된 것은 아니다. Barth 1969 참조.

14. 관계형 정체성 이론에 따르면 당신은 타인들과의 관계를 통해서 정의된다. 이것은 "유대인들이 존재하지 않더라도 반대유주의자들은 유대인을 만들 것이다"라는 프랑스 철학자 장 폴 사르트르의 말을 연상시키는 개념이다(Sartre 1965, 13).

   관계형 정체성 이론은 다민족 사회에서 대규모의 폭력적인 갈등을 막기 위해서 애쓰는 정책당국자들에게 아주 요긴하다. 사회가 폭력적인 갈등에 얼마나 취약한지를 알아내기 위해서 애쓰는 정책 당국자들에게 다음의 요소들을 알아보라는 조언이 큰 도움이 될 것이다.

   (1) 친밀감 : 특정 집단이 주요 정치적, 사회적, 경제적, 문화적인 플랫폼에서 소외되고 있다고 느끼는가? (2) 자율성 : 특정 집단이 그와 관련된 정치적, 사회적, 경제적, 문화적인 차원에서 의사 결정 과정에 영향을 줄 수 있는 자유를 제한받고 있다고 느끼는가? 집단이 친밀감과 자율성에 대해서 받고 있다고 느끼는 위협의 횟수가 늘어나고 강도가 커질수록 집단은 욕구를 채우지 못해 느끼는 좌절감에 맞서 싸우려고 할 가능성이 높다.

   관계형 정체성 이론과 함께 옥스퍼드 대학교의 프란시스 스튜어트 교수의 연구는 다민족 사회에서 폭력적인 갈등이 생기는 주요 원인은 개인들 사이의 동등함의 차이('수평적인 불평등')가 아니라 인종정치학적인 집단들 사이에서 간주되는 불평등('수직적인 불평등') 때문이라고 주장한다. 스튜어트와 나이트 브라운 교수(2007, 222)는 문화적인 차이들(인종정치학적, 종교적, 성, 나이, 혹은 다른 계통의 어떤 차이건)이 집단들 사이의 경제적, 정치적인 차이들과 일치할 때, 깊은 적개심이 생기면서 폭력적인 갈등으로 이어질 수 있다고 주장했다.

15. 인간의 생각은 신체적, 심리적인 생존에 가해지는 사회 환경의 위협을 부단히 평가한다. 우리는 사회적인 생존을 위해서 자율성과 친밀감에 가해지는 위협을 무의식적으로 훑어보아야 한다. 뇌의 편도체(扁桃體) 부분이 우리의 사회적, 신체적인 안녕에 가해지는 위협들에만 국한되지 않고, 그런 위협들을 포함한 광범위한 범위의 사건들에 대한 '관련성 감지기'로서의 역할을 하면서 이러한 평가 과정에 기여할지도 모른다. Sander et al. 2003 참조.

16. 나는 갈등 해소의 실질적인 욕구를 해소하기 위해서 관계형 정체성 이론을 개발했다. 이 이론은 윌리엄 제임스, 헨리 타지펠, 에릭 에릭슨, 진 베이커 밀러 같은 심리학 분야의 위대한 지성들의 연구에 뿌리를 두고 있다. 관계형 정체성 이론이 심리 분석적인 통찰들에 의지하지만 그것은 또한 그런 통찰들에 대한 반응이기도 하다. 최초의 심리분석가인 지그문트 프로이트는 인간은 쾌락 원칙(pleasure principle)에 따라서

행동한다는 이론을 펼쳤다. 즉, 우리는 쾌락을 추구하고 고통을 피한다는 것이다. 프로이트는 인간에게 리비도(libido), 즉 성적인 충동을 만족시키려는 성향이 있다고 생각했다. 심리분석가인 로널드 페어베언은 우리는 쾌락을 추구하지 않고 대상(object)을 추구한다면서 프로이트와 완전히 다른 주장을 펼쳤다. 심리분석학적인 분야에서 말하는 '대상'이란 우리가 관계를 맺는 개인이나 집단의 내적인 표상(internal representation)을 말한다. 따라서 페어베언은 우리는 우리의 성적인 충동을 채우려고 사람들과 관계를 맺는 것이 아니라 그와 정반대로 다른 사람들과 관계를 맺기 위해서 쾌락을 추구한다고 말했다. 우리가 관계를 맺으려는 욕구에 이끌린다는 것이다.

　　페어베언의 실증적인 연구는 관계를 추구하고자 하는 본능을 강조한다. 그는 집에서 학대를 당한 아이는 안전한 곳에 머무르기보다는 다시 집으로 돌아가는 것을 선호한다는 사실을 알아냈다. 다시 말해서 학대가 아이들이 엄마에 대해서 덜 애착을 느끼게 만들기보다는 그들이 오히려 엄마에게 더 애착을 느끼게 만들었다. 충족되지 않은 연결의 욕구는 엄마에 의해서만 충족될 수 있다. Celani 1994, 29 참조. 마찬가지로 심리분석가인 도널드 위니콧(1952, 99)도 엄마와 아이라는 구성단위에서는 "존재의 무게 중심이 개인에서 시작되는 것이 아니라 완전한 구성체제 속에서 존재한다"라는 점을 관찰하면서 인간 경험에서 관계의 전반적인 중요성을 강조했다.

17. Barth 1969 참조. 테렐 노스럽(1989, 81)은 정체성 갈등의 역학을 분석한 끝에 가장 효과적인 갈등 해소 전략은 "관계의 성격이 형성되는 단계에서 받는 변화 압력이 당사자들 간의 정체성이 관련된 단계에서 받는 변화 압력보다 덜 위협적이기 때문에 이 단계에서 갈등을 해소하는 것이 좋을 것 같다"라는 결론을 내렸다.

18. 관계형 정체성은 당신이 가진 특성들보다 당신이 **구성하는** 관계와 더 많이 관련된다. 실제로 관계형 정체성은 '**원근화된 관계성**(perspectivized relationality)'으로 정의할 수 있을지 모른다. 즉 당신은 당신이 타인들과 당신의 관계를 어떻게 인식하느냐에 따라서 자신의 정체성을 정의한다.

19. 서로 전공 학문 분야는 다르더라도 학자들은 자율성과 친밀감이 사회적인 행동을 이끄는 근본적인 동기라는 데에 의견이 일치한다. 예를 들면 다음과 같다.

　　머빈 프리드먼과 티모시 리어리, 아벨 오소리오, 휴버트 고피(1951)는 지배와 굴복 및 친밀감과 적대감을 구분했다.

　　캐럴 길리건(1982)은 정의와 배려를 구분했다.

　　어빈 스타우브(1993)는 자율적인 정체성과 개별적인 정체성 및 관계형 정체성과 집산주의적인 정체성을 비교했다.

　　데보라 콜브와 주디스 윌리엄스(2000)은 옹호와 연결의 중요성을 조명했다.

로버트 엠누킨, 스콧 페펫, 앤드루 툴루멜로(1996)는 자기 주장과 공감 사이의 긴장 관계를 강조했다.

에리히 프롬(1941, 39-55)은 세상과 분리된 정체성과 합치된 정체성을 구분했다.

에드워드 데시, 리처드 라이언 그리고 그들의 동료들은 자기결정(self-determination, 개인이 무엇을 하고 그것을 어떠한 방법으로 할 것인가를 선택하고자 하는 욕구/역주)이 감정과 행동에 미치는 영향을 조명했다. Deci 1980 and Deci and Ryan 2000 참조.

로나 벤자민(1984)은 성격학(personology)에 대한 헨리 머리의 연구에서 파생된 '사회적인 행동의 구조적인 분석(SASB, Structural Analysis of Social Behavior)'을 통해서 자율성과 친밀감 사이의 긴장 관계를 정리했다. SASB는 집중, 친밀감, 상호 의존성(예: 자율성) 차원에서 사회적인 상호작용을 분류하기 위한 시스템으로서 사람들이 사회적인 사건에 대한 의미를 어떻게 인식하는지를 보다 잘 이해할 수 있게 한다.

제리 위긴스(1991)는 자율성과 친밀감 및 그것들의 개념적인 연관성에 대한 연구를 검토했다.

데이비드 베이칸(1996)은 '주체적인 활동(agency)'과 '관계성의 추구(communion)'의 근본적인 의미에 대해서 심오하면서도 매력적인 근거를 제시했다. 그는 이렇게 말했다. "나는 생명체의 두 가지 기본적인 존재 양식의 특징을 보여주기 위해서 '주체적인 활동'과 '관계성의 추구'라는 용어를 사용했다. '주체적인 활동'이란 한 개인으로서 유기체의 존재와 관련되며, '관계성의 추구'는 개인이 더 큰 유기체에 참여해서 그것의 일부가 되는 것과 관련된다. '주체적인 활동'은 자기 보호, 자기 주장 그리고 자기 확장을 통해서 드러나며, '관계성의 추구'는 다른 유기체들과 하나가 됨으로써 실현된다. '주체적인 활동'은 따로 떨어져서 행해지며, '관계성의 추구'는 그런 분리가 결여된다. 또한 전자는 소외되고, 고립된 채 혼자서 행해지지만, '관계성의 추구'는 계약을 맺지 않고 하는 협력 활동을 통해서 행해진다"(pp. 14-15).

20. 자율성과 친밀감이 완전히 유동적이지는 않다. 당신의 관계는 당신이 수행하는 역할과 당신이 가진 지위를 통해서 구조적인 지속성을 획득한다. 이러한 구조들은 자율성과 친밀감을 포장한 형식이다. 예를 들면 카이로에서 실시한 부족 훈련 참여자들은 곧바로 적들의 역할을 수행했다. 일단 적들의 역할이 정해지자 그들은 적들과의 관계를 통해서 무엇을 기대할 수 있는지를 알았다. 그것은 적대적인 친밀감이자 상호 자율성에 대한 무시였다.

역할들은 당신의 친밀감과 자율성의 범위에 대한 기대감을 제공한다. 내가 매년 정기검진을 하기 위해서 의사를 찾아가면 그는 내게 셔츠를 벗으라고 말하고, 나는 기꺼이 그의 지시를 따른다. 환자의 역할을 수행 중인 나는 의사에게 나의 신체 건강을 점검할 수 있는 자율성을 부여하고, 그는 우리의 친밀한 관계 속에서도 전문가로서의 거리를 유지하리라고 기대한다. 반면에 내가 길거리를 걷고 있는데, 한 낯선 사람이 나에게 셔츠를 벗으라고 요구한다면 나는 곧바로 그에게서 벗어날 것이다. 낯선 사람의 역할은 자율성과 친밀감 측면에서 의사를 만났을 때와 똑같은 기대감을 부여하지 않는다.

당신의 관계는 또한 일부 위계질서 측면에서 다른 사람들과 비교해서 당신이 서 있는 위치, 즉 당신의 지위를 통해서 지속성을 얻는다. 예를 들면, 회사에서는 당신의 공식적인 지위가 높을수록 당신이 결정권을 행사할 수 있는 더 많은 자율성을 계속해서 얻는다. 그러나 비공식적인 지위 역시도 당신이 관계를 형성하는 데에 영향을 미친다. 프로젝트 팀원들은 누가 공식적으로 의사결정권을 가졌는지를 알고 있으며, 더불어 프로젝트와 관련된 조언이나 감정적인 지원이나 즐거운 대화를 위해서 누구에게 기댈지도 암묵적으로 이해하고 있다.

역할과 지위들이 상당히 안정적이지만 당신은 갈등 해소를 위해서 그것들을 재정의할 수 있다. 세부 사항은 Fisher and Shapiro 2005 참조.

당신이 **긍정적인** 구조적 관계를 만든다면 조화로운 관계를 유지할 가능성이 더욱 커진다. 사실상 조화의 목표는 긍정적인 구조적 관계를 **내재화시키는** 것이다. 부족 훈련 도중에 몇 차례 세상이 구해졌을 때 중에서 한번은 이런 일이 일어난 적이 있었다. 중동 지역에서 열린 정부 지도자들을 대상으로 한 워크숍 때였다. 4개 부족 대변인들이 협상을 하기 위해서 방 한가운데에서 만났다. 불과 몇 분 만에 그들은 전면적인 최종 합의에 도달했다. 나는 깜짝 놀랐다. 어떻게 그런 일이 가능했던 것일까? 우연히도 4명의 협상가들 중에서 3명은 유니폼을 입은 군 장교들이었고, 그들이 협상하면서 새로 만들어진 부족에 대한 그들의 충성심은 그들이 공유하는 군대의 구성원들로서의 역할에 비해서 약화되었다. 이러한 공통된 역할은 긍정적인 친밀감과 함께 자율성에 대한 상호 간의 존경심을 일으켰다. 계급이 가장 높은 장교가 합의를 제안하자 다른 장교들도 그렇게 하기로 동의했고, 유일한 일반인 리더는 집단의 공통된 의견을 따랐다. 공통된 역할과 예측이 가능한 지위 계급은 분명한 관계 구조를 이루었다.

관계상의 맥락은 자율성과 친밀감의 한계뿐만 아니라 암묵적인 관계의 계약 위반에 대한 책임에 대한 기대감을 만든다. 이러한 기대감은 우리가 수행하는 역할과 우리가 가진 지위를 통해서 드러난다. 세부 사항은 McCall and Simmons 1978, Stets

2006, and Stryker 2004 참조.

21. 신경과학은 친밀감이 생기는 신경화학적인 토대에 대한 통찰을 제공한다. 옥시토신 (oxytocin)이라고 불리는 신경전달 물질인 뉴로펩티드(neuropeptide)는 신뢰하는 관계가 옥시토신을 생산하는 것처럼 신뢰하는 관계를 증진시킨다. 신경학자인 폴 자크와 그의 동료들(2005)은 한 연구에서 협상 상대방이 신뢰성을 증명했다고 느끼는 협상가들은 옥시토신이 방출되는 경험을 했다는 것을 발견했다. 또다른 연구에서 마이클 코스필드와 그의 동료들(2005)이 참가자들에게 옥시토신을 투여하자, 그들이 상대방을 신뢰하고, 그들과 함께 실제 돈을 사용한 투자 게임에 더 많은 돈을 투자할 확률이 훨씬 더 높아졌다. 세 번째 연구에서 베아테 디트젠과 동료들(2009)은 비강 (鼻腔) 내의 옥시토신이 긍정적인 의사소통이 늘어나게 하고, 갈등 중인 커플 사이의 코르티솔(cortisol, 급성 스트레스에 반응해서 분비되는 물질/역주) 수치를 낮춘다는 사실을 알아냈다.

다른 분야를 연구한 학자들 역시 친밀감의 중요성에 대해서 같은 의견을 보였다. 로이 바우마이스터와 마크 리리(2000)는 소속 욕구에 대한 실증적인 증거를 종합적으로 검토한 끝에 "인간은 본래 소속되려는 욕구, 즉 지속적으로 유지되는 대인 애착 관계를 만들고 유지하려는 강력한 욕구에 의해서 광범위한 차원에서 행동의 동기를 부여받는다. 사람들은 장기적이고, 서로 배려하는 관계의 맥락 속에서 자주 긍정적인 애착 관계를 추구한다"라는 결론에 도달했다. Baumeister and Leary 2000 참조.

사회 과학자인 도널드 T. 캠벨(1971, 105)은 "함께 모여 있는 요소들이 같은 조직의 부분들로 간주될 가능성이 높다"라는 사실을 알아냈다. 그의 이런 관찰 결과는 상당한 통찰력을 보여준다. 우리가 종교적인 믿음이나 두발 색상이나 그외의 다른 특성에 따라서 사람들을 '가깝게' 모아놓을 경우, 그들이 정체성을 공유하는 모습을 목격하게 될 가능성이 더 높다. 한 가지 특성만으로도 우리는 그들이 서로 가까이 있는 것으로 간주하고자 하는 동기를 가지게 된다.

22. Shapiro 2008.

23. Packer 2006.

24. Eisenberger et al. 2003 참조.

25. Herman 1992, 51 참조.

26. 에드워드 데시(1980)는 자기결정이 감정과 행동에 미치는 영향을 조명했다. 자신이 생각하는 자유의 범위가 부당하게 침해되었다고 느낄 경우, 당신은 부정적으로 반응하면서 자기결정에 대한 갈망을 충족시키기 위해서 '합리적인' 이해관계를 포기할지도 모른다.

27. 이러한 시각은 서로 갈등의 반대편에 서 있는 나와 지도자들 사이의 대화에서 나온 것이다. 덧붙여 말하자면, 지명에 대한 나의 단어 선택은 미국 국무부의 공식 명칭을 따르고 있다. 그러나 마케도니아 공화국을 그런 식으로 호칭함으로써 나는 의도하지 않게 자신들이 '마케도니아'라는 이름을 사용하는 것 여부에 대한 유일한 결정권자여야 된다고 느끼는 일부 그리스인들의 자율성을 침범했는지도 모른다.

28. 자율성과 친밀감을 둘러싼 갈등은 종종 상징적인 차원에서 일어난다. 이와 관련된 눈에 띄는 사례는 체코 작가 밀란 쿤데라의 소설 『무명(*L´ignorance*)』에서 찾을 수 있다. 이 책의 주인공인 이레나는 프랑스에서 20년을 살다가 고국인 체코 공화국으로 돌아온다. 그녀의 친구들은 그녀의 인생에서 그녀가 해외에서 보낸 시간을 잘라낸 것처럼 그 시간에 대해서 아무런 관심을 보이지 않는다. 이레나의 핵심 정체성에서 중요한 부분들(그녀의 me에 대한 부분들)을 차단함으로써 그들은 그녀가 원하는 대로 되고 싶은 자율성을 발휘하지 못하게 벽을 친다. 그녀는 친밀감을 느끼지 못하고 좌절한다. "친구들이 나의 어떤 부분들을 받아들일까? 또 어떤 부분들을 거부할까? 내가 그들의 거부를 참을 수 있을까, 아니면 내가 이런 식의 우정을 중단해야 할까?" 그녀는 고민에 빠진다. 실제 삶 속에서 이러한 관계의 문제들은 체코 친구들이 이레나가 프랑스 와인을 마시는 데에 대해서 아무런 관심을 보이지 않을 때처럼 상징적인 메시지를 통해서 간접적으로 표출된다(Kundera 2002).

29. 공자의 설명은 제리 위긴스의 논문(1991)에서 뽑은 것이며, 위긴스의 논문 내용의 원 출처는 스튜어트 해킷의 논문(1979, 27-28)이다. 원래 일체에 대한 개념은 인간 계통은 모든 생명체들의 상호 연결성에서 비롯되었다는 가정 위에 세워진 다윈의 진화론에서도 찾을 수 있다. 이런 측면에서 초월적인 통합을 위한 노력은 우리가 원래의 일체 상태로 돌아가려는 야심에 불과하다. 달라이 라마(2005)도 유사한 지적을 한다.

30. 나는 정체성의 다양한 '구조들(틀)'에 대해서 설명하지만 정신 내부의 구조는 '허구'라는 정신의학자이자 정신분석학자인 해리 스택 설리번의 통찰을 지지한다. 즉 현실적으로 이러한 구조들은 물질적인 요소들이 아니라 에너지가 변형된 패턴들이다. Greenberg and Mitchell 1983, 91 참조.

제4장 : 갈등에 빠지지 않는 방법은?

1. 무엇이 '우리 대 그들'이라는 부족 효과에 사로잡힌 사고방식을 유발하는가? 관계형 정체성 이론에 따르면 자율성과 친밀감의 중요한 측면들이 위협을 받게 되면 부족 효과가 일어난다. 현실적인 갈등 이론(realistic conflict theory)은 집단의 군사적, 정치

적, 사회적, 내지 경제적인 재원이 위협을 받게 되면 내집단(內集團, 조직, 사회 내부의 배타적인 소규모 집단) 정체성과 자기 민족 중심주의가 야기된다고 주장한다. 사회적인 정체성 이론(social identity theory)은 한 집단과 단순히 동질감만 가지게 됨으로써도 충분히 갈등이 유발될 수 있다고 주장한다. 즉 개인들은 집단과 동질감을 가지게 되면 긍정적인 독특성(distinctiveness)을 얻기 위해서 갈망한다. 현실적인 갈등 이론에 대한 추가 정보는 Sherif et al. 1961, 155-84, and Campbell 1965 참조. 사회적인 정체성 이론에 대한 추가 정보는 Tajfel and Turner 1979 참조.

2. 기술적으로 말해서, 나는 부족 효과를 또다른 사람이나 집단에 맞서 우리의 관계형 정체성을 엄격히 구분하는 행위로 정의한다.

3. 부족 효과가 변화에 거부하는 분위기를 만들지 모르지만, 그것은 보호적인 성격의 기능도 한다. 이런 사고방식에 빠진 우리는 우리의 정체성에서 가장 중요한 사람들과 원칙들을 지키는 것을 목표로 삼는다. 실제로 진화생물학자들은 우리가 친족과 친척들과 같은 종족들을 외부의 위협으로부터 지키는 정도를 계량화하기 위해서 애써왔다. 인도의 생물학자인 B. S. 홀데인은 친족 선택의 계산법에 대해서 조사한 다음에 "나는 2명의 형제나 8명의 친척들을 위해서 내 인생의 위험을 감수하겠다"라고 말했다. 그의 관찰 결과는 친척 선택의 성격을 계량화한 $br-c>0$이라는 해밀턴의 법칙(Hamilton's rule)의 단초가 되었다. 이 법칙에 따르면 "이타적인 행동으로 인해서 얻을 수 있는 적응적인 이득(b, benefit)에 유전적인 근친도(r, genetic relatedness)를 곱한 값이 그런 행동을 하는 데에 드는 비용(c, cost)보다 크기만 하면 그 행동은 진화한다는 것이다. 따라서 당연히 유전적으로 가까운 사이일수록 이타적인 행동이 진화할 가능성이 높고, 유전적으로 먼 사이일수록 이기적으로 행동할 가능성이 높다"(Mock 2004, 20).

4. 「미국의 심리학자(*American Psychologist*)」라는 제목의 논문에서 나는 부족에게 도움을 줄 수 있는 것으로 증명되었지만 집단 내 화합을 더욱 어렵게 만들 수도 있는 부족의 역학이 가진 다음과 같은 몇 가지 특징들을 설명했다.

　(a) **부족에 대한 충성심에 우선순위를 둔다.** 부족이 상당히 감정적인 독립체라는 점에서 그것의 구성원들은 그들이 보다 친밀하게 관련되어 있는 사람들을 위해서 더 큰 희생을 마다하지 않을 가능성이 높다.

　(b) **부족 규범이 충성심을 강화시킨다.** 실제로 부족 내에서는 **기본적으로** 부족의 적법성과 모든 사람들을 함께 묶는 관계를 약화시키는 어떤 행동도 **금기**시한다. 부족 자체가 신성한 존재로 간주될 수 있으며, 그것의 존재를 지속시키는 것이 신성한 임무가 될 수 있다. 부족의 정체성에 대한 내러티브에 불성실한 태도를 보이는 사람은

누구나 모욕, 창피, 추방, 죽임을 당할 수 있다.

(c) 부족원들이 내가 '공통된 혈통 신화(myth of common bloodlines)'라고 말하는 집단적인 정체성 내러티브를 공유할 때 부족에 대한 충성심이 가장 강하다. 이러한 공유된 내러티브는 사람들을 모두가 공통된 혈통과 운명으로 연결된 같은 계열에 속한다는 믿음을 중심으로 함께 묶는다. 위험을 받는 집단은 그것의 구성원들이 공통된 혈통 신화를 통해서 연결되어 있다고 믿는 순간 신속히 부족으로 변신할 수 있다. 갈등에 빠진 다국적 기업이 부족이 될 수 있지만 이보다 더 결속력이 강한 부족들(부족원들이 부족을 위해서 기꺼이 최대한 희생할 각오가 된)은 영적 내지는 실제 혈연을 기반으로 하는 경향을 보인다. 부족원들은 회사의 비전을 위해서 싸울 때보다 하느님이 정한 운명대로 살기 위해서 싸울 때 정의감이 더욱 강해질 가능성이 높다.

(d) 공통된 혈통의 신화는 변화를 거부한다. 부족들은 그들이 생각하는 승리, 손해, 외상 그리고 희생의 역사를 기반으로 내러티브를 만든다. 그리고 이러한 내러티브는 정치적, 사회적인 변화에 놀라울 정도로 강하게 저항한다(Volkan 1998). 많은 측면에서 부족의 역사적인 내러티브를 보존하는 것은 와해될 수 없는 독립체로서의 자율성을 확립하는 훈련이다(Shapiro 2010).

5. 부족 효과는 극심한 갈등을 일으키는 근본적인 이유이면서 루이스 코저의 고전인 『사회적인 갈등의 기능(Functions of Social Conflict)』(1956)에 나온 갈등 묘사를 상기시킨다. 코저에 따르면 갈등의 정도가 심할수록 갈등은 (1) 각 당사자에게 명백한 경계, (2) 중앙집중화된 의사 결정 구조, (3) 구조적이고 이데올로기적인 연대, (4) 내가 금기라고 말한 역학인 반대와 일탈에 대한 억압을 야기한다.

6. 강력한 감정은 부족 효과를 강화시킬 수 있다. 실험적인 연구는 감정적인 흥분은 사회적인 개념에 대한 인지적인 복잡성을 줄임으로써 상대방에 대한 양극화된 평가를 낳는다는 것을 보여주었다(Paulhus and Lim 1994). 지속적으로 두려움이나 위협 상태 속에서 사는 개인이나 집단들에게는 양극화가 규범이 될지도 모른다. 실제로 여러 실험 결과, 자신의 도덕성에 직면한 사람들은 그들이 속한 집단에 대해서 인지하는 중요성을 고양시키되, 외집단(外集團, 내집단과 반대되는 개념으로, 남의 가족, 남의 교회, 다른 학급, 다른 종족, 다른 국가 등이 있다/역주)을 폄하한다는 것을 보여주었다(Greenberg et al. 1990).

7. 독일의 저명한 정치 및 문학 비평가인 한스 마그누스 엔첸스베르거(1994)는 집단 간 갈등의 문제는 분열이 아니라 자폐증이라고 주장한다. 즉 집단들은 그들 자신을 독선적인 피해의식 속에 가둠으로써 그들의 밖에 존재하는 누구의 말도 들을 수 없고, 그로부터 배울 수도 없다. 이런 집단들은 '공감'과 그것으로 인해서 생길 수 있는

타인들의 시각으로부터 배울 수 있는 힘을 놓치고 있는 것이다.

8. Maalouf 2001, 31.

9. 부족 효과의 폐쇄적인 성격은 상대방을 우리와 다른 존재로 범주화함으로써 생기는 공감을 가로막는 신경생물학적인 장애물들로부터 일부가 생길지도 모른다. 당신이 자신의 생각과 느낌에 대해서 생각할 때 작동하는 뇌의 핵심 부분을 복부내측전전두 피질(ventral medial prefrontal cortex)이라고 한다. 놀랍게도 당신이 자신과 비슷하다 고 생각하는 누군가의 의견을 들을 때 이것이 활성화되지만, 당신이 자신과 다르다고 생각하는 누군가의 의견을 들을 때는 이것이 덜 활성화된다. 당신은 친척과 가족 등 에게 더 공감하는 경향을 보이는 것 같다(Jenkins et al. 2007). 이것은 갈등하는 상황 속에서 우리는 거의 '억지로라도' 상대방의 생각에 공감해야 한다는 나의 믿음과 일 치한다. 부족 효과가 정점에 달했을 때는 자연스럽게 적에 대해서 공감하기가 쉽지 않다.

10. 켈리 램버트와 크레이그 하워드 킨슬리(2010)는 우리가 실제 내지 상상했던 위협에 직면할 때 보이는 것과 유사한 불안한 반응에 대해서 이야기한다. 갈등 해소를 전문 적으로 연구한 학자인 테렐 노스럽(1989)은 정체성과 관련된 갈등 확산의 4단계에 대해서 설명했다. 1단계에서는 위협을 받고, 2단계에서는 무력하게 되지 않기 위해서 사회적인 현실을 왜곡하고, 3단계에서는 세상에 대해서 경직된 해석을 하고, 4단계에 서는 갈등 관계를 연장시키기 위해서 공모한다.

11. 정체성을 위협받게 되면 정체성이 붕괴될까봐 두려워진다. 따라서 분열적인 역학은 적대감을 자극하면서 아이러니하게도 존재론적인 갈등 여건들을 만드는 방어벽을 세 움으로써 당신의 정체성이 피해를 입지 않도록 지킨다.

12. 심리분석가인 바믹 볼칸(1996)은 두 가지 유형의 정체성에 대해서 설명했다. 먼저 당신의 개인적인 정체성(personal identity)은 당신만 입는 옷과 같다. 그것은 주변 환 경의 위협으로부터 당신을 지켜준다. 당신의 사회적인 정체성(social identity)은 당신 과 그것의 안에 있는 모든 사람들을 지켜주는 '대형 캔버스 텐트' 같다. 텐트가 강력 한 상태를 유지하고, 지도자가 그것을 유지하는 한 당신의 사회적인 정체성은 급하게 걱정해야 할 문제가 아니다. 그러나 누군가가 텐트를 흔든다면, 그 안에 있는 모든 사람들이 그들 모두의 안전에 대해서 걱정하면서 그것이 넘어지지 않게 지지하려고 애쓴다. 사회적인 정체성 이론의 관점에서 보았을 때 부족 효과는 집단 간의 분열을 조장한다. 그 이유는 그것이 다른 집단들과의 긍정적인 관계를 억압하고, 집단 내부 의 관계를 강화하는 각 파(派)의 사회적인 정체성을 조명하기 때문이다. 갈등은 우리 대 그들이라는 개념을 낳는다(Korostelina 2007, 44).

그러나 강력한 정체성이 갈등을 조장하는가, 아니면 우리를 갈등으로부터 보호하는가? 한편으로는 강력한 사회적 정체성은 외부 집단들을 평가절하함으로써 집단 간의 갈등 가능성을 높임으로써 우리 자신에 대한 자부심을 높일 수 있게 이끌지 모른다. 반면에 에릭 에릭슨(1956, 1968)은 강력한 자아 정체성으로 인해서 우리가 변동성이 심한 갈등에 빠지는 경향은 덜하다고 주장한다. 우리는 우리의 정체성에 대해서 자신하기 때문에 갈등을 통해서 우리의 우월함을 증명해 보일 필요가 없다. 미묘한 차이를 보이는 관점을 알아보려면 Marilyn Brewer's chapter in Ashmore et al. 2001 and Gibson 2006 참조.

끝으로, 부족 효과를 일으키는 것은 공격적인 충동이 전부가 아니다. 가끔 사람들은 단지 지루하다는 이유로 인생에 자극을 주기 위해서 싸움을 시작한다. 나는 이것을 권태감 증후군(ennui syndrome)이라고 부르겠다. 또한 나는 이것이 사람들이 종종 생각하는 것 이상으로 갈등 확산에 큰 역할을 한다고 생각한다. 예를 들면, 어린 형제자매들이 지루함을 느낄 경우 그들 중 한 명이 다른 형제를 놀리기 시작하면서 부족 효과를 점화시킬지 모른다. 내가 실시한 부족 훈련에서도 마찬가지로, 나는 사람들이 가끔 훈련을 보다 매력적이면서 흥분되게 만들기 위해서 싸움을 시작하거나 고집스러운 입장을 취하는 것을 보았다. 처음에 그들의 의도는 훈련을 보다 매력적으로 만드는 것이지만, 곧바로 자아들이 걸려들면서 부족 효과가 훈련을 지배하게 된다.

13. 사소한 차이의 나르시시즘은 진화론적인 뿌리를 가졌을지 모른다. 다윈은 '존재하기 위한 투쟁'에 대해서 이야기했는데, 이것은 종들 사이의 경쟁이 아니라 하위 무리들이 여러 세대를 거쳐 생존할 수 있게 하는 일부 유전적인 혁신을 위한 근친 사이의 경쟁이다. 종 차원에서의 생존은 종들 사이가 아니라 종들 내의 경쟁에 의해서 가장 위태로워지는 경향을 보인다. Lorenz 1966 참조.

14. 우리가 사는 세상이 인터넷과 관련 기술을 통해서 점점 더 상호 간에 연결될수록 사소한 차이의 나르시시즘이 생길 기회가 더 많아진다. 우리 자신을 타인들과 비교할 수 있는 사회 분야가 열리고, 우리는 우리의 차별성에 대한 감각을 유지하기 위해서 우리의 정체성 주위에 세워진 심리적인 장벽들을 지키는 데에 더 공을 들여야 한다.

15. 자율성과 친밀감이 각기 다차원적이라는 점에서 관계 매트릭스는 인간관계의 주관적인 영역을 단순화시켜 표현한 것이다. 예를 들면, 신에게 충성을 바치는 종교인은 신에게 그의 자율성을 바친다. 그러나 그는 동시에 그와 똑같은 행동을 통해서 그에게 영원한 평정심을 선사하리라고 믿는 어떤 힘과의 친밀감을 통해서 그의 자율성을 확장한다. 또다른 예를 들자면, 말다툼 중인 연인들은 서로에 대해서 분노하면서도 동시에 서로에게 엄청난 사랑을 느낄지도 모른다. 그들은 어떤 문제들에 대해서는 자율적

인 느낌을 받지만 또 어떤 문제들에 대해서는 강요되는 느낌을 받을지도 모른다.

16. 수잰 레트징거와 토머스 쉐프(2000)는 갈등이 지속되는 원인은 집단들끼리는 고립을 시키되 각 집단 내에서는 결속을 다지는 '이원화된 소외(bimodal alienation)' 때문이라고 주장했다. 이것은 우리가 다른 부족들과는 거리를 두지만 '우리와 같은 종류의' 부족원들과는 융합되는 부족 효과와 일맥상통한다.

　　우리는 또한 우리 자신들 내에서도 부족 효과를 경험할 수 있다. 예를 들면 내가 집사람과 논쟁을 벌이게 되었다고 상상해보자. 나는 내가 그녀의 의견에 공감하고, 그것을 인정해야 한다는 것을 알고 있다. 그러나 내 머릿속에서는 나의 여러 다른 '부분들' 사이에서 전면적인 부족 간 다툼이 벌어지고 있다. 심리학자인 딕 슈워츠(1995)는 이러한 여러 부분들 사이의 상호작용을 '내면 가족 시스템(internal family system)'이라고 불렀다. "내게는 여러 부분들로 이루어진 완전한 가족이 있고, 어떤 부분이건 지배하거나 항복하거나 순응하거나 반란을 일으킬지 모른다. 따라서 내 머릿속에서 내 '어머니'는 내게 듣고 화해할 것을 종용하고, 내 '아버지'는 내게 문제를 해결하고 처리하라고 말한다. 내 '자긍심'은 나에게 내가 집사람의 생각에 공감하기 전에 그녀가 내 생각에 공감해야 한다고 말한다. 그리고 내 '갈등 해소 전문가'는 평화적이고 효과적으로 문제를 해결하기 위해서 노력한다. 이러한 부분들이 내 머릿속에서 싸움을 벌이고, 내 생각이 묵살되어서 내 자긍심은 분노하고, 어머니는 내게 진정하고 화해를 제안하라고 말한다."

17. 긴장은 인간의 동기와 관련된 많은 이론들 중에서 핵심적인 요소이다. 종교의 성전(聖典)들은 갈등을 선과 악, 빛과 어둠 사이의 긴장으로 묘사한다. 심리학자들은 죽음의 본능인 타나토스(thanatos)와 삶의 본능인 에로스(eros) 사이의 근본적인 긴장 관계를 상정한 지그문트 프로이트의 중대한 연구로 거슬러 올라가며 갈등의 건설적인 힘과 파괴적인 힘을 설명해왔다. 프로이트는 앨버트 아인슈타인에게 보낸 유명한 편지에서 그 어느 때보다 공격적인 본능을 억누르고 있는 인간에 대한 비관론을 피력하면서, 대신 "우리가 애쓸 수 있는 것은 그런 본능을 전쟁이 아닌 다른 채널로 돌리는 것이다. (중략) 파괴적인 본능 때문에 전쟁을 일으키려는 성향이 생긴다면, 우리에게는 항상 그것의 반대 동인인 에로스가 있다. (중략) 그 모든 것이 사람들 사이의 감정적인 유대감을 낳고, 우리에게 전쟁의 해결책 역할을 해야 한다"라고 썼다(Freud 1932).

　　그로부터 40년 뒤에 콜롬비아 대학교의 모턴 도이치 교수(1973)는 우리를 이득 내지 손해로 이끄는 힘들에 대해서 조명하면서, 건설적인 갈등과 파괴적인 갈등을 구분 지었다. 심리학자인 스티븐 핑커(2011)는 폭력적인 갈등은 다섯 가지 '내면의 악마들(포식성, 우세 경쟁, 복수심, 가학성, 이데올로기)'에 의해서 활성화되는 반면, 네 가지 '선한 천사들(공감, 자기 통제, 도덕 관념, 이성)'은 평화로운 공존을 조장한다고 주장했다.

관계형 정체성 이론에 따라서 나는 이러한 일명 내면의 악마들과 선한 천사들 사이에서 역동적인 싸움이 벌어진다고 생각한다. 따라서 나는 이 내면의 악마들을 '부족 사고에 빠지게 만드는 다섯 가지 유혹'이라고 부르며, 반대되는 힘을 이 책에서 묘사된 네 단계 방법을 통해서 자극될 수 있는 '통합적인 역학'이라고 말한다. 핑커의 이론이 중요한 통찰을 제기하지만 그가 말한 악마와 천사들은 대부분 별개의 정적인 개념들이다. 내 이론에서 갈등 해소는 역동적이며 실용적이라는 점을 강조한다는 점에서 그의 통찰을 바탕으로 하고 있다. 논쟁자들이 지속적으로 조화로운 공존 상태에 이르기 위해서는 **실질적인 과정**을 거쳐야 한다.

18. 다섯 가지 유혹은 의식으로부터 부정적인 감정을 추방하는 데에 쓰이는 내적인 과정으로 간주할 수 있을지 모른다. 누군가가 금기를 어기거나, 신성한 것을 모독하거나 구태의연한 패턴을 반복한다면 (그리고 정신분석학자인 폴 러셀이 개념화한 대로 '느끼지 못한다면') 우리는 심리적인 추방 행위를 통해서 그런 참을 수 없는 행동을 참을 수 있다. 프로이트는 "공존이 불가능한 생각을 무의식의 세계로 추방해서 결과적으로 감정이 가장 급속하게 발산되는 것을 막음으로써, 이런 생각이 어떻게 해서 병원성(pathogenic, 질병 유발) 효과를 일으킬 수 있게 되는지를" 보여주기 위해서 저항과 억압의 구조적인 도식을 개발했다(Greenberg and Mitchell 1983, 33).

다섯 가지 유혹은 협력 기대감을 약화시킬 수 있다. 예를 들면 부부가 이혼하고, 갑자기 종교적인 광신자로 변해서 아이들을 어떤 종교로 키울지 결정해야 하기 전까지, 종교는 종파를 초월한 부부의 결혼에는 큰 영향을 미치지는 못할지 모른다. 그들은 서로 신성시하는 것에 대해서 공격을 받자 부족 효과의 덫에 걸려들었고, 그 덫에서 **빠져나오기** 어렵게 되었다.

19. 달라이 라마에 따르면, 7세기 인도의 불교학자인 다르마키르티는 두 가지 상반된 상태는 하나가 다른 하나를 약화시키지 않을 경우 공존할 수 없다는 심리적인 법칙을 제안했다. 그는 한 상태가 더 강력하다면 그것과 상반되는 상태는 더 취약하다고 주장했다. 당신이 덥다면 당신은 춥지 않다. 당신이 행복하다면 당신은 슬프지 않다. 달라이 라마(2005, 146)는 "자애심을 키우면 일정 시간이 지나면 마음속의 증오심을 줄일 수 있다"고 추측했다. 이는 다섯 가지 유혹을 중화시키느라 지나치게 많은 에너지를 쓰기보다는 긍정적인 감정을 활성화시키는 교차편집적인 관계를 쌓기 위해서 노력하는 것이 나을지 모른다는 것을 암시한다. 그러나 당신이 입은 감정적인 상처가 심하다

면 종종 그것을 치유하는 것이 긍정적인 관계를 맺는 데에 필요한 선결조건이다.

제5장 : 현기증에 당하기 전에 현기증을 막아라

1. 나는 하버드 협상연구소의 조사 보고서인 「현기증 : 격한 감정의 결과 방향 감각을 상실하게 되는 협상(*Vertigo: The Disorienting Effects of Strong Emotions on Nego-tiation*)」이라는 논문에서 현기증에 대한 개념을 생각했다. 나는 이 개념을 이후 버네사 루와 함께 쓴 논문 「안정적인 평화의 심리학(*The Psychology of a Stable Peace*)」에 나오는 갈등 이후의 맥락에 적용시켰다(Shapiro and Liu 2005).

   현기증은 우리의 시간과 공간 감각을 왜곡시키기 때문에 감각들이 뒤섞이는 공감각(synesthesia, 본래의 감각[1차 감각] 이외에 다른 양상의 감각[2차 감각]이 생기는 현상으로, 예를 들면 소리를 들었을 경우에 빛깔이 보이는 것 같은 현상을 말한다/역주)으로 알려진 이례적인 상태와 많은 특징들을 공유한다. 러시아 언론인인 S. V. 세레세프스키는 이런 상태로 고통을 받은 후, 자신이 겪은 경험을 심리학자인 알렉산더 루리아에게 알렸다. "제가 음식을 먹으면서 글을 읽을 때, 읽고 있는 것의 내용을 이해하는 게 힘듭니다. 음식 맛 때문에 다른 감각이 마비가 됩니다"(Foer 2006, 9). 현기증은 우리 안에서 일반적으로 이와 똑같은 경험, 즉 우리의 적대적인 감정이 다른 사람들의 감정을 무시하는 경험을 하게 만든다. 우리가 빠지는 감정 세계가 다른 사람들과의 관계 속에서 듣고, 보고, 느끼는 데에 영향을 미치는 강력한 느낌과 감정으로 우리를 채운다.

2. 현기증은 완화하기 힘든 것으로 드러났다. 그 이유는 우리가 현기증을 더 강하게 느낄수록 그것을 유지하려는 우리의 감정적인 에너지가 커짐으로써 현기증에서 벗어나지 않으려는 거부감이 더욱 강해지기 때문이다. 이것은 알코올 중독자와 같다. 그는 술을 더 많이 마실수록 계속 더 많이 마시려고 하고, 절주하라는 권유를 더 강하게 거부한다.

3. 현대 의학계에서는 '현기증'이라는 단어를 체위성 현기증(positional vertigo, 머리의 위치를 바꾸었을 때 느끼는 심한 어지럼증/역주)과 울리는 현기증(ringing vertigo)처럼 어지러운 느낌이 드는 때의 진단 표지로 사용한다. 과거에 윌리엄 제임스는 현기증에 대해서 연구한 적이 있다. 아마도 그가 뱃멀미로 고생했기 때문이었던 것 같다. 그는 감겼다가 빠르게 풀리는 그네 밧줄 위에 앉아 있던 200명의 하버드 학생들 중에서 불과 1명만이 현기증을 경험하지 않았다는 사실을 알아냈다. 519명의 청각장애인인 어린이들을 대상으로 실시한 같은 실험에서는 대다수가 거의 현기증을 느끼지 않았다. 이는 현기증에 속귀(inner ear, 몸의 직선 운동 및 회전성 운동을 감지하는 평형

기관과 소리를 지각하는 청각기관으로 이루어진 귀의 가장 안쪽 부분/역주)가 중요한 역할을 한다는 사실을 확인한 결과이다. 이는 또한 갈등 상황 속에서 일부 사람들은 다른 사람들에 비해서 현기증 상태에 빠질 가능성이 훨씬 더 클 수도 있다는 생각에 힘을 보탠다. 나는 더 강력한 자아 정체성(ego identity)을 가지고 있고, 특히 자의식이 강한 사람들이 이런 상태에 빠질 확률이 더 낮을 것으로 추정한다. 현기증에 대한 제임스의 연구에 대한 보다 자세한 정보는 James 1882 and Milar 2012 참조.

4. 현기증에 대해서 두 가지만 지적하자. 첫째, 현기증이 반드시 나쁜 것만은 아니다. 서로에게 완전히 반해서 사랑에 빠진 10대 남녀는 긍정적인 현기증에 빠져 정신이 혼미한 상태이다. 아무것도 그들이 불현듯이 그런 상태에서 벗어나게 만들 수 없다. "좋아지다", "사랑에 **빠지다**", "마음을 **사로잡다**"처럼 그러한 감정을 묘사하는 문구들도 현기증의 역동적인 성격을 설명한다. 물론 현기증에는 어두운 측면도 있다. 현기증은 쇼핑몰에 있던 부부가 갑자기 위신을 잃고 부족 효과에 빠지게 만들었다. 당신이 사랑에 빠질 수 있듯이 당신은 증오에 빠질 수 있다. 사랑에 빠지는 것이 자아를 고양시키는 경험인 반면에, 증오에 빠지는 것은 자신을 위협함으로써 우리의 정체성이 해를 입지 않도록 자기 방어에 나서게 만드는 경험이다. 이 책에서 나는 '현기증'이라는 단어를, 그것의 부정적인 측면을 설명하기 위해서 썼다. 다만 나는 최상의 협상 과정에서는 논쟁자들이 강력한 긍정적인 흐름, 즉 긍정적인 현기증에 빠질 것이라고 믿는다.

둘째, 현기증은 세계적인 심리학자인 다니엘 골먼 교수의 기념비적인 책『EQ 감성지능(Emotional Intelligence)』에서 처음 나온 용어인 '편도체 강탈(amygdala hijacking)과는 다르다. 편도체 강탈 상태에서 당신의 뇌는 이성보다 감정에 휩싸여서 짧은 시간에 분노가 폭발한다. 현기증은 편도체 강탈과 공존할 수는 있지만 이것은 단기적인 감정적인 반응이라기보다는 관계와 관련된 사고방식과 더 관련된다. 당신이 현기증에 걸리게 되면, 그것은 수일 내지 수개월 동안 당신을 떠나지 않을 수 있다. 교수와 그의 부인은 쇼핑몰에서 겪은 갈등을 해결했을지 모르지만, 계속해서 서로 적대감에 사로잡힌 듯한 느낌을 받았다. 이와 마찬가지로 두 개의 인종정치학적인 집단이 평화협정이 조인된 후에도 수십 년 동안 살면서 계속 서로를 증오할지 모른다.

5. 아리스토텔레스는 다섯 가지 감각, 즉 시각, 청각, 후각, 미각, 촉각이 있다고 주장했지만 6번째 감각이 존재한다. 그것은 '균형'이다. 현기증에 빠지면 당신은 감정적인 평형감각을 잃어버리면서 관계가 모두 소진되는 상태에 휘말린다.

6. 일어나서 빙빙 돌다가 멈추면, 세상이 매우 왜곡되어 보일 것이다. 이것은 당신 주위의 실제 세상이 아니라 당신의 머릿속 상태를 나타낸다. 현기증에 걸렸을 때의 상태

도 마찬가지이다.

7. 모든 다섯 가지 감각이 현기증의 강도를 키울 수 있다. 소리를 예로 들어보자. 전쟁의 북소리는 사람들이 힘을 합쳐 공동의 적과 맞서 싸우도록 자극한다. 부족 훈련을 할 때, 나는 일반적으로 참가자들의 감정을 불러일으키기 위해서 강력한 드럼 소리를 튼다. 그러면 참가자들은 각자 속한 부족의 우월성만을 주장하는 데에 너무 몰두하다 가 드럼 소리가 그들의 감정적인 흥분 상태와 공격적인 행동에 미치는 엄청난 영향을 의식하지 못한다.

8. 우리는 현기증에 길들여져 있지만 편도체 강탈에 길들여져 있지는 않다. 이혼한 부부 는 이혼의 고통스러운 면면들을 이해해가는 몇 달 동안 현기증을 겪으며 관계의 소비 를 경험할지 모른다. 그러나 그들은 정기적인 부부 싸움을 할 때는 편도체 강탈을 겪을 뿐이다.

9. 현기증은 두 가지 근본적인 측면에서 관계에 대한 우리의 시각을 바꾼다. 우리는 (1) 안전함과 우리의 생각이 옳다는 확신을 느끼기 위해서 우리 자신 안으로 들어가 '자 신에게만 몰두하게(self-absorbed)'되며, (2) 상대방을 하나의 주체가 아닌 객체로 간 주하는 '타인을 객체화(other-objectifying)'하게 된다. 우리가 현기증을 느끼는 명분이 강할수록 우리가 타인들의 주체성을 인식하는 능력은 더 크게 감소한다. 다시 말해서 내가 더 주체가 될수록, 타인은 더 객체로 변한다.

10. 현기증은 짝짓기 경험과 현상학적인 유사성(Phenomenological similarity)을 공유한 다. 각 경험의 강도가 강할수록 당신은 당신을 사로잡은 관계의 경험 외의 다른 모든 것에 대해서 의식을 더 못하게 된다.

11. Fiske and Neuberg 1990 참조.

12. 사회 심리학자인 고든 올포트(1954, 9)는 "예단은 그것이 새로운 지식에 노출되었 을 때도 뒤집히지 않을 때에만 편견이 된다"라는 현명한 지적을 했다.

13. 협상 당사자들이 서로를 적으로 간주할 경우, 그들은 그들 자신이 느끼는 고통에만 점점 더 집중하고, 서로의 인간성을 인정하는 능력은 줄어들어서 고통을 받는다. 사 회 심리학자들인 수전 피스크와 스티븐 노이버그(1990)가 만든 '인상 형성의 연속체 모형(continuum model of impression formation)'에 따르면, 당신이 처음 어떤 사람을 인식할 때 나이, 성별, 인종에 따라서 그를 범주화한다. 범주화는 빠르고 쉽게 할 수 있다. 당신은 (1) 관찰한 내용이 당신이 처음 했던 범주화와 일치할 경우와 (2) 그 사람에 대해서 더 많은 것을 배우려는 동기를 가지지 못할 경우에 처음 그에 대해서 했던 범주화에 집착할 가능성이 높다. (2)의 경우, 속도와 정확성 사이에 긴장감을 일으킨다. 즉 당신이 더 정확하게 인식했을수록 배우는 데에 더 많은 시간이 들고,

더 많은 노력을 기울여야 한다. 고든 올포트가 쓴 용어를 빌리자면, 당신은 범주화의 '울타리를 다시 치려고(re-fence)' 노력할지도 모른다("내 가장 친한 친구들 중 몇몇은 유대인들이지만……"). 피스크와 노이버그(1990)는 과제의 상호의존성(task interdependence)은 타인이 가진 독특한 자질들을 인정하도록 북돋우는 경향이 있다는 사실을 알아냈다. 당신이 직장에서 팀 과제를 수행하거나, 체스 경기에서 다른 누군가와 경쟁하거나, 상사를 더 잘 이해하려고 노력할 때 이런 일이 일어난다. 이 모든 활동들에는 과제의 상호의존성이 요구된다.

14. 현기증이 당신의 자기반성 능력을 크게 약화시키기 때문에 그것은 내가 말하는 '무시의 굴레(bind of nonrecognition)'를 만든다. 긴장된 갈등 상황에 빠졌을 때, 거기에서 벗어날 수 있는 유일한 방법은 당신의 고통과 시각을 인정하는 '상대방'이 되는 것일지 모른다. 그러나 협상 당사자들이 현기증에 빠져서 특히 서로를 객체화시킬 경우에는 상대방의 고통을 인정할 가능성이 없다. 각자 '무시의 굴레'에 빠지고, 앞으로 갈등 확산이 유일한 길처럼 보일 수 있다.

15. 현기증은 시계가 알려주는 시간보다 훨씬 더 유동적인 당신의 시간 개념에 영향을 미친다. 지질학자인 미셸 시프레(1964)는 세 단계의 시간이 있을 것으로 추측했다. 생물학적인 시간(신체 리듬), 인지되는 시간(시간의 흐름에 대한 감각) 그리고 객관적인 시간(시계가 알려주는 시간)이 그것이다. 그는 스물세 살의 나이에 지하의 얼음 동굴 속에서 완전히 고립된 채 두 달을 보내면서, 지질학적인 패턴과 시간의 흐름에 대한 개념에 대해서 연구했다. 2개월 뒤인 9월 14일에 다시 세상에 모습을 드러냈을 때 그는 그때가 8월 20일이라고 생각했다. 인지된 시간이 왜곡되었던 것이다. 그러나 놀랍게도 그가 매일 조수들에게 전화를 걸어 그들이 그의 깨고, 먹고, 잠자는 시간을 추적하게 했을 때는 분명한 생물학적인 패턴이 존재했다. 결론적으로 말해서 생물학적인 시간은 상당히 엄격한 경향이 있는 반면에 인지되는 시간은 훨씬 더 유동적이면서 주변의 맥락에 따라서 달라진다.

현기증은 외부로 표출되는 감정을 일으킨다. 즉 당신이 수치심을 참지 않고 분노로 그것을 표출하는 식이다. 그리고 이것은 당신의 시간 흐름에 대한 인식에도 영향을 미친다. 상대방에게 집중하면 시간의 흐름에 대한 감각을 잃고, 시간이 짧게 지나가는 것처럼 느낀다. 반면에 지루함이나 수치심이나 우울함 같은 자의식적인 감정들은 당신의 시간 감각을 둔화시킨다. 윌리엄 제임스(1890)는 그런 상황 속에서 당신은 "시간의 흐름 자체에 더 주의를 기울이게 되기 때문에" 시간이 더디게 흘러가는 것처럼 느끼게 된다고 주장했다. 당신이 1분 동안 두 눈을 감고 있을 때 1분이 그보다 훨씬 더 길게 느껴질 수 있는 것과 같은 이치이다. 영국 작가인 클라우디아 해먼드

(2012, 34)는 "여러 실험 결과, 우울한 사람들은 평균적으로 우울하지 않은 사람들에 비해서 두 배 길게 시간을 추측한다는 사실이 확인되었다. 다시 말해서 (그들에게는) 시간이 정상 속도의 절반으로 흐른다"라고 말했다. 또다른 연구에서 연구원들은 일부 참가자들에게는 무시를 당하는 느낌을 가지게 했고, 또다른 참가자들에게는 인기가 있는 느낌을 가지게 했다. 이어 한 연구원이 각 참여자들을 독실로 데리고 가서, 스톱 워치를 켰다가 40초 후에 멈춘 후에 몇 초의 시간이 흘렀다고 생각하는지를 물었다. 인기가 있다고 느낀 참가자들은 평균 42.5초의 시간이 흐른 것으로 추정한 반면에, 무시를 당했다고 느낀 참가자들은 평균 63.6초의 시간이 흐른 것으로 추정했다. (Twenge et al. 2003).

16. 현기증 상태에서 시계 시간은 다투던 부부가 생각한 것보다 훨씬 더 빨리 흘렀다. 다시 말해서 아래 설명한 대로 시계 시간은 인지된 시간에 비해서 더 길었다.

　　지나간 시계 시간 : ─────────────── (20분)

　　지나간 인지된 시간 : ──── (5분)

17. 현기증은 시간의 흐름에 대한 일반적 감각을 왜곡시킨다. 시간은 과거에서 미래로 움직이게 되어 있다는 점에서 본래 비대칭적이다. 현기증은 당신의 관심을 과거에 일어난 사건들로 돌렸다가, 다시 두려운 미래로 돌린 다음, 다시 되돌리고, 또 가끔씩 감정적인 고통을 느끼는 순간에 멈추어 있는 것처럼 만들면서 이러한 비대칭의 규칙을 깰 수 있다. 시간의 비대칭에 대해서는 Davies 1974 참조.

　　현기증은 신경과학자인 안토니오 다마지오가 말한 '생각 시간(mind time)'을 혼란스럽게 만드는 것 같다. 지질학자인 미셸 시프레의 시간 이론과 유사한 것이 인간이 어떻게 두 가지 다른 방식(신체 시간과 생각 시간)으로 시간을 경험하는지에 대한 다마지오의 설명이다. 신체 시간은 빛과 어둠에 따라서 바뀌는 생체 리듬에 따라서 맞추어지는 당신의 생체 시계를 지배하며, 시상하부(視床下部, 시상의 아래쪽에서 뇌하수체로 이어지는 부분으로 수면 패턴과 식욕을 조절한다/역주)에 위치한다. 생각 시간은 "시간의 흐름과 우리가 시간표를 짜는 방식"과 관련된다. 생각 시간은 시계가 째깍거리는 동안에 우리의 시간 경험이 빠르거나 늦거나 혹은 짧거나 길게 보일 수 있게 되는 경우를 잡아낸다. 생각 시간은 부단히 활성화되면서 우리가 두 개의 음표 사이의 침묵의 길이에서부터 우리가 마지막으로 친구를 본 이후 경과된 시간에 이르기까지 모든 것을 인식할 수 있게 도와준다. 다마지오는 기억 상실을 앓는 사람들의 신체 시간은 그대로이지만 생각 시간은 제 기능을 하지 못한다는 사실을 알아냈다.

　　뇌 손상을 입은 환자들을 대상으로 실시한 연구 결과를 바탕으로 보았을 때, 시간의 흐름을 인식할 때 세 가지 영역이 특히 중요한 것처럼 보인다.

(1) 해마(海馬) : 새로운 기억의 생성을 돕는다. 손상될 경우, 사람들은 **전향성 건망증**(anterograde amnesia, 건망증을 일으킬 만한 심리적 내지 신체적인 외상을 받고 나서 그후에 일어나는 경험이나 사건들에 대해서 건망증을 겪는 것/역주)에 걸린다. 그들은 장기간 동안 새로운 기억을 유지하지 못한다.

(2) 측두엽(側頭葉) : 기억하고, 그것을 떠올리는 데에 중요하다. 측두엽의 손상은 **역행성 건망증**(retrograde amnesia)을 일으킨다. 역행성 건망증에 걸리면 특정 시간과 장소와 맥락 속에서 일어난 개인적인 사건들을 떠올릴 수 있는 능력이 손상된다.

(3) 기부전뇌(基部前腦) : 이것은 과거 사건들의 연대기를 파악하는 데에 중요한 역할을 한다. 기부전뇌가 손상될 경우, 사건들을 기억하기는 해도 그것들이 일어난 순서를 기억하지는 못한다.

18. 우리의 목숨이 위태로워졌다고 느낄 때 이런 감정은 우리의 시간 지각 속도를 늦출 수 있다. 클라우디아 해먼드는 "1분이 고무처럼 늘어나서 15분처럼 느껴질 수 있다"라고 말했다(2002, 25). 예를 들면, 초보 스카이다이버들은 다른 스카이다이버들의 낙하 시간을 과소평가하지만 그들 자신이 하늘에서 보내는 시간은 과대평가한다. 우리의 목숨이 위태로워졌을 때 지각되는 시간은 더뎌진다(p. 27). 이는 전쟁 지대와 외상을 받는 생활 여건 속에서 사는 사람들이 그들이 끈임없이 고통스러운 삶을 살았다고 느끼는 이유를 설명한다.

19. 두려움과 시간의 확장 사이에 관계가 있다는 사실은 여러 실험들을 통해서 밝혀졌다. 한 실험에서 신경과학자인 데이비드 이글먼은 실험 참가자들을 놀이공원으로 초대했다. 그곳에서 그들은 150피트 높이의 탑에 오른 후 아무 장비도 걸치지 않은 채 아래에 그물망이 있는 곳으로 자유 낙하를 했다. 그들은 약 3초 동안 떨어진 후 위로 튀어올랐다. 놀라울 것도 없이 이러한 경험은 실험 참가자들에게 상당한 두려움을 일으켰다. 땅에 내린 그들은 낙하 시간의 길이를 묻는 질문을 받았다. 이어 다른 누군가가 떨어지는 광경을 본 후, 다시 그 사람이 떨어지는 데에 걸린 시간이 얼마나 되는 것 같은지를 묻는 질문을 받았다. 실험 참가자들은 평균적으로 그들이 떨어질 때 걸린 시간이 그들이 땅에서 본 다른 사람들이 떨어질 때 걸린 시간보다 36퍼센트 더 길다고 생각했다. 떨어지는 동안 그들이 느낀 고통은 시간이 더디게 움직이면서 팽창되는 것처럼 보이게 만들었던 것이다.

이러한 시간의 가단성(可鍛性)과 관련해 흥미로운 연구 자료들이 있는데, 이 주제에 대해서 처음 공부를 시작하는 사람들에게는 다음 논문을 추천한다. Gardner 1967; Whitrow 1972; McTaggart 1908; Dennett and Kinsbourne 1992; Johnson and Nishida 2001; Angrilli et al. 1997.

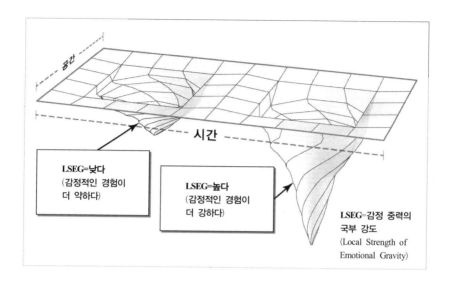

공간

시간

LSEG=낮다
(감정적인 경험이
더 약하다)

LSEG=높다
(감정적인 경험이
더 강하다)

LSEG=감정 중력의
국부 강도
(Local Strength of
Emotional Gravity)

20. 거의 모든 감정이 당신의 시간과 공간에 대한 감각을 왜곡시킬 수 있다. 심지어 사랑에 대한 감각도 그렇게 할 수 있다. 영국 하트퍼드셔 대학교의 심리학 교수인 리처드 와이즈먼(2009)은 런던 킹스 크로스 역에서 하루를 보내면서 개인들과 서로 포옹하고 있던 커플들에게 다가가서 그들에게 "실례합니다만 심리학 실험에 참가하실 용의가 있으십니까? 제가 방금 '실례합니다?'라고 물은 이후 몇 초가 지났습니까?"라고 물었다. 와이즈먼은 서로 포옹하고 있던 커플들은 지나간 시간의 양에 대해서 상당히 과소평가했다는 것을 알아냈다.

21. 우리는 관계형 정체성에 대한 시각적인 묘사를 통해서 현기증의 작동 역학을 이해할 수 있다.

당신의 관계형 정체성은 상호작용을 하면서 겪는 공간과 시간에 대한 경험을 나타내는 관계의 장(場) 속에 존재한다. 이 장 안에서 당신의 위치는 항상 타인들의 위치와 상대적이다. 갈등 속에서 당신은 당신의 시점에서 시간과 공간을 경험할 것이다. 상대방이 그들의 시각에서 시간과 공간을 경험하는 것과 같은 이치이다. 그 장에서 당신이 인식하는 위치에 따라서 상대방은 시간이 천천히 움직인다고 느끼지만 당신은 시간이 빠르게 움직인다고 느낄지 모른다.

모든 관계의 장은 시간과 공간을 왜곡한다. 그럴 경우, 당신은 현기증 때문에 시간과 공간에 대한 방향 감각을 찾지 못하는 상태에 빠진다.

실험자들이 느끼는 낙하 강도는 내가 '감정 중력의 국부 강도'라고 말하는 것에 따라서 달라진다. 정체성의 신성한 기둥들은 관계의 장 내 특정 영역들에 자리잡고 있는데, 이런 영역들에서 감정 중력의 국부 강도는 높다. 누구라도 당신의 그러한 기둥을 해칠 경우, 그는 당신에게서 격한 감정적인 반응을 받을 것으로 예상해야 한다. 당신은 곧바로 이러한 왜곡된 시간과 공간 영역으로 빠질 가능성이 높기 때문이다. 감정 중력의 강도 때문에 이러한 갈등들은 감정석으로 무겁게 느껴질 것이고, 생각 시간은 시계 시간보다 훨씬 더 빠르게 느껴질 것이다.

정체성의 대단하지 않은 측면들은 관계의 장의 다른 영역들에 놓여 있다. 이런 영역들에서의 감정 중력의 국부 강도는 낮다. 따라서 그러한 어떤 영역이 왜곡되더라도 당신은 빠르고 강하게 왜곡된 시간과 공간 영역으로 빠지지 않을 것이기 때문에, 결과적으로 당신의 갈등은 감정적으로 무겁게 느껴지지 않을 것이다. 당신은 생각 시간과 시계 시간의 경과 사이에서 별다른 차이를 경험하지 못할 가능성이 높다.

감정 중력이 높은 영역에 머물 때, 당신은 당신이 걷는 길을 수정하는 데에 훨씬 더 큰 저항을 하게 된다. 당신은 중력에 의해서 아래로 끌어당겨지면서 기존에 걷던 길에 '갇혀 있는 것처럼' 느낀다. 민감한 문제들이 일어나서 위협을 느낄 경우, 당신은 감정 중력의 국부 강도가 높은 관계의 장이 있는 영역에 속해 있다.

22. 데이비드 이글먼 교수는 반복적인 자극의 지속 시간이 동일한 지속 시간 동안 받은 새로운 자극보다 더 짧은 것처럼 느껴진다는 것을 보여주는 연구들을 실시했다. 이는 새로운 학습이 우리의 내적인 시간 감각을 더디게 만들 수 있음을 시사한다 (Eagleman and Pariyadath 2009).

23. 현기증 상태에 빠졌을 때 당신은 팽창된 시간이 순식간에 지나가는 경험을 하게 될지도 모른다.

24. Sebenius and Curran 2001 참조.

25. Ibid.

26. Volkan (2004) 참조.

27. Ignatieff 1997.

28. '미래의 기억'에 대한 나의 개념은 뇌 속에서 기억이 작동하는 방식에 기반을 두고 있다. 대부분의 인간들이 과거-현재-미래의 시간순으로 인생을 살지만 뇌가 반드시 이러한 경험들을 연대기 순서에 따라서 분류해야 할 이유는 없다. 실제로 뇌는 많은 다른 방식으로 경험을 분류한다. 어떤 기억들은 감정적인 의미나 외상의 영향이나 단순히 반복되고 낯이 익다는 사실로 인해서 머리에서 더 쉽게 떠오른다. 그리고 정보가 시간 순서에 따라서 저장되지 못하게 막는 다른 요소들도 있다. 특정 기억을 얻게 된 시기나 장소나 방법을 떠올리지 못하는 '출처 기억 상실(source amnesia)'에

대해서 생각해보자. 알츠하이머 병이나 전두엽 손상에서부터 시작해서 당신이 지각하는 모든 자극을 저장하려는 헛된 노력에 이르기까지 다양한 기제들이 이러한 기억 상실을 유발한다. 아울러 엘리자베스 로프터스 교수(2005)는 기억이 가단성이 있음을 보여주었다. 즉 잘못된 정보가 쉽게 우리 머릿속으로 들어와서 우리가 가짜 사건을 진짜 사건인 것처럼 '기억하게' 만들 수 있다.

결과적으로 실제로는 일어나지도 않았고 앞으로도 일어나지 않을지 모를 결과를 확실한 것으로 받아들일 수 있다. 미래에 대한 그러한 기억은 과거에 대한 기억보다 더 치명적일지 모른다. 그 이유는, 그것이 당신으로 하여금 갈등을 조장하는 선제적인 행동을 취하게 만듦으로써 분명 존재의 기본 구조를 위협할 수 있기 때문이다. 따라서 수학적으로 보았을 때, 미래의 사건에 대한 기억은 그러한 미래의 사건을 더욱 개연성이 있게 만든다. 그 사건은 마치 기정사실인 것처럼 보이고 느끼게 된다. 미래의 사건이 과거의 사건만큼 예측 가능하지는 않지만 두려운 미래에 대한 견고한 기억은 그러한 사건이 실제로 일어날 확률을 높인다. 그런 측면에서 과거는 미래에 대한 최고의 예측 변수가 되지 못할지도 모른다. 미래에 대한 우리의 기억들이 갈등을 일으키는 행동 패턴을 더 잘 알려줄 수도 있다. 우리가 즉각적인 위협에 처해 있다고 인식할 때, 두려운 미래에 대한 기억은 우리가 행동에 나서도록 동기를 불어넣는다.

29. 전기 충격이 의식에 대한 당신의 경험을 바꾸듯이 관계상의 충격은 관계의 의식에 대한 당신의 경험을 바꾼다. 현기증이 당신을 역학상 정적인 감정 체제 속으로 가두기 때문에 이것이 필요하다. 당신은 점점 더 깊이 갈등 속으로 빠지면서 탈출구를 찾지 못한다. 따라서 관계에 가해지는 충격은 '다양한 시각의 틀(metaframe)'로 전환함으로써 자신의 주체성에 대한 시각을 확대할 수 있는 전략이다. 관계에 충격을 주는 것은 독일 심리학자인 쿠르트 레빈(1948)이 갈등 해소에 필수적이라고 제안했던, "까다로운 체제를 해동시키는(unfreezing)(레빈은 변화의 과정을 해동[unfreezing], 이동[moving], 재동결[refreezing]이라는 3단계로 설명했다. 그릇된 고정관념이나 그릇된 패러다임을 지우고[해동], 새로운 패러다임을 학습하고 받아들이며[이동], 이를 확신하고 사유의 근거로 삼는 것[재동결]을 말한다/역주) 작업"을 구현할 수 있는 실질적인 방법이다. 리더십 전문가인 로니 하이페츠(1994)와 협상 전문가인 윌리엄 유리(1991)는 다양한 시각의 틀로 전환할 수 있는 또다른 전략을 제시하는데, 그것은 "발코니에 서서 갈등에 빠진 자신의 모습을 관찰하는 모습을 상상하라"는 것이다.

30. 협상에서 상대방을 깜짝 놀라게 만드는 전략을 쓰는 것은 위험하다. 사다트 대통령이 예루살렘을 방문한 것이 이스라엘과 이집트 사이의 관계를 건설적으로 뒤흔들었지만 그의 행동은 이집트와 아랍 세계에 중대한 파장을 불러일으켰다. 이집트에서도

정치적인 후폭풍이 거세게 불었고, 일부 아랍 국가들은 아랍 세계의 통합이 훼손되었다는 느낌을 받았다.

31. 이 사례는 실제 일어난 사건을 각색한 것이다. 이해관계자들을 보호하기 위해서 구체적인 내용을 수정했다.

32. 이것은 당시 미국의 중동 특사인 데니스 로스(2002)가 한 말이다. 그가 한 말을 보다 자세히 옮기면 이렇다. "내가 이렇게 주기적으로 진행되는 사태에 대해서 항상 걱정했던 점은, 사태가 계속해서 걷잡을 수 없이 악화되지 않도록 사람들에게 뒤로 물러나서 쉬면서 생각할 이유를 줄 수 있는 방법을 찾아야 한다는 것이다. 당시 사태가 그렇게 되고 있었기에 우리는 기본적으로 그들을 이곳에 데리고 오는 생각을 하게 되었다."

33. 현기증에서 벗어나기 위해서는 갈등 속에서 우리의 주관적인 반응을 풍부하게 경험하면서, 또한 우리의 갈등에 제3자의 시각을 끌고 들어와서 내가 말하는 '메타 시각(meta-perspective)'에서 갈등을 바라보아야 한다. 이러한 두 가지 세계에 모두 걸터앉아 있기 위해서는 우리가 우리를 현기증 속에 계속 가두어두게 만드는 것이 무엇이고, 그것을 극복하면 어떤 느낌이 들지를 알아볼 수 있는 공간과 시간인 전이 환경(transitional environment)이 필요하다. 관련 정보는 Pizer 1998 참조. 전이 환경은 단순히 악의적인 감정을 억제하는 일 이상을 한다(Bion 1967). 그것은 신뢰할 수 있는 관계의 토대가 된다. 그렇기 때문에 상호 간의 안전에 기반을 두고, 각 이해관계자가 적법하다고 여기는 전이 환경을 구축하는 것이 중요하다.

34. White (1998) 참조.

35. Wilde and Ellmann 1969, 389 참조.

36. 부정적인 것의 외재화와 관련된 좋은 사례는 이혼 직전의 부부를 치료한 심리 치료사인 로저먼드 스톤 잰더에게서 찾을 수 있다. 부인은 남편이 습관적으로 자기만의 세계에 갇혀 있는 데에 대해서 분노하면서 그가 그녀를 사랑하지 않는다고 비난했다. 로저먼드는 "당신이 이렇게 행동하는데 누가 당신을 사랑할 수 있겠습니까?"라고 말했다. 로저먼드는 자신이 방금 한 말에 대해서 짐짓 놀라면서도 말을 이어갔다. "지금 말하고 있는 주체는 당신이 아닙니다. 다른 것, 바로 복수입니다. 복수가 당신의 목소리로 말하고 있습니다. 그것은 당신의 어깨 위에 걸터앉아 있는 생명체이고, 무슨 일이 있어도 남편을 짜증나게 만들 것입니다. 그러는 과정에서 두 사람의 관계를 파괴할 것입니다." 로저먼드는 부인이 이제 "그녀(부인)가 단지 맨정신을 차리기 위해서 남편의 별난 행동을 비난해야 하는 반면에 복수라는 생명체는 승리를 자축하고 있는 모습을 목격했음"을 확인했다(Zander and Zander 2000, 189).

제6장 : 반복강박을 거부하라

1. E. R. 버로스의 소설 내용 중 일부를 각색했다(1993).

2. 찰리 채플린이 출연한 영화 「모던 타임스」(1936)에서. 나는 데이비드 키트론(2003)
   이 쓴 반복강박에 대한 논문을 통해서 영화의 이 장면을 알게 되었다.

3. Freud 1920 참조.

4. 프로이트(1920, 16)는 "서로 맞지 않는다는 이유로 천인공노하게도 피보호자 한 명,
   한 명에 의해서 시차를 두고 버려지는 보호자, 친구들에 의해서 배신을 당해서 모든
   우정이 끝난 사람, 살아가는 동안 거듭 제3자를 민간이나 공공 분야에서 높은 권한을
   가진 자리로 올려놓은 후에 어느 정도 시간이 지나면 직접 그를 곤란한 상황에 빠뜨
   려놓고서 새로운 인물로 그를 대체하는 사람, 혹은 각기 다른 여성과 했던 연애가
   같은 단계를 거친 후 같은 결론에 이르게 된 연인들처럼 인간관계가 똑같은 결론으로
   끝나는 모든 사람들"에게서 반복강박이 가진 힘을 조명했다.

5. 프로이트(1920)는 기능장애 행동을 반복하려는 강박충동은 해방되고자 하는 욕구에
   서 비롯된다고 생각했다. 이것은 미국의 정신병리학자인 제이컵 모레노가 말한 '행위
   갈증(act hunger)'이라는 개념을 연상시킨다. 이 개념에 따르면 심리극에 참여한 정
   신질환을 앓는 사람은 과거의 특정 장면을 재연하고 싶어하는 강박적인 충동을 느낀
   다(Moreno and Moreno 1946).

6. 나는 우리가 갈등을 일으키는 행동을 수정하기를 거부하는 주요한 세 가지 이유를
   제시한다.

   (1) **습관.** 변화를 거부하는 첫 번째 이유이다. 남편이 부인을 비난할 때마다 부인은
   남편을 쏘아붙이면서 성낼지 모른다. 부부는 이러한 상호작용에 대해서 고민할 필요
   가 없다. 그냥 이렇게 된다. 습관은 자극과 반응의 단순한 제휴에 불과하다. 이런 습
   관은 남편과 부인 모두에게서 적대감을 일으킬 수 있지만, 습관은 개의치 않는다.
   그것은 당신을 기쁘게 만들거나 당신에게 보상을 하거나 당신을 처벌하려고 애쓰지
   않는다. 단지 자극(남편의 비판)과 반응(부인의 반박)을 묶을 뿐이다. 더 자주 그렇
   게 할수록 그것은 더 견고해진다. 그러나 우리는 "우리가 항상 하는 대로" 하고 있다
   는 단순한 이유 때문에 우리의 행동이나 생각이나 느낌을 바꾸기를 거부한다.

   습관은 이로울 수도 있지만 해로울 수도 있다. 이를 닦는 습관은 좋지만, 흡연을
   하는 습관은 나쁘다. 습관이 사회를 다 같이 묶듯이 당신이 남긴 모든 습관의 흔적은
   당신을 당신이 살아온 삶에 묶는다. 윌리엄 제임스(1917, 142)는 습관이 사회의 "가
   장 보수적인 동인"으로서 우리를 "법령의 테두리 내에서" 머물게 한다는 것을 알아냈
   다. 그는 습관에 대해서 이렇게 덧붙였다. "습관은 부잣집 아이들을 가난한 집에서

자란 아이들의 질투로부터 보호한다. 습관은 혼자서 가장 힘들고 역겨운 위치에 있는 사람들이 그들을 짓밟도록 키워진 사람들에 의해서 버려지지 못하게 막는다. 습관은 겨울 내내 바다에서 어부와 갑판원을 지킨다. 습관은 어둠 속에서 광부를 붙잡고, 시골 사람이 몇 달 동안 눈이 내리는 내내 그의 통나무집과 외로운 농장에서 꼼짝 않고 머물게 한다. 습관은 사막과 한대(寒帶) 토박이들의 침범으로부터 우리를 지켜 준다."

(2) **효용성**(utility). 우리는 또한 현재의 행동 패턴으로부터 효용성을 얻게 될 경우 변화를 거부한다. 담배를 피우면 죽음에 대한 심각한 걱정을 덜어낼 수 있는 데도 왜 할머니는 금연을 하셔야 할까? 자신이 현재 하는 행동으로 정치권력이 유지된다면, 정치적인 이단자가 '더러운 벌레들'이라고 생각하는 자들을 죽이는 것을 멈추어야 할 이유가 있을까? 효용성은 우리가 행동이나 느낌이나 생각의 반복을 통해서 개인적으로 가시적인 혜택을 얻게 되는 것을 말한다. 이러한 행동을 중단하게 만드는 좋은 도덕적 내지 건강상의 이유들이 있을 수 있겠지만, 그런 이유들은 도덕과 무관하게 득실 분석만을 토대로 계산하는 공리주의자에게는 관심 밖이다. 감정이 고조된 갈등에 빠질 때, 우리 중 다수가 그렇게 변하는 근시안적인 공리주의는, 잠재적으로 보다 건설적인 대안의 행동 패턴을 기준으로 현재의 행동 패턴의 득실을 따져보려는 생각조차 하지 않는다. 우리는 우리 자신에게 "내가 계속 싸우거나 협상해야 하는가?"라는 질문보다 "(지금) 싸움으로 인해서 얻는 이득이 손실보다 더 큰가?"라는 질문을 던진다. 그렇다면 우리는 계속 싸운다.

심리학자들은 행동이나 생각이나 감정 패턴을 반복함으로써 사람이 얻게 되는 개인적인 이득을 알아보는 행위를 설명하기 위해서 '기능적인 분석(functional analysis)'이라는 용어를 사용한다. 본질적으로 기능적인 분석은 언뜻 보았을 때 기능장애처럼 보일 수 있는 행동을 통해서 우리가 얻을 수 있는 개인적인 이득을 평가한다. 왜 부부는 날이면 날마다 사소한 문제를 두고 계속 논쟁을 벌이는 것일까? 큐피드의 화살이 우연히 그들을 짝지었을지 몰라도 그들의 갈등은 더 깊고, 기능적인 목적을 수행할지 모른다. 즉 싸울 때마다 그들은 자신들이 느끼는 좌절감을 환기시키고, 이후에는 더 친밀감을 느낀다. 일부 부부들의 경우, 강렬한 갈등이 위대한 합리적인 효용성을 선사하는 역할을 할지도 모른다.

(3) **동일시**. 반복강박을 유발하는 우리의 가장 심각한 거부감은 우리가 인식하는, 우리 자신의 일부를 바꾸라는 압력으로부터 생긴다. 반복강박이 습관과 효용성 때문에 생길 수도 있지만, 그것이 생기는 핵심 원인은 타인들과 상호작용하는 특정한 방식을 인지하기 때문이다. 정체성이 위협을 받으면 당신은 과거에 당신을 보호한 적이 있는

행동 패턴을 반복하게 된다. 당신은 자신의 정체성이 상처를 입거나 철저히 뭉개지지 않게 막으려는 무의식적인 노력을 하던 중에 거듭 감정에 이끌리는 이러한 패턴을 반복해서 보인다.

7. Russell 2006 참조. 또한 Denise Shull (2003) 참조. 데니스 슐은 반복강박의 신경생물학적인 이론을 뒷받침하는 증거를 제시한다. 그는 어린 시절에 겪은 경험이 뇌 조직과 화학작용에 영향을 미치고 (시냅스[synapse, 신경세포(뉴런)의 접합부/역주]의 배치에서부터 기본적인 절차기억[procedural memory, 어떤 과제를 해결하거나 행동을 수행하는 데에 요구되는 일련의 지식이나 기능에 대한 기억/역주]에 이르기까지) 이후의 학습과 인식과 행동을 거르는 필터를 만든다고 주장했다. 우리는 아드레날린, 도파민(dopamine, 신경전달 물질 등의 기능을 하는 체내 유기 화합물/역주), 옥시토신의 도움을 받아 편도체 같은 뇌 기전과 구조들 사이의 결과적인 관계를 토대로 이전의 행동 패턴을 반복할 수 있다.

8. LaPlanche and Pontalis, 1973, p. 78 참조. "구체적인 정신병리학 차원에서 반복하려는 강박은 무의식에서 비롯된 통제가 불가능한 과정이다. 이러한 행동의 결과로 주체는 일부러 스트레스를 받는 상황으로 직접 걸어 들어가서 과거의 경험을 반복하지만, 그는 이러한 원형(原型)을 떠올리지는 못한다. 이와 반대로, 그는 상황이 전적으로 순간적인 환경에 의해서 정의된다는 인상을 강하게 받는다."

충동적인 행동과 강박적인 행동 사이의 핵심적인 차이를 명심하라. 우리는 보통 우리가 저지르는 행동의 결과를 숙고하지 않고서 단기적인 보상만을 얻기 위해서 '충동적인' 행동을 한다. 예를 들면 충동적으로 과식하는 사람은 케이크를 다 먹어치울 때까지 자신이 많은 케이크를 먹고 있다는 사실을 인식하지 못한다. 충동적인 행동은 '자아동조적(ego-syntonic, 자신을 통찰하고 관찰하지 못하는 것/역주)'이기 때문에 과식하는 사람은 과식할 때 드는 기분이 좋아서 과식하게 된다. 이와 반대로, 우리는 걱정과 스트레스에서 벗어나기 위해서 강박적인 행동을 하는 경향이 있다. 우리가 친구가 개최한 파티에 초대를 받지 못하고, 버림받았다고 느끼고, 부득불 친구에게 전화를 걸어서 소리를 지르게 될 때가 그렇다. 강박은 '자아이질적(ego-dystonic, 자신이 용납할 수 없거나 불쾌하게 여기는 것/역주)'이기 때문에 우리는 그런 느낌을 좋아하지 않아서 그것을 없애기 위한 행동을 취한다.

9. 폴 러셀(1998, 45)은 "신체가 받는 외상과 마찬가지로 심리적인 외상은 복구가 필요한 피해를 유발한다. 연결과 애착의 유대감이 새롭게 창조되어야 한다"라고 말했다.

10. 우리의 뇌에는 신경과학자들이 말하는 '자동 연상 신경망(autoassociative neural network)'이 갖추어져 있다. 이것은 우리가 한 토막의 조그만 정보로부터 무엇인가를

완전히 그릴 수 있게 하는 우리 뇌 안의 기억들이 모여 있는 형판(型板)이다. 내가 토지의 법적인 경계 문제로 이웃과 갈등 중이라고 가정해보자. 우리는 모여서 "그 문제를 철저히 해결하기 위해서" 노력할 수 있겠지만 그 과정에서 나의 머리는 무의식적으로 고등학교 때의 거만하고 화를 잘 내는 축구 스타와 나와의 관계가 담긴 아주 오래된 관계 형판에 의지하게 된다. 이 형판, 즉 자동 연상 신경망은 두 가지 강력한 효과를 일으킨다. 첫째, 나는 자동적으로 이 낡은 형판을 통해서 나의 이웃에 대해서 모르는 점들을 채운다. 내 이웃이 화를 잘 내는 사람인지 여부와 상관없이 나는 곧바로 그의 모든 말과 행동에 부정적인 의도와 거만함이 묻어 있다고 생각한다. 그가 "같이 만나 얘기할 수 있게 되어서 행복합니다"라고 말하면서 우리의 만남을 시작하더라도 나는 '그는 분명 나를 이용해먹으려고 내 기분을 좋게 만드는 말을 하고 있는 것이다'라고 생각할지도 모른다. 둘째(여기서 우리의 심리가 정말 뒤틀린다), 나는 현실적인 차이점들을 '소음'으로 여기며 무시한다. 자동 연상 신경망이 꺼지는 순간 나는 말 그대로 내 머릿속에 들어 있는 형판의 예외들을 보지 못하게 된다. 나의 이웃이 나의 요구에 응하고, 나의 걱정에 대해서 공감할지 모르지만 나는 그의 속내를 파악하지 못한다. 나는 그저 그의 오만한 행동만을 보고, 내가 그를 그렇게 오만한 사람으로 취급하자, 그는 진짜 오만해진다. 나는 그를 내가 생각하는 적으로 만든다.

프로이트(1920)는 반복강박은 살려는 본능이 아니라 그에 맞서는, 죽으려는 본능에서 유래되는 것인지 모른다고 주장했다. 따라서 반복의 목적은 파괴적인 죽음의 본능을 정복하는 것이다.

11. Russell 1998 참조.

12. 내가 가르치는 한 학생은 성경이 이러한 현상에 대해서 주의를 환기시킨다고 지적했다. 마태복음 7장 3절에는 "어찌하여 형제의 눈 속에 있는 티는 보고 네 눈 속에 있는 들보(plank)는 깨닫지 못하느냐?"라고 되어 있다.

13. 폴 러셀(1998, 2)은 이렇게 말했다. "반복강박은 으스스한 느낌을 준다. 그것에서는 고통스러운 반복을 예상하거나, 피하거나, 수정하기 위한 모든 학습 노력을 무산시키는 것처럼 보이는 강력한 저항감이 느껴진다. 반복강박은 교육에 저항한다."

14. 이것은 폴 러셀(1998, 46)이 제시한 반복강박에 대한 이론과 일맥상통한다. 감정적인 상처(외상)에 대한 반응이 반복강박이다. 외상은 우리가 두 가지 길 중에서 하나를 걷게 만든다. 우리는 (1) 성장하면서 상처받은 감정을 극복할 수 있거나 (2) 아니면 반복강박 상태에서 벗어나지 못한 채 새로운 존재 방식을 배우려고 하지 않는다. 반복강박은 그것이 가진 정서적인 관련성으로 인해서 "버림받은 느낌이나 무능이나 무가치함처럼 분명 아직 해결되지 않은 유대관계 문제를 일으킨다."

15. 폴 러셀(2006, 41)은 "개인은 현재 반복강박이 일어나고 있고, 그것이 현재 상황에 따라서 전적으로 결정되는 새로운 사건이라는 완전한 확신을 가지고" 그것을 경험한다고 주장했다.

16. Russell 1998 참조.

17. 프로이트는 반복을 '부정확하고, 실망스럽고, 무시되는 느낌으로부터 자신을 보호하는 방어기제'로 여겼다. 우리는 이렇게 느껴진 부정확성을 고치기 위해서 거듭 변신에 매진한다.

18. 반복강박에서 벗어나기 위해서는 까다로운 내적인 협상이 요구된다. 폴 러셀(1998, 111)은 "(반복강박을 변화시키는 데에) 효과적인 유일한 방법은 협상, 즉 이번에도 똑같은 방식으로 상황이 전개되게 해야 하는지를 놓고 벌이는 협상이다"라고 주장했다. 다시 말해서 당신은 (온갖 대가를 치러야 하지만) 과거를 반복할 것인가, 아니면 보다 바람직한 미래를 위해서 노력할 것인가? 이런 딜레마를 해결하기 위해서는 힘든 내적인 협상이 요구된다.

19. 러셀(1998, 20)의 지적대로 "반복강박은 위기를 부른다. 반복은 혼자서도 일어날 수 있지만 위기는 그럴 수 없다." 내가 고안한 TCI 방법은 심리학자인 앨버트 엘리스의 '인지적 행동 요법의 ABC 모형(ABC Model of Cognitive Behavioral Therapy)'과 상당히 유사하다. 이 모형은 감정적인 스트레스를 해결하려는 사람들이 활성화된 사건, 행동, 결과를 찾아낼 수 있도록 도와준다. 그것과 내 모형과의 주요한 차이는, 전자는 별개의 행동들에 집중하는 한편, TCI 방법은 갈등 주기에 집중한다.

20. 신체적인 표지에 대한 보다 구체적 정보는 Damasio 1994 참조.

21. 반복강박에서 벗어나기 위한 핵심 전략은 그것이 강해지기 전에 잡는 것이다. 반복강박이 생기기 전의 행동의 의도들을 주시하라. 당신의 행동을 보여주는 행동 패턴이 생길 때와 그것이 생기지 못하게 막는 능력을 발휘하기 전까지 시차가 존재한다. 이것은 내가 '중간 공간'이라고 말하는 것의 변형인데, 이 공간 속에서 당신은 무의식적인 반복강박에서 벗어날 수 있는 힘을 가진다. 신경과학자인 벤저민 리벳은 한 유명한 연구에서, 실험 참가자들에게 시계를 보고, 원할 때마다 손을 움직인 다음에 손을 움직이기로 결정한 정확한 순간의 시간을 기록할 것을 시켰다. 참가자들은 뇌의 전기 활동, 즉 뇌파를 측정하는 뇌전도(EEG)에도 연결되어 있었다. 리벳은 참가자들이 손을 움직이기로 결정했다는 것을 인식했다고 보고한 순간보다 거의 1.5초 전에 뇌전도의 흔적들에 변화가 있었다는 사실을 신뢰감 있게 알아냈다.

22. 반복강박은 변화를 거부하기 위해서 작동하는 감정의 힘이다. 그것에 맞서기 위해서는 변화에 대해서 드는 저항감을 거부해야 하는데, 이런 행동은 부자연스럽게 느껴

질 수 있다.

23. 이 사례와 이후 부분은 다음 자료에서 가져왔다. Russell 2006, 39. 스키 타기 사례는 러셀의 논문을 각색한 것이다.

24. Ibid.

25. 당신이 강박증에 사로잡히지 않고 그것의 유혹을 직시하기 위해서는 강한 자아가 필요하다. 이것은 같은 상태를 유지하면서도 바꾸어야 한다는 점에서 역설적인 목표 같다. 즉 당신이 반복강박에서 벗어나더라도 핵심 정체성을 바꾸면 안 된다. 이런 역설을 견디기 위해서 강한 자아가 얼마나 중요한지 알아보려면 다음 자료 참조. Russell 1998, 12.

26. 이 질문들은 다음 자료를 각색한 것이다.

27. James (1899) 참조.

28. 마찬가지로 알코올 중독 전문가인 조지프 C. 마틴 신부는 "무방비 순간을 경계하라"고 경고했다(그가 제작한 동영상 Relapse, produced by Kelly Productions, Inc., 1985 참조).

29. 로널드 피셔 교수는 키프로스 갈등을 주제로 집단 대화를 주재하면서 겪은 비슷한 경험을 말했다. 터키의 키프로스 사람들은 과거에 그들에게 외상을 입혔던 사건들이 반복될까봐 두려워서 평화를 구축하는 데에 나서는 것을 거부했다. 피셔와 그의 동료인 허버트 켈먼은 각 토론자가 상대방의 외상 역사를 인정한 후 그러한 행동이 절대 되풀이되지 않을 것이라고 확약하고 토론을 열었다. 그러자 토론자들은 협력 활동에 대한 논의를 시작했다(Fisher 2010).

제7장 : 금기를 인정하라

1. Sobelman 2010 참조.

2. 공동체는 결혼한 부부 같은 한 쌍에서부터 사회 같은 대규모 사회 집단에 이르기까지 그 크기가 다양할 수 있다.

3. 사회학자인 래드클리프 브라운(1939)은 금기의 개념을 명확히 정의한다. "폴리네시아(태평양 중남부에 퍼져 있는 작은 섬들의 총칭/역주) 언어로 이 단어는 '금지하다'나 '금지되다'를 의미하며, 온갖 종류의 금지 행위에도 적용이 가능하다. 에티켓 규칙, 최고지위자의 명령, 부모들이 아이들에게 하는 물건에 손을 대지 말라는 명령이 모두 '금기'라는 단어를 써서 표현이 가능할지 모른다."

영국의 정신의학자인 로널드 랭(1969, 77)은 '금기'라는 단어를 적시하지는 않았지만 그것과 관련된 사회적인 딜레마에 대해서 보다 구체적으로 설명했다. 그는 가족들이 어떻게 해서 어떤 문제들을 금기시하고, 심지어 금기에 대해서 말하는 것조차 금기시함으로써 어떻게 해서 활기찬 가족이 되지 못하게 이중으로 가로막는지를 설명했다. "가족이 단합해서 현재 일어나고 있는 일을 알아내는 것을 거부하고, 모든 사람들을 암흑 속에서 머물게 만들려는 복잡한 계책이 존재하며, 그들은 진정 깜깜한 어둠 속에 갇힌다. 우리가 그런 행동을 하는 것이 금지되지 않고, 그렇게 하는 것이 금지되었다는 것을 깨닫는 것이 금지되지 않을 경우, 우리 주변에서 돌아가는 상황에 대해서 더 많은 것을 알게 될 것이다."

4. 금기는 사회적으로 만들어지고 전후 관계에 따라서 정의된다. 다시 말해서 금기와 금기가 아닌 것 사이의 경계는 관계 유형들과 당면 문제의 성격에 따라서 달라진다. 피스크와 테틀록은 네 가지 유형의 관계(공동 분배형[communal sharing], 시장 거래형[market exchange], 권위 서열형[authority ranking], 평등 조화형[equality matching])를 찾은 후, "사람들은 적절한 관계 구조 내에서 정의된, 사회적으로 의미가 있는 관계와 활동의 한도 내에서만 '맞교환'을 자연스럽고 똑똑한 행동으로 간주할 것이다"라고 가정했다. 그러한 한도를 벗어날 경우 맞교환은 금기로 느껴질 것이다. 피스크와 테틀록은 "더 많은 키스를 바란다. 나는 당신이 내게 두 번 더 키스를 하면 당신을 두 번 더 안아줄 것이다"라고 말하는 한 연인을 예로 든다. 그들은 이러한 맞교환은 공동 분배형 관계를 마치 시장 거래형 관계처럼 간주한다는 점에서 잘못된 것 같다고 주장한다. 금기를 결정하는 기준은 이러한 관계의 유형들에 따라서 다양하다.

피스크와 테틀록은 '커뮤니티에 대한 의무 대 권위에 대한 의무'처럼 다양한 유형의 관계들 사이에서 일어나는 갈등들이 특히 많은 스트레스를 준다고 주장한다. "당신은 전쟁 중에 주둔지를 떠나서 소속 부대에 망신을 주게 되는 데도 불구하고 죽어가는 어머니를 만나러 가야 하는가? 전쟁 중에 어머니가 적군의 첩자 노릇을 하고 있다는 사실을 알았을 때 정부당국에 어머니의 반역죄를 알려야 하는가? 예전에 당신을 위해서 대죄(大罪)를 지은 적이 있는 친구를 지키기 위해서 똑같이 대죄를 저질러야 하는가?"

피스크와 테틀록(1997)이 말한 이런 딜레마들은 내가 말하는, 당신의 정체성 집단을 배신해야 하는 '부족의 기본적인 금기(fundamental taboo of the tribe)'를 어기게 되어야 한다는 점에서 커다란 감정적인 반향을 불러일으킨다. 이런 딜레마들은 당신으로 하여금 자신이 충성심과 함께 그런 충성심을 위해서 어느 정도 희생해야 할지를 정의하게 한다. 궁극적으로 이러한 질문들은 당신에게 가장 신성시하는 것과 관련된 결정에 직면하게 만든다.

5. 저명한 사회심리학자들인 리 로스와 리처드 니스벳(2011. 9)은 사회심리학의 대부인

쿠르트 레빈이 제시한 중요한 통찰을 조명했다. "사람들이 익숙한 일처리 방식을 바꾸게 만들려고 애쓸 때 비공식적인 동료의 압력에 의해서 가해지는 사회적인 압박과 제약은 극복되어야 할 가장 강력한 '억제력'이자, 동시에 성공을 하기 위해서 최대한 잘 활용될 수 있는 가장 강력하고 설득력이 있는 힘이 된다."

6. 나는 금기의 감정적인 수호자들이 두려움과 부끄러움이 아닌지 의심된다. 우리는 금기를 깸으로써 생길 수 있는 정치적, 사회적, 신체적, 혹은 경제적인 결과를 두려워하며, 사회적으로 배척당하는 수모를 겪을까봐 두려워한다.

7. 심리학자인 스탠리 섀처 교수(1951)는 집단은 중요한 이슈와 관련된 어느 정도의 일탈 행위를 인내할 수 있지만, 그 행위가 정도를 벗어날 경우 그것을 저지른 사람을 사회적으로 배척하거나 추방한다는 것을 알아냈다.

8. 금기는 보수적인 사회 기제이다. 누구도 망신을 당하거나 자신이 소속된 커뮤니티로부터 따돌림을 당하는 것을 원하지 않기 때문에 금기는 사회가 용인할 수 있는 행동에 대한 한계를 정한다. 금기선을 넘을 경우 당신은 창피나 소외를 당할 수 있다. 그러나 금기가 항상 공동의 이익에 부합하는 가치를 지키지는 않는다. 2009년 10월 7일 미국 국무부를 방문했을 때, 나는 리더들의 모임 회원으로서 루이스 드바카 대사를 만났다. 그는 금기가 어떻게 종종 우리가 하는 소통의 중요한 의미를 감추고, 우리를 진실과 멀어지게 하는지를 이야기했다. 그는 사회가 '강간'보다는 '성폭력', '노예제도'보다는 '인신매매', '살인'보다는 '국내 폭력'이라는 용어를 쓴다는 점을 지적했다. 그는 금기어에 맞서고 그것을 소유하는 것이 중요하다고 주장했다.

9. 심리분석가인 R. D. 라잉(1970, 1)은 사람들이 얽히는 '매듭'에 대한 묘사를 통해서 금기를 설명했다. "사람들은 게임을 하고 있다. 그들은 자신들이 게임을 하지 않는 척한다. 내가 그들에게 그들이 게임을 하고 있는 모습이 보인다는 것을 알리면, 나는 규정을 어기는 것이 되기 때문에 그들은 나를 처벌할 것이다. 나는 내 눈에 보이는 게임을 보지 않는 척하는 그들의 게임을 해야 한다." 파괴적인 갈등을 유발하는 감정적인 매듭을 푸는 것이 유용하다.

10. 테틀록(2000)은 이것을 "단순한 경멸 효과(mere contemplation effect)"라고 불렀다. 이 이론은 사람들이 더 오랫동안 당신이 금기의 맞교환에 대해서 고민하고 있다고 믿을수록 당신에 대해서 더욱더 강력한 도덕적인 분노를 느낄 것이라는 주장이다. Tetlock et al. 2000 참조.

11. 이것은 아프가니스탄, 소말리아, 파키스탄에서 사실이다. "Riots Over US Koran Desecration," BBC, May 11, 2005 참조.

12. 북한의 지도자 김정은은 2013년 북한에서 열린 한 친선 농구시합에서 시카고 불스

의 선수로 유명했던 데니스 로드먼을 처음 만났다. 두 사람은 곧바로 친해졌고, 로드먼은 나중에 김정은을 "내 평생 친구"라고 치켜세웠다. Silverman 2013 참조. 많은 미국인들은 로드먼이 한 말을 들은 후 '로드먼이 바보가 아닐까? 그는 바보임이 틀림이 없다! 어떻게 누구라도 북한의 비이성적인 독재자와 친구가 될 수 있단 말인가?'라고 생각했다. 심지어 CNN조차 '북한: 현실 대 데니스 로드먼의 세계'라는 제목의 기사를 실었다(Levs 2013). 그러나 이 모든 일들이 내 논점과 정확히 일치한다. 금기는 우리가 갈등하는 중에 말하거나 행동할 수 있다고 간주하는 것을 제한하면서 우리의 사고를 억제한다. Blake 2013 참조.

13. 이 이야기의 상당 부분은 다음의 논문에서 발췌했다. "Balkans' Idolatry Delights Movie Fans and Pigeons," by Dan Bilefsky, in the *New York Times*, November 11, 2007.

14. 「뉴욕 타임스」기사에서 조각상 건립 후원을 위해서 모금 활동을 한 스물여덟 살의 지역 카메라맨은 "1990년대의 전쟁이나 전 유고슬라비아 전쟁에 참여한 누구도 기념물을 세워줄 자격이 되지 않는다. 우리의 지도자들이 한 일이라고 해봤자 우리의 발전을 가로막은 일이기 때문이다. (중략) 우리 세대는 역할 모델(role model)을 찾을 수 없기 때문에, 우리는 다른 곳을 찾아봐야 한다. 할리우드가 답을 줄 수도 있겠다"라고 말했다.

15. "Rocky to Knock Out Disaster News," *Metro*, February 7, 2007 참조.

16. 금기와 접촉한 후 자신을 정화한다는 개념은 적어도 쿡 선장의 태평양 항해 때로 거슬러 올라간다. 그는 "금기에 처하게 되었을 때 위대한 명사(名士)에게 경의를 표함으로써 그것을 쉽게 씻겨 보낼 수 있다"고 말했다(Cook 1785). 실제로 많은 종교들이 정화 의식을 가지고 있다. 기독교에서 신부에게 털어놓는 고해성사가 그 예인데, 신부는 하나님을 대신해서 죄를 용서한다. 이런 정화 과정에 대한 심리적인 통찰을 구하려면 Tetlock et al. 2000 참조.

17. 이러한 질문들은 스탠퍼드 대학교 심리치료사인 어빈 야롬의 연구 내용 중에서 일부를 각색한 것이다(1985, 147).

18. 쿠르트 레빈 교수(1948)는 '문지기들'의 중요성을 강조한다. Maccoby et al. 문지기들은 상당한 힘을 가진다. 예를 들면, 조직의 사장이 내릴 결정에 영향을 주고 싶다면 당신은 사장이 가장 신뢰하는 친구와 그 문제를 논의하는 것이 현명할지 모른다.

19. Mandela 1999.

20. Ibid.

21. 무엇이 역사적인 합의를 역사적으로 의미 있게 만들까? 그것이 금기를 깬다는 점이

그렇다. 만델라가 그렇다는 사실을 입증했다. 그는 용기를 내서 오랫동안 인종 평등을 위한 노력을 막아온 금기를 깸으로써 역사를 바꾸었다. 금기를 깨지 않는다면 반복강박이 계속 영향을 미칠 것이다.

22. 하버드 대학교의 사회심리학자인 다니엘 길버트(2005)의 정서적인 예측에 대한 연구는 우리가 미래의 행복 수준을 예측하는 데에 뛰어나지 못하다는 것을 보여준다. 금기를 깼을 때의 영향을 더 뛰어나게 인식할 수 있는 한 가지 방법은 신뢰하는 친구나 동료에게서 의견을 구하는 것이다.

23. 이 부분은 이러한 암묵적인 동의를 '부정적인 사회 계약(negative social contract)'이라고 말한 경제학자인 케네스 볼딩의 연구에 일부 기반을 두고 있다.

24. 볼딩은 전쟁과 평화 사이에 존재하는 차이의 본질은 금기에 있다고 주장했다. 평화로운 시기에 미국은 갈등을 벌이는 동맹국을 폭격할 수도 있겠지만 그것이 금기이기 때문에 그렇게 하는 것을 자제한다. "전쟁 당사자와 전쟁하지 않는 당사자 사이의 핵심적인 차이는 무엇일까? 이 질문에 대한 기본적인 대답은 관련 당사자들의 금기 체제의 성격에서 찾을 수 있을 것 같다. (중략) 전쟁 당사자의 관점에서 보았을 때, 평화에서 전쟁으로의 전이는 주로 금기선의 위치 조정을 의미한다. 평화로울 때에는 금기시되지만 전쟁 중에는 그렇지 않은 광범위한 범위의 행동들이 존재한다."

볼딩은 이어 각 당사자의 자아상이 가장 중요하다고 말한다. "포드 자동차는 제너럴 모터스로부터 상당한 경쟁을 경험할지도 모른다. 그러나 포드 자동차의 이사들에게 제너럴 모터스의 이사들을 암살하고, 그들의 공장을 폭파시키자는 생각이 들더라도 그런 생각이 이사회에서 실제로 표현되었을지 여부조차 매우 의심스럽다. 그 이유는 그것이 물리적으로 가능하더라도 포드 자동차가 그런 종류의 행동을 허용하지 않을 것이기 때문이다"(ibid.). 그는 "물론 자아상은 스트레스를 받으면 바뀌며, 마찬가지로 스트레스가 없을 때도 약화되고 변한다"는 결론을 내렸다(ibid., pp. 15-16).

마찬가지로 미국 대통령이 주요 정책 측면에서 교황과 이견을 보이더라도, 미국이 로마 교황청을 폭격한다는 생각조차 하는 것이 금기시된다. 불행하게도 학교에서 아이들이 대량 살인을 당하거나 전쟁 중에 화학 무기를 사용하는 것처럼 비극적인 폭력 행위들이 금기를 무효화시키고, 그러한 행동을 정서적으로 불안정한 몇몇에게 가능한 영역 내의 행동으로 삼게 만들면서 금기선을 부정적인 방향으로 확대시킬 수 있다. 이를 막기 위한 한 가지 방법은 건설적인 금기선("우리는 이러한 비인간적 행동을 참지 않겠다")을 재차 밝히고, 금기선을 최대한 강제로 지키게 만들며, 금기선을 넘는 사람들에게 영향력을 주는 공동체 내에서 문지기 역할을 하는 사람들이 이렇게 수정된 금기선을 정당화시키는 것이다. 실제로 인류학 문건에는 평화로운 사회를 구현하기 위해서 폭력에 대한 금기가 얼마나 중요한지를 보여주는 증거들이 등장한다. Fry 2006 참조.

25. 금기는 종종 공동체 내에서 구조적인 권력(structure power, 상대의 행동을 제어하는 힘이 아니라 어떤 주체가 가지고 있는, 사회가 따라야 할 규칙 등을 만드는 힘이나 능력/역주)을 가지고 있는 사람이나 집단들로부터 힘을 얻는다. 금기에 대한 금지는 공동체의 권력 구조를 위협하는 행동을 단념시킨다.

26. Boulding (1978, 16-17) 참조.

27. 국제 관계의 안정조차 금기에 달려 있다. 예를 들면 궁극적으로 국제법은 강제성을 띠고 있지 않다. 전 세계를 통치하는 단 하나의 정부가 없기 때문이다. 따라서 국제법 위반과 그로 인해서 생길 수 있는 국제 사회에서의 따돌림은 논란의 여지가 있을 수 있겠지만 국제법을 준수하게 만드는 강제적인 장치(enforcement mechanism) 기능을 한다.

　　금기는 또한 정체성 정치학의 도구이다. 한 국가의 대통령이 국가가 취한 군사적인 개입에 대해서 어떤 의문이라도 제기하는 것을 "반애국적인 행동"이라고 선포한다면 금기가 생긴 것이다. 물론 민간조직이 군사적인 개입 자체가 "반애국적인 행동"이라는 반대 주장을 펼칠 수도 있다. 그럴 경우, 군사적인 개입과 그것에 대해서 의문을 제기하는 행동 중 무엇이 금기로 간주되어야 하는지를 둘러싸고 갈등이 유발된다.

　　World Economic Forum's *Report on the Middle East Summit 2008*, Geneva, Switzerland 참조. 나의 생각("평화를 세우고, 금기를 깨기")에 대한 설명은 다음 사이트를 참조. http://www.weforum.org/pdf/SummitReports/middleeast08/workspace.htm "Building Peace, Breaking Taboos."

28. Ibid.

제8장 : 신성시되는 것을 존중하되 평가하지는 말라

1. 철학자인 마르체아 엘리아데는 우리가 신성시하는 것에 모든 '현실'이 담겨 있기 때문에 특히 중요하다고 주장했다. 즉 그것은 우리가 중시하는 가치의 근원이다. 우리는 도덕적인 딜레마를 겪을 때, 향후에 나아갈 길을 결정하기 위해서 신성한 가치에 의지한다. 누군가가 우리가 신성시하는 것을 공격할 경우, 그는 우리가 처한 현실의 근본을 위협하는 것이다.

　　신성시하는 것에 대한 공격은 자율성에 대한 가장 심각한 침해에 해당한다. 예를 들면, 정신의학자인 로버트 제이 리프턴(2001)은 세계무역 센터에 대한 9/11 공격이 일어난 직후, 어떻게 해서 사우디아라비아를 포함해서 중동 지역 국가들 내에서 강력한 반미 감정이 "다양한 신성한 장소에 배치된" 미군들로부터 비롯되었는지를 논했다.

2. 테틀록과 동료들(2000, 853)은 음양으로 "도덕적인 공동체가 비교나 맞교환이나 혹은 사실상 기초적이거나 세속적인 가치와 뒤섞이는 다른 어떤 행동조차 금지하는 무한 내지 초월적인 의미를 가진 것으로 여겨지는 모든 가치를" 신성한 가치로 정의한다. 나의 이론과 마찬가지로 그들은 신성한 가치는 용도가 무한하기 때문에 거래나 타협이 불가능하다고 한다.

신성시하는 것은 우리 존재에 아주 특별한 영향을 미친다. 독일 프로테스탄트 신학자인 루돌프 오토(1917, 40)는 신성시하는 것을 숭배하는 영적인 체험을 "하느님의 존재를 느끼는 의식(numinous consciousness)"이라고 불렀다. 그에 따르면 이것은 "주되고 당면한 대상이 자아를 벗어나 있는 비이성적이고 비감각적인 경험이나 느낌이다." 이러한 의식은 우리에게 소름이 끼쳐 몸의 털이 곤두서는 것과 같은 **'전율하지 않을 수 없는 신비(mysterium tremendum)'**와 마음을 끌어당기는 **'매혹하는 신비(mysterium fascinans)'**라는 두 가지 느낌을 선사한다.

신성시하는 것의 기능은 무엇인가? 몇 가지 가능성을 생각해보자.

심리학적인 차원에서 우리는 초월적인 감정을 경험하려는 기본적인 욕구를 가지고 있을지 모른다. 신성시하는 것은 이러한 감정을 깨워서 우리가 일반적인 존재의 경계를 초월해서 더 고차원적인 힘이나 아주 중요한 관계나 우리가 신성시하는 모든 것과의 연결이라는 관계 속에서 우리의 하찮음을 인식할 수 있게 한다. 마찬가지로 신성시하는 것은 그것의 신자들에게 전능(全能)에 대한 무의식적인 믿음, 정체성과 지속성 및 응집력에 대한 주관적이고 상호주관적인 감각 그리고 불안한 시기에 개인과 공동체에 필요한 위안과 안정감을 제공할지 모른다. LaMothe 1998 참조.

사회학적인 차원에서 신성시하는 것은 프랑스 사회학자인 에밀 뒤르켐이 **'열정(effervescence)'**이라고 불렀던, 설명하기 힘든 집합적인 열정의 정신에서 나오는 것일지도 모른다.

신학적인 차원에서 영향력이 있는 신학자인 폴 틸리히는 신성시하는 것(특히 종교적인 차원에서)은 깊게 뿌리박혀 있는 손실과 파멸을 둘러싼 인간의 두려움을 억제한다는 이론을 펼쳤다. 그는 어떤 치료법도 그러한 두려움을 완화시킬 수 없다고 주장했다.

3. 뒤르켐(1912, 52)은 "우리는 단지 바위, 나무, 자갈, 나뭇조각, 집, 신들이나 영령으로 불리는 개인적인 것들을 신성한 것으로 이해해서는 안 된다"라고 주장했다. 그는 신성시되는 것이 주는 힘은, 본질적으로 성스러운 본질에서가 아니라 사회적인 차원에서 불경한 것과의 분리에서 나온다고 생각했다.

4. 어떤 것도 신성한 것으로 간주될 수 있다. 믿는 사람이 무엇을 믿느냐가 중요하다. 학자들은 이런 원칙을 마음에 새기고, 본래 전통적으로 합리적이라고 간주된 결정들을 살펴보았다. 예를 들면, 이란 핵 프로그램 협상에 대한 데하니 교수와 그의 동료들의 분석 참조(2009).

5. 고대 인도의 철학서인 『우파니샤드(Upanisad)』에는 '신성시하는 것'에 대해서 "저녁 노을이나 산의 아름다움 앞에서 멈추어 탄성을 지를 때 당신은 신성(神性)에 참여하고 있다"라고 되어 있다(Campbell and Moyers 1988, 258).

6. 신성시하는 것은 결과와 상관없이 전체성의 불가분성(不可分性)과 관련된다. 그러나 신성시하는 것을 그 자체로 완전히 나눌 수 없는 것은 아니다. 의미를 재창조하고 모순을 조화시키는 인간의 능력은 뛰어나다. 예를 들면, 어떤 영적인 지도자가 신성한 문구를 재해석함으로써 어길 수 없는 것에 대해서 공동체가 알던 내용을 재정의할 수도 있다.

7. 뒤르켐(1912)은 세계를 일상생활이라는 일상적인 경험으로 이루어진 불경한 세계와 별도로 분리되어 접근이 금지된 일들을 하는 신성한 세계로 분류한다. 그는 종교가 이러한 두 개의 세상을 분리해놓고 있다고 믿는다.

8. the *Iran Data Portal* (2015) at Princeton University 참조. Website: https://www.princeton.edu/irandataportal/laws/supreme-leader/khomeini/rushdie-fatwa/.

9. 「뉴욕 타임스」 기자가 루시디에게 그와 비슷한 위험을 받고 있는 다른 작가들을 위해서 해줄 조언이 있는지 물었다. 그러자 루시디는 "당신이 누구이고, 왜 당신이 한 일을 했는지를 아느냐의 문제가 중요하다"라고 대답했다. "Life During Fatwa: Hiding in a World Newly Broken," *New York Times*, September 18, 2002 참조. 찰스 맥그래스 기자의 살만 루시디 인터뷰 기사.

10. 한 쪽이 신성한 의미에 대해서 갈등의 소지를 불어넣는다면 다른 쪽도 그렇게 하는 경향이 있다. 예를 들면, 테러범들은 세계무역 센터에 가한 9/11 공격을 신성한 언어 (오사마 빈 라덴이 미국을 겨냥해서 한 성전[聖戰] 선언을 포함해서)로 표현했지만, 미국 지도자들은 삶, 자유, 미국의 제도라는 그들이 신성시하는 가치를 강조하는 표현을 써서 대응했다(Mahoney et al. 2002).

11. 이 사례는 1999년 3월 31일 『뉴요커(New Yorker)』지에 실린 마이크 투이의 고전 만화에서 발췌한 것이다. 당시 만화에서는 식사 파티에 참여한 한 부부에게 집주인이 현금을 건네면서 "우리에게 와인을 사러 갈 시간이 없었지만 만일 샀다면 이 액수의 돈을 썼을 겁니다"라고 말한다.

12. 배런과 스프란카는 인간의 의사결정에서 신성한 가치가 하는 역할을 가장 먼저 연

구했다. 그들은 신성한 가치를 '보호받는 가치(protected value)'로 부르면서, 그것을 경제적인 가치와의 맞교환을 거부하게 만드는 요소로 개념화한다. 그들은 이렇게 맞교환을 거부할 때 드러나는 (1) 수량 무감각(quantity insensitivity), (2) 행위자 상대성(agent relativity), (3) 도덕적인 의무감(moral obligation), (4) 거래한다는 생각에 대한 분노(anger) 그리고 (5) 희망적인 생각을 통한 맞교환의 부정(denial)이라는 다섯 가지 특성들을 밝혔다. 그들이 말한 '수량 무감각' 개념은 신성한 가치에 조금만 공격을 받아도 상당한 감정적인 충격을 받을 수 있다는, 이번 장의 처음에 나왔던 나의 주장과 관련된다. Baron and Spranca (1997) and Scott Atran and Robert Axelrod (2008) 참조. 이들은 군대가 신성한 의무를 다하려고 몇몇을 살리기 위해서 많은 군인들의 목숨을 위태롭게 만들고는 한다는 점을 지적하면서 신성시하는 것을 지키다가 생기는 '수량 무감각'이라는 것이 무엇인지 설명했다.

필립 테틀록은 신성한 가치를 둘러싸고 불거지는 갈등은 강경한 교섭과 교착 상태로 이어질 가능성이 높다는 것을 보여주었다. 그와 동료들(2000)은 신성한 가치가 위협을 받을 경우 도덕적인 분노와 사고의 경직성이 커진다는 것을 보여주는 경험적인 증거를 제시한다. 이때 강경한 교섭 전략이 대두될 위험성도 커진다. 사람들은 갈등을 신성한 가치에 대한 '갈등'이 아닌, '비용과 편익'에 대한 갈등으로 간주함으로써 금기의 맞교환으로 인해서 생기는 감정의 성격을 바꾸거나 감출 수 있을지 모른다.

신성시하는 것은 왜 해결을 거부하는 것일까? 한 가지 이유는 당신이 신성한 가치를 둘러싼 갈등 때 느끼는 만족감을 측정하기 위해서 전통적인 의사결정의 비용과 편익 모형을 사용할 수 없기 때문이다. 만족감은 시간이 지나면서 평가되지만, 신성시하는 것을 중시하는 세계에서 시간은 무한대이다. 이런 세계에서 짧거나 긴 시간 동안의 활용성이라는 개념은 존재하지 않는다. 다만, 단지 무한한 가치만 영원히 존재할 뿐이다. 신성시하는 것이 영원히 무한한 가치를 지닌 것으로 간주되기 때문에 그것에 대한 공격은 무자비하고 놀랍거나 비합리적으로 보이는 반응을 부추기는 경향이 있다.

13. 토템(totem)은 책이건 사물이건 성서이건 간에 우리가 신성하게 간주하는 것을 말한다. 상대방이 토템으로 여기는 것이 무엇인지 알아내기 위해서 그의 말을 경청함으로써 갈등에서 그가 중시하는 것에 대한 통찰을 얻을 수 있다.

14. 당신이 어떻게 존재하게 되었는지를 말하는 이야기가 내가 '기원 신화(mythos of origin)'라고 말하는 것이다. 그것은 과거와의 연결을 통해서 당신의 정체성을 파헤친다. 당신의 인생의 목적에 대한 이야기를 나는 '예언 신화(prophecy mythos)'라고 하

는데, 그 이유는 그것이 미래와의 연결을 통해서 당신의 정체성을 파헤치기 때문이다.

15. 학교 교육과정에서 진화론을 가르쳐야 하는지 생각해보라. 반대론자들은 세상은 전능한 신에 의해서 창조되었다는 기원 신화를 주장한다. 이와 다른 (혹은 심지어 보완적인) 이야기를 가르치는 것은 그런 주장의 핵심 정체성을 위협하게 된다. 또다른 진영은 인간이 신의 개입으로 인해서 완성된 형태로 지구상에 출연했다고 보기 힘들다는 인식을 토대로 기원 신화를 생각한다. 그들은 인간은 유전되는 신체적, 행동적인 특성과 적자생존을 통해서 시간이 흐르면서 현재와 같은 구조와 기능으로 진화되었다고 생각한다.

16. 나는 우리가 가장 소중하게 생각하는 믿음과 가치를 물리적으로 드러내는 역할을 하는 신성한 공간을 설명하기 위해서 '정체성의 안식처들'이라는 말을 만들었다.

17. 아브라함 조슈아 헤셸 교수는 "안식일은 우리의 가장 위대한 대성당이다"라고 하면서 유대인들의 안식일을 '시간을 신성화하는 날'이라고 말한다.

18. 베이저먼과 텐스브룬셀과 웨이드-벤조니(2008)는 협상가가 신성시되는 것에 호소할 때 세 가지 시나리오가 가능하다고 주장한다. (a) 협상 이슈가 진정으로 신성시된다. 세 저자는 이런 이슈들은 논의를 통한 절충의 대상이 되지 못한다고 주장한다. 그러나 이번 장에서 나는 심지어 이런 이슈들조차 협상이 가능하다고 주장했다. 그 이유는 당신이 신성시하는 것의 개념을 재해석하기 위해서 시도하면서 해석학에 호소할 수 있기 때문이다. 또한 신성시하는 것을 고려해서 말함으로써 전달하려는 메시지를 상대방의 정체성 영역에 맞추려는 시도를 할 수 있다. (b) 이슈가 신성시되지는 않더라도 전술, 즉 결론에 도달하기 위한 수단으로 포장된다. (c) 모든 조건은 아니더라도 일정 조건하에서 신성시되며 이슈가 '유사 신성시된다(pseudosacred).'

후속 연구에서 텐스브룬셀과 그의 동료들(2009)은 논쟁을 벌이는 사람들은 협상을 접고 나갈 자신이 확실히 있을 때, 신성한 가치를 지키기 위해서 싸울 가능성이 더 높다는 것을 보여주는 증거를 제시한다. 신성한 가치와 협상을 중단하는 행동의 강도 사이의 관계는 협상 참가자들이 당면한 이슈들에 대해서 적당한 시각과 극단적인 시각 중 어떤 시각을 취하느냐를 통해서 드러난다. 이러한 결과들은, 사람들이 특정 상황이 신성한 가치를 부여한다고 얼마나 강하게 믿느냐 여부는 그들이 처한 주변 맥락이 중요하다는 것을 보여준다. 다만 '신성시하는 것을 신성시해서(sacred sacred)' 맥락에 영향을 받지 않는 이슈들도 일부 있을 수 있다.

19. 엘리아데(1958, 7)는 신성시되는 것은 만드는 것이 아니라 우리에게 자연스럽게 보이는 것이라고 믿었다. 그는 이러한 체험을 '성현(hierophany)'이라고 불렀다. 국기는 그것을 신성시하는 국수주의자를 제외한 모든 사람들의 눈에는 여러 가지 색깔이

섞여 있는 것 정도로만 보일 뿐이다. 신화의 경우도 마찬가지이다. 신화를 믿는 사람에게는 그것이 단순한 이야기가 아니라 성현이다.

20. 필립 테틀록과 그의 동료들(2009)은 세 가지 유형의 맞교환을 제시했다.

일상적인 맞교환(routine trade-off) : 세속적인 가치 대 세속적인 가치

금기의 맞교환(taboo trade-off) : 세속적인 가치 대 신성한 가치

비극적인 맞교환(tragic trade-off) : 신성한 가치 대 신성한 가치

테틀록(2003, 323)은 한 흥미로운 논문을 통해서 금기의 맞교환에 직면했을 때, 합의를 체결하기 위해서 도덕적인 경계들을 타협하지 않고 피할 수 있는 방법들을 조사했다. 예를 들면, 그는 "유독 물질 처리 전문가들은 잉여금을 일반세입으로 편성하지 않고 다른 방법으로 목숨을 구하는 데에 편성한다면 금기의 맞교환(사람의 목숨을 구하는 데에 쓸 수 있는 돈을 다른 용도로 돌리는)에 따른 비난을 피해갈 수 있을 것이다"라고 말했다. 그러면 금기의 맞교환은 비극적인 맞교환으로 바뀐다. 테틀록은 또한 모든 것을 수사학적으로 재구성할 수는 없다고 지적한다. "낙태권이나 인종차별주의나 예루살렘이나 카슈미르의 신성한 흙 같은 일부 금기들은 특정한 역사적인 시점에 워낙 견고하게 굳어진 나머지 그것들에 대한 합의를 제안할 경우 돌이킬 수 없는 비난에 처하게 된다."

신성한 이슈들이 걸려 있을 때 상징적인 양보(전적인 진심 어린 사과)가 타협할 확률을 끌어올릴 수 있다. 제러미 긴제스, 스콧 애트란, 더글러스 메들린, 카릴 시카키 교수들(2007)은 신성한 이슈들에 대해서 협상하는 사람들은 물질적인 인센티브를 제시받았을 때 타협을 더 거부하는 경향을 보이는 반면, 상징적인 타협을 제시받았을 때는 타협에 대한 반대 의사를 낮춘다는 것을 보여주는 연구를 실시했다. 이 연구는 이스라엘-팔레스타인 갈등에 초점을 맞추었고, 이 갈등에 직접적인 영향을 받는 사람들을 대상으로 실시되었다.

애트란과 액슬로드(2008)는 상대방이 신성시하는 가치를 인정하는 등과 같은 신성한 가치와 관련된 논쟁을 해결하기 위한 전략들을 제시한다. 예를 들면, 제2차 세계대전이 끝난 후 인류학자들인 루스 베네딕트와 마거릿 미드는 미국 정부에 일본의 천황을 존중하는 신호를 보냄으로써 그를 존경하는 일본인들이 그를 구하기 위해서 죽을 때까지 싸울 가능성을 낮출 수 있다고 주장했다.

21. Raz 1986 참조.

22. 갈등이 신성한 이슈들로 집중될 때, 사람들은 중요한 '비용 대 편익' 분석을 적용하기보다는 도덕적인 규칙과 직관을 대입하는 경향을 보인다. 이러한 중요한 차이에 대해서는 다음 자료에 더 자세히 나와 있다. Ginges et al. 2007. 아울러 연구 결과,

상징적인 양보는 평화 협정에 대한 도덕적인 절대론자들의 반대 강도를 낮추는 효과를 냈다.

23. 금기의 맞교환이 비극적인 맞교환으로 전환될 수 있는 두 가지 다른 사례를 생각해 보자. 강사 릴리 콩(1993)은 싱가포르 정부가 어떻게 해서 공공 주택 건설, 산업용 토지 확보, 도시 재생(세속적인 관심들)을 위한 여지를 만들기 위해서 종교 센터들(신성한 기관들)을 매입해서 종종 철거했는지를 이야기한다. 정부는 종교적인 차원의 매입과 사회 기반의 변화가 주는 공동의 가치가 신성한 건물들 자체가 주는 가치를 대체한다고 주장하면서 이러한 금기의 맞교환(신성한 가치 대 세속적인 가치)을 비극적인 맞교환(신성한 건물 대 신성한 공공의 이익)으로 재구성함으로써 지역의 반발을 무마시켰다. 예를 들면, 콩은 "교통 혼잡을 줄이기 위해서 도로를 확장하려고 종교 건물을 내주어야 한다면 그것이 모든 사람들에게 이익이 되고, (한 기독교인의 증언대로) 우리는 우리 자신만 먼저 생각하기보다는 국가에 이익이 되는 일을 해야 한다"고 주장한 감리교도를 만나 인터뷰했다.

두 번째 사례는 아리엘 샤론 전 이스라엘 총리와 관련된다. 그는 팔레스타인 사람들에게 통치권을 되돌려주기 위해서 가자 지구 내 이스라엘 정착지가 비워지기를 원했다. 나중에 국가안전위원회(National Security Council)의 한 고위 인사가 본인의 전략을 말했다. "(가자 지구에서 다른 곳으로 이주해야 하는) 정착민들과 관련해서 샤론 총리는 그가 정착인들이 이스라엘의 돈을 낭비하고, 이스라엘 군인들의 생명을 위태롭게 만든다며 질책해서는 안 됐다는 사실을 너무나 늦게 깨달았다. 샤론 총리는 내게 그가 상징적인 양보를 한 다음에 정착민들을 또다른 희생을 준비하는 시온주의(Zionism, 팔레스타인 지역에 유대인 국가를 건설하는 것이 목적인 민족주의 운동/역주)의 영웅들이라고 불렀어야 했다는 것을 깨달았다고 말했다"(Atran et al., 24 August 2007, 1040).

24. 윌리엄 제임스는 신성시하는 것을 개인의 특성으로 간주했고, 뒤르켐은 그것을 "사회를 유지하고 개인을 사회에 결속시키는 사회적인 요구"라고 생각했다(Coleman and White 2006). 다시 말해 제임스는 신성시하는 것의 "사적인 가슴 안에서 살아 있는 측면"에 집중한 반면에, 뒤르켐은 "사람들이 사회의 지속성을 유지하기 위해서 필요한 공동의 가치를 구현하려는 동기를 얻게 만드는 강력한 결속력을 만드는 **사회적인 기능**을 하는 것"으로 그것을 간주(그리고 종교적으로 더 광범위하게)했다.

나의 관계형 정체성 이론에 따르면, 공유되는 신성한 믿음은 모두를 함께 연결시키는 친밀감을 야기할 수 있다. 이것은 '신성시하는 것의 사회적인 기능'에 대한 뒤르켐의 이론과 맥을 같이한다. 그러나 역설적이게도 신성시하는 것에 대한 믿음은 당신의 자율성을 강화하면서 또한 약화시킨다. 당신이 신성시하는 것을 따를수록 그것의 신성함에 대해서 물을 수 있는 당신의 자율성이 제한되지만 동시에 신성시하는 것이 주는 무한한 가치와 연결됨으로써 자율성이 확대된다.

25. 로버트 제이 리프턴(1979)은 '상징적인 불멸성(symbolic immortality)'이라는 용어를 처음 소개하면서 우리가 다섯 가지 방법으로 그것에 대한 감각을 얻게 된다고 주장했다. 그것들은 (1) 생물학적인 불멸성(biological immortality, 나의 혈통이 언젠가 죽을 나보다 오래간다), (2) 창조적인 불멸성(creative immortality, 나의 작품이 언젠가 죽을 나보다 오래간다), (3) 신학적인 불멸성(theological immortality, 나의 영혼이 언젠가 죽을 나보다 오래간다), (4) 자연의 불멸성(natural immortality, 자연이 언젠가 죽을 나보다 오래간다 : "너는 먼지이니 먼지로 돌아가리라"[창세기 3장 19절]), (5) 경험적 초월(experiential transcendence, 나의 경험이 나를 언젠가 죽을 나 자신의 밖으로 나를 데려간다)이다.

26. 구체적인 신성화 과정은 Pargament and Mahoney 2002 참조. 사람들은 또한 의식이나 순례 등에 참가함으로써 신성한 것에 대한 의미를 창조한다.

27. Sadat 1978 참조.

28. Mahoney et al. 1999 참조.

29. 금전적인 유인책만으로 종교적인 극단주의자들이 폭력적인 행동을 하지 못하게 만들 수 없는 현대 세계의 사회에서도 마찬가지이다. 이제 종교 종교지도자들(극단주의자들의 눈에 정당한 행동을 하는 사람들로 보이는)이 가치관의 차이 문제를 해소하기 위한 효과적 수단으로 폭력을 쓰지 못하게 막는 세계적인 플랫폼이 어느 정도 필요하다.

30. 벤 뒤프레(2009, 72–75)에 따르면 근본주의자라는 개념은 '진보적인' 신학자들의 개혁 성향에 반발해서 20세기 초에 일어난 미국의 기독교 근본주의에서 파생되었다. "이런 다양한 종교적인 근본주의를 통합하는 주제는 하나님(혹은 신들)과 그와(혹은 그들과) 인류와의 관계에 대한 본질적이고 근본적인 진실을 담은 단 하나의 권위 있는 교리 집합이 존재한다는 확신이다. 신성한 문구는 신성(神性)을 문자로 표현한 것이며, 단연코 해석과 비판의 대상이 되지 않는다. 마찬가지로 문구에 포함된 도덕적인 명령과 암호들은 글자 그대로 따라야 한다."

　　내가 '근본주의자'로 분류하는 정체성의 영역은 진화 인류학자인 스콧 애트란이 갈등 해소에 '헌신적인 행위자(devoted actor)' 모델이라고 부른 것과 관련된다. 이 모델은 합리적인 행위자 모델과는 달리 성공 가능성과는 별개로 내지는 비례하지 않는 듯이 보이는 극단적인 희생을 할 용의가 있는 사람들을 묘사한다. 집단을 위한 헌신에 대한 이러한 개념은 우리의 부족 훈련에 참여한 사람들이 보인 자칫 비이성적으로만 보이는 행동을 설명하는 데도 유용하다. 훈련 참가자들은 세계를 구하기보다는 새로 결성된 친족을 위해서 목숨을 바치려고 할 것이다. 헌신적인 행위자 모델에 대한 구체적인 정보는 Atran 2003 참조. 테틀록과 그의 동료들(2000)은 신성한 의사결정과 관련해서 '직관적인 도덕주의자-신학자(intuitive moralist-theologian)'라는 유사한 개념을 제시했다.

31. 놀랍게도 광신자들과 엄격한 생물학적인 결정론자들이 정체성의 이러한 근본주의자 영역을 지배하고 있다. 두 집단 모두 그들의 정체성이 그들이 통제할 수 없는 힘에 의해서 발전된다고 믿기 때문이다. 광신자들은 신적인 능력이 그들의 정체성의 한도를 결정한다고 믿고, 생물학적인 결정론자들은 정체성이 생물학과 DNA 구조 등에 의해서 설정된다고 믿는다. 당신은 신이 정한 질서의 틀이나 미리 설정된 당신의 몸의 생물학적인 코드 중에서 하나로 인해서 현재의 모습을 가지고 있다.

　　실제로 우리 모두가 근본주의자들일지도 모른다. 구성주의자는 광신자가 다른 방법으로는 확신을 가지지 못하는 것과 흡사하게 자신의 정체성을 근본적으로 믿는다. 실제로 신경심리학적인 증거들은 당신이 개인들을 설득해서 그들이 자기 자신의 정체성에 필수적이라고 생각하는 것에 대한 집착에서 벗어나게 만들 수 없다는 것을 보여준다. 학자들은 사람들이 객관적인 주장(2 더하기 2는 4)이나 주관적인 주장(하나님은 실존하신다) 중에서 무엇을 평가하건 각 평가는 감정, 맛, 냄새와 관련되어 있는 뇌의 원초적인 장소에서 믿음 내지는 불신의 도장을 받는다는 것을 알아냈다. Harris et al. 2008 참조.

32. 나는 '무아론자'라는 단어를 협의적인 의미로 사용하고 있다. 종교 학자이자 교수인 리처드 옥센버그와 나눈 이메일 대화(2015. 7. 20) 도중 그는 이렇게 말했다. "무아에 대한 불교의 교리는 형이상학적이기보다는 기능적인 교리에 더 가깝습니다. 그것은 사다함(the adept, 불교에서는 열반을 체험한 성인이라고 하더라도 그 수행자가 없앤 족쇄에 따라서 수다원, 사다함, 아나함, 아라한으로 부른다. 사다함은 감각적인 욕망과 악의가 많이 약화되었지만 미세하게 남아 있는 상태에 있다/역주)이 자신을 다른 모든 것과 분리되어 있고 반대되는 독립된 주체로 보는 것을 멈추도록 만들어졌습니다. 그러나 해탈의 경지에 오른 아라한은 자기 자신에게 아무런 정체성이 없다고 생각하는 것이 아니라 (어떤 측면에서) 모든 것과 자신을 동일시하게 됩니다. 이것은 정체성의 소멸이 아니라 정체성의 확장인 셈입니다. 이것은 모든 것과 '하나가 되는' 느낌입니다. 따라서 이런 느낌을 받으려면 '내가 아닌' 세상과 반대되고 그것에 의해서 위협받으며 서 있는 어떤 '나(독립된 자아)'가 되는 느낌과 관련된

이중적인 의식을 극복해야 합니다. 바로 이런 점에서 베트남 출신의 틱낫한[釋一 行] 스님은 열반의 의식을 가진 사람은 그 자신을 '그' 앞을 지나갔고 '그'보다 더 오래 살 연속체로 간주하게 되기 때문에 죽음에 대한 두려움을 초월하게 된다고 말 했습니다."

달라이 라마(2005, 46-50)는 불교의 공(空, emptiness) 이론에 대해서 "불교의 주요 개념 중 하나인 '공'은 사물과 사건이 아무런 불변의 본질이나 본질적인 현실이 나 상호의존하게 하는 절대적인 '존재'를 소유하지 않고 있다는 의미이고, 그것은 산 스크리트어인 순야타(Śūnyatā)를 번역한 것이다"라고 설명했다. 그는 또한 "양자(量 子)의 층에서 물질이 보기보다 덜 견고하고 정의하기 힘든 것으로 드러날 경우, 과학 은 공과 연기(緣起, 불교의 근본 교리인 인연의 이치/역주)에 대한 불교의 사색적인 통찰에 더 다가가는 것 같다"라고 덧붙였다.

달라이 라마는 불교 철학자인 나가르주나가 말한 두 가지 진실 사이의 구분에 대 해서 언급한다. 그중 하나는 (1) 핵심 정체성을 포함해서 우리가 경험하는 현실을 말하는 **일반적인 진실**(conventional truth)이고, 다른 하나는 (2) 존재론적인 차원에서 더 깊은 차원의 현실을 말하는 **궁극적인 진실**(ultimate truth)이다(p. 67). 달라이 라마 (p. 51)는 사물을 분리된 존재로 가정할 경우, 도덕적인 위험이 생긴다고 암시한다. "나는 내 의사 친구인 데이비드 봄에게 현대 과학의 관점에서 (중략) 사물의 독립적 인 존재에 대한 믿음이 무엇이 잘못되었는지 물은 적이 있다. 그러자 그는 우리가 인류를 갈라놓는 경향을 보이는 인종차별주의와 극단적인 국수주의와 마르크스의 계 급투쟁 같은 다양한 이데올로기들을 조사해보면 그것들을 탄생시킨 핵심 요인들 중 에 하나는 사물을 본질적으로 분리되고 단절된 것으로 인식하려는 경향이라고 말했 다. 이러한 잘못된 개념으로부터 이러한 각각의 분열이 본질적으로 독립적이고 스스 로 존재한다는 믿음이 태동한다."

사고와 감정에 관한 불교 철학에 대해서 더 많이 공부하고 싶다면 *Thoughts without a Thinker: Psychotherapy from a Buddhist Perspective*, by Mark Epstein (New York: Basic Books, 1995) 참조.

33. 개인 이메일을 통해서 이 점에 대해서 알려준 하버드 의과대학 정신과 강사인 스티 브 니센바움 박사에게 감사한다.

34. 해석학은 텍스트(text)를 해석하는 학문이다. 대화는 해석의 여지가 열려 있는 살아 있는 텍스트로 간주될 수 있다. 철학자인 마르틴 하이데거(1962)는 그가 '세계-내- 존재(Being-in-the-World)'라고 말한 자아와 문화 사이의 불가분의 관계를 이해하는 방법으로써의 해석학에 대해서 잘 설명한다. 그는 기능공은 그의 직업(도구, 나무,

작업장)과 분리되지 않고 그것과 전적으로 연결된 개인이라고 설명한다. 기능공은 '세상을 지배하거나 세상에 등을 돌리지' 않고, 문화적인 의미로 가득 찬 활동에 적극적으로 참여한다. 즉 기능공은 더 광범위한 전체에 통합된 일부이다. 다시 말해서, 문화와 자아가 독립적이지 않고 본질적으로 서로 연결되어 있기 때문에, 갈등을 해소하고자 할 때 사건에 대한 문화적인 의미를 수정하기 위해서 자아 인식을 바꿀 수 있듯이, 자아의 개념을 바꾸기 위해서 문화에 대한 이해를 바꿀 수 있다.

35. 심리학자인 쿠르트 레빈은 조직을 위해서 희생할 경우 조직에 대한 충성심이 늘어난다고 지적한다. 나는 어떤 갈등에서나 우리는 '우리' 편을 위해서 싸우려고 희생함으로써 우리 편에 대한 우리의 충성심이 높아진다고 믿는다. 그러나 바로 이 희생이 가진 힘을 상호 이익을 위해서도 쓸 수 있다. 갈등을 벌이고 있는 양쪽 논쟁자들이 합의를 위해서 서로 같은 수준이라고 여겨지는 희생을 한다면, 그런 희생은 그들의 결속을 도와줄 수 있다.

제9장 : 상대방과 합심하려면 정체성 정치학을 이용하라

1. 아리스토텔레스는 국가는 자연의 산물이며, 국가 속에 존재하는 인간은 본래 '정치적인 동물'이라고 믿었다. 이러한 개념은 내가 말한 부족 효과 이론과 직접적으로 관련된다. 아리스토텔레스는 "국가가 없는 사람은 우연에 의해서가 아니라 본래부터 인류(humanity)를 초월하거나 인류에 미달하며, 호머가 전쟁을 사랑해서 따돌림을 받는 자라고 비난한 '부족과 법과 심장이 없는' 자와 같다. 그는 혼자서 나는 새에 비유될 수 있다"라고 말했다. 이러한 사람은 철저히 자율적이며, 소속감에 대해서 관심이 없고, 도덕적인 질서를 무시하며 행동하고, 내적인 욕구를 충족시키는 데에 필요한 모든 수단을 추구할 가능성이 있다. 그러다 부족의 긍정적인 가치를 옹호하는 강력한 주장을 펼친다. 따라서 부족 효과가 공격성을 야기할 수도 있지만, 그것은 우리와 관련된 사람들을 보호하는 기능도 한다. 부족과 연결되어 있지 않을 경우, 우리는 '가정(家庭)이 없는' 사람처럼 될 위험이 크다.

2. Harold Laswell, *Politics: Who Gets What, When, How* (New York: Whittlesey House, 1936).

3. 나는 영향이라는 중립적인 심리 기재를 가리키기 위해서 '정체성 정치학'이라는 용어를 쓴다. 이것은 시민 평등권과 페미니스트 운동처럼 정치권력을 확대하기 위해서 억압받는 소수가 벌이는 싸움을 말하며, 전통적이면서 종종 자유주의적인 정치적인 용도의 쓰임새와는 대조된다. 이런 운동에 참여한 '정체성 집단들'은 그들의 사회적 및 법적인 권리를 확대하기 위한 정치제도의 변화를 옹호한다.

4. 프랑스의 철학자 미셸 푸코(1984)는 정체성은 우리가 가지고 있는 '것(thing)'이 아니라 인간의 상호작용에서 생겨나는 특성이라고 주장한다. 따라서 정체성은 정부가 '이 사람들'보다 '저 사람들'을 위해서 재원을 분배하려고 우선순위를 정할 때처럼 권력 관계를 정의하기 위한 도구가 된다. Gagnon 1994 참조.

5. 인종 분열이 갈등을 조장하는가, 정치가 인종 분열을 조장하는가? 밴튼 M 교수에 따르면, 정치는 인종 분열의 현저성(salience, 어떤 대상이나 속성이 다른 것과 비교해서 두드러지게 보이는 것/역주)을 부각시키면서, 전통적으로 평화로웠던 인종이 폭력의 시기를 겪게 만든다. 부룬디와 르완다에 거주하는 후투족과 투치족의 경우에는 사회 변화가 폭력 행위에 선행하면서 인종 정체성의 현저성을 끌어올렸다. 밴튼 교수(1997, 76)는 "최근에 르완다와 부룬디의 역사는, 인종 의식이 갈등을 조장한 것이 아니라, 그 반대로 갈등이 인종 의식을 고양시키는 데에 많은 역할을 했다는 것을 보여준다"라고 결론을 내렸다. 하버드 로스쿨 학장인 마사 미노우 교수(1989, 119)도 비슷한 주장을 내놓았다. 그는 "번갈아 나타나는 망각과 기억이 권력으로 가는 길을 아로새겨준다"라고 말했다. 다시 말해 정치가 권력 구도에 영향을 주고, 그것이 다시 인종 관계에 영향을 준다는 것이다.

6. 권모술수에 능한 지도자는 역사를 정치 조작(political manipulation)을 위한 도구로 이용할 수 있다. 위협을 받는 집단은 정신분석학자인 바믹 볼칸(2001)이 말한 '선택된 외상(chosen trauma)'과 '선택된 영광(chosen glory)'에 노출되는 경향이 있다. "이 것들은 과거에 일어난 재난이나 영광과 관련해서 공유하고 있는, 집단 정체성의 표시들로 변한 심적인 표상(mental representation, 사물, 관념, 정보, 이외에 구체적이든 추상적이든 뇌가 생각하는 대상에 상응하는 심적인 구조물 또는 시각적인 이미지/역주)이다. (중략) 선택된 외상은 제대로 슬퍼한 적이 없는 수치심과 상실을 경험한 적이 있을 때 생긴다. 또한 실제로 그런 일이 생긴 지 몇 백 년이 지났더라도 그것의 심적인 표상이 집단 정체성에 뿌리를 내린 채 있다가 오늘날 다시 활성화될 때, 공격성이나 피해의식을 조장할 수도 있다." 볼칸은 많은 지도자들이 정치적인 영향력을 행사하기 위한 수단으로 선택된 외상과 영광을 자극하는 방법을 직관적으로 안다고 주장한다.

7. de Waal 1982, 207 참조.

8. utani는 부족들이나 마을들 사이의 유대감을 말한다. 함께 묶인 개인들은 서로 watani 라고 지칭한다. watani는 utani를 통해서 같이 묶인 사람들이다. utani는 우정을 제도화하고, 좋은 기분, 경제적인 여유 그리고 utani 부족원의 장례식 때 요리와 청소를 대신해주는 것처럼 어려운 때 주는 도움을 통해서 정치적인 폭력이 발을 붙이지 못하

게 막는다. Tsuruta 2006 참조.

9. Brubaker 2004, 13 참조.

10. Putnam 1988 and Walton and McKersie 1965 참조. 그들은 조직 협상의 맥락 속에서 단일 행위자(unitary actor, 국가나 정부 등이 한 목소리로 말한다고 가정하는 것/역주) 가정의 오류를 밝힌다. 또한 Lax and Sebenius 2006 참조. 그들은 의사결정 과정에 영향을 주는 이러한 다양한 내적, 외적인 힘을 해부하는 데에 유용한 틀을 제공한다.

11. 다행히도 나의 이웃은 마라톤에서 부상을 당하지 않았다.

12. 북아일랜드가 긍정적인 정체성을 세우는 데에 집중하게 해야 한다는 나의 생각은 분명 몇몇 다른 정치 지도자들이 이미 그것의 필요성을 깨닫고 추구하던 생각이다.

13. 영국과 아일랜드 공화국의 지도자들은 기회가 있을 때마다 긍정적인 정체성을 만들기 위해서 애썼다. 예를 들면, 2011년 엘리자베스 여왕은 영국 군주로는 처음으로 아일랜드 공화국을 방문했고, 메리 매컬리스 당시 아일랜드 대통령은 아일랜드와 영국이 "과거와는 아주 다르고, 과거와는 아주 다른 조건하에 새로운 미래를 구축하고 있다"고 말했다("McAleese Hails 'Extraordinary Moment,'" *Irish Times*, May 16, 2011 참조). 그로부터 몇 년 뒤, 엘리자베스 여왕은 아일랜드를 방문했던 기억을 회상하면서 "우리는 이제 광범위한 공공 분야 사업에서 협력하고 있다. 사실상 지금 우리 정부의 입장에서는 아일랜드보다 더 가까운 실무 관계를 유지하는 곳은 없다"라고 말했다 ("The Queen's Banquet Speech for the State Visit of Irish President Michael Higgins: In Full," *Belfast Telegraph*, August 4, 2014 참조). 2014년에 마이클 히긴스 아일랜드 대통령이 영국을 국빈 방문했을 때, 엘리자베스 여왕은 "이 섬들에 거주하는 우리는 이웃이자 친구로서 함께 살아야 한다. 각자 독립 국가로서의 지위와 주권과 전통을 존중하고, 우리의 상호 이익을 위해서 협력하고, 함께 있다는 것에 안심할 수 있어야 한다"라고 말했다("Queen Says Ireland, Britain Should Live as Friends," *Irish Times*, April 9, 2014 참조). 당시 영국을 방문 중이던 히긴스 대통령은 "양국이 중대한 100주년(영국으로부터의 독립 100주년/역주)의 시기로 접어듦에 따라서, 우리는 서로 다르지만 깊이 뒤얽혀 있는 이야기들의 윤리적인 의미를 심사숙고할 수 있고, 또 그래야 한다. 그러한 생각은 우리가 공유하는 광범위한 공통점 위에서 밝은 미래를 만들고, 우리가 해석이 다른 곳에서 상대방의 관점을 존중하고 공감할 수 있는 기회를 제공한다"라고 말했다("Irish President Talks of Lasting Reconciliation in Historic Speech," *The Guardian*, April 8, 2014 참조).

14. 이 부분은 북아일랜드 지역에서의 평화의 증진을 위해서 부단히 애쓴 경영 컨설팅 및 훈련 회사인 인사이트 스트래터지스(Insight Strategies)의 존 케네디가 보여준 날

카로운 시각으로부터 도움을 받았다.

15. Fisher and Shapiro 2005 참조. ECNI 방법은 하버드 협상연구소의 수석 자문관인 마크 고든이 개발한 버킷 시스템(Bucket System)을 수정한 것이다. 결정 방법을 결정하는 문제와 관련된 유사한 접근법을 알려면 Vroom and Yetton 1976 and Bradford and Allan Cohen 1998 참조.

16. Sebenius and Green 2014 참조.

17. 라이베리아의 전 대통령이었던 루스 산도 페리 여사가 이 집단을 이끌었다. 디오프에 따르면, 국제 사회는 위기를 끝내기 위한 콩고인들 사이의 대화를 지지했고, 아프리카 여성 지도자들로 구성된 팀이 이 목적에 기여했다.

18. 갈등 해소 분야의 선구자인 메리 파커 폴릿은 강압을 통해서 얻은 권력과 협력을 통해서 얻은 권력을 구분했다.

19. 니에레레가 이끄는 여당이 내세우는 기본 원칙은 아프리카인들 사이의 통합에 방해가 되는 부족 중심주의와 기타 요소들과 맞서 싸우자는 것이었다. M. H. Abdulaziz, "The Ecology of Tanzanian National Language Policy," in *Language in Tanzania*, eds. Edgar C. Polome and C. P. Hill (Oxford: Oxford University Press, 1980) 참조.

20. 니에레레 대통령의 리더십에 대한 이러한 시각은 2010년 5월 6일 탄자니아 다르에스살람에서 열린 아프리카 세계경제포럼에서 탄자니아 외교관과 나눈 대화를 통해서 얻은 것이다.

제10장 : 격차를 해소하기 : 4단계 방법

1. 초월적인 통합은 화해가 궁극적으로 지향하는 목표이다. 에린 데일리와 제러미 사킨 교수(2007)는 화해를 "예전에는 합쳐졌지만 이후로 갈가리 찢어진 것들을 다시 모으는 것, 즉 실제로건 상상 속에서건 이전의 상태를 재창조하기로 하는 것"으로 묘사했다.

화해는 우리 자신 안에서 일어날 수 있다. 즉 우리는 서로 충돌하는 감정들 사이에서 생기는 긴장감을 해소할 수 있다. 베이칸 교수(1966, 45)는 신경증(내적인 심리적인 갈등이 있거나 외부에서 오는 스트레스를 다루는 과정에서 무리가 생겨 심리적인 긴장이나 증상이 일어나는 인격 변화/역주)이 감정적인 화해로 바뀌는 과정을 설명하기 위해서 프로이트의 심리분석 이론에 기대고 있다. (1) 우리는 우리가 좋아하는 것과 우리가 좋아하지 않아서 참는 것을 **구분한다**. (2) 우리는 우리의 감정적인 상황을 **통제하기** 위해서 노력한다. (3) 우리는 억압된 감정을 **거부한다**. (4) 우리는 거부된 감정을 바라본다. 따라서 궁극적으로 심리분석 작업은 "구분과 억압 뒤에 놓인 내적인 통합"을 발견하는 것이다(48). 통합적인 역학과 마찬가지로 우리는 초월적인 통합을 위해서 분열의 속을 들여다보는 것을 목표로 한다.

억압을 감지하는 한 가지 방법은 지그문트 프로이트(1925, 235)가 말한 **부정** (negation)이라는 개념을 통한 것이다. 한 환자가 프로이트에게 "당신은 꿈속에 나온 사람이 누가 될 수 있는지를 물었다. 우리 어머니는 **아니다**"라고 말한다. 프로이트는 이 말을 듣자마자 환자의 꿈속에 나온 사람이 그의 어머니임을 확신한다. "부정의 도움을 받아서 억압의 과정이 낳은 한 가지 유일한 결과는 끝나지 않았다. 즉, 억압된 것의 관념적인 내용에 관련된 사실은 의식에 도달하지 못했다. 이러한 결과는 억압된 것의 일종의 지적(知的)인 수용인 동시에 억압에 필수적인 요소가 지속된다는 사실이다"(236).

2. Fisher and Ury 1981 참조.

3. 오렌지 사례는 피셔와 유리의 1981년 연구로부터 얻은 것이다. 나는 처음에는 1999년 애머스트 매사추세츠 대학교에서 발표한 나의 논문에서 이 부분에 나오는 사례에 대한 비판을 분명히 밝혔다. 경험을 바탕으로 쓴 이 논문 외에도, 나는 오렌지를 가지고 싸우다가 껍질을 벗겨서 오렌지를 나눈 다음, 잠시 후에 오렌지와 관련이 없는 문제를 가지고 다투기 시작한 자매의 모습을 직접 그린 만화를 내가 속했던 위원회에 논문과 같이 제출했다.

4. 강력한 부정적인 감정 앞에서 협력적인 문제를 해결하기는 극도로 어려워진다. 나는 독자 여러분들에게 누군가가 우리와 비슷하다고 가정할 때, 우리는 우리 자신의 정신적인 특성을 들여다보듯이 그들의 정신적인 특성을 들여다보지만, 우리와 다르다고 생각되는 사람에게는 그렇게 하지 못한다는 것을 보여주는 연구 결과를 읽을 것을 권유한다. Jenkins et al. 2008 참조.

혐오감은 문제를 해결하기 위해서 우리가 들인 노력의 결과를 더욱 불투명하게 만들지 모른다. 나는 부족 효과가 강력할 때 우리가 상대방의 시각과 그들이 우리의 시각에 동조하지 못하는 데에 대해서 혐오감을 느끼지 않을까 의심한다. 이런 혐오감은 우리가 역겹다고 생각하는 것을 제거하려는 경향으로 이어진다. 이것은 관계에 대한 고려를 무산시킬 수 있는 강력한 부정적인 반응이다. Han et al. 2010 참조.

5. 조지프 캠벨 교수는 초월에 대해서 이렇게 설명했다. "초월은 모든 신비스러운 깨달음을 얻는 데에 꼭 필요한 경험이다. 육체가 죽더라도 당신은 영혼으로 태어난다. 당신은 당신의 몸이 매개체에 불과한 의식과 인생을 자신과 동일시한다"(Campbell and Moyers 1988, 134).

6. 선구적인 평화 연구원인 존 폴 레더라크(1997)는 '**정체성 딜레마**'에 대해서 "지속적인 갈등에 빠진 논쟁자들은 그들의 적대적인 정체성에 익숙해지면서 평화를 거부할지도

모른다"라고 설명한다.

7. 저서 『종교적인 경험의 다양성(*The Varieties of Religious Experience*)』에서 윌리엄 제임스(1958, 165)는 개종의 심리학에 대해서 논하면서 '습관적으로 감정적인 에너지가 생기는 진원지(habitual centre of emotional energy)'라는 개념을 소개한다.

8. 신경화학 물질인 세로토닌(serotonin)은 행복의 감정을 느끼게 하는 분자로, 이것이 모자라면 우울증과 불안감이 생기는 것으로 나타났다. Crockett et al. 2010 참조.

9. 콜롬비아 대학교의 피터 콜먼 교수는 논쟁자들이 복잡한 갈등의 원인과 해법을 보다 잘 이해할 수 있게 도와주는 '동적인 시스템 이론(Dynamic Systems Theory)'을 처음으로 개발했다. 콜먼 교수와 J. K. 로(2007)는 다음과 같이 장시간 지속되는 갈등 해소에 유용한 네 가지 핵심 변수들을 찾아냈다. (1) 인지적인 복잡성(cognitive complexity) : 각 논쟁 당사자의 복잡한 이야기들을 이해하기, (2) 모순의 인내(tolerance of contradiction) : 당신의 이야기와 모순되는 정보를 인내하고 이슈나 해결책을 단순화시키는 것을 거부하기, (3) 개방성과 불확실성(openness and uncertainty) : 모순되는 정보를 구하기 그리고 (4) 감정의 회복성(emotional resilience) : 감정을 건설적인 행동으로 승화시키기 위해서 감정적인 대처 전략을 모색하기.

　희생자와 가해자뿐만 아니라 치유와 정의 실현, 진실 모색, 보상을 행동으로 옮기는 다양한 방법들이 관련된 인종정치학적인 갈등 해소가 특히 복잡하다. 집단 간의 화해에 관련된 훌륭한 자료로 Bloomfield 2003 참조.

10. 존 브루어 교수(2010, 127)는 "평화를 수립하기 위해서는 과거에 대한 감정적인 정리만큼이나 미래에 대한 비전을 수립하는 것이 요구된다"라고 주장한다.

11. 에린 데일리와 제러미 사킨 교수(2007, 134)는 과거에 대한 중요한 질문은 "우리가 어떤 목적으로 과거를 기억하는가? 분노나 복수의 불길 속에서 살아남거나 희생자들의 권리를 옹호하는 게 목적일지도 모른다"라고 말한다.

12. 외상을 이해하기, 즉 더 광의적인 의미로 갈등을 해소할 수 있는 능력을 얻기 위해서는 정치적인 지지를 받아야 한다. 하버드의 외상 전문가인 주디스 허먼(1992, 9)의 지적대로 "인권을 수호하기 위한 강력한 정치 활동이 부재할 경우, 단언컨대 적극적인 증언 과정은 적극적인 망각 과정에 의해서 밀려날지도 모른다."

제11장 : 정체성의 신화를 벗겨라

1. 제롬 브루너(2002, 89) 교수는 내러티브는 "우리가 선호하고, 우리와 타인들의 인간적인 갈망과 그것과 관련된 우여곡절을 표현하기 위한 의무적인 수단일지도 모른다. 우리가 하는 이야기들은 또한 어떤 틀, 즉 우리가 그 위에서 경험을 쌓는 강렬한 현실

내지는 심지어 철학적인 입장을 부여한다"라고 말한다. 브루너(1990, 77)는 내러티브에는 경험과 관련해서 필요한 시각이 들어 있기 때문에 그것이 '아무 말을 하지 못할' 수는 없다고 주장한다.

2. 이야기는 짜임새가 있는 설명이다. 내러티브는 이야기에 어떤 시각을 제공한다. 사람들을 이야기는 '건물'이고, 내러티브는 그 건물에 대한 해석이라고 상상할지 모른다. 10명의 사람들이 같은 건물을 바라보고서도 모두 다른 해석을 할 수 있다. 갈등 속에서 이야기는 전개되는 드라마인 반면, 내러티브는 그 드라마에 대한 개인별 시각이다. 내러티브는 이야기가 없어도 존재할 수 있다. 예를 들면, 블루스 음악을 들을 때 나는 개인적인 내러티브가 전개되는 경험을 하지만 거기에는 이야기의 플롯이 부족하다. 통합적인 역학의 목적은 협상 당사자들이 각자 정의하는 내러티브(정체성의 신화)를 밝혀내고 인정하도록 도와줌으로써, 중요한 갈등의 이야기를 만드는 다양하게 엇갈리는 관점들을 드러내는 것이다.

3. 미국 시인 헨리 워즈워스 롱펠로(1807-1882)는 "우리가 우리의 적들에 대한 비밀의 역사를 읽을 수 있다면 우리는 그들에 대한 모든 적대감을 떨쳐버릴 수 있을 만큼 충분한 슬픔과 고통을 발견할 것이다"라고 말했다. Henry Wadsworth Longfellow, *Prose Works of Henry Wadsworth Longfellow*, vol. 1 (Boston: James R. Osgood and Company, 1873), 452 참조.

4. 2007년 2월 15일 마이클 휠러 교수가 소규모로 주최한 하버드 경영대학원 학술 모임에서 감정 연구원인 폴 에크먼은 이렇게 말했다. "많은 사람들이 당신이 그들이 하는 이야기를 이해한다고 생각한다면, 그들은 당신에게 자신들의 이야기를 털어놓는 걸 주체하지 못할 것이다. 자신을 이해하는 사람들이 없기를 바라는 사람은 거의 없을 것이다. 남들이 내 이야기에 대해서 어떻게 생각하느냐가 아니라 내가 내 인생에서 내가 한 일을 하게 된 이유를 이해하는 게 중요하다. 당신에게 내 이야기를 털어놓고 싶은 욕구를 숨기게 되는 한 가지 이유는 경멸감, 즉 당신에 대한 내 경멸감 때문이다." 우리는 서로의 신화를 이해함으로써 우리가 왜 우리가 사는 이야기대로 사는지를 이해한다.

5. 엘리트들은 자원 분배와 관련해 도덕적으로 건전한 계획을 세우기 위해서 철학자인 존 롤스의 연구에 기댔을 수 있다. 롤스는 자원이나 권리 분배에 필요한 사회적인 원칙을 결정하는 당사자들은 '무지의 장막(veil of ignorance)' 뒤에서 결정에 접근해야 한다고 주장했다. 이는 다시 말해서 그 사회 속에서 그들이 처한 상황이 무엇인지를 모른 채 그렇게 접근해야 한다는 뜻이다. 이 방법은 사회 구성원들을 동일한 도덕적인 가치로 대하게 되기 때문에 편견과 선입견을 최소한으로 줄여준다. 엘리트들이

'무지의 장막' 뒤에서 자원 분배를 결정했다면, 그들은 광범위한 집단에게 그들의 의사 결정 방법을 발표했을지도 모른다. 그런 태도는 적어도 하위 계층의 분노를 억누를 수 있었을 것이다.

6. 이런 특별한 구분은 융이 말한 전형들과 신화의 무한함 속에서 그것들이 하는 역할에 대한 조지프 캠벨(1988, 60-61)의 논의에서 나온 것이다. 캠벨은 특히 일상생활에서 신화가 가진 힘과 목적과 관련해서 이번 장에 나오는 몇 가지 핵심 개념들에 영감을 주었다.

7. Jung 1936 참조.

8. 융은 당신의 무의식은 '개인적인 무의식(personal unconscious)'과 '집단적인 무의식(collective unconscious)'이라는 두 가지 주요 요소로 구성되었다는 이론을 제시했다. 당신의 개인적인 무의식 속에는 감추어진 감정, 은밀한 공상 그리고 억압된 외상이 들어 있다. 반면에 당신의 집단적인 무의식 속에는 당신의 개인적인 경험과는 상관없으나 모든 인간들이 공유하는 생각과 이미지들이 들어 있다. 전술했듯이 전형은 당신의 집단적인 무의식을 이루는 내용이다.

9. 기술적으로 융(1968, 5-6)은 원형(집단적인 무의식에 영원히 머문다)과 원형적인 이미지(무의식으로 침투해 들어와서 세상에 대한 우리의 직관적인 이해 틀을 만든다) 사이를 구분했다. 내가 말하는 '원형'은 '원형적인 이미지'를 말한다. 우리는 원형 자체를 눈으로 볼 수는 없다. 즉 우리는 원형적인 이미지를 통해서 그것의 뚜렷한 형태를 보게 된다. 융의 말을 빌리면 이렇다. "'원형'이라는 단어는 따라서 '표상 집합(representation collective)'들에 간접적으로 적용될 뿐이다. 그 이유는 '원형'이 아직까지 의식적인 정교화(conscious elaboration) 용도로 제출되지는 않아서 심리적인 경험을 곧바로 알려주는 심적인 내용(psychic content)만을 지칭하기 때문이다. 이런 측면에서 원형은 진화되어온 역사적인 공식과는 상당히 다르다. 특히 소수만을 대상으로 하는 고차원적인 교육에서 원형은 정말로 틀림없이 의식적인 정교화의 결정적이고, 평가 영향을 드러내는 형태로 나타난다. 우리가 꿈과 환상 속에서 접하듯이 원형의 즉각적인 징후는 신화 등에 비해서 훨씬 더 개인적이지만 이해하기는 힘들면서 보다 순진하다. 원형은 근본적으로 의식하게 되고 지각함으로써 변하는 무의식적인 내용이며, 그것이 우연히 등장하게 되는 개별적인 의식으로부터 나름의 색채를 띠게 된다. (중략) 원시인은 명백한 것에 대한 객관적인 설명에는 관심이 없지만 모든 외적인 감각 경험(sense experience)들을 내적인 심적인 사건들로 동화시키려는 절박한 욕구(혹은 그의 무의식적인 심리는 그러고자 하는 거부할 수 없는 충동을 가졌다)를 가졌다."

10. 원형이 원시적이면서 사회적인 체계가 잡혀 있지 않다는 것을 '증명하기는' 극도로 힘들다. 과학자가 아직 제대로 형성되지 않았거나 보이지도 않은 채 잠복해 있는 원형의 현실을 어떻게 입증할 수 있다는 말인가? 또한 원형은 마음속 어디에 존재한다는 말인가? 갈등 해소가 목적일 때는 원형의 실체에 집착할 필요가 없다. 갈등은 내러티브의 형태로 생기고, 어떤 내러티브나 기본적인 주제를 가졌다. 원형을 탐색하는 것은 궁극적으로 갈등 속 감정, 인식, 행동을 일으키는 핵심적인 관계와 관련된 주제의 탐색이다.

11. Chomsky 1972 and Cook et al. 2007 참조.

12. 이를 위해서는 융이 말한 '적극적인 상상(active imagination, 꿈에서 경험한 원래의 이미지에서 다른 이미지나 감정들을 일어나는 대로 자유롭게 연상하는 것/역주)'이 요구된다. 융은 이것을 의식이 있는 상태에서 무의식적인 내용을 드러내기 위한 기법으로 묘사했다(Stevens 1990).

13. Eliade 1958 참조.

14. 창조적인 성찰은 상대방과 관련해서 각 논쟁자의 원형적인 관계형 정체성을 밝히는 과정이다.

15. 브라이언 아라오와 크리스티 클레멘스는 '용감한 공간' 개념을 개발했고, '합의하지 않는 데에 동의'하는 행위에 대한 비판을 이야기했다. Brian Arao and Kristi Clemens, "From Safe Spaces to Brave Spaces," in L. Landreman, ed., *The Art of Effective Facilitation: Stories and Reflections from Social Justice Educators* (Sterling, VA: Stylus, 2013), 135-50 참조. 용감한 공간과 관련해서 내가 제시한 많은 생각들은 그들이 쓴 이 뛰어난 책에서 얻었다. 또한 R. Boostrom, "Safe Spaces: Reflections on an Educational Metaphor," *Journal of Curriculum Studies* 30, no. 4 (1998): 397-408 참조.

16. Arao and Clemens (ibid.) 참조.

17. 바믹 볼칸 교수(1999)는 갈등을 피하는 데에 유용한 감정적인 역학들을 설명한다.

(1) 아주 작은 갈등으로의 이동(displacement onto a mini conflict) : 당사자들이 대화 도중에 아주 작은 갈등에 휘말리는 경우는 긴장을 유발하는 주요 걱정들에 대한 집약적이면서 상징성이 풍부한 사례에 해당한다.

(2) 반복 현상(the echo phenomenon) : 당사자들이 서로 적대적인 정체성들과 관련해서 최근 일어난 사건들을 반복한다.

(3) 선택적인 외상과 영광을 표현하기 위한 경쟁(competition to express chosen traumas and glories) : 당사자들이 상대방이 느끼는 아픔과 고통에 공감하기를 거부한 채 누

가 과거의 고충이 더 심각한지만을 두고 경쟁한다.

(4) 아코디언 현상(the accordion phenomenon) : 각 당사자가 상대방에게 가까이 다가 갔다가 물러나는 패턴을 되풀이한다.

(5) 투사(projection) : 당사자들이 자기 정체성의 불쾌한 측면들을 상대방에게 투사한다.

(6) 시간 왜곡과 외상의 세대 간 대물림(time collapse and transgenerational transmission of trauma) : 당사자들은 과거의 외상과 현재의 경험을 뒤섞음으로써 외상과 관련된 감정을 부활시킨다.

(7) 사소한 차이에 대한 나르시시즘(narcissism of minor differences) : 당사자들이 약 간의 정체성 차이에도 상당한 의미를 부여하고, 그들의 핵심 정체성과 상대방의 핵심 정체성 사이에 경계를 그으며, 그것이 피해나 파손이 되지 않게 지킨다.

18. 감정을 연구한 심리학자 니코 H. 프리자(1988)는 관심을 "어느 정도 지속되는 세상 의 특정한 상태를 선호하는 성향"이라고 정의한다.

19. Fisher and Shapiro 2005 참조.

20. Fisher et al. 1991.

21. 비교되는 질문들에 대한 나의 개념은 C. 슬루츠키(1992, 2)의 일부 이론적인 통찰 로 거슬러 올라갈 수 있다. 슬루츠키는 이렇게 말했다. "이야기는 플롯(무엇을)과 인 물(누가)과 배경(언제 어디서)을 포함한 '자기 제어식(self-regulated)' 의미 체계이 다. 결과적으로 이러한 내러티브의 구성요소들은 이야기의 도덕적인 질서(의미 내지 는 전체적인 주제)에 의해서 규제되는 동시에 그것을 규제하면서 함께 묶어서 대안 이 되는 해석을 효과적으로 봉쇄한다. 이야기의 성격을 전환할 때 유용한 한 가지 기술은 '어떤 환경 속에서 당신은……라고 느낍니까?' 같은 질문들을 던지면서 여러 가지 라벨(label, 어떤 사람의 행동을 미리 이런저런 식으로 규정한 것/역주)들을 행 동으로 전환시키는 것이다."

22. 이러한 질문들 대부분은 사라 코브(2003) 교수의 논문에서 빼왔다. 그는 이런 형식 의 질문을 '순환적인 질문(circular questioning, 가족 구성원들 간에 순환적으로 자신 의 지각과 정서를 표현하게 함으로써 가족 구성원 간의 차이를 극명하게 드러내기 위해서 사용하는 대화 기법/역주)'이라고 부르는데, 이것은 1980년대 이탈리아 밀라 노에서 체계적인 가족 치료사들에 의해서 개발된 기술이다. 순환적인 질문은 시간이 나 갈등 당사자들이나 관계를 총망라해서 비교하는 질문들을 만든다.

23. 가끔은 중재자가 서로 상대방의 신화를 진심으로 경청하게 도와줄 필요가 있을지 모른다. 레트징거와 쉐프(2000, 76)는 이렇게 주장했다. "아마도 협상이 답보 상태인

갈등의 해소를 가로막는 가장 큰 장애물은 한 쪽 내지 양쪽 당사자들이 자신들의 이야기를 하지 못했거나, 설사 했더라도 상대방이 그것을 듣지 않는 것같이 느끼는 것이다. 양 당사자들이 서로 상대방이 자신들의 이야기를 진심으로 듣는다고 느꼈을 때, 협상이 시작될 수 있게 분위기가 바뀔지 모른다. 그런 경우 중재자가 해야 할 일은 당사자들이 감정을 무시하지 않은 채 그들의 이야기를 만들고, 그 이야기를 상대방이 들었을 때 그것을 확실히 인정하게 도와주는 것이다.

24. 필립 윌킨슨과 네일 필립(2007, 15)의 지적대로 "신화는 시와 마찬가지로 은유를 통해서 작동한다. 신화는 서로 멀리 떨어져 있고, 뚜렷하게 달랐던 점들이 서로 접촉해서 통합될 때까지 세상을 세상 위에 포개놓고, 이러한 등가성(等價性, 표현 대상인 원관념과 그것의 비유적인 대치물의 가치나 의미나 무게나 비중이 동등한 여건을 이루는 것/역주)들은 우리가 진정 누구인지를 보여준다."

25. 한 개인의 신화를 이해하기 위해서는 갈등이 개인적인 차원에서 주는 영향뿐만 아니라 정치적, 사회적, 경제적인 차원에서 주는 영향 같은 **맥락 요인**(contextual factor)들도 같이 이해해야 한다. 사회 심리학 분야의 대부인 쿠르트 레빈(1997, 337)은 행동을 예측하기 위해서 이와 개념적으로 유사한, "행동(B : Behavior)은 개인(P : Person)과 그의 주변 환경(E : Environment) 사이의 함수(F : Function)"라는 주장을 펼쳤다. 즉 B=f(P, E)라는 것이다. 그는 "행동을 이해하고 예측하기 위해서는 사람과 그가 처한 환경을 상호 의존적인 함수들로 이루어진 '한' 무리로 간주해야 한다"라고 말했다(338). 이런 생각은 화해에 영향을 미친다. 신화는 단순히 개인이나 환경이 아닌 **통합된 결과**(combined result)가 낳은 산물이다.

26. 역사가인 조지프 캠벨은 신화는 우리로 하여금 우리의 의식 밖에 있는 우리의 여러 부분들과 접촉할 수 있게 한다고 주장한다.

27. 이 워크숍은 2013년 5월 세계경제포럼 중동 정상회의와 같이 터키의 이스탄불에서 열렸다.

28. Neu and Volkan 1999 참조.

29. 인간의 경험에 대해서 상징적인 표상은 우리가 세속적인 분석을 벗어나서 더 심오한 행동의 정신적인 동인(動因)들까지 보게 도와줄 수 있다. 예를 들면, 의식을 분석할 때는 영적인 의미에 대한 갈구를 충족시키는 상징적인 관행들에 관심을 집중할 수 있다.

30. 이러한 힘의 원천들은 다음의 자료 내용 중에서 일부를 각색한 것이다. B. H. Raven, "A Power Interaction Model on Interpersonal Influence: French and Raven Thirty Years Later," *Journal of Social Behavior and Personality* 7, no. 2 (1992): 217-44. 레이븐은

1965년에 힘의 여섯 번째 기반으로 '정보'를 추가했다. B. H. Raven, "Social Influence and Power," in *Current Studies in Social Psychology*, eds. I. D. Steiner and M. Fishbein (New York: Holt, Rinehart, Winston, 1965), 371-82 참조.

31. 비대칭적인 힘의 역학 속에서 갈등을 벌일 때, 각 갈등 당사자는 이야기하기를 거부할지 모른다. 자신이 더 강하다고 생각하는 사람들은 힘을 잃게 될까봐 자기 이야기를 공유하기를 거부하고, 반대로 자신이 더 힘이 없다고 생각하는 사람들은 응징을 당할까봐 자기 이야기를 공유하기를 거부할지 모른다.

　　그러나 한 쪽이 자기 이야기를 공유하더라도 양쪽이 모두 수혜를 볼 수 있다. 후투족과 투치족 사이에 일어난 집단 학살 이후, 치료를 권장하기 위해서 르완다 사태에 개입했던 저명한 사회 심리학자인 어빈 스타우브가 한 연구를 참고해보라. 두 부족의 갈등에서, 특히 극단적인 후투족이 투치족과 온순한 후투족을 살해함으로써 100만 명 이상이 숨을 거두었다. 스타우브가 르완다에 머물렀을 때, 투치족이 권력을 잡고 있었지만 그는 후투족과 투치족이 서로 섞인 집단과 같이 연구했다. 후투족이 이야기를 공유하기를 기피했지만, 그는 그들이 투치족의 이야기를 듣게 만드는 것이 투치족에 대한 공감대를 촉진하고, 양 부족의 화해에 도움이 된다는 것을 알아냈다. Staub and Pearlman 2001, 203 참조.

제12장 : 감정적인 고통을 해결하라

1. Joseph Glatthaar 2008, 151 참조.
2. 복수가 유용한 전략적인 조치일지 모르지만, 그럼에도 불구하고 그것은 자동적으로 나온 반응이라기보다는 의식적인 결정의 결과여야 한다. 열두 살의 닉과 닉의 남동생 조 사이의 관계를 생각해보자. 닉이 조가 아끼는 책을 훔친다면 조는 닉이 아끼는 책을 훔침으로써 복수할지 모른다. 또 이런 행동은 사실상 "(앞으로) **나와 상종하지 마**"라는 메시지를 던지는 것이다. 그러나 조가 돌아와서 닉의 얼굴을 때린다면 조가 원래 했던 복수는 의도한 효과를 내지 못할지 모른다. 감정적인 고통을 해소하는 (궁극적인) 목적은 당신이 단지 공격을 받았다는 생각만으로 맹목적으로 공격하는 것이 아니라 최상의 전략을 찾는 것이다.
3. 헬렌 루이스(1971)는 우리들 대부분이 우리 자신을 '뒤집어놓기'보다는 세상을 '뒤집어엎기'를 원한다고 지적한다.
4. 나는 대체로 치유가 개인적, 사회적, 정신적으로 고통과 똑같은 정체성 차원에서 일어나야 한다고 생각한다. 뉴잉글랜드 패트리어츠 미식축구 팀이 치욕적인 패배로 고통(팬들의 사회적인 정체성에도 고통이 가해진다)을 당한다면 뉴잉글랜드 사람들의

집단 심리는 상처를 입게 되고, 개별적인 심리치료는 다음 주에 팀이 이기는 것에 훨씬 못 미치는 치유 효과를 낼 것이다. 반면에 형제자매와의 다툼으로 인해서 생긴 감정적인 상처는 다툰 사람과 마음을 터놓고 대화하지 않으면 치유되지 못할 수 있다. 사람은 고통과 같은 수준에서 치유를 도모해야 한다.

5. 논쟁자들이 전 감정 영역을 통제할 수 있게 하라. 사회 심리학자인 제임스 애버릴은 우리가 이타적인 감정을 우리의 감정인 것처럼 생각하지만 분노와 고통을 주는 감정들에 대해서는 책임을 거부하는 경향이 있다는 사실을 알아냈다. 자선가는 즉흥적으로 한 넉넉한 기부에 대해서 사과하지 않지만, 그의 사업 관행을 비판하는 사람에게 지른 고함에 대해서는 변명거리를 찾을 것이다.

6. 이러한 전략은 부정적인 자기 대화(self-talk) 내용을 인식하고, 자신을 방어하며 대응할 것을 조언하는 인지적인 행동 치료법과 유사하다. 인도의 철학자 지두 크리슈나무르티(1895-1986)(1991, 215)는 자기의 생각을 정확히 잡아내는 데에 일기 쓰기가 효과적이라고 믿었다. "회전하는 기계가 이상이 있는지 확인하기 위해서는 속도를 낮춰야 하듯이 일상의 생각과 느낌을 기록하는 게 도움이 될지 모른다. 당신이 슬로모션 화면을 보면서 모든 움직임을 확인할 수 있듯이 생각의 속도를 낮춤으로써 사소하건 중요하건 상관없이 모든 생각을 관찰할 수 있다."

7. 고통스러운 감정을 공유하면 자의식이 커질 수 있다. 우리는 판단을 받을까봐 두려워하며, 우리가 수치심을 느끼는 사실을 부끄러워할지도 모른다. 쉐프(1988)는 이것을 '수치심의 소용돌이(shame spiral)'라고 부른다. 이런 소용돌이에 빠지면 우리는 찰스 호튼 쿨리(1902, 179-185)가 '영상적인 자아(looking-glass self)' 이론을 통해서 주장했던 것처럼, 다른 사람들의 눈에 비친 우리의 이미지에 매우 민감해질지도 모른다. 그는 자신이 관찰한 사실을 이렇게 말했다. "우리는 상상 속에서 다른 사람이 마음속으로 우리의 외모, 매너, 목표, 행동에 대해서 생각한다고 간주하고 (중략) 그로 인해서 다양하게 영향을 받는다. 이런 식의 자기 마음대로 하는 생각은 (1) 다른 사람에게 보이는 자신의 외모에 대한 상상, (2) 그러한 외모에 대한 다른 사람의 판단에 대한 상상 그리고 (3) 오만이나 굴욕감 같은 자기 자신의 느낌이라는 세 가지 주요 요소들의 영향을 받는다"(p. 184). 수치심은 인정하고 해소하기 가장 어려운 감정에 속하는 경향이 있다. 분노는 당신이나 제3자가 한 일에 대해서 느끼지만 수치심은 당신 자신에 대해서만 느낀다.

8. Brian Arao and Kristi Clemens, "From Safe Spaces to Brave Spaces," in L. Landreman, ed., *The Art of Effective Facilitation: Stories and Reflections from Social Justice Educators* (Sterling, VA: Stylus, 2013), 135-50 참조.

9. 중재자는 논쟁자들이 수치심과 굴욕감을 극복하게 도와주는 데에 특히 중요한 역할을 할 수 있다. 이러한 감정들은 보통 감추어져 있기 때문에 그것들에 대해서 언급해 보았자 수치심만 더 커질 수 있다. 전통적인 갈등 해소법은 우리에게 감정 '분출'을 권유하지만, 자칫 그러다가 우리가 협상 상대방에게 수치심을 안겨서 우리와 그 사이의 유대감을 깨뜨릴 수 있다. 그러나 직접적인 대화는, 또한 본래 각자가 수치심을 느끼게 만드는 약점을 가지고 있다. 따라서 감정이 고조된 갈등에서 중재자는 용감한 공간을 정하고서 고객들이 서로의 신화와 거부감과 소외감과 수치심을 인정하도록 안전하게 도울 수 있다. 수치심이 가진 갈등 확산의 힘에 대한 보다 자세한 정보는 제임스 길리건 교수(1996)의 연구 참조.

10. 리프턴(1979)은 우리가 슬퍼하지 않고서는 손실을 극복할 수 없다고 주장한다. 볼칸(1981)은 공동체 내에 갈등이 생긴 후와 같은 때에, 집단적인 애도를 표현하기 위해서 집단들이 현재의 상황과 과거의 손실을 연결시킬 수 있는 대상을 만들 수 있다고 주장한다. 기념물, 휴일 그리고 기타 의식들이 이런 목적에 부합할 수 있다.

11. 프로이트는 무의식을 의식으로 만드는 것이 정신을 치유하는 데에 필수적이라고 믿었다. 그는 논문 「기억, 반복 그리고 해결(*Remembering, Repeating, and Working-Through*)」에서 외상 기억을 다루는 두 가지 경로를 이야기한다. 그중 하나는 **행동화**(acting out)로, 이를 통해서 우리는 행동의 기능 장애 패턴을 반복하면서 무의식적으로 외상 기억을 기억해서 행동으로 옮긴다. 두 번째는 의식적으로 외상을 기억해서 그것과 타협함으로써 외상을 **극복하는**(working through) 것이다. *The Standard Edition of the Complete Psychological Works of Sigmund Freud*, vol. 12, 1950 (originally published in 1914), 145-56 참조. 또다른 논문 「애도와 우울증(*Mourning and Melancholia*)」에서 프로이트는 우리가 상실(loss)에 애도하고 우울해한다고 주장한다. (1) **우울증**은 상실에 대한 무의식적인 반응으로, 우울증에 걸리면 잃어버린 대상에 대해서 감정적으로 소진될 정도로 병적인 집착을 보인다. 반면에 (2) **애도**는 잃어버린 것을 슬퍼하는 의식적인 과정이다. 우리는 잃어버린 사물이나 사람을 받아들이고, 그들에게서 감정적으로 거리를 둔 채 우리의 감정을 다른 곳으로 돌린다. *The Standard Edition of the Complete Psychological Works of Sigmund Freud*, vol. 14, 1950 (originally published in 1917), 237-58 참조.

12. Herman 1997 and Van der Kolk 1988 참조.

13. 나는 의식과 지구(planet)의 기본 요소들 사이의 연관성에 대해서 통찰력 있는 시각을 보여준 하버드 법대 협상 프로그램을 이끄는 폴리 함렌에게 감사한다.

14. C. S. Lewis, *Letters to Malcolm Chiefly on Prayer: Reflections on the Intimate*

Dialogue Between Man and God (New York: Harvest Book, 1963), 106 참조.

15. Gobodo-Madikizela 2003, 117 참조.

16. 남아프리카 공화국 대주교인 데즈먼드 투투와 그의 딸 엠포 투투는 관계를 재개할지, 포기할지를 결정해야 한다고 강조한다. 관계를 재개한다는 것은 용서하고, 관계 내에서 움직이는 것이다. 관계를 포기하는 것은 관계로부터 물러나는 것이다. 두 사람은 "안전이 문제가 되는 경우를 제외하고 사람들은 항상 (관계의) 재개 내지 화해로 향하는 걸 선호한다. (중략) 우리는 관계를 재개하는 것을 통해서 용서가 심은 결실을 수확하게 된다. (중략) 과거의 관계에 문제가 있었더라도 새로운 관계를 맺는 게 가능하다. 폭력 관계를 재개하는 것조차 가능하다"라고 강조한다(Tutu and Tutu 2014, 148).

17. 조녀선 코언 교수(1999)는 사과의 법적인 차원을 주제로 멋진 논문을 썼다. 그는 이렇게 주장했다. "변호사들은 고객들과 사과에 대해서 더 자주 논의해야 한다. 종종 그렇게 함으로써 그들의 고객들이 더 행복해지게 되기 때문이다. (중략) 많은 경우에 사과가 주는 잠재적인 혜택은 상당하다. 또한 사과를 하는 방법에 신중을 가할 때 (중재 같은 '안전한' 법적인 체제 안에서 사과를 하거나, 보험담보 범위가 문제라면 법적인 책임을 지지 않고서 실수를 인정하는 식으로 미묘한 차이에 신경을 쓰며 사과하는 것처럼) 사과의 위험은 적다"(p. 1068).

18. 엔라이트와 코일(1988)은 용서를 해명, 묵인, 변명, 망각, 부정 그리고 조정과 구분한다.

제13장 : 교차편집적인 관계를 구축하라

1. 로저 피셔와 함께한 the video *Five Skills for Getting to Yes* (1996) 참조.

2. 이 이야기의 출처는 세 곳이다. (1) 탄자니아에서 열린 세계경제포럼 아프리카 정상 회담에서 롤로프 마이어와 나눈 개인적인 대화. (2) 그가 2014년 4월 11일 하버드 법대 협상 프로그램에서 발표한 프레젠테이션. (3) 로저 피셔가 시릴 라마포사와 롤로프 마이어를 만나서 그들의 낚시 경험과 그것이 아파르트헤이트 종식 협상에 미친 영향을 주제로 한 인터뷰가 담긴 동영상(Fisher's video [ibid.] 참조).

3. 고든 올포트 하버드 대학교 교수(1954, 267)에 따르면 접촉 가설(contact hypothesis), 즉 두 집단을 그냥 함께 모아놓는 것만으로는 집단 간 관계 개선이 충분히 이루어지지 않는다. 접촉의 성격이 관계의 성격에 영향을 미친다. 그는 이렇게 말했다. "편견은 공통의 목표를 추구하는 다수자 집단과 소수자 집단 사이의 동등한 지위상의 접촉에 의해서 감소될 수 있을지 모른다. 이런 접촉이 제도적인 지원(법이나 관습이

나 지역 분위기)에 의해서 제약이 되고, 접촉이 두 집단 구성원들 사이에 공통의 이
해관계와 공통의 인간성에 대한 인정으로 이어지게 될 경우, 편견이 감소하는 효과가
크게 늘어나게 된다."

4. 여러 차원의 인간관계를 개념화시킨 관련 모형을 파악하려면 Josselson 1992 참조.
5. 친밀감이 핵심 변수로 작동한다. 포용되면 기분이 좋지만 배제되면 기분이 나쁘다.
이런 기분은 우리가 신체적인 고통을 경험하는 곳과 같은 뇌의 영역에서 작동한다.
캘리포니아 대학교 연구원들은 자기공명영상(fMRI) 스캐너에 누운 채 컴퓨터가 통
제하는 공 던지기 게임을 하는 실험 참가자들의 두뇌를 검사했다. 참가자들은 그들이
다른 두 플레이어와 게임을 한다고 생각했다. 그 두 사람은 사실상 컴퓨터가 통제하
는 공모자들이었다. 처음에는 모두가 공을 앞뒤로 던졌다. 그러다가 두 공모자는 체
계적으로 참가자를 배제시켰다. 이런 배제는 우리가 신체적인 고통을 느낄 때 활성화
되는 뇌의 핵심 영역인 '배측전방대상피질(dACC, dorsal Anterior Cingulate Cortex)'
을 활성화시키는 것으로 드러났다. 참가자들은 컴퓨터 프로그램이 그들을 게임에서
배제하도록 미리 설정되었다는 사실을 알았을 때조차 여전히 거부당하는 느낌을 받
았다(Eisenberger et al. 2003).

신경회로는 거부당하는 고통을 완화시키기 위해서 존재한다. 한 실험에서 연구원
들은 실험 참가자들 절반에게 3주일 동안 두통약 타이레놀을 복용시켰고, 나머지 절
반의 참가자들에게는 위약(placebo, 임상의약의 효과를 검정할 때에 대조하기 위해서
투여하는, 약리학적으로는 전혀 효과가 없거나 약간 유사한 약효를 가지는 물질/역
주)을 주었다. 어떤 집단도 그들이 무슨 약을 먹고 있는지 몰랐다. 매일 밤마다 참가
자들은 그들이 느낀 배제 경험에 대해서 묻는 질문지를 작성했다. 실험이 시작되고
9일째 되던 날에 타이레놀을 복용하던 집단이 위약을 먹던 집단에 비해서 사회적으로
덜 고통을 느꼈다고 보고했다. 하루하루가 지나갈수록 사회적인 고통을 느끼는 정도
의 차이는 더 커졌다. 후속 연구에서 앞서 3주일 동안 타이레놀을 복용했던 참가자들
은 누구도 그들 방향으로 공을 던지지 않았음에도 컴퓨터가 통제하는 공 던지기 게임
에서 자신이 배제되었다는 느낌을 받지 않았다(DeWall et al. 2010). 이 세 연구 결과
는 상식이 옳다는 것, 다시 말해 배제는 고통스럽지만 그 고통은 진정될 수 있다는
것을 확인시켜주지만, 그 **고통을 완화하는 방법**에 대해서는 아슬아슬한 질문을 제기한
다. 전쟁 중인 두 나라에 타이레놀만 복용하면 된다고 말하는 것은 전혀 상식적으로
맞지 않다.

6. 어떤 사람은 당신 위에 군림하기 위해서 당신을 무시할지도 모른다. 예를 들면, 강대
국은 반군을 합법화하지 않기 위해서 그것을 정치적으로 인정하는 것을 거부할지도

모른다.

7. Iacoboni 2009 참조.

8. 타니아 싱어 교수와 그의 동료들(2004)은 공감하는 경험인 '미러링(mirroring, 어떤 모습, 상황, 새겨야 할 뜻 같은 것들을 있는 그대로 되비쳐주는 것/역주)'을 보여주는 획기적인 연구를 수행한 후에 두 가지 중대한 발견을 했다. 첫째, 당신이나 당신의 파트너가 제압을 당할 경우, 양측전전두엽피질(anterior insula), 전측대상피질(rostral anterior cingulate cortex), 뇌줄기(brain stem), 소뇌(cerebellum)를 포함해서 두 사람의 통증 기질(pain matrix)에 있는 똑같은 부분들이 활성화된다. 다시 말해서 당신이 파트너의 고통에 감정을 이입할 경우, 당신이 말 그대로 파트너의 고통을 느끼도록 당신의 신경망이 활성화된다. 둘째, 당신은 경험상 똑같은 강도로 파트너의 고통을 느끼지는 못한다. 공감을 통해서 파트너가 느끼는 감정적인 분위기를 같이 느끼더라도 일반적으로 그가 느끼는 감각적인 경험을 100퍼센트 그대로 느끼지는 못한다. 당신은 파트너가 느끼는 고통을 느낄 수 있을지 몰라도 위경련이나 가슴의 압박감을 느끼지는 않는다. 또한 de Vignemont and Singer 2006 참조.

후속 연구들은 다양한 조건 내에서 고통과 관련된 공감이 당신이 모르는 파트너에게로까지도 확대될 수 있다는 것을 보여준다. 바늘이 낯선 사람의 손등을 찌르는 장면이 담긴 동영상을 본다면 분명 당신은 고통 속에 몸을 움츠린다. 그러나 당신은 모든 사람이 느끼는 고통이나 기쁨을 느낄 수는 없다. 당신의 뇌 안에 당신 자신의 감정을 느낄 수 있는 감정적인 공간이 남아 있지 않기 때문이다. 정서적인 공감은 당신에게 감정적으로 중요하거나 강렬하다고 여겨지는 그런 관계들 속에서 활성화되는 경향이 있다. 예를 들면 Morrison et al. 2004 참조.

9. 애착에 대한 나의 정의는 심리학자이자 애착 이론의 선구자인 메리 에인스워스가 내린 고전적인 정의와 맥을 같이한다(Ainsworth and Bell, 1970, 50). 에인스워스는 애착을 이렇게 정의했다. "한 사람이나 동물이 그와 다른 구체적인 존재 사이에 맺는 감정적인 관계로서, 그것은 공간 속에서 그들을 같이 묶어주며 시간이 흘러도 지속된다." 애착 이론의 또다른 선구자인 존 볼비는 애착을 "인간들 사이에서 지속되는 심리적인 연결성"으로 정의했다.

10. Malcolm X., *The Autobiography of Malcolm X: As Told to Alex Haley* (New York: Ballantine Books, 1964), 346–47 참조.

11. 기술적으로 나는 이것을 '필연적인 미래에 대한 기억'이라고 부른다. 논쟁자들이 대안적인 미래 현실을 상상조차 할 수 없을 정도로, 너무나 생생하고 확실한 미래에 대한 심적인 이미지를 창조하고 싶어하기 때문이다.

12. 이 워크숍은 2008년에 이집트 샤름 엘-셰이크에서 열렸다. 나는 이후 중동지역에서 열린 다른 워크숍들에서도 이와 똑같은 방법을 사용했다.

13. 교차편집적인 연결이 주는 핵심 혜택은 각 이해관계자가 관계에 감정적인 투자를 한다는 점이다. 이것을 결혼처럼 생각할 수도 있겠다. 최소 관심의 원칙(principle of least interest)에 따르면 관계에 가장 관심이 적은 사람이 그것에 가장 큰 힘을 휘두를 수 있다. 양쪽이 관계에 비교적 동등한 수준의 투자를 한다면 그들 각자는 그 관계 안에 남기 위해서 비교적 동일한 수준으로 전념할 것이다(Waller 1938).

14. 2012년 11월 29일 하버드 경영대학원에서 나눈 대화 도중에 스르자 포포비치가 나에게 이 기술을 알려주었다.

15. 심리학자인 매슈 리버먼(2013)은 우리가 열 살이 될 때 우리의 두뇌는 사람과 집단들을 이해하기 위해서 1만 시간을 썼다는 사실을 알아냈다. 우리의 두뇌가 휴식을 취할 때조차 우리는 사회 세계에 대해서 생각하고 있을 가능성이 있다.

16. 존 고트먼 교수(2002, 229)가 '연결되려는 노력(bid for connection)'이라는 문구를 처음 만들었다.

17. 의식에 대한 이 부분은 고트먼의 생각(2002, 229)에 상당히 의존하고 있다.

18. Allport 1958 참조.

19. M. Crystal, "The Siege on Bethlehem"(하버드 로스쿨 협상 연구소에서의 강의, Cambridge, MA, September 20, 2007).

20. 투투 대주교는 2012년 스위스 다보스에서 열린 세계경제포럼 연례 회담 폐회식 도중에 인간의 연결에 대한 이러한 통찰에 대해서 알려주었다.

제14장 : 관계를 재편하라

1. 파크51 상황에 대한 설명은 사실에 근거한 것이다. 나는 이번 장의 핵심 부분들을 이해하기 쉽게 설명하기 위해서 일부 내용을 지어냈다. 예를 들면, 실제 상황에서는 블룸버그 시장이 커뮤니티 센터와 회교 사원 위치를 그대로 유지하려는 파크51의 권리를 강력히 지지했다. 아울러 내가 이 책을 집필하고 있는 현재, 상황이 확실히 해결되지 않았다. 나는 파크51과 관련된 협상 과정에 개입하지는 않았다.

2. 미국에서는 인종관계와 관련된 통상적인 논쟁이 심각한 한 가지 인종차별 사례 때문에 야기되는 경우가 종종 있었다. 그럴 경우 인종차별 문제를 둘러싼 보다 광범위한 대화가 촉발된다.

3. 도널드 호로비츠 교수(1985, 64-65)는 인종분열과 통합 과정은 '융합, 통합, 분열, 확산(확산 과정에서 집단 구성원들은 그들 내부에서 집단들을 추가로 만든다) 과정'

을 거친다고 설명한다. 또한 Byman 2000 참조.

4. 순응에는 대가가 뒤따른다. 몇몇 사람들은 오바마 대통령이 미국의 위상을 약화시킨 잘못된 외교 의례를 따랐다고 비난했다.

5. 윌리엄 제임스(1958, 165)에 따르면, 당신의 존재에 부수적인 여러 아이디어들을 '개인의 상시 에너지원'으로 전환시킬 때 변화가 일어난다.

6. 집단 간의 관계 조성에 필요한 몇 가지 방법이 통합적인 성격을 띠는 것처럼 보이지만 궁극적으로 보았을 때는 반드시 그런 것만은 아니다. 공유된 통치 방법과 연결이라는 정말 중요한 우산으로 보호되지 않은 다문화주의는, 논란의 여지가 있지만 통합을 흉내 낸 것에 불과하다. 도가니(melting-pot) 이론도 마찬가지로 논란의 여지가 있으나 통합이 아니라 모든 집단이 공통된 집단 정체성을 수용하는 방법과 관련된다. 각 부족은 통합을 위해서 각기 독립적인 정체성을 유지하면서 공통된 집단 정체성을 통해서 다른 부족들과 연계되어야 한다. 말하자면 통합의 목적은 자율성과 친밀감을 최대한 적합하게 만드는 것이다. 공동의 집단 정체성과 관련해서는 Gaertner et al. 1993 참조.

7. 사회 심리학자인 카리나 코로스텔리나(2007)는 모로코 왕이 서로 충돌하는 아랍의 이스티크랄(Istiqlal)과 베르베르(Berber)족의 정체성들을 어떻게 통합했는지를 설명한다. 베르베르족은 이스티크랄 당이 모든 정치권의 자리를 아랍인들이 차지하도록 명령하면서 베르베르족 언어로 나가는 방송을 금지했던 1956-1958년 사이를 포함해서, 정치적, 사회적인 차원에서 배제됨으로써 고통을 받았다. 그러자 모하메드 왕은 통합된 정체성이 평화와 안정을 확보하기 위한 유일한 방법임을 인식했다. 코로스텔리나는 "모로코 왕은 '아랍화된 베르베르족'이라는 개념을 만들어서 통합된 국가 내에서 아랍인들(모든 학교에서 아랍어를 가르치는 등)과 베르베르족들(그들의 정당을 인정)에게 가장 중요한 관심사항을 만족시켰다"라고 말했다.

도널드 호로비츠(1985, 598)는 통합을 조장하는 데에 필요한 다양한 구조적인 체계들을 제시한다. (1) 미국 시스템처럼 핵심 기관들 사이의 권력을 분산하는 것 등을 통해서 한 군데에 권력이 집중되지 않도록 권력을 가진 곳들을 많이 만들어서 갈등을 흩어놓아라. (2) 이인종(異人種) 간의 차이점을 강조함으로써 인종 내 차이점으로부터 그것으로 관심을 돌려라. (3) 인종 내 협력을 장려하는 정책을 만들어라. (4) 민족성보다 상호 이해관계의 조율을 조장하는 정책을 만들어라. 그리고 (5) 인종 집단들 사이의 차이를 줄여라.

8. Dunbar 2012 and Hong 2014 참조.

9. Hong 2014, 284.

10. Ibid.

11. Metropolitan Government 2012 참조.

12. 이런 결과가 모두에게 기쁨을 준 것은 아니었다. 예를 들면, 구청사 위의 파도 모양은 최근 태풍으로 고통을 받은 일본인들에게 모욕감을 준다는 비판도 나왔다(Baseel 2013).

13. 집단 내의 갈등을 범주화해서 해법을 제시한 관련 모형은 Haslam (2004, 128) 참조.

14. 사회 정체성 이론은 "좋은 울타리가 좋은 이웃을 만든다"는 미국의 시인 로버트 프로스트의 주장을 복잡하게 만든다. 울타리들이 서로 분리되어 있으면 그것은 또한 우리와 그들 사이의 경계를 표시하는 역할을 함으로써 사회적인 비교와 잠재적인 차별의 토대를 마련한다. Tajfel and Turner 1979 참조.

15. Pogatchnik 2008 참조.

16. 분리와 관련해서 또 하나 생각해야 할 문제가 재통합의 어려움이다. 예를 들면 정부는 평화의 벽들을 어떻게 철거해야 하는가? 이 질문에 대한 확실한 답은 "그냥 허물어라!"이다. 그러나 이런 과정에서 정부는 아직 변화할 준비가 되어 있지 않을 수 있는 커뮤니티들에게 자신의 의지를 강요하게 된다. 이처럼 변화를 강요하다가 부족 효과가 유발될 위험이 있다. 북아일랜드 법무부 장관을 지냈던 데이비드 포드가 제시한 대안은 커뮤니티의 동의하에서만 평화의 벽들을 허무는 것이다. 이것이 지역사회의 정서적인 공감대를 끌어오는 데에 더 효과적일지 모르지만, 그러려면 시간, 협력, 재원이 필요하다.

17. 예를 들면, 대학들을 대상으로 실시한 한 연구 결과(한 대학에는 백인 학생들이 압도적으로 많았고, 다른 대학에는 흑인 학생들이 압도적으로 많았다), 다수자 집단은 동화 정책을 선호한 반면에 소수자 집단은 다원 정책을 더 선호했다(Hehman et al. 2012).

18. Rodriguez-Vila 2009, 27 참조.

19. Ibid.

20. J. Shapiro, *Bill Clinton Endorses Muslim Center Near Ground Zero*, in DNAinfo, September 21, 2010 참조. http://www.dnainfo.com/new-york/20100921/downtown/bill-clinton-endorses-muslim-center-near-ground-zero.

제15장 : 변증법을 관리하라

1. 철학자 게오르크 빌헬름 프리드리히 헤겔(1770-1831)은 정반합 이론을 정립하면서 칸트의 신세를 많이 졌다. 철학자 요한 피히테(1762-1814)가 이 이론을 다듬어서

426

대중화시켰다(Buytendijk 2010, 11).

2. 헤겔은 변증법의 목적을 "그 자체로서와 움직이는 사물을 연구함으로써 부분적인 이 해 범주의 유한성(有限性)을 증명하는 것"으로 개념화했다(Hegel 187, 149).

3. 헤겔의 변증법적인 방법은 카를 마르크스와 프리드리히 엥겔스가 자연과 세계의 역 사적인 발전을 물질적인 존재의 역사적인 발전으로 해석하며 소련 공산주의의 토대 를 마련했던 '변증법적인 유물론'을 창시하는 데에 영감을 주었다. 마르크스는 부르 주아(자본가와 지주들)와 프롤레타리아(육체노동자들) 사이의 변증법적인 투쟁은 예측가능한 주기의 혁신을 야기한다고 주장했다. 즉 돈을 버는 모든 사람들은 그들이 쌓아놓은 부(정)를 즐기는 반면, 육체노동자들은 비교적 적은 보상만 받고서 육체적 으로 힘든 노동에 종사하게 된다(반). 육체노동자들은 당연히 좌절하게 되고 투쟁에 나선다. 새로운 엘리트들이 정권을 잡고, 새로운 투쟁들이 봇물처럼 터져 나오면서 정치제도는 점점 더 최종적인 합, 즉 공산주의로 다가가게 된다. 공산주의는 공동 소유 및 물질적인 욕심이 아닌 욕구를 채움으로써 생기는 만족감을 중시하는, 계급과 국가가 없는 사회이다.

4. '한 보따리의 모순'이라는 표현은 독일 출신의 유대인 소녀 안네 프랑크(1929–1945) 의 『안네의 일기(Het Achterhuis)』에서 나온다.

5. James 1926, 393-94.

6. Beck 1999 참조. 또한 Burns 1980 참조.

7. 그리스 신화에는 복수의 세 여신인 알렉토(Alecto, 끊임없는 분노), 티시포네 (Tisiphone, 복수), 메가에라(Megaera, 원한)가 나온다. 고전 신화 저자인 밥 베일리 머커(2014, 16)에 따르면, "고대 그리스인들은 이 세 여신의 심기를 건드리는 것을 너무나 두려워했기 때문에 그들의 이름조차 거론하는 법이 드물었다." 갈등 속에서 이 세 가지 관계형 경험들(분노, 복수, 원한)은 상당한 규모의 파괴적인 힘을 유발한다.

8. 우리는 남이 일부러 우리에게 고통을 주었다고 느낄 경우, 그에게 최소한 우리가 당 했다고 느낀 만큼의 고통을 주고 싶어한다. 이것이 고전적인 '눈에는 눈' 전략이다. 외부인은 사소한 일로 보이는 일에 당신이 그렇게 심한 정도로 복수를 하는 것이 과 연 적절한지 이해하기 힘들 수도 있다. 그러나 당사자는 그런 일을 정체성에 대한 중대한 공격으로 느끼고 강력한 보복을 정당화할지도 모른다. 마찬가지로 14세기 이 탈리아 시인 단테는 『신곡: 지옥편(La divina commedia: Inferno)』에서 어떻게 지옥 에서 사람들이 생존 시 저지른 죄에 응당한 벌을 받는지를 설명한다. 예를 들면, 그가 '육욕의 행악자(carnal malefactor)'라고 부른 간부(姦夫)의 영혼은 거센 폭풍이 몰고 온 강풍에 노출된다. 이것은 탐욕 때문에 그가 육욕을 참지 못한 데에 대해서 적합한

처벌이다. 우리가 부당한 괴롭힘을 당했다고 느낄 경우, 우리는 단테 식으로 가해자가 콘트라파소(contrapasso), 즉 그가 지구상에서 우리에게 진 죄에 대해서 합당한 처벌을 받기를 갈망할지도 모른다.

9. 카타르시스라는 개념이 생겨난 데는 사연이 있다. 아리스토텔레스는 원래 이 단어를 비극을 보면서 느끼는 격한 감정을 설명하기 위한 은유로 사용했다.『로미오와 줄리엣(*Romeo and Juliet*)』에서 엇갈린 운명의 두 연인은 사랑을 지키기 위해서 자살한다. 그리고 두 연인의 가족들이 오랜 세월을 끌었던 싸움을 화해로 끝낼 때 카타르시스가 느껴진다. 그로부터 몇 세기 뒤에 오스트리아 의사인 요제프 브로이어는 카타르시스의 개념을 심리학에 소개했다. 그는 외상을 입은 환자들에게 최면을 건 다음 그들에게 그들의 증세를 치료하겠다고 주장하면서 외상과 관련해 억압된 감정을 토로하게 시켰다. 브로이어의 후배인 지그문트 프로이트(1925)는 감정이 주전자의 증기와 흡사하게 우리 안에서 쌓이면서 우리에게 그것을 배출할지, 터지도록 내버려둘지 선택하라는 부담을 준다고 주장하며 카타르시스를 심리 분석에 통합시켰다. 이것을 감정의 '수리모형(hydraulic model, 수조 내에 실제의 흐름과 유사한 흐름을 재현하여 관찰하고 측정하는 장치/역주)'이라고 한다.

10. de Quervain et al. 2004 참조.

11. Carlsmith et al. 2008 참조. 이 연구에서 경제적인 교환 게임에서 '무임승차자'를 처벌한 사람들은 복수를 행한 뒤에 기분이 더 좋아질 것으로 예상했지만 실제로는 더 나빠졌다.

12. C. Tavris, *Anger: The Misunderstood Emotion* (New York: Touchstone, 1989, rev. ed.) 참조.

13. '분노와 공격성에 대한 인지적인 연합이론(cognitive neoassociation, 폭력적인 장면을 보면 관련되는 사고, 감정, 행동 등의 기억이 활성화되는 것/역주)'은 화가 나는 생각을 하게 되면 더 화가 나는 이유를 설명한다. Berkowitz 1993 참조.

14. Bushman 2002 참조.

15. 불쾌한 상대를 때린다고 생각하고 샌드백을 친 참가자들은 샌드백을 친 다음에 자신의 건강에 대해서 생각한 참가자들에 비해서 더 공격적이었다. 다만 이러한 차이가 만족스러우리만큼 크지는 않았다.

16. 동정할 수 있는 사람은 구원할 수 있다. 동정심은 본래부터 타고난다는 것을 보여주는 확실한 증거가 있다. 미국 UC 버클리 대학교의 다커 켈트너 교수(2010)는 인간에게는 '동정 본능(compassionate instinct)'이 있으며, 이 본능은 심지어 어린이들 사이에서도 관찰될 수 있다고 주장했다. 아직 말을 할 수 없거나 이제 갓 말을 하기 시작

한 아이들조차 "다양한 다른 환경 속에서 자신들의 목적을 이루기 위해서 다른 사람들을 기꺼이 잘 돕는다"는 것이다(Warneken and Tomasello 2006).

17. Batson (1998) 참조. 그는 동정심을 '공감적인 관심(empathic concern)'이라고 부른다.

18. P. Valdesolo and D. A. DeSteno. "Synchrony and the Social Tuning of Compassion." *Emotion*, 11 no. 2 (2011): 262–66.

19. Lutz et al. 2008 참조. 이 학자들은 LKM의 일반적인 방법(즉 사색 훈련을 통해서 자아와 타인을 향한 긍정적인 감정을 의례적으로 함양하는 것)을 공감과 조망 수용(perspective taking, 자기 자신의 관점과 타인의 관점을 별개의 것으로 구분하여 타인의 생각, 감정, 지식 등을 그 사람의 관점에서 이해하는 능력/역주)과 관련된 뇌 회로와 연결시켜서 생각했다.

20. Fredrickson et al. 2008 참조. 동정에 대해서 곰곰이 생각하면 감정이입과 계획된 행동을 담당하는 영역에서 두뇌 활동이 활발해진다. 이는 그런 사색이 뇌와 몸이 다른 사람들의 고통을 덜어줄 준비를 하게 할 수 있다는 것을 시사한다. Lutz et al. 2008 참조.

21. Sharon Salzberg, *Lovingkindness: The Revolutionary Art of Happiness* (Boston, MA: Shambhala, 2002) 참조.

22. 사회적인 약속은 사회적인 계약보다 더 강력한 합의를 상징한다. 사회적인 계약은 사람들의 권리와 책임을 정의하는 중요한 계약을 의미한다. 사회적인 약속은 도덕적인 합의로서, 이것은 정부와 시민들 간이나 경영진과 노동자들 간, 혹은 부모와 자식들 간에 신뢰가 깨진 집단들 사이에 긍정적인 관계를 쌓을 수 있는 도덕적인 합의이다. 내가 회원으로 있는 세계경제포럼의 '가치 글로벌 의제 위원회(Global Agenda Council on Values)'는 기업과 정부 지도자들이 가치를 중요하게 생각하는 리더십을 발휘할 수 있는 사회적인 약속을 하도록 장려하는 계획을 고안했다. 사회적인 약속을 하게 되면 당신은 자신이 누구이고 어떤 사람이 되고 싶은지에 대한 '정의적인 세부 특징(defining feature, 정의의 속성을 가지지 않고 개념의 경계도 모호한 개념/역주)'들을 묻는 까다로운 질문들을 접하게 된다. 가치는 당신에게 나아갈 길을 정확하게 제시하기보다는 결정을 내릴 수 있는 근본적인 원칙을 제공한다.

23. 2010년 6월에 로버트 제이 리프턴과 나눈 개인적인 대화.

24. Lifton 2011, 276–77 참조.

25. 박스터와 몽고메리(1996)는 부부가 같이 살면서 어느 정도 자율성을 유지하고 싶은 욕구를 느낌으로써 생기는 변증법을 지적하면서 자율성과 의존성 사이의 변증법적인

성격을 조명한다.

제16장 : 화해의 정신을 길러라

1. 노먼 빈센트 필 목사는 "가능성의 신봉자가 되어라. 세상이 아무리 어두워 보이고 또 실제로 그렇다고 하더라도 눈을 치켜뜨고 가능성을 보라. 가능성은 항상 우리 곁에 있으므로 그것을 보라"라고 말했다. http://www.quotes.net/quote/4490 참조.

2. 가능성의 신봉자는 선하거나 악한 목적 모두를 위해서 상상력을 동원할 수 있다. 나치는 사격조를 동원해서 근거리 총살을 시작했다가 가스실과 화장장에서 사람들을 죽이는 것이 더 효과적이라는 것을 깨닫는 식으로 몇 년에 걸쳐 대량학살 기술을 날카롭게 가다듬었다. 아우슈비츠 강제 수용소에서는 매일 4,400명 가까이가 화장되었다. 그러나 인간의 조건을 개선시키기 위해서 자신의 상상력을 동원한 개인들에 대한 사례도 셀 수 없을 정도로 많다.

3. 미켈란젤로는 다비드 상을 조각하는 과정을 그것에서 더 이상 필요 없는 재료를 없애는 일로 묘사했다. 나는 건설적인 갈등 해소를 위해서 필요한 과제는 사람들이 그들 사이에 공유하는 인간성을 찾아내기 위해서 관계를 유지하는 데에 더 이상 필요 없는 물질을 조금씩 없애도록 그들을 도와주는 것이라고 믿는다.

참고 문헌

Ainsworth, M., and S. Bell. "Attachment, Exploration and Separation: Illustrated by the Behavior of One-Year-Olds in a Strange Situation." *Child Development* 41(1970): 49–67.

Allport, G. *The Nature of Prejudice*. Cambridge, MA: Addison-Wesley, 1954.

Angrilli, A., P. Cherubini, A. Pavese, and S. Manfredini. "The Influence of Affective Factors on Time Perception." *Perception and Psychophysics* 59, no. 6 (1997):972–82.

Atran, S. "Genesis of Suicide Terrorism." *Science* 299 (2003): 1534–39.

———, and R. Axelrod. "Reframing Sacred Values." *Negotiation Journal* 24 (2008): 221–46.

———, and R. Davis. "Sacred Barriers to Conflict Resolution." *Science* 317 (2007): 1039–40.

Bailey-Mucker, B. *Classical Mythology: Little Books About Big Things*. New York: Fall River Press, 2014.

Bakan, D. *The Duality of Human Existence: An Essay on Psychology and Religion*. Chicago: Rand McNally, 1966.

Banton, M. *Ethnic and Racial Consciousness* 2nd ed. London: Longman, 1997.

Baron, J., and M. Spranca. "Protected Values." *Organizational Behavior and Human Decision Processes* 70, no. 1 (1997): 1–16.

Barth, F. *Ethnic Groups and Boundaries: The Social Organization of Culture Difference*. Oslo: Universitetsforlaget, 1969.

———. *Guided and Guarded: German War-Corporal Turns to Mormonism*. Salt Lake City: Barth Associates, 1981.

Bartlett, F. *Remembering: A Study in Experimental and Social Psychology*. New York: Macmillan, 1932.

Baseel, C. "The Unfortunate Implications of Seoul's Tsunami-Shaped City Hall." *Rocket News* 24, November 7, 2013.

Bateson, G., D. Jackson, J. Haley, and J. Weakland. "Toward a Theory of Schizophrenia." *Behavioral Science* 1, no. 4 (1956): 251–64.

Batson, C. "Altruism and Prosocial Behavior." In *The Handbook of Social Psychology*, edited by D. Gilbert, S. Fiske, and G. Lindzey, New York: McGraw-Hill, 1998, 282–316.

Baumeister, R., and M. Leary. "The Need to Belong: Desire for Interpersonal Attachments as a Fundamental Human Motivation." In *Motivational Science: Social and Personality Perspectives*, edited by E. Higgins and A. Kruglanski, 24–49. Philadelphia: Psychology Press, 2000.

Baxter, L., and B. Montgomery. *Relating: Dialogues and Dialectics*. New York: Guilford, 1996.

Bazerman, M., A. Tenbrunsel, and K. Wade-Benzoni. "When 'Sacred' Issues Are at Stake." *Negotiation Journal* 24, no. 1 (2008).

Beck, A. *Prisoners of Hate: The Cognitive Basis of Anger, Hostility, and Violence*. New York: HarperCollins, 1999.

Benjamin, L. "Principles of Prediction Using Structural Analysis of Social Behavior." In *Personality and the Prediction of Behavior*, edited by A. Zucker, J. Aranoff, and J. Rubin, New York: Academic Press, 1984, 121–73.

Berkowitz, L. *Aggression: Its Causes, Consequences, and Control*. New York: McGraw-Hill, 1993.

Berreby, D. *Us and Them: Understanding Your Tribal Mind*. New York: Little, Brown, 2005.

Bilefsky, D. "Balkans' Idolatry Delights Movie Fans and Pigeons." *New York Times*, November 11, 2007.

Blake, A. "Dennis Rodman: Kim Jong-Eun Is My 'Friend.'" *Washington Post*, March 13, 2013.

Blakeslee, S. "Cells That Read Minds." *New York Times*, January 10, 2006.

Bloomfield, D. *Reconciliation After Violent Conflict: A Handbook*. Stockholm: International IDEA, 2003.

Boulding, K. *Stable Peace*. Austin, TX: University of Texas Press, 1978.

Bowlby, J. *Attachment and Loss*. Vol. 1, Attachment. New York: Basic Books, 1971.

———. *Separation: Anxiety and Anger*. New York: Basic Books, 1973.

Bradford, D., and A. Cohen. *Power Up*. John Wiley & Sons, 1998.

Brewer, J. *Peace Processes: A Sociological Approach*. Cambridge: Polity Press, 2010.

Brewer, M. "Ingroup Identification and Intergroup Conflict: When Does Ingroup Love Become Outgroup Hate?" In *Social Identity, Intergroup Conflict, and Conflict Reduction*, edited by R. Ashmore, L. Jussim, and D. Wilder, Oxford: Oxford University Press, 2001, 17–41.

———. "The Social Self: On Being the Same and Different at the Same Time." *Personality and Social Psychology Bulletin* 17 (1991): 475–82.

Brubaker, R. *Ethnicity Without Groups*. Cambridge, MA: Harvard University Press, 2004.

Bruner, J. *Acts of Meaning*. Cambridge, MA: Harvard University Press, 1990.

———. *Making Stories: Law, Literature, Life*. New York: Farrar, Straus and Giroux, 2002.

Burns, D. *Feeling Good: The New Mood Therapy*. New York: Morrow, 1980.

Burroughs, E. *The Beasts of Tarzan*. Charlottesville, VA: University of Virginia Library, 1993.

Bushman, B. "Does Venting Anger Feed or Extinguish the Flame? Catharsis, Rumination, Distraction, Anger, and Aggressive Responding." *Personality and Social Psychology Bulletin* 28, no. 6 (2002): 724–31.

Buytendijk, F. *Dealing with Dilemmas: Where Business Analytics Fall Short*. New York: John Wiley & Sons, 2010.

Byman, D. "Forever Enemies? The Manipulation of Ethnic Identities to End Ethnic Wars." *Security Studies* 9, no. 3 (2000): 149–90.

Campbell, D. "Ethnocentric and Other Altruistic Motives." In *Nebraska Symposium on Motivation, 1965, Current Theory and Research on Motivation*, vol. 13, edited by D. Levine. Lincoln: University of Nebraska Press, 1965, 283–311.

Campbell, J., and B. Moyers. *The Power of Myth*. New York: Doubleday, 1988.

Carlsmith, K., T. Wilson, and D. Gilbert. "The Paradoxical Consequences of Revenge." *Journal of Personality and Social Psychology* 95 (2008): 1316–24.

Celani, D. *The Illusion of Love: Why the Battered Woman Returns to Her Abuser*. New York: Columbia University Press, 1994.

Chomsky, N. *Studies on Semantics in Generative Grammar*. The Hague: Mouton, 1972.

Cobb, S. "Fostering Coexistence Within Identity-Based Conflicts: Toward a Narrative Approach." In *Imagine Coexistence: Restoring Humanity After Violent Ethnic Conflict*, edited by A. Chayes. San Francisco: Jossey-Bass, 2003, 294–310.

Cohen, J. "Advising Clients to Apologize." *Southern California Law Review* 72, no. 4 (1999), 1009–69.

Coleman, E., and K. White. "Stretching the Sacred." In *Negotiating the Sacred: Blasphemy and Sacrilege in a Multicultural Society*, edited by E. Coleman and K. White. Canberra: ANU E Press, 2006.

Coleman, P., and J. Lowe. "Conflict, Identity, and Resilience: Negotiating Collective Identities Within the Israeli and Palestinian Diasporas." *Conflict Resolution Quarterly* 24, no. 4 (2007): 377–412.

Cook, J. *A Voyage to the Pacific Ocean*. London: H. Hughes, 1785.

Cook, V., and M. Newson. *Chomsky's Universal Grammar*. 3rd ed. Malden: Wiley-Blackwell, 2007.

Cooley, C. *Human Nature and the Social Order*. New York: Scribner's, 1902.

Coser, L. *The Functions of Social Conflict*. Glencoe, IL: Free Press, 1956.

Crockett, M., L. Clark, M. Hauser, and T. Robbins. "Serotonin Selectively Influences Moral Judgment and Behavior Through Effects on Harm Aversion." *Proceedings of the National Academy of Sciences* 107, no. 40 (2010): 17433–38.

Dalai Lama. *The Universe in a Single Atom: The Convergence of Science and Spirituality*. New York: Morgan Road Books, 2005.

Daly, E., and J. Hughes. *Reconciliation in Divided Societies: Finding Common Ground*. Philadelphia: University of Pennsylvania Press, 2007.

Damasio, A. *Descartes' Error: Emotion, Reason, and the Human Brain*. New York: Putnam, 1994.

———. "Remembering When." *Scientific American*, September 1, 2002, 66–73.

Darley, J., and C. Batson. "'From Jerusalem to Jericho': A Study of Situational and Dispositional Variables in Helping Behavior." *Journal of Personality and Social Psychology* 27, no. 1 (1973): 100–108.

Davies, P. *The Physics of Time Asymmetry*. Berkeley: University of California Press, 1974.

Deci, E. *The Psychology of Self-Determination*. Lexington, MA: Lexington Books, 1980.

————, and R. Ryan. "The 'What' and 'Why' of Goal Pursuits: Human Needs and the Self-Determination of Behavior." *Psychological Inquiry* 11, no. 4 (2000): 227–68.

Dehghani, M., R. Iliev, S. Sachdeva, S. Atran, J. Ginges, and D. Medin. "Emerging Sacred Values: Iran's Nuclear Program." *Judgment and Decision Making* 4, no. 7 (2009): 930–33.

Dennett, D., and M. Kinsbourne. "Time and the Observer: The Where and When of Consciousness in the Brain." *Behavioral and Brain Sciences* 15, no. 2 (1992): 183–247.

de Quervain, D., U. Fischbacher, V. Treyer, M. Schellhammer, U. Schnyder, A. Buck, and E. Fehr. "The Neural Basis of Altruistic Punishment." *Science* 305 (2004): 1254–58.

Deutsch, M. *The Resolution of Conflict: Constructive and Destructive Processes.* New Haven, CT: Yale University Press, 1973.

de Vignemont, F., and T. Singer. "The Empathic Brain: How, When and Why?" *Trends in Cognitive Sciences* 10, no. 10 (2006): 435–41.

de Waal, F. *Chimpanzee Politics: Power and Sex Among Apes.* London: Cape, 1982.

DeWall, C., G. MacDonald, G. Webster, C. Masten, R. Baumeister, C. Powell, D. Combs, D. Schurtz, T. Stillman, D. Tice, and N. Eisenberger. "Acetaminophen Reduces Social Pain: Behavioral and Neural Evidence." *Psychological Science* 21 (2010): 931–37.

Ditzen, B., M. Schaer, B. Gabriel, G. Bodenmann, U. Ehlert, and M. Heinrichs. "Intranasal Oxytocin Increases Positive Communication and Reduces Cortisol Levels During Couple Conflict." *Biological Psychiatry* 65, no. 9 (2009): 728–31.

Dunbar, J. "Seoul City Hall's Metamorphosis Pleases Book Lovers." Korea.net, October 25, 2012.

Dupré, B. *50 Big Ideas You Really Need to Know.* London: Quercus, 2009.

Durkheim, E. *The Elementary Forms of Religious Life.* New York: Free Press, 1912.

Eagleman, D., and V. Pariyadath. "Is Subjective Duration a Signature of Coding Efficiency?" *Philosophical Transactions of the Royal Society B: Biological Sciences* 364, no. 1525 (2009): 1841–51.

Eisenberger, N., M. Lieberman, and K. Williams. "Does Rejection Hurt? An FMRI Study of Social Exclusion." *Science* 302 (2003): 290–92.

Eliade, M. *The Sacred and the Profane: The Nature of Religion.* New York: Harvest Book, 1959.

Enright, R., and C. Coyle. "Researching the Process Model of Forgiveness Within Psychological Interventions." In *Dimensions of Forgiveness: Psychological Research and Theological Perspectives*, edited by E. Worthington, Philadelphia: Templeton Foundation Press, 1988, 139–61.

Enzensberger, H. *Civil Wars: From L.A. to Bosnia.* New York: New Press, 1994.

Erikson, E. *Identity, Youth, and Crisis.* New York: W. W. Norton, 1968.

————. "The Problem of Ego Identity." *Journal of the American Psychoanalytic Association* 4 (1956): 56–121.

Fisher, Roger. *Five Skills for Getting to Yes.* Video. 1996. Produced in association with CMI Concord Group, Inc., Wellesley, MA.

————, and D. Shapiro. *Beyond Reason: Using Emotions as You Negotiate.* New York: Viking,

2005.

————, and W. Ury. *Getting to YES: Negotiating Agreement Without Giving In.* Boston: Houghton Mifflin, 1981.

Fisher, Ronald. "Commentary on Herbert Kelman's Contribution to Interactive Problem Solving." *Peace and Conflict: Journal of Peace Psychology* 16, no. 4 (2010): 415–23.

Fiske, A., and P. Tetlock. "Taboo Trade-offs: Reactions to Transactions That Transgress the Spheres of Justice." *Political Psychology* 18, no. 2 (1997): 255–97.

Fiske, S. T., and S. L. Neuberg. "A Continuum of Impression Formation, from Category-Based to Individuating Processes: Influences of Information and Motivation on Attention and Interpretation." In *Advances in Experimental Social Psychology*, vol. 23, edited by M. P. Zanna. New York: Academic Press, 1990, 1–74.

Foer, J. "How to Win the World Memory Championships." *Discover: Mind & Brain*, April 2, 2006.

Foucault, M. *The Foucault Reader.* New York: Pantheon, 1984.

Frederickson, B., M. Cohn, K. Coffey, J. Pek, and S. Finkel. "Open Hearts Build Lives: Positive Emotions, Induced Through Loving-Kindness Mediation, Build Consequential Personal Resources." *Journal of Personality and Social Psychology* 95, no. 5 (2008): 1045–62.

Freedman, M., T. Leary, A. Ossorio, and H. Goffey. "The Interpersonal Dimension of Personality." *Journal of Personality* 20, no. 2 (1951): 143–61.

Freud, S. "Negation." *Standard Edition* 19 (1925): 235–39.

————. "Beyond the Pleasure Principle." *Standard Edition* 18 (1920): 1–64.

————. "Why War? (Einstein and Freud)." *Standard Edition* 22 (1933): 195–215.

Fridja, N. "The Laws of Emotion." *American Psychologist* 43 (1988): 349–58.

Fromm, E. *Escape from Freedom.* New York: Farrar & Rinehart, 1941.

Fry, D. *The Human Potential for Peace: An Anthropological Challenge to Assumptions About War and Violence.* New York: Oxford University Press, 2006.

Gaertner, S., J. Dovidio, P. Anastasio, B. Bachman, and M. Rust. "The Common Ingroup Identity Model: Recategorization and the Reduction of Intergroup Bias." *European Review of Social Psychology* 4, no. 1 (1993): 1–26.

Gagnon, V. "Ethnic Nationalism and International Conflict: The Case of Serbia." *International Security* 19, no. 3 (1994): 130–66.

Gardner, M. "Can Time Go Backward?" *Scientific American*, January 1, 1967, pp. 98–108.

Geertz, R. "Religion as a Cultural System." New York: Fontana Press, 1965.

Gibson, J. "Do Strong Group Identities Fuel Intolerance? Evidence from the South African Case." *Political Psychology* 27, no. 5 (2006): 665–705.

Gilbert, D. *Stumbling on Happiness.* New York: Vintage Books, 2005.

Gilligan, C. *In a Different Voice: Psychological Theory and Women's Development.* Cambridge, MA: Harvard University Press, 1982.

Gilligan, J. *Violence: Reflections on a National Epidemic.* New York: Vintage, 1996.

Ginges, J., S. Atran, D. Medlin, and K. Shikaki. "Sacred Bounds on Rational Resolution of Violent

Political Conflict." *Proceedings of the National Academy of Sciences* 104, no. 18 (2007): 7357–60.

Glatthaar, J. T. *General Lee's Army: From Victory to Collapse.* New York: Free Press, 2008.

Gobodo-Madikizela, P. A *Human Being Died That Night: A South African Woman Confronts the Legacy of Apartheid.* Boston: Houghton Mifflin, 2003.

Gottman, J., and J. DeClaire. *The Relationship Cure: A 5 Step Guide to Strengthening Your Marriage, Family, and Friendships.* New York: Harmony, 2002.

Greenberg, Jay, and S. Mitchell. *Object Relations in Psychoanalytic Theory.* Cambridge, MA: Harvard University Press, 1983.

Greenberg, Jeff, et al. "Evidence for Terror Management Theory II: The Effects of Mortality Salience on Reactions to Those Who Threaten or Bolster the Cultural Worldview." *Journal of Personality and Social Psychology* 58 (1990): 308–18.

Hackett, S. *Oriental Philosophy: A Westerner's Guide to Eastern Thought.* Madison: University of Wisconsin Press, 1979.

Hammond, C. *Time Warped: Unlocking the Mysteries of Time Perception.* Toronto: House of Anansi Press, 2012.

Han, S., J. Lerner, and R. Zeckhauser. "Disgust Promotes Disposal: Souring the Status Quo." Harvard Kennedy School Faculty Research Working Paper Series RWP10-021 (2010).

Harris, S., S. Sheth, and M. Cohen. "Functional Neuroimaging of Belief, Disbelief, and Uncertainty." *Annals of Neurology* 63, no. 2 (2008): 141–47.

Haslam, S. *Psychology in Organizations: The Social Identity Approach*, 2nd ed. New York: Sage, 2004.

Hegel, G. *The Logic of Hegel, Translated from the Encyclopaedia of the Philosophical Sciences by William Wallace.* London: Oxford University Press, 1817.

Hehman, E., S. Gaertner, J. Dovidio, E. Mania, R. Guerra, D. Wilson, and B. Friel. "Group Status Drives Majority and Minority Integration Preferences." *Psychological Sciences* 23, no. 1 (2012): 46–52.

Heidegger, M. *Being and Time.* 1927. Reprint, New York: Harper, 1962.

Heifetz, R. *Leadership Without Easy Answers.* Cambridge, MA: Harvard University Press, 1994.

Hendrix, H., and H. Hunt. *Making Marriage Simple: 10 Truths for Changing the Relationship You Have into the One You Want.* New York: Crown Archetype, 2013.

Herman, J. *Trauma and Recovery.* New York: Basic Books, 1992.

Heschel, A. J. New York: Farrar, Straus and Giroux, 2005.

Higginson, J. "Rocky to Knock Out Disaster News." *Metro UK*, February 7, 2007.

Himmler, K., and M. Mitchell. *The Himmler Brothers: A German Family History.* London: Macmillan, 2007.

Hitler, A. *Mein Kampf.* Munich: Eher Verlag, 1925.

Hong, K. "Soul Spectacle: The City Hall, the Plaza and the Public." In *City Halls and Civic Materialism: Towards a Global History of Urban Public Space*, edited by S. Chattopadhyay and

J. White, New York: Routledge, 2014, 276-95.

Horowitz, D. *Ethnic Groups in Conflict*. Berkeley: University of California Press, 1985.

Hurlbert, A. "Learning to See Through the Noise." *Current Biology* 10 (2000): R231-33.

Iacoboni, M. "Imitation, Empathy, and Mirror Neurons." *Annual Review of Psychology* 60 (2009): 653-70.

Ignatieff, M. *The Warrior's Honor*. Toronto: Viking, 1997.

James, H. *The Letters of William James*. Boston: Little, Brown, 1926.

James, W. *Talks to Teachers on Psychology: And to Students on Some of Life's Ideals*. New York: Henry Holt and Company, 1899.

————. *The Principles of Psychology*. New York: Henry Holt, 1890.

————. *Psychology, Briefer Course*. London: JM Dent & Sons, 1917.

————. *The Varieties of Religious Experience: A Study in Human Nature*. New York: New American Library, 1902.

————. "The Sense of Dizziness in Deaf Mutes." *American Journal of Otology* 4 (1882): 239-54.

Jenkins, A., C. Macrae, and J. Mitchell. "Repetition Suppression of Ventromedial Prefrontal Activity During Judgments of Self and Others." *Proceedings of the National Academy of Sciences* 105, no. 11 (2008): 4507-12.

Johnson, Allan. *Privilege, Power, and Difference*. 2nd ed. Boston: McGraw-Hill, 2006.

Johnson, Alan, and S. Nishida. "Time Perception: Brain Time or Event Time?" *Current Biology* 11, no. 11 (2001): R427-30.

Josselson, R. *The Space Between Us: Exploring the Dimensions of Human Relationships*. San Francisco: Jossey-Bass, 1992.

Jung, C. G. *The Archetypes and the Collective Unconscious*, 2nd ed. New York: Routledge, 1968. Translated by R.F.C. Hull.

Kaufman, S. *Modern Hatreds: The Symbolic Politics of Ethnic War*. New York: Cornell University Press, 2001.

Kelman, H. "Compliance, Identification, and Internalization: Three Processes of Attitude Change." *Journal of Conflict Resolution* 2 (1956): 51-60.

Keltner, D. *The Compassionate Instinct: The Science of Human Goodness*. New York: W. W. Norton, 2010.

Kempny, M., and Jawlowska, A., eds. *Identity in Transformation: Postmodernity, Postcommunism, and Globalization*. Westport, CT: Praeger, 2002.

Kitron, D. "Repetition Compulsion and Self-Psychology: Towards a Reconciliation." *International Journal of Psychoanalysis* 84, no. 2 (2003): 427-41.

Kolb, D., and J. Williams. *The Shadow Negotiation: How Women Can Master the Hidden Agendas That Determine Bargaining Success*. New York: Simon & Schuster, 2000.

Kong, L. "Negotiating Conceptions of 'Sacred Space': A Case Study of Religious Buildings in Singapore." *Transactions of the Institute of British Geographers, New Series* 18, no. 3 (1993): 342-58.

Korostelina, K. *Social Identity and Conflict Structures, Dynamics, and Implications*. New York: Palgrave Macmillan, 2007.

Kosfeld, M., M. Heinrichs, P. Zak, U. Fischbacher, and E. Fehr. "Oxytocin Increases Trust in Humans." *Nature* 435 (2005): 673–76.

Krishnamurti, J. *The Collected Works of J. Krishnamurti*. Dubuque, IA: Kendall/Hunt, 1991.

Kundera, M., and L. Asher. *Ignorance*. New York: HarperCollins, 2002.

Laing, R. *Knots*. London: Routledge, 1970.

———. *The Politics of the Family*. London: Tavistock, 1969.

Laitin, D. "The Ogaadeen Question and Changes in Somali Identity." In *State Versus Ethnic Claims: African Policy Dilemmas*, edited by D. Rothchild and V. Olorunsola. Boulder, CO: Westview Press, 1983, 331–49.

Lambert, K., and C. Kinsley. "Disorders of Anxiety: Obsessive-Compulsive Disorder and Tourette's Syndrome." In *Clinical Neuroscience*, 2nd ed. New York: Worth, 2010.

Lamothe, R. "Sacred Objects as Vital Objects: Transitional Objects Reconsidered." *Journal of Psychology and Theology* 2 (1998): 159–67.

Laplanche, Jean, and Jean-Bertrand Pontalis. Translated by D. Nicholson-Smith. *The Language of Psych-Analysis*. New York: W. W. Norton, 1973.

Lax, D., and J. Sebenius. *3-D Negotiation: Powerful Tools to Change the Game in Your Most Important Deals*. Boston: Harvard Business School Press, 2006.

Lederach, J. *Building Peace: Sustainable Reconciliation in Divided Societies*. Washington, DC: United States Institute of Peace Press, 1997.

Lerner J. S., Y. Li, P. Valdesolo, and K. Kassam. "Emotion and Decision Making." *Annual Review of Psychology* 66 (2015): 799–823.

LeVine, R., and D. Campbell. *Ethnocentrism: Theories of Conflict, Ethnic Attitudes, and Group Behavior*. New York: Wiley, 1971.

Levs, J. "North Korea: Reality vs. The World According to Dennis Rodman." CNN, September 10, 2013.

Lewin, K. "Group Decision and Social Change." In *Readings in Social Psychology*, edited by E. Maccoby, E. Newcomb, and E. Hartley, 265–84. New York: Holt, 1948.

———. *Resolving Social Conflicts: Selected Papers on Group Dynamics*. New York: Harper, 1948.

Lewis, H. *Shame and Guilt in Neurosis*. New York: International Universities Press, 1971.

Liberman, V., S. Samuels, and L. Ross. "The Name of the Game: Predictive Power of Reputations Versus Situational Labels in Determining Prisoner's Dilemma Game Moves." *Personality and Social Psychology Bulletin* 30, no. 9 (2004): 1175–85.

Lieberman, M. *Social: Why Our Brains Are Wired to Connect*. New York: Crown/Archetype, 2013.

Lifton, R. *The Broken Connection: On Death and the Continuity of Life*. New York: Simon & Schuster, 1979.

———. Transcript of PBS interview by Bill Moyers, September 17, 2001. See http://www.pbs.org/americaresponds/moyers917.html, accessed on November 22, 2015.

438

————. *Witness to an Extreme Century: A Memoir*. New York: Free Press, 2011.

Lindner, E. "Healing the Cycles of Humiliation: How to Attend to the Emotional Aspects of 'Unsolvable' Conflicts and the Use of 'Humiliation Entrepreneurship.'" *Peace and Conflict: Journal of Peace Psychology* 8, no. 2 (2002): 125–38.

Loftus, E. "Planting Misinformation in the Human Mind: A 30-Year Investigation of the Malleability of Memory." *Learning & Memory* 12 (2005): 361–66.

Lorenz, K. *On Aggression*. New York: Harcourt, Brace & World, 1966.

Lutz, A., J. Brefczynski-Lewis, T. Johnstone, and R. Davidson. "Regulation of the Neural Circuitry of Emotion by Compassion Meditation: Effects of Meditative Expertise." *Public Library of Science (PLoS) One* 3, no. 3 (2008).

Maalouf, A. *In the Name of Identity: Violence and the Need to Belong*. New York: Arcade, 2001.

Mack, J. "The Enemy System." In *The Psychodynamics of International Relationships*. vol. I, *Concepts and Theories*, edited by V. Volkan, D. Julius, and J. Montville. Lexington, MA: DC Heath, 1990.

Mahoney, A., K. Pargament, G. Ano, Q. Lynn, G. Magyar, S. McCarthy, E. Pristas, and A. Wachhotz. "The Devil Made Them Do It? Demonization and the 9/11 Attacks." Paper presented at the Annual Meeting of the American Psychological Association, Washington, DC: 2002.

————, T. Jewell, A. Swank, E. Scott, E. Emery, and M. Rye. "Marriage and the Spiritual Realm: The Role of Proximal and Distal Religious Constructs in Marital Functioning." *Journal of Family Psychology* 13 (1999): 321–38.

Mandela, N. Transcript of interview conducted on *Frontline*, PBS, May 25, 1999. See http://www.pbs.org/wgbh/pages/frontline/shows/mandela/etc/script.html, accessed on November 22, 2015.

Marcia, J. "Common Processes Underlying Ego Identity, Cognitive/Moral Development, and Individuation." In *Self, Ego and Identity: Integrative Approaches*, edited by D. Lapsley and F. Power. New York: Springer-Verlag, 1988, 211–66.

McCall, G., and J. Simmons. *Identities and Interactions*. New York: Free Press, 1966.

McTaggart, J. "The Unreality of Time." *Mind: A Quarterly Review of Psychology and Philosophy* 17 (1908): 456–73.

Mead, G. H. *Mind, Self, and Society: From the Perspective of a Social Behaviorist*. Chicago: University of Chicago Press, 1934.

Milar, K. "William James and the Sixth Sense." *Monitor on Psychology* 43, no. 8 (2012): 22–24.

Minow, M. *Between Vengeance and Forgiveness: Facing History After Genocide and Mass Violence*. Boston: Beacon Press, 1998.

Mlodinow, L. *Subliminal: How Your Unconscious Mind Rules Your Behavior*. New York: Pantheon Books, 2012.

Mnookin, R., S. Peppet, and A. Tulumello. "The Tension Between Empathy and Assertiveness." *Negotiation Journal* 12 (1996): 217–30.

Mock, D. *More Than Kin and Less Than Kind: The Evolution of Family Conflict*. Cambridge, MA:

Belknap Press of Harvard University Press, 2004.

Modern Times. Motion picture. 1936. Directed by Charlie Chaplin.

Moreno, J., and Z. Moreno. *Psychodrama.* New York: Beacon House, 1946.

Morrison, I., D. Lloyd, G. di Pellegrino, and N. Roberts. "Vicarious Responses to Pain in Anterior Cingulate Cortex: Is Empathy a Multisensory Issue?" *Cognitive, Affective, & Behavioral Neuroscience* 4, no. 2 (2004): 270–78.

Neu, J., and V. Volkan. "Developing a Methodology for Conflict Prevention: The Case of Estonia." Special Report Series, Conflict Resolution Program, The Carter Center, 1999.

Niederhoffer, K., and J. W. Pennebaker. "Sharing One's Story: On the Benefits of Writing or Talking About an Emotional Experience." In *Oxford Handbook of Positive Psychology*, 2nd ed., edited by C. Snyder and S. Lopez. New York: Oxford University Press, 2009, 621–32.

Northrup, T. "The Dynamic of Identity in Personal and Social Conflict." In *Intractable Conflicts and Their Transformation*, edited by L. Kriesberg, S. Thorson, and T. Northrup. Syracuse, NY: Syracuse University Press, 1989, 55–82.

"Obama Draws Fire for Bow to Japanese Emperor." Foxnews.com, November 16, 2009.

Otto, R. *The Idea of the Holy.* Oxford: Oxford University Press, 1917.

Packer, G. "The Lesson of Tal Afar." *New Yorker*, April 10, 2006.

Pargament, K., and A. Mahoney. "Sacred Matters: Sanctification as a Vital Topic for the Psychology of Religion." Working Paper Series (02-17), Bowling Green State University, Center for Family and Demographic Research, 2002.

Paulhus, D., and D. Lim. "Arousal and Evaluative Extremity in Social Judgments: A Dynamic Complexity Model." *European Journal of Social Psychology* 24, no. 1 (1994): 89–99.

Pinker, S. *The Better Angels of Our Nature: Why Violence Has Declined.* New York: Viking, 2011.

Pizer, S. "Facing the Nonnegotiable." In *Building Bridges: The Negotiation of Paradox in Psychoanalysis.* Hillsdale, NJ: Analytic Press, 1998.

Pogatchnik, S. "Despite Peace, Belfast Walls Are Growing in Size and Number." *USA Today*, May 3, 2008.

Putnam, R. "Diplomacy and Domestic Politics: The Logic of Two-Level Games." *International Organization* 42, no. 3 (1988): 427–60.

Radcliffe-Brown, A. *Taboo: The Frazer Lecture* 1939. Cambridge: Cambridge University Press, 1939.

Raz, J. *The Morality of Freedom.* New York: Clarendon Press, Oxford University Press, 1986.

Retzinger, S., and T. Scheff. "Emotion, Alienation and Narratives: Resolving Intractable Conflict." *Mediation Quarterly* 18, no. 1 (2000): 71–85.

"Riots Over US Koran 'Desecration.'" BBC, May 11, 2005.

Rodriguez-Vila, F. "Why Reconciliation? *Poder Enterprise*, March 1, 2009.

Rosenhan, D. "On Being Sane in Insane Places." *Science* 179 (1973): 250–58.

Ross, D. "Transcript of WBGH Interview by Will Lyman," 2002. From WBGH *Frontline*, produced and directed by Dan Setton and Tor Ben Mayor. See http://www.pbs.org/wgbh/

pages/frontline/shows/oslo/etc/script.html, accessed on November 22, 2015.

Ross, L., and R. Nisbett. *The Person and the Situation*. Padstow, UK: Pinter & Martin, 2011.

Rouhana, N. "Identity and Power in the Reconciliation of National Conflict." In *The Social Psychology of Group Identity and Social Conflict: Theory, Application, and Practice*, edited by A. Eagly, R. Baron, and E. Hamilton. Washington, DC: American Psychological Association, 2004.

Russell, P. "The Compulsion to Repeat." *Smith College Studies in Social Work* 76, nos. 1–2 (2006): 33–49.

———. "The Role of Paradox in the Repetition Compulsion." In *Trauma, Repetition, and Affect Regulation: The Work of Paul Russell*, edited by J. Teicholz and D. Kriegman. New York: Other Press, 1998.

———. "Trauma and the Cognitive Function of Affects." In *Trauma, Repetition, and Affect Regulation: The Work of Paul Russell*, edited by J. Teicholz and D. Kriegman. New York: Other Press, 1998.

Sadat, A. *In Search of Identity: An Autobiography*. New York: Harper & Row, 1978.

Sander, D., J. Grafman, and T. Zalla. "The Human Amygdala: An Evolved System for Relevance Detection." *Reviews in the Neurosciences* 14 (2003): 303–16.

Sartre, J., and G. Becker. *Anti-Semite and Jew*. New York: Schocken Books, 1965.

Schacter, S. "Deviation, Rejection and Communication." *Journal of Abnormal and Social Psychology* 46 (1951): 190–207.

Scheff, T. "Shame and Conformity: The Deference-Emotion System." *American Sociological Review* 53, no. 3 (1988): 395–406.

Schwartz, R. *Internal Family Systems Therapy*. New York: Guilford Press, 1995.

Schwartz, S. "The Evolution of Eriksonian and Neo-Eriksonian Identity Theory and Research: A Review and Integration." *Identity: An International Journal of Theory and Research* 1, no. 1 (2001): 7–58.

Sebenius, J., and D. Curran. "'To Hell with the Future, Let's Get On with the Past': George Mitchell in North Ireland." Harvard Business School Case 801-393, 2001; revised March 2008.

———, and L. Green. "Tommy Koh: Background and Major Accomplishments of the 'Great Negotiator, 2014.'" Harvard Business School Working Paper, 2014.

Sen, A. *Identity and Violence: The Illusion of Destiny*. New York: W. W. Norton, 2006.

"Seoul's New City Hall Opens." Chosun Ilbo (English edition), 2012. See http://www.pbs. org/wgbh/pages/frontline/shows/oslo/etc/script.html, accessed on November 22, 2015.

Shapiro, D. "Emotions in Negotiation: Peril or Promise?" *Marquette Law Review* 87, no. 737 (2004): 737–45.

———. "The Greatest Weapons in Iraq." *Harvard Crimson*, March 19, 2008.

———. "Relational Identity Theory: A Systematic Approach for Transforming the Emotional Dimension of Conflict." *American Psychologist* 65, no. 7 (2010): 634–45.

———, and V. Liu. "Psychology of a Stable Peace." In *The Psychology of Resolving Global*

Conflict: From War to Peace, edited by M. Fitzduff and C. Stout. Westport, CT: Praeger, 2005.

Shapiro, J. "Bill Clinton Endorses Muslim Center Near Ground Zero." *DNAinfo*, September 21, 2010.

Sherif, M., O. Harvey, B. White, W. Hood, C. Sherif, and J. White. *Intergroup Conflict and Cooperation: The Robbers Cave Experiment*. Rev. ed. Norman, OK: University Book Exchange, 1961.

Shull, D. "The Neurobiology of Freud's Repetition Compulsion." *Annals of Modern Psychoanalysis* 2, no. 1 (2003): 21–46.

Siffre, M. *Beyond Time*. New York: McGraw-Hill, 1964.

Silverman, J. "'Vice' Season Finale on HBO Gives Fresh Look at Dennis Rodman's Meeting with North Korea's Kim Jong-Un." *New York Daily News*, May 29, 2013.

Singer, T., B. Seymour, J. O'Doherty, H. Kaube, R. Dolan, and C. Frith. "Empathy for Pain Involves the Affective But Not Sensory Components of Pain." *Science* 303 (2004): 1157–62.

Sluzki, C. "Transformations: A Blueprint for Narrative Changes in Therapy." *Family Process* 31, no. 3 (1992): 217–30.

Sobelman, B. "Israel: Officials Find Morocco a Tough Room These Days." *Los Angeles Times*, October 31, 2010.

Staub, E. "Individual and Group Selves: Motivation, Morality, and Evolution." In *The Moral Self*, edited by G. Noam and T. Wren. Cambridge, MA: MIT Press, 1993.

———, and L. Pearlman. "Healing, Reconciliation, and Forgiving After Genocide and Other Collective Violence." In *Forgiveness and Reconciliation: Religion, Public Policy, & Conflict Transformation*, edited by R. Helmick and R. Petersen. Philadelphia: Templeton Foundation Press, 2001.

Stets, J. "Identity Theory." In *Contemporary Social Psychological Theories*, edited by P. Burke. Stanford, CA: Stanford Social Sciences, 2006.

Stevens, A. *On Jung*. London: Routledge, 1990.

Stewart, F., and G. Brown. "Motivations for Conflict: Groups and Individuals." In *Leashing the Dogs of War: Conflict Management in a Divided World*, edited by C. Crocker, F. Olser Hampson, and P. Aall. Washington, DC: United States Institute of Peace Press, 2007.

Stone, D., B. Patton, and S. Heen. *Difficult Conversations: How to Discuss What Matters Most*. New York: Viking, 1999.

Stryker, S. "Integrating Emotion into Identity Theory." In *Theory and Research on Human Emotions (Advances in Group Processes)*, vol. 21, edited by J. Turner, 1–23. Emerald Group Publishing Limited, 2004.

Tajfel, H. *Differentiation Between Social Groups: Studies in the Social Psychology of Intergroup Relations*. London: Academic Press, 1978.

———. "Experiments in Intergroup Discrimination." *Scientific American* 223, no. 5 (1970): 96–103.

———, and J. Turner. "An Integrative Theory of Intergroup Conflict." In *The Psychology of*

Intergroup Relations, edited by S. Worchel and W. Austin, 33–47. Monterey, CA: Brooks/ Cole, 1979.

Tenbrunsel, A., K. Wade-Benzoni, L. Tost, V. Medvec, L. Thompson, and M. Bazerman. "The Reality and Myth of Sacred Issues in Negotiation." *Negotiation and Conflict Management Research* 2, no. 3 (2009): 263–84.

Tetlock, P. "Thinking the Unthinkable: Sacred Values and Taboo Cognitions." *Trends in Cognitive Science* 7, no. 7 (2003): 320–24.

―――, O. Kristel, S. Elson, M. Green, and J. Lerner. "The Psychology of the Unthinkable: Taboo Trade-offs, Forbidden Base Rates, and Heretical Counterfactuals." *Journal of Personality and Social Psychology* 785 (2000): 853–70.

Tillich, P. *Dynamics of Faith.* New York: Harper, 1958.

Tsuruta, T. "African Imaginations of Moral Economy: Notes on Indigenous Economic Concepts and Practices in Tanzania." *African Studies Quarterly* 9, nos. 1–2 (2006): 103–21.

Turner, J. *Contemporary Sociological Theory.* Newbury Park, CA: SAGE Publications, 2012.

―――, P. Oakes, S. Haslam, and C. Mcgarty. "Self and Collective: Cognition and Social Context." *Personality and Social Psychology Bulletin* 20, no. 5 (1994): 454–63.

Tutu, D., and M. Tutu. *The Book of Forgiving: The Fourfold Path for Healing Ourselves and Our World.* New York: HarperOne, 2014.

Twenge, J., K. Catanese, and R. Baumeister. "Social Exclusion and the Deconstructed State: Time Perception, Meaninglessness, Lethargy, Lack of Emotion, and Self-Awareness." *Journal of Personality and Social Psychology* 85, no. 3 (2003): 409–23.

Ury, W. *Getting Past No: Negotiating with Difficult People.* New York: Bantam Books, 1991.

Van der Kolk, B. "The Interaction of Biological and Social Events in the Genesis of the Trauma Response." *Journal of Traumatic Stress* 1 (1988): 273–90.

Volkan, V. "Bosnia-Herzegovina: Ancient Fuel of a Modern Inferno." *Mind and Human Interaction* 7 (1996): 110–27.

―――. *Chosen Trauma, the Political Ideology of Entitlement and Violence.* Berlin, 2004. See http://www.vamikvolkan.com/Chosen-Trauma%2C-the-Political-Ideology-of-Entitlement-and-Violence.php, accessed on November 22, 2015.

―――. *Killing in the Name of Identity: A Study of Bloody Conflicts.* Charlottesville, VA: Pitchstone, 2006.

―――. *Linking Objects and Linking Phenomena: A Study of the Forms, Symptoms, Metapsychology, and Therapy of Complicated Mourning.* New York: International Universities Press, 1981.

―――. "Psychological Concepts Useful in the Building of Political Foundations Between Nations: Track II Diplomacy." *Journal of the American Psychoanalytic Association* 35, no. 4 (1987): 903–35.

―――. "September 11 and Societal Regression." In *Group Analysis*, 456–83.

―――. "The Tree Model: A Comprehensive Psychopolitical Approach to Unofficial Diplomacy and the Reduction of Ethnic Tension." *Mind and Human Interaction* 10 (1999): 142–206.

Vroom, V., and P. Yetton. *Leadership and Decision-Making*. University of Pittsburgh Press, 1976.

Waller, W. *The Family, a Dynamic Interpretation*. New York: Cordon Company, 1938.

Walton, R., and R. McKersie. *A Behavioral Theory of Labor Negotiations: An Analysis of a Social Interaction System*. New York: McGraw-Hill, 1965.

Warneken, F., and M. Tomasello. "Altruistic Helping in Human Infants and Young Chimpanzees." *Science* 311, no. 5765 (2006): 1301–3.

White, F. *The Overview Effect: Space Exploration and Human Evolution*, 2nd ed. Reston, VA: AIAA, 1998.

Whitrow, G. *What Is Time?* London: Thames & Hudson, 1972.

Wiggins, J. "Agency and Communion as Conceptual Coordinates for the Understanding and Measurement of Interpersonal Behavior." In *Thinking Clearly About Psychology: Personality and Psychopathology*, vol. 2, edited by D. Cicchetti and W. Grove. Minneapolis: University of Minnesota Press, 1991, 89–113.

Wilde, O., and R. Ellmann. *The Artist as Critic: Critical Writings of Oscar Wilde*. New York: Random House, 1969.

Wilkinson, P., and N. Philip. *Mythology*. London: DK, 2007.

Winnicott, D. *What Is Psycho-analysis?* London and Hull: A. Brown and Sons, 1952.

Wiseman, R. *Quirkology: The Curious Science of Everyday Lives*. London: Pan Books, 2007.

Yalom, I. *The Theory and Practice of Group Psychotherapy*. New York: Basic Books, 1985.

Zak, P., R. Kurzban, and W. Matzner. "Oxytocin Is Associated with Human Trustworthiness." *Hormones and Behavior* 48 (2005): 522–27.

Zaltman, G., and R. Coulter. "Seeing the Voice of the Customer: Metaphor-Based Advertising Research." *Journal of Advertising Research* 35, no. 4 (July–August 1995): 35–51.

Zander, R., and B. Zander. *The Art of Possibility*. Boston: Harvard Business School Press, 2000.

인명 색인